A máquina do caos

Max Fisher

A máquina do caos

Como as redes sociais reprogramaram nossa mente e nosso mundo

tradução
Érico Assis

todavia

A meu pai e minha mãe, por me trazerem até aqui.
A Jordan, pelo resto do caminho.

Nota do autor 9

Prólogo: Consequências 11
1. Presos no cassino 23
2. Tudo é o Gamergate 57
3. Abrindo o portal 93
4. A tirania dos primos 111
5. Despertando a máquina 143
6. A casa de espelhos 177
7. Os micróbios e o vento 213
8. Os sinos da igreja 241
9. A toca de coelho 265
10. Os novos soberanos 309
11. A ditadura da curtida 351
12. Infodemia 389
Epílogo: Delatores 433
Posfácio 449

Agradecimentos 475
Notas 477
Índice remissivo 521

Nota do autor

Este livro se baseia em entrevistas com centenas de pessoas que estudaram, combateram, exploraram ou foram afetadas pelas redes sociais, assim como em entrevistas com funcionários e executivos do Vale do Silício. Em alguns casos, em prol da fluidez da leitura, o nome ou cargo de uma fonte pode aparecer nas Notas e não no corpo do texto. Todas as entrevistas foram gravadas com anuência dos entrevistados, com uma exceção: um moderador terceirizado que pediu para ser identificado por pseudônimo, de quem verifiquei holerites e documentos da empresa que comprovam suas informações.

O livro também se fundamenta em dados de estudos acadêmicos, atas judiciais e diversas outras fontes primárias que estão listadas nas Notas como prova de apoio a cada número ou afirmação apresentada na narrativa, assim como a quaisquer citações que eu mesmo não tenha apurado. Algumas declarações têm como base pesquisas que ainda não foram publicadas. Nesses casos, um breve panorama das conclusões, da metodologia e da autoria é apresentado nas Notas.

Prólogo
Consequências

Entrar na sede do Facebook pode dar a sensação de que você está entrando no Vaticano: um centro do poder envolto em sigilo e opulência de causar rubor em oligarcas russos. A empresa gastou 300 milhões[1] de dólares só no prédio número 21, um playground arejado de aço e vidro que visitei em 2018 e que tem jardins, terraços e restaurantes onde tudo é de graça. Entre uma reunião e outra, um mural com altura de dois andares chamou minha atenção, pois me lembrou o trabalho de um famoso artista chinês que recentemente tivera obras suas expostas no Museu Guggenheim. Perguntei à assessora de imprensa que me acompanhava se o mural fora pintado de propósito no estilo daquele artista. Ela deu uma risadinha polida. Não era imitação; o artista havia sido contratado para pintar um original na parede do Facebook. Assim como já acontecera com dezenas de artistas. Ao meu redor, programadores com salários fabulosos trabalhavam em corredores adornados com murais de preço inestimável.[2]

Na minha mochila, enfiado entre blocos de anotações, estava o meu ingresso: mais de 1400 páginas de documentos internos, provenientes de várias regiões do planeta, que revelavam a mão invisível do Facebook na definição dos limites aceitáveis de participação política e de discurso político para 2 bilhões de usuários. Para a fonte interna que havia vazado esse material para mim, os arquivos eram prova da negligência e dos atalhos que a empresa tomara para deter o turbilhão planetário crescente que, conforme essa pessoa acreditava, seus produtos exacerbavam, se é que não provocavam. A meu ver, eram mais do que isso. Eram uma janela pela qual se via como a liderança do Facebook pensava as consequências da ascensão das mídias sociais.

Assim como muitos, no começo eu supunha que os perigos das redes sociais provinham sobretudo do uso impróprio por parte de pessoas mal-intencionadas — propagandistas, espiões, divulgadores de fake news — e que, na pior das hipóteses, as plataformas eram uma tubulação passiva por onde corriam os problemas já existentes na sociedade. Porém, praticamente em todos os lugares que visitei durante minha apuração, cobrindo déspotas, guerras e revoltas longínquas, ocorrências estranhas e excessivas se conectavam às mídias sociais. Uma revolta repentina, um novo grupo extremista, a disseminação da crença em alguma conspiração bizarra... tudo tinha um ponto em comum. E embora os Estados Unidos ainda não tivessem explodido em violência, as semelhanças com o que estava acontecendo lá eram inegáveis. A cada semana havia uma nova pauta sobre uma conspiração no Twitter que dominara a política nacional, sobre uma subcultura do Reddit que embarcara no neonazismo, sobre um viciado em vídeos do YouTube que cometera um assassinato em massa.

Além disso, a eleição inesperada de Donald Trump em 2016 era atribuída, em parte, às mídias sociais. Embora o papel das plataformas ainda não fosse de todo compreendido, já estava claro que o crescimento de Trump havia sido incitado por movimentos da sociedade civil tanto estranhos quanto novos, por veículos ultrassectários que vicejavam na internet, assim como por agentes russos que exploravam as tendências das redes a distorcer a realidade e estimular um sentimento de identidade. Esse padrão mundial sugeria algo de fundamental na tecnologia. Exatamente o quê, por que acontecia e o que significava, ninguém sabia me dizer.

Num outro canto do mundo, um jovem que chamarei de Jacob, terceirizado de uma entre o vasto número de empresas para as quais o Vale do Silício despacha o trabalho sujo, chegara à mesma desconfiança que eu. Ele havia soado todos os alarmes que podia. Seus chefes tinham escutado seu relato com aflição, com solidariedade até. Eles haviam percebido a mesma coisa. Algo no produto que supervisionavam estava tomando rumos perigosamente errados.

Esbelto e com cara de aluno aplicado, Jacob fora apaixonado pela internet desde criança e vinha futricando computadores fazia anos. As tecnologias pareciam representar o que os Estados Unidos tinham de mais significativo. Ele se inspirava principalmente em magnatas da internet como Mark Zuckerberg, o CEO e fundador do Facebook, que defendia que conectar o mundo o tornaria um lugar melhor. Quando Jacob conseguiu um emprego numa agência terceirizada que revisava conteúdos de usuários para o Facebook e o Instagram, uma das muitas que a empresa contrata mundo afora, ele sentiu como se estivesse fazendo parte da História.

Todos os dias, sua equipe clicava em milhares de postagens do mundo inteiro, sinalizando as que desrespeitassem uma regra ou ultrapassassem um limite. Era um trabalho exaustivo, mas necessário, pensava Jacob. Ao longo de alguns meses em 2017 e 2018, porém, eles notaram que as postagens estavam crescendo nos matizes de ódio, conspiração e extremismo. E perceberam que quanto mais incendiária era a postagem, mais a plataforma a espalhava. Aquilo lhes pareceu um padrão, e um padrão que se desenrolava simultaneamente em dezenas de sociedades e idiomas que eram encarregados de supervisionar.

Além disso, eles achavam que sua capacidade de restringir o ódio e as provocações cada vez mais intensas era cerceada exatamente por aquilo que deveria ajudá-los: as dezenas de manuais, todos sigilosos, que ditavam o que eles deviam autorizar na plataforma e o que deviam tirar dela. Para os mais de 2 bilhões de usuários do Facebook, essas regras eram praticamente invisíveis. Elas eram pensadas para preservar a segurança e a civilidade na plataforma, articulando desde os limites entre liberdade de expressão e discurso de ódio até o que seriam movimentos políticos aceitáveis. Mas, além de os manuais se mostrarem insuficientes para conter males que muitas vezes eram incitados pela própria plataforma, e a supervisão desse aspecto nada glamoroso do negócio deixar a desejar, as orientações passadas ao mundo todo haviam se inflado até virarem centenas de páginas confusas, por vezes contraditórias. Algumas das mais importantes, tais como as que identificavam o recrutamento de terroristas ou supervisionavam eleições controversas, estavam cheias de erros de ortografia, incorreções factuais e brechas muito aparentes. O desleixo e as lacunas sugeriam um desprezo arriscado pelo trabalho que Jacob entendia como questão de vida ou morte, em um momento em que as mídias sociais estavam lotadas de um tipo de extremismo que transbordava cada vez mais para o mundo real. Poucos meses antes, as Nações Unidas haviam feito uma acusação formal ao Facebook por permitir que sua tecnologia contribuísse para provocar, em Mianmar, um dos piores genocídios desde a Segunda Guerra Mundial.

Jacob registrou as descobertas e preocupações da sua equipe e as despachou para os superiores. Passaram-se meses. A ressurgência do extremismo na internet só piorou. Ele logava e deslogava, aguardando no seu terminal por uma resposta da sede nos longínquos Estados Unidos. Essa resposta nunca chegou. Teve uma ideia: invadir o sistema de segurança da agência e, em segredo, extrair arquivos confidenciais para espalhar e convencer a imprensa a retransmitir seu alerta — na esperança de que eles chegassem à tela de uma única pessoa: Mark Zuckerberg, fundador e CEO do Facebook.

Ele sabia que eram a distância e a burocracia que não o deixavam chegar nos responsáveis. Se conseguisse ao menos falar com eles, as coisas poderiam se resolver.

Jacob me abordou pela primeira vez no início de 2018. Uma série de pautas em que eu trabalhara, investigando o papel das redes no fervilhar da violência em lugares como a pequena nação asiática do Sri Lanka, lhe pareceram a confirmação de que os problemas que ele havia observado na tela eram reais — e tinham consequências cada vez mais drásticas e, em alguns casos, letais. Mas ele sabia que sua palavra, por si só, não seria o bastante. Teria que escoar os manuais internos e os documentos de treinamento do Facebook do computador da sua agência. Não era fácil — as máquinas tinham proteção robusta e a empresa era rigorosamente monitorada —, mas era possível: um ano antes, alguém tinha conseguido passar alguns arquivos ao jornal *The Guardian* e outros haviam sido vazados para o site Vice News. Jacob preparou um programa que ia transferir os arquivos em segredo, encriptando-os e os limpando de modo a remover marcas digitais que pudessem denunciá-lo ou mesmo indicar o país onde ficava a sua agência. Ele me transferiu alguns através de um servidor protegido. Semanas mais tarde, viajei para encontrá-lo e recolher o restante.

O Facebook, ao saber o que eu havia obtido, me convidou a sua modernosa sede e propôs que eu conversasse com mais de dez gestores de políticas da empresa. Todos eram profissionais obstinados. Alguns tinham adquirido reputação ilibada em Washington, em ramos como contraterrorismo ou segurança cibernética, antes de entrar na corrida do ouro do Vale do Silício. Outros tinham um currículo impressionante nas áreas de direitos humanos ou ciência política. Estavam longe de ser os hackers de porão ou os refugos da universidade que outrora tinham gerido as plataformas — embora mais tarde viesse a ficar claro que os vieses e as ideologias de alojamento estudantil dos primeiros tempos do Vale do Silício ainda se mantinham, com convicção quase religiosa, nas bases das empresas e ainda estavam arraigados à tecnologia que impulsionava essas mesmas ideias mundo afora.

Um padrão estranho emergiu das minhas conversas na sede do Facebook. Um executivo repassava comigo o desafio que consumia seu tempo: impedir que terroristas recrutassem pessoas na plataforma, estar um passo à frente de hackers de um governo hostil, decidir quais combinações de palavras constituíam uma incitação à violência que a plataforma não devia aceitar. Quase todas as perguntas que eu fazia, por mais sensíveis que fossem, rendiam uma resposta matizada e direta. Eles reconheciam quando os problemas não tinham solução. Ninguém teve que consultar anotações para me falar, digamos, sobre as diretrizes do Facebook quanto a grupos a favor da independência curda ou sobre regras de disseminação de discurso de ódio nas Filipinas.

Fiquei com uma dúvida: com essa gente tão escrupulosa e qualificadíssima no comando, por que os problemas — para os quais eles conseguem formular respostas tão pensadas — só se agravam? Quando grupos de defesa de direitos humanos avisam o Facebook sobre perigos iminentes na plataforma, por que ela tende a não fazer nada? Por que jornalistas como eu, que têm pouquíssima perspectiva das operações da plataforma e uma fração minúscula de sua equipe ou do seu orçamento, continuam encontrando atrocidades e cultos nascidos nessa rede social, e que aparentemente a pegam de surpresa? Em certo ponto de cada entrevista, quando eu indagava sobre os perigos que advinham não de pessoas mal-intencionadas a fazer mau uso da plataforma, mas da própria plataforma, era como se um muro mental se erguesse.

"Não há nada de novo nos tipos de ofensa que vemos", disse a chefe de diretrizes globais quando perguntei sobre as consequências da plataforma. "A diferença está no poder de amplificação que uma mídia social tem", completou.[3] "Em termos de sociedade, ainda estamos muito no princípio do entendimento quanto a todas as consequências que as mídias sociais podem ter", afirmou o diretor de segurança cibernética, sugerindo que a mudança primordial acarretada pela tecnologia havia sido apenas reduzir os "ruídos" na comunicação, o que permitia que as mensagens chegassem mais longe e mais rápido.[4]

Era um retrato curiosamente incompleto do funcionamento do Facebook. Muitos na empresa pareciam quase ignorar que os algoritmos e o design da plataforma moldavam propositalmente as experiências e os estímulos dos usuários e, portanto, os próprios usuários. Tais elementos são o cerne do produto, o motivo pelo qual centenas de programadores ficavam zanzando para lá e para cá enquanto estávamos ali conversando. Era como estar em uma fábrica de cigarros e seus executivos afirmarem que não entendiam por que as pessoas reclamavam dos impactos na saúde que as pequenas caixas de papelão que eles vendiam causavam.

Em certo momento, conversando com um dos dois funcionários que lidavam com gerenciamento de crises, saí do modo repórter para alertá-los sobre uma coisa preocupante que havia percebido. Em países mundo afora, um boato repugnante vinha surgindo no Facebook, aparentemente de forma espontânea: estrangeiros misteriosos estavam sequestrando crianças para transformá-las em escravas sexuais e extrair seus órgãos. As localidades expostas a esse boato reagiam de maneira cada vez mais assustadora. Quando o boato se espalhou via Facebook e WhatsApp em uma região rural da Indonésia, por exemplo, nove vilarejos, independentemente um do outro, formaram turbas e atacaram inocentes que estavam ali de passagem. Era como se o boato fosse um vírus misterioso que transformava lugares normais em manadas sedentas de sangue, e como se aquilo emergisse da própria plataforma. Os dois funcionários do Facebook me ouviram e fizeram que sim com a cabeça. Nem um nem outro me fizeram perguntas. Um deles comentou rapidamente que torcia para que, algum dia, um pesquisador independente pudesse analisar esses dados. Aí mudamos de assunto.

Mas versões daquele boato continuaram a aparecer no Facebook. Uma versão norte-americana, que aparecera primeiro no fórum 4chan com o selo "QAnon", havia surgido na plataforma recentemente e foi como um fósforo aceso jogado numa poça de gasolina. Mais adiante, quando o QAnon se tornou um movimento com dezenas de milhares de seguidores, um relatório do FBI o identificou como ameaça de terrorismo doméstico. Ao longo disso tudo, as ferramentas de recomendação do Facebook promoviam grupos do QAnon a enormes números de usuários, como se fosse só mais um grupo, ajudando a conspiração a conquistar o tamanho de um pequeno partido político. O único motivo aparente era dar continuidade aos cliques que o conteúdo do movimento gerava.

Entre os muros do Facebook, porém, a crença no produto como força do bem parecia inabalável. O ideal central do Vale do Silício, de que chamar cada vez mais gente a passar mais tempo na internet vai fazer bem à mente e tornar o mundo melhor, se mantinha particularmente firme entre os engenheiros que acabam criando e moldando os produtos da plataforma. "Conforme temos maior alcance, conforme temos mais gente engajada, cresce o risco", disse uma engenheira sênior do importantíssimo feed de notícias do Facebook. "Mas também acredito que surgem mais oportunidades para as pessoas se exporem a novas ideias."[5] Se a missão da plataforma de maximizar o engajamento do usuário criasse riscos, garantiu ela, eles seriam excluídos pelos engenheiros.

Fiquei sabendo que, pouco tempo depois da minha visita, pesquisadores do Facebook escolhidos para estudar os efeitos da sua tecnologia, reagindo à desconfiança cada vez maior de que o site podia estar intensificando a discórdia política nos Estados Unidos, tinham soado alertas na empresa de que ele estava fazendo exatamente o que os executivos haviam minimizado nas conversas que tive. "Nossos algoritmos exploram a atração do cérebro humano pela discórdia",[6] alertaram os pesquisadores em uma apresentação de 2018 que depois vazou para o *Wall Street Journal*. Na verdade, prosseguia a apresentação, os sistemas do Facebook eram projetados de tal modo que levavam aos usuários "cada vez mais conteúdo de discórdia, de forma a conquistar a atenção e aumentar o tempo do usuário na plataforma". Os executivos engavetaram a pesquisa e rejeitaram a maior parte das recomendações, que sugeriam ajustes nos sistemas de promoção, os quais escolhem o que os usuários veem, que poderiam reduzir seu tempo de internet. Ficou claro que a pergunta que eu havia levado aos corredores da empresa — Quais são as consequências de fazer uma parcela cada vez maior de toda a política, a informação e as relações humanas passar por plataformas na internet projetadas expressamente para manipular a atenção? — era proibida.

Os meses após minha visita coincidiram com o que foi, à época, a maior manifestação pública de repúdio ao Vale do Silício na sua história. As gigantes das redes sociais se viram diante de audiências no Congresso, regulamentação estrangeira, multas multibilionárias e ameaças de dissolução forçada. Personalidades se referiram sistematicamente às empresas como um dos maiores perigos do nosso tempo. Em resposta, as lideranças das empresas juraram enfrentar os males que advinham de seus serviços. Elas inauguraram comitês de guerra pela integridade nas eleições e atualizaram as diretrizes para revisão de conteúdo. Mas seu modelo de negócio — manter gente vidrada na plataforma pelo maior número de horas possível — e a tecnologia subjacente para atingir essa meta continuaram, em grande parte, os mesmos. Embora os problemas que elas prometessem resolver só se agravassem, as empresas ganhavam mais dinheiro do que nunca.

A nova década trouxe uma leva de crises. A pandemia de Covid-19, o ajuste de contas racial nos Estados Unidos, a ascensão acelerada de uma nova e violenta extrema direita e a tentativa de destruição da própria democracia norte-americana. Cada uma delas testou a influência das plataformas no nosso mundo — ou a revelou, expondo ramificações que vinham se armando fazia anos.

No terceiro trimestre de 2020, uma auditoria independente contratada pelo Facebook em consequência da pressão feita por grupos de defesa dos direitos civis concluiu que a plataforma era tudo que os executivos haviam insistido comigo que não era. Suas diretrizes deixavam a desinformação correr sem freios e podiam arruinar o processo eleitoral. Seus algoritmos e sistemas de recomendação estavam "levando as pessoas a autorreforçar câmaras de eco do extremismo",[7] adestrando-as a odiar. Talvez em sua maior condenação, o relatório concluía que a empresa não entendia como seus produtos afetavam seus bilhões de usuários.

Mas havia uma meia dúzia de pessoas que entendia e, muito antes de estarmos preparados para ouvir, tentou nos avisar. Quase todos começaram como entusiastas da tecnologia, alguns como habitantes do próprio Vale do Silício, exatamente o motivo pelo qual eles estavam em condições de notar, com antecedência, que havia algo de errado, investigar e mensurar as consequências. Mas as empresas que afirmavam querer exatamente tais percepções minimizaram a iniciativa dessas pessoas, questionaram a reputação de cada uma delas e contestaram suas conclusões — até o momento em que, em muitos casos, foram obrigadas a reconhecer, mesmo que de maneira implícita, que quem tinha soado o alarme estava certo desde o princípio. Tais pessoas conduziam seu trabalho, pelo menos de início, de modo independente umas das outras, buscando métodos muito distintos para chegar à mesma pergunta: Quais são as consequências dessa tecnologia? Este livro trata da missão de responder a essa pergunta, contada, em parte, pelas pessoas que a levantaram.

Descobriu-se que o senso comum inicial, de que as mídias sociais promovem o sensacionalismo e a indignação, embora fosse correto, subestimava demais a situação. Um acervo cada vez maior de provas, reunido por dezenas de acadêmicos, jornalistas, informantes e cidadãos preocupados, sugere que o impacto delas é muito mais profundo. A tecnologia das redes sociais exerce uma força de atração tão poderosa na nossa psicologia e na nossa identidade, e é tão predominante na nossa vida, que transforma o jeito como pensamos, como nos comportamos e como nos relacionamos uns com os outros. O efeito, multiplicado por bilhões de usuários, tem sido a transformação da própria sociedade.

Não há como culpar o Vale do Silício pelas fragilidades psicológicas individuais que nos levam a fazer mal ou a agir contra nosso interesse. Nem pela polarização cultural intensa, tanto nos Estados Unidos quanto em outras partes, que muniu usuários para transformar esses espaços inéditos em locais de conflito partidário, arrasando qualquer noção de bem-estar ou de realidade em comum. Nem as maiores empresas merecem a culpa pelo modelo de financiamento da alta tecnologia que as fez nascer, fornecendo investimento multimilionário a desajustados de vinte e poucos anos e a seguir exigindo retorno instantâneo, exponencial, com mínima preocupação com os estímulos distorcidos gerados por essa lógica. Ainda assim, tais empresas acumularam fortunas que estão entre as maiores na história corporativa justamente explorando essas tendências e fraquezas, e nesse meio-tempo introduziram uma novíssima era na experiência humana. As consequências — embora, em retrospecto, quase que certamente previsíveis, se alguém houvesse se dado ao trabalho de prestar atenção — foram ofuscadas por uma ideologia que afirmou que mais tempo na internet ia gerar almas mais felizes e mais livres, e também por uma linhagem do capitalismo do Vale do Silício que fortalece certa subcultura oposicionista, insolente, quase milenarista entre aqueles que gerenciam as empresas que gerenciam nossa mente.

Quando as empresas foram obrigadas a se comportar pelo menos um pouco como as instituições de governança que haviam se tornado, elas já estavam no centro de uma crise política e cultural da qual eram, em parte, culpadas. Você pode dizer, generosamente, que ser árbitro de uma democracia decidida a se destruir é uma função ingrata — se as empresas não houvessem se colocado em posições de tanto poder, recusado a responsabilidade até que ela lhe tenha sido imposta, com a arma da regulamentação contra a cabeça e, praticamente a cada passo, comprometido o bem-estar de seus usuários para manter o fluxo mensal de bilhões. Com pouco incentivo às gigantes das redes para se defrontar com o custo humano de seus impérios — um custo que fica nas costas de todos, tal como uma cidade na vazante da usina que descarta substâncias tóxicas na nascente da região —, caberia a dezenas de forasteiros e aos desertores do Vale do Silício tomar a função para si mesmos.

I.
Presos no cassino

O céu vai cair

Renée DiResta carregava o filho no colo quando se deu conta de que as redes sociais estavam provocando algo de ruim nas pessoas. Era algo invisível, que já atingia sua vida e a do filho. Nenhum conhecido no seu círculo mais próximo tinha filhos, então ela entrou em grupos na internet para pais e mães de primeira viagem, procurando dicas para ensinar o bebê a dormir ou sobre o nascimento dos dentes. Porém, segundo ela, os outros usuários, embora simpáticos, vez por outra se metiam em "tretas" que rendiam milhares de postagens. E tudo por causa de um tópico com o qual ela raramente havia se deparado fora da internet: vacinação.

O ano era 2014, e DiResta acabara de chegar no Vale do Silício para trabalhar como "caça-startups" para uma investidora. No fundo, ela ainda era a analista dos tempos que havia passado tanto em Wall Street quanto, antes, em uma agência de espionagem, que, pelo que ela dá a entender, era a CIA. Para manter a mente ativa, preenchia seu tempo livre com projetos de pesquisa complexos, tal como outras pessoas fazem palavras cruzadas na cama.

Com a curiosidade atiçada, DiResta começou a investigar se a raiva contra as vacinas que ela tinha visto na internet era reflexo de algo maior. Descobriu que, lá embaixo, na pilha de documentos do Departamento de Saúde Pública da Califórnia, havia os índices de vacinação por aluno de quase todos os colégios do estado — entre os quais os jardins de infância em que estava considerando matricular o filho. O que ela descobriu a deixou chocada. Algumas escolas tinham índice de vacinação de 30%. "O que está acontecendo?", ela se perguntou. DiResta baixou dez anos de dados. Contou que a tendência durante aquele período — o crescimento constante de não vacinados — estava evidente. "Caramba", pensou, "isso não é bom."

Com taxas tão baixas, existia um sério perigo de eclodirem surtos de doenças como sarampo ou coqueluche, que deixariam todas as crianças em risco. Ela entrou em contato com o gabinete do senador de seu estado para perguntar se podiam fazer algo para aumentar os índices de vacinação. Disseram-lhe que não havia como. "Vacina é uma coisa tão odiada?", perguntou ela. "Não", respondeu a assessora. As pesquisas que eles faziam indicavam 85% de apoio a uma proposta de lei que ia reforçar a obrigatoriedade de vacinação nas escolas. Mas os legisladores tinham medo do ruidoso movimento antivacina — que consistia em jovens pais californianos tomados por paranoia e fúria — que aparentemente estava emergindo do Twitter, do YouTube e do Facebook.

"Foi aquilo que me fez entrar fundo na toca de coelho", afirmou DiResta. "Durante seis meses, sem brincadeira, das oito da noite às duas da manhã, eu só fiz isso." Essa toca de coelho não a levou a descobrir nenhuma mão invisível por trás do movimento antivacina, mas as próprias redes sociais na internet nas quais o movimento havia crescido. Com a esperança de mobilizar alguns dos 85% de californianos que apoiavam a lei pró-vacinação, ela criou um grupo — onde mais? — no Facebook. Quando comprou anúncios na plataforma para encontrar recrutas, percebeu algo curioso. Sempre que digitava "vacina" ou qualquer coisa conectada de forma tangencial ao assunto na ferramenta da plataforma que direcionava os anúncios, os resultados eram de grupos e tópicos esmagadoramente contrários à vacinação. E mais: quando ela voltava seus anúncios para mães californianas, as usuárias que recebiam lhe respondiam com uma enxurrada de insultos, todos antivacina. Era como se as opiniões pró-vacina da sua região na vida real estivessem invertidas na internet.

Curiosa, DiResta entrou em alguns grupos antivacina no Facebook. Seus usuários pareciam viver para as mídias sociais, fazendo circular vídeos do YouTube e coordenando campanhas de hashtag no Twitter. A maioria expressava uma angústia genuína em relação ao que acreditava ser uma vasta conspiração para enfiar seringas perigosas no braço dos filhos. Mas se essas pessoas representavam só 15% dos californianos, por que ali elas eram maioria? DiResta logo percebeu que o Facebook fazia uma coisa estranha: ele promovia um fluxo de notificações que a estimulava a seguir outras páginas antivacina. "Se você entrasse em um só grupo antivacina", disse ela, "a coisa se transformava." Quase todo conteúdo relacionado a vacinação que lhe era recomendado era de antivacina. "A ferramenta de recomendação ficava impulsionando, impulsionando, impulsionando."

Não tardou para o sistema incentivá-la a entrar em grupos de conspirações que nada tinham a ver com vacinação. *Chemtrails.* * Terra Plana. E, conforme ela foi espiando, encontrou outro jeito de o sistema incentivar desinformação sobre vacinas. Tal como a ferramenta de direcionamento dos anúncios, digitar "vacinas" no espaço de busca do Facebook fazia retornar uma chuva de postagens e de grupos antivacina.[1] Mesmo que páginas populares sobre saúde e sobre maternidade

---

* Literalmente "rastros químicos": teoria da conspiração segundo a qual aeronaves borrifam produtos químicos que podem, de acordo com a versão, provocar doenças, acelerar ou retardar a mudança climática e controlar as pessoas mentalmente. [Esta e as demais notas de rodapé são do tradutor.]

tivessem grupos com muito mais gente, esses resultados apareciam mais abaixo.

DiResta teve uma suspeita do que estava acontecendo. Ela era fascinada por informática desde a infância: seu pai, engenheiro biomédico que trabalhou em pesquisas sobre o câncer, lhe ensinara a programar aos nove anos. Ela tivera um computador Timex, do início dos anos 1980, para joguinhos simples. No ensino médio, em Nova York, foi a engenharia que mobilizou sua paixão pela solução de problemas com criatividade, assim como pelos absolutos da matemática. DiResta estagiou em laboratórios de ressonância magnética, ajudando a programar computadores para processamento de imagens do cérebro.

"Eu gostava muito da ideia de ser possível construir o caminho até chegar na solução", disse ela. "Gosto do rigor. Gosto da lógica." E o computador era divertido. As salas sem lei de chat do America Online, o provedor de internet discada, rendiam conexões tão aleatórias que a deixavam estimulada. Fóruns de interesses obscuros compartilhados, como a banda predileta de DiResta, Nine Inch Nails, lhe davam a sensação de fazer parte de comunidades genuínas. Na faculdade, ela se formou em ciências da computação, mas se recusou a fazer pós-graduação, optando por trabalhar com espionagem e finanças. Porém, quando a poeira da crise financeira baixou, entrou em contato com amigos que trabalhavam no Google. Venha para o Oeste, disseram.

Embora, no Vale do Silício, seu trabalho na área de investimentos fosse focado em hardware, ela havia captado o bastante a respeito de mídias sociais para entender o que tinha descoberto nas suas buscas no Facebook. DiResta se deu conta de que o motivo pelo qual o sistema impulsionava com tanta força conspirações discrepantes era o engajamento. As plataformas sociais traziam à tona todo conteúdo que seus sistemas automatizados concluíssem que ia maximizar a movimentação dos usuários na internet, o que fazia a empresa vender mais anúncios. A mãe que aceita que vacinas são mais seguras tem poucos motivos para passar tanto tempo discutindo esse assunto na internet. Os grupos de pais com ideias afins em que ela entrou, embora grandes, tendiam a ser relativamente sossegados. Mas uma mãe que suspeita que existe uma imensa conspiração na medicina que faz mal a seus filhos, percebeu DiResta, pode passar horas pesquisando sobre o assunto. Também é provável que corra atrás de aliados, compartilhando informações e coordenando ações para revidar. Para a inteligência artificial que gerencia uma plataforma de mídias sociais, a conclusão é óbvia: mães interessadas em questões de saúde vão passar muito mais tempo na rede se entrarem em grupos antivacina. Assim, promover esses grupos, por meio de qualquer método que conquiste a atenção dos usuários, impulsionará o engajamento. DiResta sabia que, se estivesse certa, o Facebook não vinha só satisfazendo os extremistas antivacinação. Estava criando os extremistas.

"Eu me sentia o Chicken Little, o que sai avisando a todo mundo que o céu vai cair", disse. "E elas me olhavam com aquela cara de: 'É só uma postagem'." Mas o que DiResta constatara era que havia algo estruturalmente errado na plataforma. Amigos do Vale do Silício entraram em contato com ela para dizer que vinham notando distúrbios parecidos, estranhos, em todo tipo de comunidade. Ela sentia que estava em jogo um conjunto comum de dinâmicas, talvez até um ponto de origem comum em algum lugar nas entranhas das redes. E se esse era o efeito em uma coisa pequena, como diretrizes para vacinação em escolas ou discussões sobre videogame, o que aconteceria se chegasse na política ou na sociedade de modo mais amplo?

"Eu ficava olhando aquilo", lembra ela, "e dizia: 'Vai ser um desastre'."

Foi uma jornada que acabaria por colocá-la no rastro do Estado Islâmico e da espionagem militar russa. Em salas de reuniões do Departamento de Estado e em uma mesa de depoimento ao Congresso. E que a levaria a constatações chocantes quanto à influência que as redes sociais têm sobre todos nós. Mas começou na Califórnia, lutando contra um grupo marginal na internet que, ela ainda não havia percebido, representava algo muito mais profundo e espinhoso.

Era quase certo que ninguém no Facebook nem no YouTube queria promover a antivacinação. Os grupos representavam uma fatia tão minúscula dos seus impérios que qualquer retorno que dessem em anúncios devia ser trivial. Zuckerberg, numa resposta tácita ao problema, em 2015, escreveu que "as conclusões da ciência são claríssimas: vacinas funcionam e são importantes para a saúde de todos". Mas a tecnologia que construía esse movimento marginal era guiada por uma coisa que nem o CEO da empresa tinha como superar: as convenções culturais e financeiras no cerne de toda a indústria.

A Galápagos dos Estados Unidos

Há menos de um século, o Vale de Santa Clara, na região central da Califórnia, era uma região vasta e tranquila de pomares e fábricas de conservas, pontilhada por guindastes sobre poços de petróleo. A paisagem começou a mudar em 1941, quando a Marinha japonesa atacou Pearl Harbor, desencadeando uma série de fatos que transformaram esse fim de mundo em uma das maiores concentrações de riqueza que o mundo já conheceu.

A história dessa transformação, que tem pouco a ver com as lendas de hackers ou contos sobre dormitórios universitários que fazem as vezes de folclore do Vale do Silício, em grande parte inventadas pelo próprio, instilou nele traços culturais e econômicos que foram embutidos aos produtos que cada vez mais governam nosso mundo. E começou com uma onda de pioneirismo que teve papel tão crucial quanto o dos engenheiros e CEOs que vieram depois: o complexo militar-industrial.

Depois de Pearl Harbor, o Pentágono, na preparação para a investida no Pacífico, mas temendo outro ataque de surpresa, dispersou a produção e a pesquisa militar por outras regiões da Costa Oeste que ainda tinham um quê de sertão. Um desses pontos foi o Campo Moffett, uma base aérea praticamente sem uso em uma baía cercada pelas montanhas Santa Cruz. Quando a guerra acabou, a máquina de guerra ficou e foi remanejada para o impasse cada vez mais intenso com a União Soviética. Preparando-se para a guerra nuclear, o Pentágono incentivou terceirizados a tirar seus projetos vitais de grandes centros. A Lockheed, gigante do ramo aeroespacial, aceitou a proposta e deslocou seus mísseis e sua divisão espacial para o tranquilo Vale de Santa Clara, logo atrás do hangar três do Campo Moffett. Boa parte da corrida armamentista da Guerra Fria foi conduzida a partir da base da Lockheed. O cofundador da Apple, Steve Wozniak, assim como muitos de sua geração, cresceu vendo pai ou mãe sair para trabalhar na Lockheed toda manhã.

Um centro de pesquisa acadêmica incomum, a poucos quilômetros dali, teve igual importância. Frederick Terman, filho de um professor de psicologia na então inexpressiva Universidade Stanford, havia passado a Segunda Guerra Mundial nos laboratórios de Harvard, supervisionando projetos de pesquisa que uniam militares e acadêmicos. Voltou para casa com uma ideia: que esse modelo de cooperação tivesse continuidade em tempos de paz, com cientistas universitários trabalhando em parceria com empresas privadas. Ele fundou o Stanford Research Park, onde empresas podiam cooperar com pesquisadores acadêmicos.

Como as fornecedoras da Guerra Fria eram vizinhas, várias toparam. O esquema atraiu cientistas de talento e pós-graduandos do leste do país, que viam a chance de fazer parte de uma patente ou startup com potencial de lucro. Departamentos de pesquisa universitários, pelo menos em teoria, geralmente trabalham em prol do bem maior. Stanford borrou a fronteira entre a pesquisa acadêmica e o lucro, uma mudança que se tornou central para a visão de mundo do Vale do Silício, absorvida e propagada por incontáveis empresas que circulavam pelo Research Park. Tirar a sorte no mercado de tecnologia e contribuir para o progresso humano, segundo aquele raciocínio, eram não só compatíveis — eram exatamente a mesma coisa.

Essas condições fizeram da Santa Clara dos anos 1940 o que Margaret O'Mara, reconhecida historiadora que estuda o Vale do Silício, chamou de Galápagos do Silício.[2] Tal como a geologia peculiar e o isolamento extremo da famosa ilha renderam pássaros e espécies de lagartos singulares, as condições peculiares do Vale renderam jeitos de fazer negócios e de ver o mundo que não teriam vingado em outros lugares — e, ao fim e ao cabo, levaram ao Facebook, ao YouTube e ao Twitter.

A migração fortuita que semeou boa parte do DNA tecnológico do Vale, tal como o pouso de uma iguana à deriva que chegou às margens de Galápagos, foi feita por um engenheiro rabugento chamado William Shockley. Na Bell Labs, talvez a mais prestigiosa das empresas de pesquisa da Costa Oeste, ele foi um dos ganhadores do prêmio Nobel de 1956 por pioneirismo nos transistores com semicondutores. Os minúsculos aparelhos, que orientam ou alteram sinais eletrônicos, são elemento-chave para a eletrônica moderna. Shockley se convenceu de que ia superar os métodos da Bell Labs. No mesmo ano em que ganhou o Nobel, a saúde de sua mãe degringolou e ele voltou a sua cidade natal para cuidar dela e fundar sua empresa de transistores. Sua cidade natal era, por acaso, Palo Alto, a oito quilômetros do Campo Moffett. Seu projeto de transistor propunha substituir o semimetal germânio, usado convencionalmente, pelo silício.

Shockley, que tinha reputação de intratável e arrogante, se empenhou para convencer os engenheiros da Bell Labs a lhe fazerem companhia. Além disso, mesmo com o dinheiro do Pentágono entrando, poucos cientistas de pedigree queriam se mudar para o cafundó que era San José. Ele então contratou engenheiros talentosos cujos currículos não rendiam tantas oportunidades em Boston: sem pós-graduação, imigrantes, judeus. Alguns, como Shockley, eram brilhantes, mas de convívio difícil. Isso ajudou a definir as startups do Vale para todo o sempre como o território dos desajustados com iniciativa, que crescem pelo mérito que têm — legado que levaria suas futuras gerações a exaltar misantropos que largam a faculdade e a legitimar culturas corporativas venenosas, ao estilo de Shockley, como se fossem essenciais ao modelo. Em questão de um ano da fundação da empresa, porém, todos os talentos de Shockley se demitiram. Seu "pendor para humilhar os funcionários",[3] suas rejeições automáticas a qualquer ideia que não fosse sua e a inclinação para extremismos — ele viria a aceitar a eugenia e chamar negros de pessoas com inferioridade genética — se tornaram insuportáveis.

Para os desertores, o mais fácil e esperado seria que levassem suas inovações para o leste do país, onde o restante da indústria continuava existindo. Em vez disso, talvez por nenhum outro motivo fora o clima da Califórnia, eles conseguiram apoio financeiro da Costa Oeste e permaneceram onde estavam. Como sua base era, por acaso, o Vale de Santa Clara, foi dali também que vieram futuros talentos e investimentos nos semicondutores. A pequena indústria prosperou graças aos muitos engenheiros que já estavam na cidade a trabalhar para a Lockheed, garantindo recrutas de primeira linha para qualquer startup que se mostrasse promissora. E o Stanford Research Park tinha a pesquisa de ponta a seu alcance.

O manancial de talentos, dinheiro e tecnologia — os três ingredientes essenciais — viriam a se manter no Vale,[4] e o resto do mundo à distância, através de uma modalidade de financiamento incomum: o capital de risco. Os dólares de Wall Street, em grande parte, permaneceram longe. Os produtos e o mercado eram muito obscuros para financiadores de fora. Aparentemente, os únicos capazes de identificar ideias promissoras, os próprios engenheiros, entravam com o financiamento das startups. Alguém que houvesse ganhado dinheiro com sua própria ideia ouvia falar de um novo projeto que estavam desenvolvendo do outro lado da cidade e fornecia o capital de arranque — no risco — em troca de uma porcentagem.

O acordo ia além do dinheiro. Para resguardar seu investimento, um capitalista de risco eficiente costumava ganhar assento na diretoria da empresa, ajudava a escolher a equipe executiva, até dava mentoria particular ao fundador. E capitalistas de risco tendiam a financiar gente em quem confiavam[5] — ou seja, que conhecessem pessoalmente ou com aparência e lábia como as deles. Assim, cada turma de engenheiros de sucesso materializou tanto seus pontos fortes quanto vieses e cegueiras na próxima turma, tal como uma espécie isolada cujas características ficam mais pronunciadas a cada geração.

Conforme os semicondutores se transformaram na placa de circuito, depois no computador, a seguir na internet, e mais tarde nas redes sociais, cada tecnologia rendia meia dúzia de astros do segmento, que por sua vez financiavam e orientavam a meia dúzia seguinte. Ao longo do caminho, a comunidade continuou sendo uma Galápagos cultural-comercial, com liberdade para desenvolver suas práticas hiperespecíficas em relação a como um negócio deve funcionar, o que constitui o sucesso e que responsabilidades uma empresa tem para com seus consumidores e o mundo.

As consequências desse modelo, com todas as suas peculiaridades, só ficariam à vista quando os sucessores de Shockley tomaram, na forma das potências das mídias sociais, o controle indireto sobre todos nós. Mas os primeiros indicadores já vinham à tona em meados dos anos 2000, conforme o Vale do Silício começou a futricar em um hardware mais complexo do que qualquer semicondutor ou computador: a mente humana.

Contra o feed de notícias

Se você tivesse que apontar exatamente a alvorada da era das mídias sociais, poderia escolher o mês de setembro de 2006, quando os operadores de um site criado dentro de um alojamento universitário, o Facebook.com, fizeram uma descoberta acidental enquanto tentavam resolver um problema comercial. Desde o lançamento do site, dois anos e meio antes, eles haviam tido uma penetração modesta no mercado das redes sociais, nas quais os usuários tinham páginas de perfil personalizadas e não faziam quase mais nada. Na época, o Facebook tinha 8 milhões de usuários,[6] o que já era impressionante para um bando de garotos que mal tinha idade para comprar bebida, mas não era o suficiente para garantir a sobrevivência. Até o Friendster, que já era visto como um fracasso catastrófico, tinha por volta de 10 milhões. Assim como o LiveJournal. O Orkut tinha 15 milhões. O MySpace estava batendo os 100 milhões.

As duas vantagens competitivas do Facebook começavam a parecer riscos. O design limpo deixava o site com visual atraente, mas menos lucrativo do que o atulhamento de anúncios do MySpace e do LiveJournal. E a exclusividade do site com campi universitários lhe rendera uma fatia do mercado que era ao mesmo tempo limitada e ruim de grana. A empresa havia tentado ampliar sua abrangência para empresas, mas pouca gente se inscreveu. Que adulto respeitável colocaria sua vida profissional num site feito para a garotada da faculdade?

O crescimento do número de usuários havia travado no terceiro trimestre daquele ano, quando surgiu um bote salva-vidas: o Yahoo se ofereceu para comprar o Facebook por 1 bilhão de dólares. A gigante da internet estava faturando pelo menos isso a cada trimestre. Mas seu negócio, baseado em um portal, começava a ficar obsoleto e a empresa buscava mercados emergentes. As redes sociais prometiam. Porém, para surpresa de boa parte da indústria, depois de meses de negociação, Zuckerberg recusou a proposta. Ele não queria descer da roda-gigante das startups e, aos 22 anos, virar engrenagem do fóssil cafona que era o Yahoo.[7] Contudo, negar aos funcionários que varavam a noite a chance de se aposentar ricos aos vinte e poucos anos deixou Zuckerberg sob uma pressão imensa não só para fazer o Facebook render, mas render de um jeito tão insano que o bilhão do Yahoo ia parecer mixaria.

A segunda e última etapa do seu plano consistia em futuramente abrir o Facebook a quem quisesse. Mas a expansão fracassada para empresas tornaria incerto o sucesso do plano e poderia até ser contraproducente se afastasse os universitários. Era por isso que tanta coisa dependia da primeira etapa: Zuckerberg ia reformular a primeira página do Facebook para mostrar um feed personalizado, de modo que cada usuário visse o que seus amigos estavam fazendo no site. Até então, você tinha que conferir cada perfil ou grupo manualmente se quisesse saber da movimentação. Agora, se um amigo mudasse o status de relacionamento, outro postasse que comeu pizza ruim na cantina e outro confirmasse presença em um evento, tudo ia parar na sua página inicial.

Esse fluxo de atualizações tinha nome: feed de notícias. Ele era apresentado como uma festa sem fim na qual todo mundo que você conhecia estaria presente. Para alguns usuários, porém, era como se eles fossem obrigados a entrar em um panóptico, onde todo mundo tinha visibilidade absoluta da vida digital de todo mundo. Brotaram grupos com nomes tipo "Estudantes contra o feed de notícias do Facebook". Nada de concreto acontecia nos grupos. Entrar sinalizava que você concordava e era isso. Mas, por conta do novo design do site, toda vez que alguém entrava num grupo, todos os amigos daquela pessoa recebiam uma notificação no próprio feed. Com um clique do mouse, eles também podiam entrar e isso, por sua vez, seria transmitido aos amigos deles. Em questão de horas, os grupos estavam por todo lado. Um atraiu 100 mil integrantes no primeiro dia e, no fim da semana, quase 1 milhão.

Na verdade, só uma minoria dos usuários do Facebook chegou a entrar nesses grupos. Mas a proliferação de atualizações os fez parecerem a maioria esmagadora. E o feed de notícias transformava cada clique à toa no botão "participar" em um grito apaixonado: "Contra o feed de notícias" ou "EU ODEIO O FACEBOOK". A aparência de raiva generalizada, portanto, era uma ilusão. Mas o instinto humano para o conformismo corre fundo. Quando as pessoas acham que algo se tornou parte do consenso, segundo conclusões de psicólogos, elas tendem não só a aceitar como a internalizar essa opinião como se fosse sua.[8]

Logo a indignação se transformou em atitude. Dezenas de milhares mandaram e-mails ao serviço de atendimento do Facebook. Na manhã seguinte, furgões de TV com transmissão via satélite sitiaram a sede do Facebook em Palo Alto, assim como manifestantes em tal número que a polícia perguntou se a empresa não pensava em reverter o que provocara a polêmica. Dentro da companhia, houve quem concordasse. A crise foi apaziguada do lado de fora com um pedido de desculpas público e petulante de Zuckerberg — "Acalmem-se. Respirem. Ouvimos vocês."[9] — e, internamente, com uma constatação irônica: a indignação era fomentada exatamente pelo produto do Facebook contra o qual os usuários estavam gritando.

Essa amplificação digital havia enganado os usuários do Facebook e mesmo a liderança do site, que começou a pensar, erroneamente, que as vozes mais ruidosas da plataforma representavam todas as demais, transformando uma faísca de ira em incêndio. Mas o crucial é que ela provocara outra coisa: o engajamento cresceu. Cresceu muito. Em um mercado em que o engajamento é a principal métrica de sucesso e numa empresa ansiosa para provar que recusar a proposta bilionária do Yahoo havia sido mais do que arrogância, as distorções do feed de notícias não só foram toleradas como adotadas. Logo o Facebook permitiu que qualquer pessoa se registrasse no site. As taxas de crescimento do número de usuários, que mal tinham se alterado durante a rodada de expansão anterior, explodiram: foram para 600% ou 700%. A média de tempo que cada pessoa passava conectada também cresceu em ritmo veloz. Em treze meses, no fim de 2007, o valor da empresa estava estimado em 15 bilhões de dólares.[10]

Passei a considerar esse o momento monólito do Vale do Silício, similar à cena no início de *2001: Uma odisseia no espaço*, de Stanley Kubrick, em que um pilar negro surge diante de um clã de chimpanzés, que de repente aprendem a empunhar ferramentas. A reviravolta fez o Facebook saltar à frente de concorrentes dos quais, até então, estava muito atrás. Outros foram extintos conforme uma nova geração surgia.

Quando o feed de notícias foi lançado, em 2006, 11% dos norte-americanos estavam nas redes sociais.[11] Entre 2% e 4% usavam o Facebook. Menos de uma década depois, em 2014, quase dois terços deles usavam redes sociais, e, entre elas,

Facebook, YouTube e Twitter eram quase universais. Naquele ano, a meio caminho do segundo mandato de Obama, cruzou-se um limiar significativo na experiência humana. Foi a primeira vez que os 200 milhões de norte-americanos com conta ativa no Facebook passaram, em média, mais tempo na plataforma (quarenta minutos por dia) do que socializando pessoalmente (38 minutos). Dentro de dois anos, no terceiro trimestre de 2016, quase 70% dos norte-americanos usavam plataformas que faziam parte do Facebook, compondo uma média de cinquenta minutos por dia.[12]

Esses sistemas fisgavam tantos usuários e de forma tão efetiva que, na época, o valor de mercado da empresa, que tinha um serviço de uso gratuito quase sem produtos físicos ou serviços ao consumidor, excedia o do Wells Fargo, um dos maiores bancos do mundo. No mesmo ano, o Facebook também superou a General Electric e o JPMorgan Chase; ao fim de 2017, a ExxonMobil. Desde então, duas das maiores empresas do mundo são Facebook e Google, outro serviço da internet basicamente gratuito que tira boa parte de sua renda de anúncios, especialmente da sua subsidiária YouTube.

Muito após o potencial danoso da sua tecnologia vir à tona, as empresas viriam a dizer que apenas servem aos desejos dos usuários, que nunca os moldam nem manipulam. Mas a manipulação está embutida nos produtos desde o princípio.

O efeito cassino

"Quando o Facebook estava decolando, havia gente que vinha me dizer: 'Eu não estou nas redes'", lembrou numa conferência, tempos depois, Sean Parker, que se tornara, aos 24 anos, o primeiro presidente do Facebook. "E eu dizia: 'Tudo bem, porque vai estar'. E aí me respondiam: 'Não, não, não. Eu valorizo muito a interação olho no olho. Valorizo o momento. Valorizo a presença. Valorizo a intimidade'. E eu dizia: 'Um dia a gente chega em você'."[13]

Parker tinha orgulho de se dizer hacker, assim como boa parte da geração do Vale do Silício que cresceu nos anos 1990, quando o termo ainda traduzia alguém descolado, da contracultura. A maioria deles, na verdade, desenvolvia software para empresas. Mas Parker fora um dos fundadores do Napster, um programa de compartilhamento de arquivos que as pessoas usavam para distribuir música pirateada e que, dois anos depois do lançamento, quando foi desativado por vias judiciais, já havia arrasado o negócio da música sem chance de recuperação. Parker defendeu que forçara a indústria fonográfica a evoluir ao explorar a lentidão dela para entrar na internet. Muitos dos artistas e executivos, contudo, o viam como um parasita.

A estratégia do Facebook, na descrição dele, não era tão diferente da do Napster. Mas, em vez de explorar os pontos fracos da indústria da música, ia fazer a mesma coisa com a mente humana. "O raciocínio que usamos para construir esses aplicativos", Parker disse na ocasião, "era só um: 'Como consumir o máximo possível do seu tempo e da sua atenção?'." Para tanto, explicou, "de vez em quando precisamos provocar em você um pico de dopamina, quando alguém curte ou comenta sua foto ou postagem ou o que for. E isso o leva a contribuir com mais conteúdo, que vai render mais curtidas e mais comentários". Foi o que ele chamou de "ciclo de retroalimentação da validação social", que definiu do seguinte modo: "Exatamente o tipo de coisa que um hacker como eu ia bolar, porque está explorando um ponto vulnerável na psicologia do ser humano". Ele e Zuckerberg "compreendemos isso" desde o início, disse, e "fizemos mesmo assim".

No Vale do Silício, essa exploração, longe de ser um segredo obscuro, era discutida abertamente como um recurso empolgante para o negócio crescer. O termo em voga era "persuasão": aliciar consumidores a mudar seu comportamento de modo que servisse ao lucro. A Universidade Stanford tinha um Laboratório de Tecnologias Persuasivas desde 1997. Em 2007, um único semestre de projetos dos alunos gerou 1 milhão de dólares em faturamento publicitário.[14]

"Como essas empresas, que produzem pouco mais do que linhas de código que aparecem em uma tela, controlam a mente de cada usuário?", perguntou Nir Eyal, um proeminente consultor do Vale do Silício, em seu livro *Hooked: How to Build Habit-Forming Products* [*Engajado: Como construir produtos e serviços formadores de hábitos*], de 2014. "Nossas ações foram projetadas por outros", explicou. Serviços como Twitter e YouTube "modificam habitualmente nosso comportamento cotidiano, tal como seus desenvolvedores pretendiam."

Uma das comparações prediletas que Eyal faz é com o caça-níqueis. A máquina é projetada para reagir a cada ação sua com um retorno visual, auditivo e tátil. Um *ping* quando você insere a moeda. Um *kachink* quando você puxa a alavanca. Uma luz colorida que pisca quando você solta. É o que se chama de condicionamento pavloviano, que ganhou esse nome em homenagem ao fisiologista russo Ivan Pavlov, que fazia soar um sino toda vez que alimentava seu cachorro, até que o som do sino por si só passou a fazer o estômago do animal se agitar e suas glândulas salivares pulsarem, como se o organismo não conseguisse mais diferenciar entre o soar do sino e a sensação física de comer. Caça-níqueis funcionam do mesmo jeito, preparando sua mente para fundir a alegria de ganhar com os tinidos e zumbidos mecânicos. O ato de puxar a alavanca, que antes não tinha sentido, ganha prazer por si só.

O motivo pelo qual isso acontece se encontra em uma substância química neurotransmissora chamada dopamina, a mesma que Parker havia citado naquela conferência. Seu cérebro libera pequenas quantidades de dopamina quando você supre uma necessidade básica, seja biológica (fome, sexo), seja social (afeto, validação). A dopamina cria uma associação positiva com os comportamentos que a liberam, adestrando você a repetir essas ações. Mas quando algo se apossa desse sistema de recompensas da dopamina, esse algo pode impelir você a repetir um comportamento autodestrutivo. Como fazer mais uma aposta, exagerar no álcool... ou passar horas num aplicativo mesmo que ele o deixe triste.

A dopamina é a cúmplice das mídias sociais dentro do seu cérebro.[15] É por causa dela que seu celular parece um caça-níqueis, que pisca notificações coloridas, faz barulhinhos e vibra. Tais estímulos por si sós são insignificantes do ponto de vista neurológico. Mas seu telefone os combina a atividades que são naturalmente gratificantes, como mandar mensagens a amigos e ficar olhando fotos.

Os aplicativos sociais se apoderam de uma compulsão — a necessidade de se conectar — que pode ser mais poderosa do que a fome ou a ganância. Eyal descreve uma mulher hipotética, Barbra, que entra no Facebook para ver uma foto que um familiar postou. Conforme ela clica em mais fotos ou as comenta, seu cérebro une a sensação de estar conectada a gente que ela ama com os bips e pisca-piscas na interface do Facebook. "Com o tempo", escreve Eyal, "Barbra começa a associar o Facebook à necessidade de conexão social." Ela aprende a atender essa necessidade com uma ação — usar o Facebook — que, na verdade, raramente lhe dará satisfação.

Pouco depois do avanço decisivo do Facebook com o feed de notícias, as grandes plataformas sociais convergiram no que Eyal chamou de um dos maiores segredos do cassino: o reforçamento intermitente de intervalo variável. O conceito, embora pareça obscuro, é diabólico de tão simples. O psicólogo B. F. Skinner descobriu que, se passasse a um paciente humano uma tarefa repetitiva — resolver um quebra-cabeça, por exemplo — e recompensasse a pessoa toda vez que fosse completada, geralmente ela acatava a tarefa, porém parava de fazê-lo depois que esta deixava de recompensá-la. Mas se Skinner distribuísse recompensas apenas às vezes e fosse aleatório quanto ao tamanho delas, a pessoa completava a tarefa com mais consistência, até com obstinação. E continuava completando a tarefa muito depois que as recompensas cessassem de vez — como se buscasse compulsivamente até a possibilidade de recompensa.[16]

Caça-níqueis alavancam essa fraqueza psicológica com efeitos incríveis. A imprevisibilidade da compensação torna difícil parar. As mídias sociais fazem a mesma coisa. Postar no Twitter pode render uma grande compensação social, na forma de curtidas, retuítes e respostas. Ou pode render recompensa zero. Como você nunca sabe o resultado, fica complicado deixar de puxar a alavanca. O reforçamento intermitente de intervalo variável é uma característica que define não apenas jogos de azar e vícios, mas também — o que explica muita coisa — relações abusivas. Abusadores têm uma variação imprevisível entre bondade e crueldade, castigando a parceira ou o parceiro por condutas que antes recompensavam com afeto. Isso pode levar ao que é chamado de vínculo traumático. A pessoa vitimizada no vínculo se vê em uma busca compulsiva por uma resposta positiva, tal como um apostador alimentando um caça-níqueis ou um viciado em Facebook incapaz de se desconectar da plataforma — mesmo que, em muitos casos, isso só vá fazê-lo se sentir solitário.

Além disso, embora postar nas redes possa parecer uma interação genuína entre você e o público, existe uma diferença invisível e crucial. Na internet, a plataforma age como um intermediário que não é visto. Ela decide quais dos seus comentários distribuir a quem e em qual contexto. Sua próxima postagem pode aparecer para pessoas que vão amar e aplaudir, ou para pessoas que vão odiar e vaiar, ou para nenhuma. Você nunca saberá, pois as decisões que a plataforma toma são invisíveis. Tudo que você sabe é que pode ouvir aplausos, vaias ou grilos.

Ao contrário dos caça-níqueis, que raramente estão por perto no nosso cotidiano, os aplicativos de mídias sociais estão entre os produtos de maior acesso na Terra. É um cassino que cabe no bolso, o jeito como nos adestramos a responder a qualquer decaída na nossa felicidade: basta dar um puxão no caça-níqueis mais onipresente da história. O norte-americano médio verifica seu celular 150 vezes por dia,[17] geralmente para abrir redes sociais.[18] Não agimos assim porque a conferência compulsiva dos aplicativos sociais nos deixa felizes. Em 2018, uma equipe de economistas ofereceu a usuários um pagamento, em quantias diversas, para desativar a conta na rede social por quatro semanas, em busca do limiar no qual pelo menos metade deles ia dizer sim. O valor se mostrou alto: 180 dólares. Mas as pessoas que desativaram suas contas sentiram mais felicidade, menos ansiedade e maior satisfação na vida. Depois que o experimento acabou, passaram a usar o aplicativo menos do que antes.[19]

Por que esses participantes foram tão resistentes a largar um produto que os deixava infelizes? Seu comportamento, escreveram os economistas, era "condizente com modelos de formação de hábitos" — ou seja, de vícios — que levavam a "opções de consumo insatisfatórias". Um jeito clínico de dizer que os participantes haviam sido adestrados para agir contra seus próprios interesses.

O sociômetro

Um ano depois de lançar o feed de notícias, um grupo de programadores do Facebook simulou uma coisa que chamaram de "botão incrível" — a aprovação na postagem de outro usuário com um só clique. Zuckerberg vetou a ideia várias vezes, pois acreditava que ela afastaria os usuários de comportamentos mais engajados como postar comentários. O projeto era visto como "amaldiçoado, pois não fora aprovado em várias avaliações do Zuck",[20] escreveu Andrew Bosworth, um dos programadores do feed de notícias, que depois se tornou vice-presidente da empresa. Após um ano e meio no limbo, uma nova equipe assumiu o que tinha virado o botão "Curtir". Numa postagem, Bosworth lembrou o episódio no qual, na fase de testes com usuários, eles descobriram que o botão aumentava o número de comentários. Quando viu esse resultado, Zuckerberg cedeu.

No início de 2009, uma gerente de produto chamada Leah Pearlman, que havia trabalhado no recurso praticamente desde seu ingresso no Facebook, aos 23 anos, publicou uma postagem anunciando que era "um jeito simples de contar aos amigos que você gosta do que eles estão compartilhando na plataforma, com um clique facinho". O tráfego cresceu de imediato, muito além das expectativas da empresa. Mas o comportamento dos usuários também mudou. Apesar de todos os Nir Eyals e Sean Parkers deliberando a respeito de usuários viciados, tratava-se de outro episódio em que, tal como no do feed de notícias e nos de vários avanços vindouros, as empresas de mídias sociais se deparavam com *hacks* psicológicos ainda mais potentes e que elas não entendiam por inteiro.

A atração daquele botãozinho, e boa parte do poder das mídias sociais, vem do fato de que ela explora uma coisa chamada sociômetro. O conceito surgiu de uma pergunta proposta pelo psicólogo Mark Leary: Para que serve a autoestima? A angústia que sentimos com a baixa autoestima é totalmente gerada dentro de nós. Não teríamos desenvolvido um ponto fraco tão incomum e tão doloroso, segundo o raciocínio de Leary, se ele não nos desse um benefício que superasse o custo mental tão grande que tem. Sua teoria, hoje bastante aceita, é de que a autoestima seria, na verdade, uma "medida psicológica do grau com que as pessoas percebem que são valorizadas nas relações e são socialmente aceitas pelos outros".[21]

Seres humanos estão entre os animais sociais mais complexos da Terra. Evoluímos de modo a viver em coletivos sem líderes e bem maiores do que os dos nossos colegas primatas: por volta do teto de 150 membros.[22] Como indivíduos, nossa capacidade de prosperar dependia do nosso desempenho no manejo dessas 149 relações — sem falar nas de todos os nossos pares entre eles. Se o grupo nos valorizasse, podíamos contar com apoio, recursos e provavelmente com um parceiro ou parceira. Caso contrário, talvez não tivéssemos nada disso. Era uma questão de sobrevivência, física e genética.

Ao longo de milhões de anos, essas pressões selecionaram gente que é sensível e habilidosa em maximizar sua posição social. É o que o antropólogo Brian Hare chamou de "sobrevivência dos mais amigos".[23] O resultado foi a criação do sociômetro: a tendência a monitorar, de maneira inconsciente, como outras pessoas da nossa comunidade supostamente nos percebem. Processamos essa informação na forma de autoestima e de emoções afins, como orgulho, vergonha ou insegurança.[24] Essas emoções nos impelem a fazer mais do que leva nossas comunidades a nos valorizar e menos do que elas não valorizam. E, acima de tudo, são pensadas para fazer com que essa motivação pareça vir de dentro de nós. Se percebermos, no nível consciente, que estamos reagindo a pressões sociais, nossa performance pode soar relutante ou cínica, o que a torna menos persuasiva.

O "Curtir" do Facebook, que hoje tem uma versão em cada plataforma, é o equivalente de uma bateria de carro conectada ao sociômetro. Quem estiver no controle das descargas terá um poder tremendo sobre nosso comportamento. Não é só que as "curtidas" fornecem a validação social em cuja obtenção investimos tanta energia; é que elas oferecem essa validação com um imediatismo e uma escala que até então era desconhecida na experiência humana. Fora da internet, a validação explícita é relativamente infrequente. É ainda mais raro que seja proclamada em público, que é a forma mais potente de aprovação porque transmite nosso valor a uma comunidade maior. Quando foi a última vez que cinquenta, sessenta, setenta pessoas aplaudiram você em público fora da internet? Uma vez em anos? Nunca? Nas mídias sociais, isso é parte de uma manhã normal.

Além do mais, as plataformas acrescentaram um toque poderoso: um contador no fim de cada postagem que indica o número de curtidas, retuítes ou de *upvotes* que ela recebeu — uma quantificação constante da aprovação social para cada afirmação que se faz. Foi assim que até o LinkedIn, um quadro de avisos com currículos, se tornou uma rede de relacionamento vendida à Microsoft em um negócio de 26,2 bilhões de dólares. Ela havia colocado insígnias nos perfis dos usuários que indicavam o tamanho da rede de cada um. "Mesmo que na época não houvesse nada de útil que você pudesse fazer com o LinkedIn, aquele ícone simplesinho teve um efeito poderoso, pois tocou no desejo da pessoa de não querer passar por medíocre", disse B. J. Fogg, diretor do Laboratório de Tecnologias Persuasivas de Stanford.[25] Mas, em 2020, até um dos fundadores do Twitter e então CEO da empresa, Jack Dorsey, reconheceu que passara a duvidar do raciocínio que tinha levado ao botão de curtir, e principalmente de "aquele botão ser ligado a um número".[26] Embora não quisesse se comprometer a voltar atrás quanto ao recurso, ele reconheceu que havia criado "um estímulo que pode ser perigoso".

Na verdade, o estímulo é tão potente que chega a aparecer em tomografias. Quando recebemos uma curtida, a atividade neuronal se ativa numa região do cérebro chamada núcleo *accumbens*: a mesma que ativa a dopamina.[27] Pessoas com núcleos *accumbens* menores — uma característica associada a tendências ao vício —[28] usam o Facebook por períodos maiores. E quando usuários que participam intensamente da plataforma recebem uma curtida, registra-se mais atividade nessa massa cinzenta do que em usuários mais sossegados, tal como em viciados em jogo que foram condicionados a se exaltar com cada puxada da alavanca.

Pearlman, a funcionária do Facebook que ajudou a inaugurar o botão de curtir, descobriu esse aspecto depois que, em 2011, abandonou o Vale do Silício para ilustrar quadrinhos. Ela promovia seu trabalho, evidentemente, no Facebook. De início, seus quadrinhos iam bem. Eles tratavam de temas edificantes como gratidão e compaixão, que os sistemas dessa rede social impulsionavam no início dos anos 2010. Até que, por volta de 2015, o Facebook remanejou seu sistema para reprovar "caça-cliques" que atiçam a curiosidade do usuário. O efeito secundário disso foi o fim do impulso artificial que a plataforma dava, até então, ao conteúdo caloroso e emotivo como o que Pearlman criava.

"Quando o Facebook mexeu no algoritmo, minhas curtidas caíram e foi como se eu não estivesse mais absorvendo todo o oxigênio que preciso", contou Pearlman mais tarde ao Vice News. "Mesmo que eu pudesse culpar o algoritmo, alguma coisa dentro de mim dizia: 'As pessoas não gostam, eu não sou boa o bastante'."[29] A própria empresa onde Pearlman tinha trabalhado voltara seu núcleo *accumbens* contra ela, criando um impulso interno por curtidas tão potente que superava seu discernimento. Então, tal como Skinner brincando com uma cobaia, o ex-patrão desligou as recompensas. "De repente, comecei a comprar anúncios, só para voltar a ter atenção", admitiu a ex-funcionária do Facebook.

Para a maioria de nós, o processo é mais sutil. Em vez de comprar anúncios no Facebook, alteramos nossas postagens e comentários diários para que a dopamina continue entrando, geralmente sem perceber o que fazemos. Esse que é o "ciclo de retroalimentação da validação social", como dizia Sean Parker: buscar inconscientemente a aprovação de um sistema automatizado, projetado para voltar nossas necessidades contra nós.

"É muito comum entre os humanos a criação de coisas com a melhor das intenções e tais criações terem consequências imprevistas e negativas", disse ao *Guardian* Justin Rosenstein, ex-engenheiro do Facebook que também trabalhou no botão de curtir. "Se nos preocuparmos apenas com a maximização do lucro, vamos engatar rumo à distopia", alertou. "Um dos motivos pelos quais acho mais importante tratar desse assunto agora é que podemos ser a última geração que vai lembrar como era a vida antes que isso existisse."[30]

O estilingue

Apesar de todo o peso que atenção e aprovação exercem sobre usuários como Pearlman, e da atração viciante das insígnias à moda dos cassinos, a força mais potente nas mídias sociais é a identidade. É o estímulo que tem melhor desempenho nos sistemas da tecnologia e que, portanto, seus sistemas são projetados para ativar e suscitar, acima de todos os demais. Expressar a identidade, aprimorar a identidade, ver e definir o mundo pela lente da identidade. Esse efeito reorganizou o funcionamento das mídias sociais conforme seus encarregados e seus sistemas automatizados passaram ao foco exaustivo na identidade, o que melhor servia a seus propósitos.

Para entender o poder da identidade, comece se perguntando: Quais são as palavras que descrevem sua identidade? Talvez você pense em nacionalidade, raça e religião. Quem sabe sua cidade, sua profissão ou seu gênero. Nossa noção de *eu* deriva em grande parte do nosso pertencimento a grupos. Mas essa compulsão — suas origens, seus efeitos na mente e nas atitudes — "continua sendo um grande mistério para o psicólogo social", escreveu Henri Tajfel em 1979, quando se decidiu a compreender o que ela significa.[31]

Tajfel havia conhecido o poder da identidade de grupo em primeira mão. Em 1939, a Alemanha ocupou o país natal do pesquisador, a Polônia, enquanto ele estudava em Paris. Judeu e temeroso pela segurança de sua família, ele se passou por francês para se alistar no Exército da França. Sustentou o ardil quando foi capturado por soldados alemães. Após a guerra, ao descobrir que sua família fora dizimada, tornou-se oficialmente francês, depois britânico. Essas identidades não passavam de construções sociais — se não fossem, como ele poderia trocar de uma para outra tal como as roupas do armário? Ainda assim, elas tinham o poder de impelir os outros ao seu redor à matança ou à misericórdia, de levar um continente inteiro à autodestruição.

As perguntas que tal constatação levantou assombraram e fascinaram Tajfel. Ele e colegas inauguraram o estudo desse fenômeno, que batizaram de teoria da identidade social.[32] Eles remontaram suas origens a um desafio enfrentado pelo início da existência humana. Muitos primatas vivem em pequenos grupos, em panelinhas. Seres humanos, por outro lado, surgiram em coletivos grandes, nos quais a afinidade familiar não bastava para unir membros de um grupo que, na maior parte, não eram aparentados. O dilema era que o grupo não poderia sobreviver sem que cada membro contribuísse para o todo e nenhum indivíduo, por sua vez, poderia sobreviver sozinho sem o apoio do grupo.

A identidade social, demonstrou Tajfel, é o modo como nos vinculamos ao grupo e seus membros a nós.[33] É por isso que nos sentimos motivados a hastear uma bandeira em frente de casa, a vestir uma camiseta da nossa universidade, a colar um adesivo no carro. Tais atitudes dizem ao nosso grupo que valorizamos nossa afiliação como extensão de nós mesmos e, portanto, que ele pode confiar que serviremos ao bem de todos.

Nosso impulso para cultivar uma identidade em comum é tão potente que podemos até construir uma do nada. Em um experimento, pesquisadores designaram a voluntários um entre dois rótulos simplesmente a partir do cara ou coroa, depois os fizeram participar de um jogo. Cada pessoa demonstrou maior generosidade para com as que tinham o mesmo rótulo, ainda que soubesse que a separação era insignificante.[34] Comportamento idêntico surgiu em dezenas de experimentos e em situações reais, com gente que insistia em adotar qualquer desculpa para traçar a divisão entre "nós" e "eles" — e demonstrar desconfiança, até hostilidade, a quem estava no grupo de fora, ou exogrupo.[35] Durante os intervalos de almoço no set do filme *Planeta dos macacos*, de 1968, por exemplo, os figurantes se dividiam entre mesas distintas, espontaneamente, conforme interpretassem chimpanzés ou gorilas. Charlton Heston, astro do filme, passou anos contando que aquela "segregação instintiva" era "assombrosa".[36] Quando filmaram a sequência, outro grupo de figurantes repetiu exatamente a mesma conduta.

O preconceito e a hostilidade sempre avivaram esse instinto. Tribos de caçadores-coletores às vezes competiam por recursos ou por território. A sobrevivência de um grupo podia exigir a derrota de outro. Por conta disso, os instintos de identidade social nos conduzem à desconfiança e, se necessário, a mobilizações contra quem é do exogrupo.[37] Nossa mente incita esses comportamentos dando estímulo particular a duas emoções: medo e ódio. Ambas são mais sociais do que se imagina. O medo de uma ameaça física de causas externas nos leva a ter um sentimento maior de camaradagem com o grupo do qual fazemos parte, ou endogrupo, como se corrêssemos para nossa tribo para nos sentirmos seguros. Também nos deixa mais desconfiados e mais dispostos a ferir aqueles que percebemos como diferentes.[38] Pense na reação aos ataques do 11 de Setembro: uma maré de fervor patriota com a bandeira em riste e um acordo de empatia, mas ao que se seguiu um pico de crimes de ódio contra muçulmanos.

São instintos profundamente sociais, e por isso é garantido que plataformas de mídias sociais, quando transformam cada clicar ou arrastar em ato social, vão trazê-los à tona. E como essas plataformas promovem qualquer postura que gere mais engajamento, em geral elas produzem esses instintos na sua forma mais extremada. O resultado pode ser uma realidade artificial na qual o endogrupo sempre é virtuoso, mas é perseguido, o exogrupo sempre é uma ameaça assustadora, e praticamente tudo que acontece se torna uma questão de nós contra eles.

O mal que a complacência das redes sociais quanto à identidade provocava não era tão óbvio no início. Mas sempre foi bem conhecido. Em 2012, um ativista de esquerda levantou financiamento com cofundadores do Facebook e do Reddit para lançar a Upworthy, que produzia conteúdo customizado a ser espalhado nas redes sociais. Testando constantemente o que se disseminava mais, a Upworthy fez engenharia reversa para chegar à fórmula da viralização. Listas numeradas iam bem. Assim como as manchetes "caça-curioso" que imploravam pelo seu clique: "Você nunca vai adivinhar o que esse técnico disse para empolgar os jogadores". Mas uma fórmula mostrou especial eficiência: manchetes que prometiam retratar o endogrupo suposto dos usuários (de esquerda, geralmente) humilhando um exogrupo detestado (criacionistas, grandes empresas, racistas). "Este homem retrucou à pergunta de um intolerante com tanta força que a casa veio abaixo."

Enquanto isso, dezenas de jornais estavam fazendo cortes nas redações ou fechando as portas, pois seu modelo de negócio havia sido arrasado pela internet. O Upworthy, praticamente com orçamento zero, ganhara um público muitas vezes maior que o de qualquer jornal. A indústria, em desespero, percebeu. Organizações inteiras surgiram ou se reorganizaram em torno da busca pelo viral. O portal de notícias e entretenimento BuzzFeed se transformou em um gigante da internet com artigos-listas que incluíam os desejos dos usuários por afirmação da identidade social: "28 sinais de que você foi criado por pais irlandeses" ou "31 coisas que só quem veio de cidade pequena vai entender".

Em 2014, fui um de vários jornalistas do *Washington Post* a lançar o Vox, um site noticioso pensado para aproveitar o potencial da internet. Nunca moldamos nosso jornalismo de modo a agradar os algoritmos das mídias sociais — não de maneira consciente, pelo menos —, mas as manchetes eram projetadas com eles em mente. A abordagem mais eficaz — que em retrospecto, contudo, deveríamos ter usado com mais comedimento — era o conflito de identidade. Progressistas versus conservadores. A virtude do antirracismo. A indignação com a flexibilidade do porte de armas. "Identidade era nosso estilingue", escreveu Ezra Klein, fundador do Vox, falando das mídias digitais em um livro sobre polarização. "No início, poucos perceberam que, para ganhar na guerra pela atenção, tínhamos que alavancar o poder da comunidade para criar identidade. Mas os vencedores surgiram rápido, geralmente usando técnicas com mecanismos que não entendiam bem."[39]

Muitas vezes, isso implicou *provocateurs* ultrassectários, fazendas de cliques com fins lucrativos, golpistas descarados. Sem se limitarem por qualquer traço de fidelidade à imparcialidade, à precisão ou ao bem maior, eles arrebanhavam um público imenso favorecendo ou incitando conflitos de identidade.

As consequências, de início, não pareceram ir muito além da internet. Mas alertas dos mais tenebrosos e, em retrospecto, da maior clareza vinham aparecendo fazia anos, e surgiam de uma região do planeta onde os riscos não podiam ter sido maiores e a atenção que se deu a ela, menor.

A maior aventura de suas vidas

O que acontece quando uma sociedade inteira entra na internet ao mesmo tempo e, da noite para o dia, faz a transição da vida sem mídias sociais para a vida dominada pelas redes? Pode soar como um experimento impossível, mas aconteceu. Chama-se Mianmar.

"Tenho convicção de que vocês, a partir de hoje, vão embarcar na maior aventura de suas vidas", disse Eric Schmidt, o CEO de longa data do Google, a uma sala lotada de estudantes durante sua visita ao país no início de 2013. "Com a internet, vai ser impossível retroceder."[40]

Durante décadas, esse país, o segundo maior do Sudeste Asiático depois da Indonésia, com florestas tropicais, deltas tomados por arrozais e costa para o oceano Índico, estava empenhado em um dos isolacionismos mais ferrenhos do planeta. A paranoica junta militar que o governava impôs a proibição quase absoluta de internet, celulares, imprensa estrangeira e viagens internacionais. Torturas e repressões violentas eram executadas com a pior combinação possível de incompetência e crueldade. Em 2011, o líder em idade avançada foi substituído por mais um general de cara azeda, Thein Sein, mas este revelou tendências reformistas. Ele convidou os exilados a voltarem ao país, relaxou as restrições à imprensa e tirou presos políticos da cadeia. Distanciou-se da China, o vizinho cada vez mais imperialista, e deu início a tratativas com os Estados Unidos. Eliminaram-se sanções e marcaram-se eleições; em 2012,

Barack Obama foi o primeiro presidente norte-americano em exercício a visitar o país.

Um agente coadjuvante, mas de alta visibilidade, nesse processo de abertura, bem-visto tanto por líderes de Mianmar quanto por norte-americanos, foi o Vale do Silício. Ele prometeu que botar o país na internet, e rápido, iria modernizar sua economia e empoderar seus 50 milhões de cidadãos, garantindo efetivamente a transição para a democracia. Meses depois da visita de Obama, Schmidt, no papel de embaixador itinerante do Vale, pousou em Yangon, a capital histórica de Mianmar, para anunciar a chegada das gigantes da tecnologia. Ladeado pelo embaixador norte-americano, ele disse à plateia estudantil: "A internet, uma vez instalada, garante que a comunicação e o empoderamento se tornem lei e prática do seu país".

Os líderes mianmarenses também acreditaram na visão do Vale do Silício. Um jornal estatal advertiu os cidadãos: "Uma pessoa sem identidade no Facebook é como uma pessoa sem endereço".[41] O país embarcou na internet quase instantaneamente. De 2012 a 2015, o índice de adoção da internet explodiu de 0,5% para 40%, principalmente através de smartphones baratos.[42] O preço de chips de celular caiu de 1500 dólares para 1,50 dólar.

O Facebook teve papel determinante nisso. A partir de acordos com empresas locais, providenciou que os aparelhos já viriam com uma versão enxuta do aplicativo da plataforma. Em países pobres como Mianmar, onde a renda média é de aproximadamente três dólares ao dia, o preço do pacote de dados pode ser proibitivo. De forma a superar esse obstáculo e vencer a corrida para capturar os 2 bilhões ou 3 bilhões de usuários mais pobres do mundo, o Facebook e outras companhias de tecnologia dos Estados Unidos lançaram a "taxa zero" — na prática, um subsídio à população inteira através de acordos com operadoras locais para abrir mão de cobrança dos dados que passassem pelos aplicativos das empresas. Mianmar foi um tubo de ensaio e, para o Facebook, um sucesso estrondoso. Uma imensa proporção do país aprendeu a mandar mensagens e navegar na internet exclusivamente através do Facebook. Tanto que muitos ainda não sabem que existe outro jeito de se comunicar ou de ler notícias na internet.[43]

Cheguei a Mianmar no início de 2014 e pousei em Yangon para cobrir a tênue transição do país para a democracia. Parecia um lugar congelado no início dos anos 1960, quando governantes militares o haviam cortado fora do mundo exterior. As quedas de energia elétrica eram comuns e a tecnologia moderna era rara; os primeiros caixa automáticos internacionais estavam sendo instalados. Prédios de repartições coloniais britânicas, caindo aos pedaços e tomados por trepadeiras, ainda se destacavam no centro da cidade. Muitas das ruas principais ainda não eram pavimentadas e, no início da manhã, se enchiam de monges descalços. Religiosos de manto laranja e escarlate, reverenciados pela devotíssima maioria budista, estão por todo canto em Mianmar.

Nos intervalos entre entrevistas com políticos e ativistas, passei a ver o futuro de Mianmar como algo mais instável do que haviam pintado. Os militares ainda tinham nesgas de poder e se mostravam relutantes em abrir mão dele. Uma ala extremista crescia entre a classe clerical. E as mídias sociais do país, recém-abertas, estavam se enchendo de racismo e conspirações. Em qualquer ponto da internet, encontravam-se conversas acirradas sobre minorias traiçoeiras.

Um nome aparecia com frequência nas minhas conversas, e era preocupante: Wirathu. O monge budista havia passado a última década preso por seus sermões carregados de ódio e acabara de ser solto graças a um pacote de anistia geral. Ele entrou imediatamente no Facebook e no YouTube. Agora, em vez de viajar pelo país de templo em templo para espalhar o ódio, ele usava as plataformas para chegar a boa parte da nação, inclusive várias vezes por dia. Acusava a minoria muçulmana mianmarense de crimes horrendos, misturando boato com invencionice. No Facebook, acima de tudo, suas postagens circulavam e recirculavam entre usuários que as aceitavam como verdade, criando uma realidade alternativa definida por conspirações e ira, que elevou Wirathu a outro nível de estrelato.[44]

Uma pesquisadora de Stanford que havia trabalhado em Mianmar, Aela Callan, se encontrou com gerentes sêniores do Facebook em fins de 2013 para alertar que o discurso de ódio estava tomando conta da plataforma, tal como ela contou posteriormente ao jornalista Timothy McLaughlin. Em um país com centenas de milhares de usuários, em breve milhões, o Facebook empregava apenas um moderador que sabia revisar conteúdo em birmanês, a língua predominante em Mianmar, o que deixava a rede social praticamente sem supervisão. Os gerentes disseram a Callan que mesmo assim a empresa ia seguir adiante com a expansão em Mianmar.[45]

No início de 2014, Callan transmitiu outro alerta ao Facebook: a situação estava piorando e havia ameaça de violência. Mais uma vez, pouca coisa mudou. Meses depois, Wirathu compartilhou uma postagem na qual afirmava falsamente que muçulmanos donos de duas casas de chá na cidade de Mandalay tinham estuprado uma budista. Ele postou os nomes dos homens e da loja e disse que a agressão fictícia era o tiro de largada de um levante dos muçulmanos contra os budistas. Insistiu que o governo devia fazer um ataque preventivo, invadindo casas de muçulmanos e mesquitas — uma demanda comum da parte de genocidas, cuja mensagem implícita é que cidadãos de bem têm que fazer o que as autoridades não fazem. A postagem viralizou e dominou os feeds país afora. Usuários indignados embarcaram no entusiasmo, instigando uns aos outros a dizimar os vizinhos muçulmanos. Centenas se revoltaram em Mandalay, atacando lojas muçulmanas e seus proprietários, matando duas pessoas e ferindo várias.

Conforme a revolta se espalhou, uma autoridade do governo ligou para um conhecido na sucursal mianmarense da firma de consultoria Deloitte, pedindo ajuda no contato com o Facebook. Mas nem um nem outro conseguiram falar com a empresa. Em desespero, o governo bloqueou o acesso à rede social em Mandalay. As revoltas arrefeceram. No dia seguinte, autoridades da companhia finalmente responderam à ligação do representante da Deloitte — não para saber mais acerca da violência, mas para lhe perguntar se sabia por que a plataforma havia sido bloqueada. Duas semanas depois, em reunião com uma autoridade governamental, um representante do Facebook disse que estavam trabalhando para melhorar sua capacidade de resposta a conteúdo perigoso em Mianmar. Mas, se a empresa mudou alguma coisa, o efeito na plataforma foi indetectável. Assim que o governo revogou o bloqueio virtual, o discurso de ódio e o público de Wirathu só cresceram. "O Facebook sabia pelo menos desde o incidente em Mandalay", disse David Madden, um australiano que coordenava a maior aceleradora de startups de tecnologia em Mianmar, ao jornalista Timothy McLaughlin. "Não é questão de retrospecto. A escala do problema era significativa e já estava na cara."

Sem capacidade ou sem disposição para considerar que seu produto podia ser perigoso, o Facebook continuou ampliando seu alcance em Mianmar e em outros países em desenvolvimento e mal monitorados. A empresa se ilhou em uma crença do Vale do Silício que Schmidt havia citado na sua primeira visita a Yangon: "Você responde ao discurso do mal com mais discurso. Mais comunicação, mais vozes".

2.
Tudo é o Gamergate

Uma nova era

Era agosto de 2014, um mês depois das revoltas de Mandalay. Zoë Quinn estava com amigos em um bar de San Francisco, brindando seu aniversário de 27 anos, quando as redes sociais caíram na sua cabeça com tanta força que mudaram a trajetória da internet e quase tudo que dela surgiu dali em diante. Seu telefone apitou com a mensagem de um amigo: *Você acabou de tomar um* helldump* *feroz.*[1] Um programador chamado Eron Gjoni tinha postado no próprio blog 10 mil palavras de uma narrativa desconexa sobre o breve relacionamento que os dois haviam tido e sobre como terminara, incluindo imagens de e-mails e de mensagens privadas no celular e no Facebook.

Quinn, programadora de jogos com cabelos coloridos, era presença constante em fóruns geek e redes sociais. Ela havia recebido elogios por jogos independentes como *Depression Quest*, uma simulação de como lidar com a depressão clínica, e por seu feminismo declarado. Postava com frequência, às vezes de maneira estridente, em apoio a uma causa que na época estava ganhando impulso entre produtores de jogos e jornalistas afins: ampliar a atração dos jogos e da cultura dos fãs para além do reduto tradicional de geeks jovens e homens. Mas alguns círculos gamers da internet fervilhavam contra

---

* Prática de vasculhar o histórico de publicações de uma pessoa na internet com vistas a revelar algo que a condene e, se possível, cancele.

feministas transgressoras que, na crença deles, queriam corromper o hobby que havia se tornado como que um lugar seguro no meio de um mundo que soava hostil e confuso a muitos desses primeiros obcecados por mídias sociais. Era mais do que uma discussão a respeito de jogos em que o príncipe resgata a princesa peituda darem vez a propostas fora do padrão, como as de Quinn, ou mesmo a respeito do espaço *das* gamers em relação ao *dos* gamers; tinha a ver com a identidade geek masculina, cujos adeptos se viam sob ataque. A narrativa de ódio e rancor de Gjoni reverberou entre os seus.

Um detalhe específico da postagem de Gjoni rodou por fóruns de gamers, entrou em plataformas maiores, chegou aos amigos de Quinn e depois ao seu celular. O programador afirmava que ela havia ido para a cama com um resenhista da área em troca de uma cobertura positiva de *Depression Quest*. A acusação foi desmascarada facilmente; a suposta resenha obtida de forma desonesta nem existia. Mas a verdade não tinha importância. Usuários das subseções de gamers no fórum 4chan, uma central da cultura nerd, e especialmente no Reddit, um site de discussão aberto que havia se tornado a megalópole apinhada no cerne das redes sociais, adotaram a declaração de Gjoni como justificativa para a desconfiança deles, definindo a narrativa para milhões de usuários da plataforma.

A postagem de Gjoni também foi lida como um incentivo ao tipo de justiça bruta que as redes sociais costumam adotar: a intimidação coletiva. A tal ponto que um juiz o proibiu de escrever o que mais fosse sobre Quinn. E, de fato, se assédio era a meta do rapaz, sua postagem teve o efeito desejado. "só quero ver a zoe levar o castigo que merece", escreveu um usuário do 4chan em um chat que organizava a iniciativa de, como disse outro, "deixar a vida dela horrível e sem conserto", até "forçando ela a se matar".[2]

"Tentei me concentrar nas conversas da mesa", escreveu Quinn mais tarde, "mas a vibração insana do meu celular era a única coisa que eu ouvia. Foi como contar os segundos entre relâmpagos para ver a que distância está a tempestade e saber que ela estava cada vez mais perto."[3]

Ela foi para casa e começou a acompanhar o ódio que extravasava na rede. Já havia centenas de mensagens que a incentivavam a se matar e promessas de atormentar sua família caso ela não se suicidasse. As ameaças eram convincentes porque vinham com listas de endereços e números de telefone de parentes. Alguns usuários fizeram circular fotos de Quinn editadas com pornografia. Outros postaram informações pessoais, como seu número de contribuinte, demonstrando o poder que tinham para chegar fundo na sua vida. "Se um dia te vir num palco de evento, eu literalmente te mato", escreveu uma pessoa. "Você tá abaixo da merda e merece que te machuquem, mutilem, matem pra depois eu te benzer mil vezes com meu mijo no teu corpo podre."[4]

A fúria com Quinn e com a imprensa gamer supostamente corrupta tomou conta de boa parte do 4chan e do Reddit, depois no YouTube. Nas três plataformas, comunidades imensas ficaram obcecadas pelo escândalo inventado que batizaram de Gamergate. Mas o que havia começado como outro episódio de trollagem na internet, mesmo que anormalmente grande, aos poucos virou outra coisa, e uma coisa nova. O Gamergate mudou mais do que a vida dos alvos. O escândalo fez os extremos das redes sociais romperem a barreira que chega no cotidiano tradicional dos Estados Unidos, acabando para sempre com a separação entre espaços digitais e não digitais, entre a cultura da internet e a cultura como um todo.

Também marcou a estreia de uma nova modalidade de ação política, definida pelas características fundamentais das redes: uma cultura digital montada em torno de homens jovens e

niilistas, sonhos criados no Vale do Silício de revolução aniqui-
ladora e plataformas projetadas de modo a energizar a identidade até que se torne uma questão de conflito totalizante e exis-
tencial. Outras comunidades, fossem elas de nichos como a das
mães hippie-orgânicas no Facebook ou do tamanho da direita
norte-americana, já estavam tomando uma trajetória similar de
antagonismo. O Gamergate em si foi a primeira versão, mas que
trazia dentro dela a semente de outras que viriam. Os violentos
extremistas "incels", uma extrema direita rejuvenescida e re-
pensada, mais seu desdobramento *alt-right* feito para atrair a juventude: todos convergiram no Gamergate. Assim como a cepa
de outro movimento que começava a tomar forma: o trumpismo.
Entre analistas e jornalistas que tentavam entender a nova era,
quando as regras que regiam as redes sociais passaram a nos governar, uma frase curta colou: "Tudo é o Gamergate".

Levaria mais um ano para a maioria dos envolvidos no surgimento imediato do Gamergate — que atravessou a imprensa,
o entretenimento e praticamente todas as comunidades da
internet com imensa velocidade — sentirem as consequências. Mas, no início, era uma questão de vingança, de homens
e meninos frequentadores da internet que se sentiam excluídos da vida nacional, querendo se vingar de quem quer que as
redes nas quais eles se refugiaram os havia adestrado a culpar.

"Se você acha que seu inimigo é um símbolo e não uma pessoa, de repente você tem que lidar com um monte de bosta de-
sumana e precisa ter competência emocional", disse Quinn a
um entrevistador, mais tarde. "E sei disso porque fui babaca.
Se o Gamergate tivesse acontecido com outra pessoa, anos antes, provavelmente eu ia ficar do lado errado. Aquela adolescente cagada com transtorno mental, um quê de misógina e
que amava videogame? Com certeza."[5]

Ao longo dos meses seguintes, os gamergaters miraram dezenas de pessoas que se pronunciaram para defender Quinn,

60

que criticavam os métodos deles ou a cultura gamer da internet, ou quem quer que tivesse o nome mencionado em boatos de envolvimento na conspiração que, eles tinham se convencido, era real. Eles se voltaram para escritoras e jornalistas mulheres de ideias afins, causando um nível de aniquilação que nem os críticos mais afiados das mídias sociais consideravam possível. Um dos métodos preferenciais era o *swatting* — ligar para o 911 e dizer que havia reféns na casa do alvo, para instigar, muitas vezes com sucesso, uma batida da SWAT que, na confusão, pudesse terminar com a polícia atirando no alvo e na família.[6] (Em 2017, a polícia prendeu um homem que convocara um *swatting* fatal devido a uma disputa online que tinha relação com jogos.[7] Ele foi condenado a vinte anos de detenção em um acordo de um processo que respondia por uma ameaça de bomba que havia feito em outro caso. Dois outros *swatters* frequentes, cada um responsável por dezenas de informes falsos, a maioria por conta de discussões na rede sobre jogos, foram presos.[8] No mais, assediadores da internet raramente sofrem consequências jurídicas. Embora os órgãos de segurança pública tenham começado a levar mais a sério essa atividade, investigá-la toma tempo e, por ser muito descentralizada, é quase impossível detê-la e dissuadi-la. Quando a polícia consegue definir a identidade do assediador, o que é muito menos do que agir, a intimidação geralmente já cessou. E processar um ou dois assediadores famosos, embora seja revigorante para as vítimas, pouco ajuda para impedir outros cem usuários de reproduzir o mesmo efeito.) Mulheres que trabalhavam com jogos, supostamente cúmplices, também viraram alvos. Algumas, temendo expor os filhos a violência, saíram definitivamente da área.

Quando um site especializado acusou os gamergaters de fazer a cultura gamer "passar vergonha", usuários lotaram a maior anunciante do site, a Intel, de reclamações fajutas e convenceram a gigante empresarial a cancelar os anúncios por um breve período.[9] Fizeram a mesma coisa com o site Gawker. Os jornalistas que cuidavam da editoria de jogos, quase esquecida, tiveram que aprender a deletar informações pessoais da internet e, quando recebiam atenção indesejada, a alertar familiares quanto à possibilidade de ameaça de morte ou ataque cibernético.

"O que me tirou do prumo foi o momento em que o Gamergate mirou Samantha Allen, que escrevia para o Polygon", comentou Brianna Wu, programadora independente de jogos. "Eles literalmente provocaram a demissão da Samantha. Não foi só um dramalhão de internet. Foram mulheres que perderam a carreira."

O sotaque sulista de Wu era uma constante em eventos e podcasts da área, e nestes, muito antes do Gamergate, ela insistia por uma reforma das tendências mais juvenis e masculinas da indústria. Quando o Gamergate começou a mirar suas amigas, ela se sentiu obrigada a falar. Esperava uma reação negativa, mas não tão feroz. Ao longo de fins de 2014 e início de 2015, milhares encheram sua caixa de imagens e xingamentos violentos, deixando as plataformas das quais ela dependia para promover seu trabalho praticamente inutilizáveis. Ameaças de morte vinham acompanhadas da planta baixa de sua casa e fotos da sua família. Um conhecido a alertou quanto a fóruns em que usuários estavam instigando uns aos outros a levar as ameaças às vias de fato.

"Tenho certeza de que, em parte, era só para me intimidar", disse ela. Mas uma ameaça específica a fez pensar que outras fossem sinceras. Anos depois, Wu lembrava de cada palavra: "E aí, puta, adivinha? Eu sei onde você e o Frank moram. Se você tiver filhos, eles também morrem. Você não fez nada de útil nessa vida. Vou cortar o pintinho de asiático do teu marido e vou te estuprar até você sangrar". Quando ela entrou em contato com a polícia, eles aconselharam que saísse de casa. Meses depois, um youtuber postou um vídeo de si mesmo com uma máscara de caveira, mostrando uma faca que prometia usar contra Wu. O incidente inspirou o roteiro de um episódio do seriado *Law & Order: Special Victims Unit.* "Ice-T mata Logan Paul num telhado para salvar a personagem baseada em mim. Juro por Deus que não acreditei quando fiquei sabendo", contou ela, rindo. As ameaças continuaram. Pouco depois de conversarmos, em junho de 2020, quebraram a janela de sua casa com um tijolo.

Conforme o Gamergate entrou no imaginário público, Wu aproveitou seus contatos nas mídias sociais para pleitear que elas pelo menos refreassem as campanhas de intimidação que partiam das plataformas. Mas os funcionários do Vale com quem conversou, a maioria homens brancos jovens, aparentemente nunca tinham pensado que ódio e intimidação podiam ter consequências reais, e muito menos em como refreá-los. "Não é que eles sejam vilões", disse Wu. "É que não possuem a experiência de vida que muitas mulheres, muitos queer e muita gente não branca têm."

As empresas menos reativas foram o Facebook, que não quis saber de Wu, e o Reddit, um dos pontos onde o Gamergate havia começado. Quanto mais ela interagia com operadores da plataforma ou investigava o discurso venenoso que emergia dos sites, mais suspeitava de um perigo maior. "Os softwares definem cada vez mais o mundo à nossa volta", escreveu ela no início de 2015. Plataformas e aplicativos "criam nossa realidade social — como fazemos amizades, como conseguimos emprego, como a humanidade interage". Mas eles haviam sido projetados com pouca participação de quem estava além da visão de mundo estreita ou do perfil demográfico do Vale do Silício. "Esses sistemas são a nova fronteira da evolução e cada vez são mais perigosos para nós", concluiu Wu, complementando com uma opinião que na época foi considerada exagerada: "O risco não podia ser maior".[10]

A transformação havia começado quarenta anos antes, com uma geração de fabricantes de computadores do Vale do Silício que se viam como revolucionários, cujo objetivo era derrubar o status quo do país. Eles construíram as redes sociais, explicitamente, como ferramenta para chegar lá. Mas sua nova sociedade digital, imaginada como substituta de tudo que existia até então, foi projetada menos para libertação e mais para raiva e conflito, graças ao pecado original do capitalismo do Vale e, nos anos 1990, a uma virada fatídica no mercado dos brinquedos. O resultado foi um mundo digital que, já no início dos anos 2000, era assolado pelo estranho misto do chauvinismo geek com, embora não tenha sido considerado no começo, o extremismo da extrema direita.

O Gamergate anunciou nossa nova era, da vida norte-americana moldada pelos estímulos e regras das redes sociais, de plataformas que estavam logo ali, nas franjas da sociedade tradicional. Em poucos anos, essas plataformas transformariam o Gamergate e suas ramificações em movimento nacional, entrariam nas casas de milhões de recém-chegados ao mundo digital e os mobilizariam para um movimento que, muito em breve, chegaria à Casa Branca.

Os revolucionários

Os dias de formação da revolução informática coincidiram com um período de extrema turbulência na vida norte-americana. Assassinatos políticos, revoltas, a derrota no Vietnã e a desonrosa renúncia de Richard Nixon fomentaram uma hostilidade intensa contra autoridades centralizadas, assim como uma contracultura cujas desvairadas extravagâncias aparentemente combinavam com a época. Mas embora os marqueteiros viessem a reescrever a era da informação como a de sonhadores iconoclastas, na verdade ela começou com gente como Douglas Engelbart, um engenheiro-pesquisador da Marinha. Durante os anos 1960, Engelbart, com apoio de bolsas da Nasa e do Pentágono, penou na construção de uma máquina que usasse semicondutores para armazenar e mostrar informações.[11] Mas, diferentemente dos colossos com cartão perfurado ao estilo IBM, ela seria de uso fácil para quem não era especialista.

O aparelho que Engelbart finalmente apresentou em uma demonstração pública em 1968 exibia a primeira interface gráfica. Também incluía o primeiríssimo mouse. Ele podia até trocar informações com outras máquinas via modem. A demonstração disparou uma tempestade de ânimo no Vale do Silício, que percebeu os ingredientes de uma novíssima indústria. Intelectuais públicos, imersos na empolgação contracultural do momento, anunciaram o aparelho como um passo para derrubar as estruturas e construir uma nova sociedade de baixo para cima. *O choque do futuro*, célebre best-seller dos anos 1970, previa uma "revolução tecnológica" que ia empoderar mais indivíduos do que instituições. O sociólogo Ted Nelson, amigo de Engelbart, escreveu *Computer Lib/Dream Machines*, cujo título ("*Lib*" é abreviação de *libertação*) e capa com punho em riste transmitiam boa parte da mensagem.

A mitologia pegou rápido em uma indústria pronta para se redefinir. Em 1971, um periódico empresarial cunhou o termo "Vale do Silício", fazendo referência ao mercado de transistores de silício inaugurado uma década antes por William Shockley e discípulos. No ano seguinte, o perfil apaixonado de um departamento de pesquisa empresarial no Vale foi publicado — onde mais? — na revista *Rolling Stone*. Retratava os engenheiros como cabeludos excêntricos que iam nos dar "liberdade e esquisitice" através de um produto — o computador — com que a maioria só havia se deparado como uma máquina sem graça e assustadora no trabalho ou na universidade.

Engenheiros de todo o Vale prontamente internalizaram os elogios como a verdade. Daí em diante, digitar código em um terminal deixou de ser desenvolvimento de produto comercial e virou "hack". "Nós somos os revolucionários do mundo de hoje — não os garotos de barba e cabelão que estavam detonando as escolas havia poucos anos", disse Gordon Moore, um dos fundadores da Intel, a um jornalista.[12] Conforme as excentricidades da contracultura recuavam no restante do país logo após a renúncia de Nixon, no Vale elas se mantiveram graças, em parte, à chegada do Altair 8800, o primeiro computador pequeno e barato para uso doméstico, em 1974. As máquinas eram "abertas", ou seja, qualquer pessoa com know-how podia mexer ou trocar componentes. Engenheiros do Vale formaram clubes com encontros depois do expediente para aficionados, com nomes como Homebrew Computer Club [Clube do Computador Caseiro] e People's Computer Company [Companhia do Computador Popular]. Em circulares e encontros, eles codificaram sua autoimagem revolucionária até transformá-la em algo que lembrava uma doutrina. A circular do People Computer's Company publicava orientações técnicas juntamente com tratados sobre a utopia libertária vindoura.[13]

Os encontros do Homebrew renderam uma geração de startups, entre elas a Apple Computer. Conforme os computadores pessoais cresceram e superaram o nicho dos diletantes, a Apple deu um salto à frente da concorrência graças a sua tecnologia e, especialmente, ao marketing. Ela vendeu a imagem de "liberdade e esquisitice" aos *baby boomers* como algo que era ao mesmo tempo nostalgia — um eco da contracultura dos anos 1960 — e aspiração. Em 1984, com os negócios de vento em popa a cada ano que passava, a empresa veiculou no Super Bowl o vídeo de uma mulher lançando um martelo contra a tela de um chefe supremo totalitário. O consumismo como revolução: o anarquismo hacker preenchido pelo capitalismo desavergonhado dos anos Reagan. "É perigoso", disse a historiadora Margaret O'Mara, "porque o mito se torna a realidade do Vale do Silício."

O papo sobre destruir estruturas de poder foi, de início, principalmente retórico. Mas meia dúzia de devotos transformou esses ideais, alçados a um extremo quase milenarista, em uma coisa que chamaram de WELL, a primeira rede social com consequências sérias. Ela havia surgido a partir de uma revista fundada por um sócio de Ken Kesey chamado Stewart Brand, que passara os anos 1960 dirigindo seu furgão entre as comunas ripongas da Califórnia vendendo mantimentos.[14] Ele chamava seu empreendimento de Whole Earth Truck Store [Loja-Furgão de Toda a Terra]. Ao se firmar no Vale de Santa Clara, em 1968, converteu-o em Whole Earth Catalog [Catálogo de Toda a Terra]. O nome era uma piada: o catálogo orientava leitores sobre como fazer os produtos por conta própria, junto com matérias que promoviam a vida comunitária hippie.

Exemplares do catálogo eram onipresentes no Vale do Silício. Steve Jobs viria a chamá-lo de "uma das bíblias da minha geração". Brand, tendo absorvido as promessas de libertação do Vale, usou sua revista e suas credenciais ripongas para repetir à comunidade como se fosse uma ordem: só você pode terminar o que os anos 1960 começaram. "Acho que os hackers", disse ele num congresso da indústria em 1984, "são o corpo de intelectuais mais interessante e mais eficiente desde os autores da Constituição dos Estados Unidos da América." Quando uma empresa de teleconferências lhe propôs transformar sua revista em fórum, ele lançou o Whole Earth 'Lectronic Link [Contato Eletrônico de Toda a Terra], ou WELL. Seus amigos nos altos escalões da indústria se inscreveram, e boa parte do Vale foi atrás, transformando-o em uma central da qual você tinha que fazer parte.

Os fundadores do site o imaginaram como a concretização de seus sonhos da utopia anarquista.[15] A quase ausência de regras, acreditavam, levaria a uma comunidade com autogestão na qual as ideias iam subir ou cair de acordo com o mérito.[16] Na realidade, conforme entravam engenheiros rabugentos ou combativos, as vozes mais ruidosas e as opiniões mais populares passaram a dominar. Mas como os arquitetos da WELL representavam esses dois lados, eles entenderam isso como confirmação de que sua meritocracia intelectual dava certo. A partir daí, os arquitetos da era da internet que haviam se reunido na WELL viriam a tratar eternamente o majoritarismo bruto como ideal natural, que acoplariam a toda rede social subsequente até hoje. A discussão ruidosa passou a ser vista como a meritocracia mais pura: se você não conseguia lidar com seus pares nem ganhar público, se você se sentia intimidado ou indesejado, era porque suas ideias não tinham o mérito da vitória.

Os usuários da WELL, espalhados pela indústria, vieram a construir a internet do consumo à sua imagem: sem regulamentação, sem governo, de uso aberto, projetada implicitamente para geeks do sexo masculino que haviam preenchido o seu fórum seminal. Não eram meros sites. Era uma cibersociedade que nos alçava dos comportamentos ultrapassados do mundo físico. "Rejeitamos: reis, presidentes e eleições. Acreditamos em: consenso bruto e código rodando", afirmou David Clark, um dos arquitetos da internet, em 1992.[17]

Em 1996, um ex-integrante da WELL escreveu o documento que definiu a era da internet, "Uma declaração de independência do ciberespaço". Dirigindo-se aos "Governos do Mundo Industrial", ele proclamava: "Vocês não têm nenhuma soberania sobre onde nos reunimos". A internet devia ser "uma civilização da mente" gerida pela vontade coletiva dos usuários.[18] Era uma ideologia que penetrou na cultura ampla, e rápido, foi sagrada em filmes como *A rede* e *Matrix*, que retratavam programadores como a nova vanguarda contracultural, rebeldes kung fu que romperiam as correntes da escravidão humana.

O manifesto sagrou um ideal em particular: liberdade de expressão total. Assim como na WELL, esse viria a ser o mecanismo da internet para um governo autônomo, seu primeiro mandamento e sua maior dádiva ao mundo. Seus preceitos ainda são o texto fundador da indústria das mídias sociais. "Nossa assessoria jurídica e CEO gostam de dizer que somos a ala da liberdade de expressão no partido da liberdade de expressão", disse o cabeça do Twitter no Reino Unido.[19] Zuckerberg chamou a liberdade de expressão de "ideal fundador da empresa".[20]

Mas é a ambição de concretizar uma revolução que vá das raízes até os galhos o que mais anima a ideologia subjacente do Vale do Silício. É uma profecia que as empresas de mídias sociais se veem predestinadas a cumprir. Enquanto a Apple era a "empresa da inovação", o Facebook era a "empresa da revolução" — foi o que Zuckerberg disse, aos 22 anos, a um funcionário em potencial.[21] A um entrevistador na TV, ele afirmou: "Em termos básicos, estamos reprogramando o mundo de baixo para cima",[22] promessa que formalizou em carta aos acionistas.[23] O Facebook podia e devia fazer tudo isso, acreditava ele, porque era comandado por engenheiros, cuja visão pura os levaria até lá. "Há essa coisa fundamental que é olhar algo e pensar, desde cedo: Isso pode melhorar. Eu consigo desmontar esse sistema e deixá-lo melhor", disse Zuckerberg em viagem à Nigéria, onde prometeu que o Facebook promoveria o avanço de todo o continente africano. "Acredito de verdade que a mentalidade da engenharia [...] pode ser mais um conjunto de valores do que uma mentalidade."[24] Mas esse idealismo — a crença de que as startups que ganhassem mais usuários apoiariam e deveriam reconstruir a sociedade inteira — refletia uma arrogância que se provaria catastrófica. "O motivo pelo qual nós, nerds, não nos encaixávamos era que, em certo sentido, estávamos um passo à frente", escreveu Paul Graham, o investidor cuja incubadora havia lançado o Reddit.[25] Os futuros silicionados eram "invariavelmente impopulares" quando crianças, defendeu ele, porque "estávamos pensando nas coisas que importam no mundo real, em vez de passar o tempo todo jogando um jogo árduo, mas sobretudo sem sentido, como os outros".

Ainda mais importante do que a crença do Vale numa missão grandiosa eram os tipos de engenheiros que seus investidores destacavam para comandar a revolução e era à imagem deles que o mundo poderia ser refeito. "Todos parecem nerds brancos machos que trancaram Harvard ou Stanford e têm vida social zero", disse John Doerr, investidor lendário do ramo da tecnologia, a respeito dos fundadores de sucesso, chamando isso de "molde" que usava para selecionar em quem ia investir. Do mesmo modo, Graham já disse que procura "nerds" e "idealistas" com um "brilho pirata nos olhos", que "têm prazer em desrespeitar regras" e desafiam sutilezas sociais.[26] "Esse pessoal quer ficar rico, mas quer ficar rico mudando o mundo",[27] instigou Peter Thiel, um dos fundadores do PayPal e o primeiro investidor externo do Facebook, exaltando a figura do opositor antissocial. "Parece que indivíduos com inaptidão social ao estilo Asperger têm vantagem no Vale do Silício de hoje", escreveu ele em um livro influente sobre startups. "Se você é menos sensível aos mandos da sociedade, diminui a chance de você fazer a mesma coisa que todos à sua volta."[28] Os investidores consideravam que esse arquétipo representava uma forma extremada de meritocracia — baseada apenas em resultados, tão pura que ficava acima das preocupações mesquinhas com diversidade. Na realidade, tais resultados, confirmados pelo "molde" de Doerr, apenas refletiam uma cultura tecnológica que era hostil a quem fosse externo ao ideal vetusto do geek macho misantropo.

"Não se dá muito valor ao tato nas relações sociais", disse Margaret O'Mara. "Existe uma tolerância com a esquisitice, em parte porque gente esquisita tem histórico documentado. Essa é a outra dimensão da cultura do Vale do Silício. É como se todo mundo fosse babaca." Esse arquétipo era derivado das empresas que fundaram o Vale: o Shockley Semiconductor Laboratory e a fornecedora de componentes elétricos Hewlett-Packard. Ambas eram definidas pelo desdém de seus intratáveis fundadores pela vida corporativa convencional e pela gestão tradicional, que não lhes permitiram se mudar da Costa Leste. Elas cultivaram culturas internas de competição impiedosa e zelo contra as hierarquias, tratando os engenheiros com rédea solta e supervisão relaxada. Além disso, recrutavam rabugentos antiestablishment à sua imagem, com pedigree bem informal e personalidade muito difícil para as dóceis IBM e Bell Labs. Com o tempo, como o universitário desistente, briguento e obstinado era a personalidade que mais se via por ali, o Vale passou a considerá-la sinônimo de gênio.

Na maioria dos ramos, essas excentricidades se diluiriam com o tempo, novas contratações e gerações subsequentes. Mas o que costuma acontecer no Vale tem a ver com a eminência oculta por trás de tudo, que definiu tanto sua cultura quanto seu modelo econômico: o capital de risco. A prática de os engenheiros se tornarem investidores que escolhem a geração de engenheiros subsequente manteve o manancial genético ideológico incestuosamente reduzido.

Ainda hoje, Shockley está só a uns quatro ou cinco passos de praticamente toda figura conhecida das redes sociais. Um dos seus primeiros funcionários, um engenheiro chamado Eugene Kleiner, fundou depois a Kleiner Perkins, firma de investimentos que contratou Doerr. Doerr, por sua vez, financiou a Amazon e o Google, onde seus conselhos — que aprendeu com recrutas de Shockley — se tornaram a base para o modelo de negócio do YouTube. Outro pupilo de Doerr, Marc Andreessen, fundador da Netscape, se tornou um grande investidor e integrante da diretoria do Facebook, além de mentor pessoal de Mark Zuckerberg. Ele foi um dos fundadores de uma firma de investimentos que financiou, entre outras, Slack, Pinterest e Twitter.

Há dezenas dessas interconexões, todas entre um pequeno grupo de investidores e fundadores com ideias afins. Yishan Wong, diretor do Reddit durante o Gamergate, havia crescido no PayPal, cujos egressos guiaram boa parte da era das mídias sociais. Um dos primeiros executivos do PayPal, Reid Hoffman, usou a bolada que ganhou para fundar o LinkedIn e investir desde cedo no Facebook. Foi ele que apresentou Zuckerberg a Thiel, que se tornou o primeiro membro do conselho do Facebook.

Thiel, apostando ainda mais no sucesso do PayPal, abriu um fundo que partiu para investimentos de peso na Airbnb, na Lyft e na Spotify. Ao longo desses investimentos, tal como muitos investidores de renome, ele impôs seus ideais às empresas que supervisionava. Nos anos 1990, foi coautor de um livro, *The Diversity Myth* [O mito da diversidade], no qual pregava que a inclusão intencional de mulheres ou minorias era uma fraude que sufocava a atividade intelectual livre. "Max Levchin, que fundou o PayPal comigo, diz que as startups deveriam fazer com que sua primeira equipe fosse o mais parecida possível", escreveu Thiel. "Todos na sua empresa devem ser diferentes do mesmo modo — uma tribo de pessoas com ideias afins e com dedicação feroz à missão da empresa."[29]

Mais do que apenas gênero ou raça, esse era o arquétipo rigoroso em torno do qual o Vale projetou seus produtos: o homem geek, implacável, lógico, misantropo e branco. Durante boa parte da história da área da tecnologia, essa predileção afetou poucos além das mulheres e minorias que lutavam para aguentar seu ambiente de trabalho. Mas, com o advento das redes sociais, a indústria começou a embutir seus piores vícios em empresas que contrabandearam esses excessos — o chauvinismo, a cultura do assédio, o majoritarismo disfarçado de meritocracia — para a casa e a mente de bilhões de consumidores.

Trollagens

A revolução veio depressa, ampliada pela banda larga até chegar praticamente a cada cidadezinha e cada subúrbio. Trouxe, tal como prometia, liberdade quase total pelo menos àqueles que lhe abriram as portas. Mas o que seus arquitetos não entendiam era que toda comunidade — especialmente aquelas que dispensavam quase todas as regras ou autoridades formais — se gerencia conforme convenções sociais de algum tipo. E as normas e os valores que eles codificaram no início da internet acabaram guiando seus milhões de primeiros adeptos a algo muito diferente da utopia igualitária que haviam imaginado.

Em 2009, na alvorada do que hoje chamamos de cultura da internet, um garoto de treze anos chamado Adam, morador do subúrbio de Dallas, partiu em uma jornada pelas profundezas das redes sociais que iria tomar conta da maior parte de sua vida. Ele ouvira a palavra "meme" em algum lugar, procurou-a no Google e foi parar em um blog chamado I Can Haz Cheezburger? [Eu pode comê cheeseburguer?]. O blog registrava milhões de visualizações por dia com fotos de gatos sobrepostas a textos infantis, supostamente na voz do gato ("Eu te fez janta mas eu comeu tudo").

Adam foi atraído por uma postagem — uma série de memes e capturas de tela — que contava uma história. Segundo a postagem, havia aparecido no YouTube um par de vídeos que mostravam dois garotos maltratando um gato chamado Dusty.[30] Os vídeos renderam indignação, principalmente em um fórum chamado 4chan, cujos usuários tendiam a ser maldosos. Eles juraram se vingar em nome de Dusty; um identificava o produtor do vídeo do YouTube como um garoto de catorze anos de Oklahoma. Outro dizia que alertara a polícia da cidade, embora as autoridades viessem a dizer que haviam identificado a origem do vídeo por conta própria. O produtor e seu irmão foram acusados de crueldade com animais; o 4chan se encheu de postagens comemorando a vitória como se fosse do fórum.

Adam ficou fascinado. Pessoas iguais a ele haviam transformado o ato de sair clicando na internet em uma aventura emocionante e uma experiência social que os unia. "Esse pessoal salvou um gatinho? Pode crer que aquilo me atraiu", lembra. "O lado vingador-justiceiro ajudou a definir o que o 4chan é para mim." Ele começou a passar horas por dia no fórum, cujas características incomuns lhe renderam fama desatada entre os primeiros usuários da internet.[31] Toda vez que um usuário queria abrir uma nova *thread*, tinha que subir uma imagem junto, o que deixava a plataforma lotada de memes e cartuns feitos pelos usuários. Muito antes que o aplicativo de mensagens Snapchat e outros pegassem de empréstimo esse recurso, as discussões eram deletadas automaticamente após um curto período, o que autorizava a conduta indecorosa que em outros lugares seria evitada. O mesmo valia para o anonimato; quase todas as postagens eram escritas por "Anônimo", o que inculcou uma cultura de vale-tudo e a sensação de identidade coletiva que pode ser sedutora, em especial para quem anseia pelo sentimento de pertencimento.

"No colégio, sempre fiz o tipo pária", contou Adam durante uma das nossas conversas noturnas sobre os confins mais obscuros da internet, pelos quais ele se ofereceu para me guiar.

Ele havia enfrentado depressão e ansiedade quando criança. Mas no 4chan se sentia bem-vindo e entendido. A cada noite, seus frequentadores se entretinham com *threads* estridentes e travessuras complexas que estavam "entre as coisas mais divertidas que já fiz na internet", disse.

E Adam se sentia seguro ali de uma maneira que não acontecia no mundo real — onde, segundo ele próprio, era "uma pessoa muito estranha" e "meio fechadão". Seu quarto na casa da mãe, no qual ainda mora aos vinte e poucos anos, estava "abarrotado", segundo suas próprias palavras, de "cacarecos" de um videogame dos anos 1990. Enquanto falar da sua depressão fora da internet atraía olhares preocupados e intervenções dos adultos, no 4chan ele podia se abrir com outros que aparentemente partilhavam da sua solidão.

Em uma foto que me enviou, ele usava uma camiseta de videogame vintage e óculos escuros modernosos semiocultos pelo cabelo castanho desgrenhado. Não parecia uma pessoa que precisava recorrer a mídias sociais complexas para fazer amizade ou conhecer meninas. Mas, pelo que me contou, pessoalmente é tímido devido ao ceceio e à gagueira. Os dois problemas foram exacerbados pela perda da audição quando era adolescente e, havia menos tempo, pela ansiedade. Adam ainda acha que a comunicação verbal é difícil e não funciona. "Eu sou NEET, meu amigo", disse, usando um termo do governo britânico para a pessoa "não empregada, nem estudante, nem em estágio", que, na internet, se tornou a palavra para quem se sente ignorado pelo sistema.

Assim como muitos frequentadores de longa data das redes sociais mais profundas, Adam tinha receio de falar com jornalistas, que ele via como representantes da classe adulta dominante que queria, segundo sua crença, controlá-lo e fechar seu adorado lar digital. Mas um intermediário de confiança, uma fonte que eu tinha e com quem ele conversara por volta de uma década depois de entrar no 4chan, havia nos colocado em contato. Apesar de tudo o que Adam curtia nos fóruns e da sua "diversão boba e quase sempre anônima", ele admitiu que "os cantos mais escuros onde o comportamento antissocial vaza para o mundo real" o deixavam preocupado, e complementou: "Vi isso desde o início. Sou judeu, e metade do site acha que eu não devia existir". Ele se debateu em relação a quanto aceitaria daquele ponto de vista que saturava a plataforma. A cultura da raiva e da conspiração o ajudou a buscar sentido em um mundo de desnorteamento que parecia organizado contra ele. O fato de as queixas serem coletivas o ajudou a sentir que ele fazia parte. Mas os extremos irrestritos o incomodavam, especialmente quando alguém se magoava.

"No fim das contas", disse Christopher Poole, fundador do 4chan, em 2008, "o poder está em a comunidade ditar suas próprias normas."[32] Poole, então um jovem de vinte anos com voz esganiçada, fazia parte de uma comunidade cada vez maior de diletantes da internet — programadores, blogueiros, pós-graduandos — que construíam a "civilização da mente" no Vale do Silício. Mas, depois dos inebriantes congressos hackers dos anos 1980 e dos manifestos dos 1990, nos anos 2000 os usuários da internet queriam acima de tudo se divertir. Os moradores do subúrbio ficavam em casa após a aula, eram jovens demais para dirigir e passavam horas conectados. A promessa de liberdade total na internet atraía especialmente crianças, cuja vida desconectada é regida por pais e professores. Adolescentes também têm um ímpeto mais forte para socializar do que adultos,[33] que se manifesta no uso mais pesado de redes sociais[34] e na maior sensibilidade ao que acontece online. Poole lançou o 4chan quando tinha apenas quinze anos. A garotada que se sentia isolada no mundo desconectado, como Adam, era responsável por uma fatia desmedida da movimentação na internet, trazendo com ela as preocupações dos desprovidos de poder e daqueles que sofriam bullying.

Essa cultura era, no início, de criatividade e bobagens — vídeos de gatos e cartuns —, embora também tendesse a ser maligna e transgressora. Apoiando-se em uma cultura da internet que remontava à WELL, a diversão significava ser livre das regras e suscetibilidades da sociedade e torcer o nariz para a gente de fora que não os entendia. Foi assim que os trotes — um passatempo que já era bastante estimado entre jovens homens de onde quer que fossem — se tornaram a atividade que definiu o início da rede.

Em um trote organizado no 4chan, os usuários manipularam um concurso online no qual escolas competiam para receber um show de Taylor Swift e deram a vitória a um centro para crianças surdas. Em outro, usuários postaram uma piada interna da plataforma, criada em uma das sessões de memes da madrugada, em uma plataforma para ser transmitida no programa de Oprah Winfrey, que dizia: "Nosso grupo tem mais de 9 mil pênis e todos estupram criancinhas". A apresentadora citou a frase no ar com a cara séria. "Boa parte do humor", disse Adam, "vem de forçar os limites e aumentar seu alcance até chegar a lugares mais tradicionais, que parecem inatingíveis." Passar a perna em um mundo que os tratava como párias.

Às vezes as coisas ganhavam escala até virar sadismo escancarado. Em 2006, usuários descobriram que, no rastro do suicídio de um garoto de treze anos, os amigos da vítima haviam postado recordações em uma página do MySpace. Os usuários fizeram troça dos erros de grafia e da sinceridade infantil. Alguns hackearam a página para mudar a foto do garoto e transformá-la na imagem de um zumbi. Outros passaram trotes telefônicos nos pais do falecido e continuaram fazendo isso por mais de um ano. Se os adultos e os colegas se incomodassem, melhor.

Transgredir tabus cada vez maiores — ainda mais do que ser cruel com pais enlutados — se tornou um jeito de sinalizar que você topava a piada. "Quando você vasculha o 4chan e o 8chan enquanto o resto dos seus amigos fica postando bosta *normie* e viva-ria-ame no Instagram e no Facebook", disse Adam, "você se sente diferente. Mais legal. Participando de uma coisa de nicho." A piada podia ser uma foto de pornografia escatológica. O vídeo de um assassinato macabro. Uma ofensa racial postada para provocar os humores da pessoas, desafiando-as a levá-la a sério. Rir do conteúdo — ou, melhor ainda, fazer mais bem-feito — era a afirmação de que você compartilhava do desapego astucioso e cínico do clube. E isso remodelou suas relações com o mundo externo: não é a sociedade que nos rejeita, nós é que rejeitamos a sociedade.

Essas duas atividades de unificação, desafiar tabus e pregar peças, convergiram na trollagem. Um fórum dos anos 1990 havia definido a trollagem como postar comentários "sem qualquer propósito, a não ser incomodar outra pessoa ou atrapalhar a discussão", possivelmente batizada conforme um "estilo de pescaria no qual se arrasta a isca até um ponto melhor, provocando o peixe até que ele morda".[35] Desde os tempos da WELL, usuários da internet se divertiam tentando implicar uns com os outros. Em redes como a 4chan, isso geralmente se transformava em algo mais obscuro: atos de abuso coletivo no qual o propósito era se deleitar com a angústia do outro.

A emoção de conseguir uma reação de alguém tinha até nome: *lulz*, corruptela da sigla de *"laugh out loud"* [rindo alto]. Não havia limite quanto ao que podia ser alvo nem quanto à crueldade; o sonho do Vale do Silício, de liberdade das leis e das hierarquias, tinha se tornado, na internet, também a libertação dos códigos sociais e morais. A comunidade criara seus próprios padrões, tal como Poole esperava, mas em torno do estímulo que forma todas as mídias sociais: a atenção.

A maioria das plataformas se constrói em torno de uma crença supostamente neutra de que atenção significa valor. O Reddit e o Twitter exaltam postagens com base em quantos usuários as endossam com *upvotes* ou retuítes. O Facebook e o YouTube definem essa autoridade via algoritmos. As duas versões resumem todas as formas de atenção — positiva ou negativa, irônica ou sincera, tenha ela feito você rir ou se irritar, que favorece sua curiosidade intelectual ou seus instintos lascivos — em uma métrica só: sobe ou desce.

Fóruns como o 4chan fazem a mesma coisa, mas de um jeito mais orgânico. O anonimato e a rotatividade de conteúdo incentivam um usuário a buscar a atenção do outro do modo mais agressivo possível. Sem se afetar com as restrições sociais do mundo desconectado, cada usuário age como um algoritmo em miniatura do Facebook, aprendendo, a cada repetição, o que chama mais a atenção dos outros. Uma lição sempre se mantém: para crescer entre dezenas de milhares de vozes, seja o que for que você posta, é melhor subir o volume, ser mais extremado.

Em 2010, um dos ataques mais estimados da comunidade teve como alvo uma menina de onze anos.[36] Usuários haviam visto postagens circulando no MySpace, no qual ela era ativa, informando que a menina dissera a amigos que tinha um relacionamento com o líder de uma banda da cidade, de 25 anos. Os usuários da rede social zoaram com a garota porque, pensavam, ela havia inventado a história. Ela postou reações furiosas, depois um vídeo no YouTube dizendo que seus "haters" deviam "meter uma pistola" na boca.

Os usuários do 4chan, felizes com a reação desajeitada e emotiva da garota, foram atrás de mais. Ela havia mentido, negara a responsabilidade e agora ia descobrir qual era seu lugar. Eles a bombardearam com mensagens de intimidação no Facebook e no MySpace, mandaram entregar pizzas no seu endereço, passaram trotes por telefone, que gravaram e postaram no 4chan para ganhar mais *lulz*. Uma postagem sobre "como trollar" a menina recomendava: "Diga para ela se matar" e "Diga ao pai da menina que vamos dar uma surra nela", e sugeria que fotos indecorosas da garota fossem divulgadas.

Ela postou um segundo vídeo, no qual chorava enquanto o pai adotivo gritava com os algozes invisíveis: "Adivinhem só: vamos pegar seus e-mails e vamos achar cada um". Os usuários do 4chan ficaram empolgados — prova de que estavam chegando lá. A intimidação subiu de patamar. Em um último vídeo, ela cedeu, admitiu todas as acusações e implorou por piedade. O incidente virou lenda nas redes: justiça e *lulz* cumpridas. Os vídeos da garota circularam sem parar, atraindo milhões de visualizações. A banda que ela havia citado nas primeiras postagens gravou uma música comemorando a humilhação: "Meu nome e reputação não vão ser alvo de uma puta/ Eu vou ficar no topo do mundo e você vai se cortar e se foder".[37]

Anos depois, ela contou à polícia que, quando tinha dez anos, o líder da banda abusara dela e a estuprara várias vezes. Tal como muitas vítimas de abuso infantil, a vergonha e a perplexidade a haviam levado a dizer a amigos que era tudo consensual. Durante a investigação do FBI, mais de vinte pessoas fizeram relatos parecidos.[38] Mas o episódio ainda é comemorado no 4chan e sites do mesmo tipo, onde usuários continuaram a assediar a garota por mais de uma década.

A falta de vergonha era característica; os usuários do 4chan "normalmente enquadravam o que faziam como serviço de utilidade pública", escreveram os teóricos da cultura Whitney Phillips e Ryan Milner.[39] Eles se viam com base na missão fundadora das redes sociais: derrubar os velhos costumes, imperfeitos, para que dessem lugar a um mundo de liberdade de expressão com autocontrole e pensamento independente implacável. Diziam a si mesmos que convencer Oprah a avisar seus telespectadores sobre um culto do sexo que não existia ensina as pessoas a questionar os números apresentados pelas autoridades e as contas oficiais, era "um resultado que eles estimulavam ao provocar, abusar e iludir seus alvos", escreveram Phillips e Milner. "Muitos brincaram que mereciam um agradecimento pelo que tinham feito."[40]

"A trollagem é basicamente a eugenia da internet", disse Andrew Auernheimer em 2008.[41] Auernheimer era um superastro do 4chan: hacker anarquista, *provocateur* descarado e algoz implacável dos inimigos que o site havia escolhido para si. A própria entrevista era uma trollagem, uma provocação para quem lesse se ofender com palavras de ordem nazistas: "Blogueiros são imundos. [...] Temos que botar essa gente no forno!". Discursos bombásticos como os de Auernheimer sugeriam algo novo que emergia do início das redes. A cultura da provocação e a rejeição exultante de códigos morais consagrados haviam criado o que Phillips e Milner chamaram de "condições perfeitas para a intolerância se espalhar sorrateira, escondida em pequenos atos que parecem imaculados".[42]

Auernheimer se gabava do seu papel em uma campanha de intimidação contra Kathy Sierra, blogueira de tecnologia.[43] Ela pedira que os comentários do 4chan tivessem moderadores, o que irritou usuários que viam isso como uma ofensa à liberdade de expressão na internet. Ele postou o número de contribuinte e o endereço de Sierra, mais um dilúvio de ameaças de morte, fez circular fotos dos filhos dela editadas com imagens pornográficas e postou mensagens em nome dela oferecendo-se sexualmente, o que levou estranhos à sua porta dia e noite. Ela foi totalmente afastada da vida pública. Sierra não tinha estímulo para tentar denunciar. Poucos no sistema judiciário consideravam que a intimidação na internet, por mais extremada que fosse, chegava ao nível de crime, e qualquer reação pública certamente renderia mais ataques.

Auernheimer também começou a postar "sermões" no YouTube, carregados de ideias de teorias da conspiração e antissemitismo. Segundo ele eram sátiras, mas suas convocações a "sangue nas ruas" soavam bem sinceras. Na época, Auernheimers da internet eram tratados como crianças arruaceiras. Prestar atenção no que elas faziam só iria enaltecer seu comportamento. Em 2010, o site TechCrunch, praticamente porta-voz oficial do Vale do Silício, deu um prêmio a Auernheimer pelo serviço de utilidade pública.[44] Foi uma demonstração de solidariedade ao grupo de hackers de Auernheimer, que estava sob investigação do FBI por roubar 114 mil endereços de e-mail particulares devido a uma vulnerabilidade no iPad.

Em uma festa para Auernheimer na véspera de sua condenação na justiça, "jornalistas bebiam junto a hackers, ativistas e documentaristas de tapa-olho, assim como meninas com cabelos cor de jujuba e piercing no lábio", segundo um relato da revista *Vice*.[45] Na manhã seguinte, o jornalista da *Vice* vestiu uma máscara de Guy Fawkes no tribunal e explicou: "Fui porque a acusação era indevida e meus amigos e eu nos importávamos com ele". No ano seguinte, Auernheimer entrou para o Daily Stormer, um fórum neonazista proeminente, fundado e habitado por 4channers, onde postou uma foto revelando uma tatuagem no peito de uma suástica do tamanho de um punho.

Poole, cioso da reputação turva do 4chan, impôs restrições leves. Ainda eram permitidos discursos de ódio e intimidação exagerada, mas restritos a poucas subseções. Foi o que transformou essas seções em distritos da luz vermelha da trollagem, que atraíam voyeurs, alguns dos quais gostavam do que viam e ficavam. Ainda assim, houve quem visse isso como traição. Um deles, um programador chamado Frederick Brennan, lançou um derivado do 4chan, o 8chan, anunciado como alternativa "pró-liberdade de expressão". Os usuários, entre os quais Adam, afluíram aos montes, intensificando a identidade coletiva de marginália rebelde que se tornou o lar de alguns dos maiores horrores da era da internet.

Conforme os anos 2000 chegaram ao fim, comunidades *chan* migraram para as plataformas mais lustrosas que ganhavam renome. Assim como ondas de colonizadores, desembarcaram no solo virgem do Facebook, do YouTube e do Twitter. A cultura *chan*, expressa em memes e piadinhas internas agora tão conhecidas quanto o Mickey Mouse, foi infundida nessas plataformas. Os recursos de maximização do engajamento e os algoritmos absorveram e concretizaram as tendências mais extremas dos fóruns *chan*, e depois as amplificaram para um mundo que não tinha ideia do que estava por vir.

Gamers

Em fins de 2010, quando John Doerr, o investidor que coroava os reis da tecnologia, anunciou o fundo de 250 milhões de dólares da Kleiner Perkins para startups de mídias sociais, a pessoa que escolheu para ficar ao seu lado foi Bing Gordon. Autodeclarado maníaco por lacrosse, cinquentão, Gordon ostentava um corte de cabelo de universitário almofadinha e entrelaçava seu empresariês com gírias como "cara" e "foda". Antes de entrar para a Kleiner como investidor, seu currículo tinha um único item, que ia de 1982 a 2008: a Electronic Arts, produtora de videogames. "Estamos fazendo uma aposta no estilo 'oceano azul' de que as redes sociais estão só no começo",[46] disse Gordon na apresentação, onde se encontrava, numa demonstração do poder da Kleiner, ao lado de Mark Zuckerberg e Jeff Bezos.

A presença de Gordon refletia uma crença disseminada à época: que a indústria das redes sociais ia funcionar como o mercado de videogames. Gordon declarou a um congresso de mercado, meses depois, que existiam "três temáticas que vocês precisam dominar como CEOs", e listou celular, social e, dando um soquinho no ar, "gamificação".[47] Desde o princípio, as plataformas de mídias sociais haviam bebido muito dos videogames. Notificações são dadas em "insígnias" estilizadas, que Gordon contou ao público que podiam dobrar o tempo do usuário no site, enquanto as curtidas imitavam um placar. Era mais do que estética. No início, muitas plataformas consideravam os gamers — os obcecados por tecnologia que com certeza também iam injetar horas nessa outra interface digital — um mercado central.

Graças a uma reviravolta na história do mercado, a indústria dos jogos atendia esmagadoramente a jovens e garotos de certo temperamento, o que significava que as plataformas sociais, na prática, faziam a mesma coisa. Mas nada nos videogames é inerentemente focado em gênero ou faixa etária. Os primeiros jogos, projetados por estúdios do Vale do Silício dos anos 1970 como a Atari, foram lançados com o computador pessoal, e supunha-se que teriam o mesmo atrativo universal. Isso mudou com o que a indústria chama de colapso do videogame na América do Norte.[48] De 1983 a 1985, as vendas desabaram 97%. Empresas japonesas tentaram reavivar o mercado reposicionando o produto informático maculado, vendido em lojas de eletrônicos para consumidores adultos, como algo mais simples: brinquedos.

As seções de brinquedos, na época, faziam uma rigorosa segmentação por gênero. O presidente Reagan havia acabado com a regulamentação que proibia anúncios na TV voltados para crianças. Os marqueteiros, tomados pelo neofreudianismo em voga, acreditavam que podiam fisgar as crianças gratificando a curiosidade nascente que tinham pelo próprio gênero. Novos desenhos animados como *Meu pequeno pônei* e *Comandos em ação* traziam normas de gênero hiperexageradas, apoderando-se da autodescoberta natural que os jovens faziam do gênero e convertendo-a no desejo por produtos de plástico. Se isso parece uma reverberação evidente do modelo de negócio das redes sociais, não é coincidência. Tocar nas nossas necessidades psicológicas mais profundas, depois nos adestrar a ir atrás delas com o consumo de coisas que vão nos deixar frustrados e nos fazer voltar por mais tem sido um circuito central ao capitalismo norte-americano desde a explosão do pós-guerra.

As seções de brinquedos ficaram polarizadas entre o rosa e o azul. Os fabricantes japoneses tinham que escolher um lado, então escolheram aquele em que os pais gastavam mais: o dos meninos. Os jogos ficaram cada vez mais focados em heróis machos que resgatavam princesas, travavam guerras, jogavam nas ligas de esportes masculinas. Os marqueteiros, tendo posicionado os games muito tempo antes como brinquedos infantis, mantinham os garotos vidrados na adolescência e na idade adulta com — o que mais? — sexo. Os jogos eram cheios de personagens femininas retratadas como figuras hipersexualizadas, submissas e objetos que os homens se sentiam no direito de possuir. Muitos jogadores entendiam que a representação era fantasiosa, embora com valores perturbadores. Um bom número deles cresceu o suficiente na fantasia para absorvê-la como verdade. Em meio às guerras culturais dos anos 1990 e 2000, os marqueteiros de games se aproveitaram dessas tendências como um ativo, apresentando jogos como refúgios de um mundo feminilizado, um espaço onde homens continuavam sendo homens e mulheres ficavam no seu canto. Os jogos, para alguns, viraram identidade, enraizada na reação contra as normas de gênero que se transformavam.

Quando as redes sociais surgiram, acessíveis apenas via computadores de mesa que ficavam na sala da família, os primeiros usuários lembravam muito os gamers: meninos e homens que gostavam de ficar em casa foram os primeiros adeptos. A partir daí, ambos foram tratados como sinônimos, um conjunto de produtos vendido ao outro, borrando-os em uma subcultura e identidade unificada. Porém, perto dos anos 2000, computadores caseiros cada vez mais potentes possibilitaram que programadores independentes criassem jogos fora dos moldes comerciais. (Zoë Quinn estava entre eles.) A democratização digital também trouxe novas vozes, como a da youtuber Anita Sarkeesian, que defendeu que a representação das mulheres nos jogos não apenas as excluía, mas incentivava abusos na vida real. Entre os gamers que queriam que o formato fosse levado mais a sério, era um avanço positivo. Resenhistas começaram a adotar as críticas de Sarkeesian. Lançamentos de grande orçamento destacavam protagonistas e tramas diversificados, ao mesmo tempo que maneiravam nos excessos estilo *He-Man*.

Para alguns gamers jovens e homens, especialmente os que se reuniam nos fóruns, isso soou como ameaça. As normas e fronteiras de sua identidade estavam sob contestação e, com elas, a noção que eles tinham de si próprios. "Passamos trinta anos encontrando um tipo de jogador bem específico e transformamos esse tipo no centro do mundo, atendendo a cada capricho dessa gente", disse Brianna Wu, que havia ousado desafiar os gamergaters. "Agora, hoje, o mundo está mudando e o gamer médio não é o carinha de vinte e poucos anos. É uma mulher de quarenta e poucos que nem eu. E quando o mundo muda, existe essa incapacidade de lidar, o que é uma grande infelicidade da área."

Acusar programadoras como Quinn de subornar críticos era uma espécie de legítima defesa cognitiva, um jeito de reenquadrar a mudança indesejada como conspiração nefasta e a ameaça à identidade dos gamers como batalha de nós contra elas. "Eles não estavam mais brigando para ver teta em videogame, virou uma luta contra o 'genocídio do branco'", disse David Futrelle, jornalista que monitora os extremismos na internet. "Não era a necessidade de salvar os jogos, mas a própria civilização ocidental." Voltando no tempo, Futrelle conectou o evento à ascensão explosiva da extrema direita na internet, dizendo que seria "praticamente impossível exagerar o papel que teve o Gamergate no processo de radicalização".[49]

Adam, o obcecado pelo 4chan, na época com dezoito anos, acompanhou cada passo disso. A indignação que afirmava sua visão de mundo era irresistível. Vídeos postados por youtubers de destaque no universo dos jogos o convenceram, contou, de que "elas estavam subornando os jornalistas com grana e sexo". Ver os usuários fazendo complô para atormentar Wu o deixou incomodado. Mas as plataformas, seguindo seu projeto, martelaram a cabeça dele com postagens que supostamente provavam que Wu e outras mulheres eram radicais, perigosas, ferrenhas na subjugação. Ele continuava clicando, seguindo a campanha, como muitos de seus compatriotas da internet, enfiando-se em tocas de coelho cada vez mais fundas e cada vez mais sombrias.

Wu, enquanto assistia ao desenrolar do Gamergate, se lembrou de um momento de anos antes, quando fora estagiária no gabinete do senador Trent Lott, do Mississippi. A equipe do senador havia feito uma enquete hoje famosa: "Você acredita que os democratas estão tentando roubar sua identidade cultural?". O resultado foi espetacular, principalmente entre homens brancos. Imagine, disse ela, como as redes sociais podiam ser convenientes nesse sentido, otimizadas para provocar as emoções das pessoas de forma até mais eficiente que o mais sagaz dos gabinetes de campanha, saturando públicos aos bilhões com uma versão da realidade que opera como uma enquete de ativação da identidade infinita. "Exatamente como naquela enquete do Mississippi, acho que existia o medo real de que as mulheres estavam vindo roubar sua identidade cultural", Wu falou do Gamergate. "O negócio é tribal."

A maldição Dunbar

Ao longo do início dos anos 2010, conforme subculturas estilo Gamergate sobrepujaram as redes sociais de primeira geração, o Facebook, na surdina, buscava uma meta audaciosa: exceder os limites cognitivos da socialização humana. Com o tempo, o plano iria impor a bilhões de usuários uma versão ainda mais poderosa das distorções da mente que o Reddit e o 4chan haviam trazido a gamers e a seus primeiros adeptos, incitando um mundo de Gamergates.

A origem foi uma crise que a empresa enfrentou em 2008, do tipo que concentrou a atenção da companhia como poucas: o crescimento dos usuários havia estancado. Em qualquer outro mercado, chegar aos 90 milhões de clientes podia ser uma oportunidade de vender produtos novos ou melhores. Porém, na economia da internet, uma base de usuários estática podia ser fatal. "Lembro de gente dizendo que não era possível afirmar se ia passar de 100 milhões na época", disse Zuckerberg. "Basicamente demos de cara com um muro e precisávamos focar nisso."[50]

O Facebook, na esperança de impulsionar o engajamento, começou a fazer experimentos para quebrar o dito "limite Dunbar". Nos anos 1990, o antropólogo britânico Robin Dunbar havia proposto que seres humanos atingem um teto cognitivo quando mantêm por volta de 150 relacionamentos.[51] Era um número derivado dos grupos sociais nos quais havíamos evoluído, que tinham o máximo de 150 pessoas. Mais que isso e nosso neocórtex — a parte do cérebro que rege a cognição social — bate no limite. Nosso comportamento também muda, tentando retornar aos 150, como um disparo de disjuntores. Mesmo na internet, as pessoas convergiam naturalmente para o número Dunbar. Em 2010, o usuário médio do Facebook tinha por volta de 130 amigos;[52] até mesmo o jogo Friendster travava o número de amigos em 150.[53]

O Vale do Silício sonhava havia muito tempo em "fugir da maldição Dunbar",[54] como escreveu um consultor empresarial em 2010. Zuckerberg declarou publicamente que queria derrubar o limite.[55] Mas o plano emperrou. Nem o Facebook ia conseguir sobrepujar milhões de anos de evolução — não por enquanto, pelo menos. Quando o crescimento do número de usuários estancou de novo, em 2013, a empresa se repensou em torno dessa meta. Os usuários eram impulsionados para conteúdo pelo que a plataforma chamava de "laços fracos": amigos de amigos, contatos de contatos, primos de primos.

Reforçado pela sofisticação algorítmica, o esquema deu certo. O Facebook puxou os usuários a rodas cada vez maiores de semidesconhecidos, superando o limite Dunbar. Por volta dessa época, o Twitter fez quase a mesma coisa, mostrando aos usuários tuítes de desconhecidos e dando empurrõezinhos para que as pessoas seguissem os amigos dos amigos. As empresas demonstraram pouca preocupação com as consequências que haveria em contornar nosso limite neurológico pré-programado. Elas atuaram, como sempre fizeram, com base na crença de que seus produtos inerentemente promoviam libertação.

Porém, pesquisas feitas com macacos e primatas *rhesus* — cujos limites do tipo Dunbar, acredita-se, refletem os nossos — descobriram que forçar os animais a participar de grupos maiores os deixava mais agressivos, mais desconfiados e mais violentos. Como se todos os perigos de viver em comunidade ficassem com o volume lá no alto e os prazeres, lá embaixo. Era como se os macacos sentissem que manejar um grupo anormalmente grande, com segurança, estivesse além de suas capacidades, provocando uma reação de luta ou fuga que nunca se desligava. Eles também pareciam mais focados em formar e reforçar hierarquias sociais, provavelmente como uma espécie de mecanismo de defesa.[56]

O Facebook logo descobriu um método ainda mais potente para ampliar as comunidades de usuários. Em vez de fazer pressão para sua lista de amigos superar os 150, ele podia enfiar você num grupo — páginas de discussão autônomas focadas em um assunto ou um interesse — que tivesse dez vezes esse tamanho. Isso deu ainda mais poder aos seus sistemas. Não mais limitados ao conteúdo de gente próxima do seu círculo social, o sistema podia dar um empurrãozinho para você seguir grupos de qualquer ponto da plataforma.

Renée DiResta, a investidora de tecnologia que descobriu as comunidades antivacina espalhadas no Facebook, percebeu o quanto essa mudança era diferente quando sua luta entrou em uma nova fase. A Califórnia estava pensando em leis para reforçar a obrigatoriedade de vacinação escolar. Ela promoveu o projeto legislativo e seu embasamento científico nas redes, torcendo para que conseguisse contrapor as posturas antivacina que lá eram tão predominantes. O Facebook começou a recomendar que ela entrasse em outros grupos de pais. Depois, em grupos antivacina, mesmo que isso não fosse surpresa diante da sua movimentação. Mas em seguida promoveu grupos em torno de desinformação médica sem relação alguma. Muitos grupos promoviam uma teoria da conspiração da qual DiResta nunca tinha ouvido falar: que o zika, um vírus que estava se espalhando pela América Latina e pelos Estados Unidos, havia sido desenvolvido em laboratório. Ela procurou no Facebook o termo "zika" para testar se, tal como acontecia com as vacinas, a plataforma estava impulsionando os usuários para o extremismo. De fato, os resultados eram todos de grupos de conspiração que chamavam o zika de "complô judaico", "plano de controle da população" e "primeiro passo da tomada de poder global".

"Existe um efeito de correlação entre as teorias da conspiração", disse DiResta, "no qual a plataforma reconhece que alguém interessado na conspiração A em geral tende a se interessar na conspiração B, e aí faz esta pipocar para a pessoa." A era dos grupos do Facebook promoveu algo mais específico que o consumo passivo de conspirações. Ler a respeito de *contrails** ou do vírus fabricado em laboratório podia tomar uns vinte minutos. Mas entrar em uma comunidade organizada para reagir a essas coisas podia se tornar um ritual diário de meses ou anos. Cada vez que um usuário sucumbia, eles adestravam o sistema para incentivar outros a fazer o mesmo. "Se morderem a isca", disse DiResta, "eles reforçam o aprendizado. Então o algoritmo entende esse reforço e lhe atribui mais peso."

Outros observadores das mídias sociais no grupo informal de DiResta perceberam que o Facebook e outras plataformas os encaminhavam de modo parecido. O mesmo padrão se repetia várias vezes, como se a inteligência artificial houvesse descoberto, de forma independente, uma verdade comum e terrível a respeito da natureza humana. "Chamei de radicalização pela ferramenta de recomendação", disse ela. "Quando se tem uma métrica baseada em engajamento, você cria um mundo no qual o conteúdo mais raivoso vira norma."

A lógica algorítmica era forte, até mesmo brilhante. A radicalização é um processo obsessivo, que consome a vida. Os adeptos retornam cada vez mais, sua obsessão vira identidade, as plataformas sociais se transformam no centro de seu cotidiano. E os radicais, guiados pela urgência de suas causas, recrutam mais radicais. "Criamos uma máquina da indignação na qual as pessoas participam impulsionando o conteúdo",

---

* Trata-se da mesma teoria da conspiração chamada de *chemtrails* (ver nota no capítulo 1, p. 25). É abreviação de *condensation trails*, ou "rastros de condensação", os rastros que as aeronaves deixam e onde estariam concentrados produtos químicos para, segundo a tal teoria, controle mental ou outras funções.

declarou DiResta. As pessoas que eram radicalizadas seriam, daí em diante, "disseminadoras daquele conteúdo". Ela vira o padrão se repetir várias vezes. Os recrutas eram atraídos por uma ameaça ostensiva de vida ou morte: a terrível verdade sobre as vacinas, a disseminação do vírus zika pelos agentes dos Illuminati, as feministas que querem tirar o lugar legítimo dos homens no topo da hierarquia dos gêneros, a começar pelos jogos. "Gente comum passou a se sentir como soldado de um exército virtual lutando pela sua causa", concluiu ela. Era questão de tempo até que se convencessem uns aos outros a tomar uma atitude.

Mas enquanto DiResta conseguia demonstrar que isso acontecia em casos específicos, sem acesso às pilhas de dados exclusivos das empresas ela só podia inferir que as plataformas estavam guiando essa tendência de maneira sistemática. Ela alertou colegas em todo o Vale do Silício — primeiro dentro de seu grupo de vigilância informal, depois de forma mais ampla, em artigos e palestras para o grande público — de que algo estava fora do lugar. Ela se preocupava, contudo, que fosse tarde demais. "Eu tinha uma sensação", contou, "de que não importava se eram gamers, *antivaxxers*" ou outro grupo que estava radicalizado em grande escala. "Era só a dinâmica que estava se moldando por conta do sistema."

O Gamergate, visto sob essa luz, era inevitável, exatamente o que aconteceria quando os primeiríssimos adeptos das mídias sociais, os gamers, interagissem com uma máquina calibrada precisamente para produzir tal reação. Grupos maiores e mais abrangentes, pessoas comuns sem qualquer vínculo especial com a internet, já estavam entrando nas redes, submetendo-se à influência da máquina. Havia todos os motivos para esperar que suas experiências fossem praticamente a mesma. Em princípios de 2015, já estava começando.

3.
Abrindo o portal

O alarme

"Acho que eles não tinham ideia do que pensar de mim", lembrou Ellen Pao ao falar de seus primeiros dias no Reddit. "Não foi uma recepção calorosa." No primeiro semestre de 2013, Pao era uma veterana do Vale do Silício que havia encerrado um período na Kleiner Perkins, uma empresa de investimento de primeiro escalão. Mas, apesar de seu tempo de Kleiner, com seu enorme fundo para startups de mídias sociais, ela mesma tinha pouca experiência pessoal com empresas do tipo. E se sobressaía na multidão de outro jeito: era uma mulher não branca com cargo alto em uma indústria majoritária e notoriamente dominada por homens.

Tanto íntima quanto forasteira, ela era devota do Vale do Silício desde os anos 1990, quando entrou para uma empresa que fabricava um hardware que permitia que televisões acessassem a internet. Mas também havia ficado cética quanto à inclinação das gigantes da tecnologia para o geek jovem e macho. Fora Yishan Wong, CEO do site, os vinte e poucos funcionários do iniciante Reddit tendiam a ser jovens. A maioria falava usando as piadinhas internas e os conhecimentos arcanos de uma plataforma que, apesar da enorme quantidade de fãs, se sentia isolada. Pao era um pouco formal; Wong recomendou que ela usasse menos "empresariês".

Ela também era usuária ocasional do Reddit, embora conhecesse o básico da plataforma, que mostrava links enviados pelos usuários que outros usuários votavam para "subir" se gostassem, os *upvotes*, e "descer" se não gostassem, os *downvotes*. Os links com *upvotes* ficavam no alto da página, onde seriam vistos por milhões. A seção de comentários vinculada a cada postagem seguia as mesmas regras. Ao cair numa conversa, você veria primeiro as declarações que agradavam o público e, dos comentários impopulares, nada. A simplicidade e a barra de rolagem infinita acabaram trazendo hordas de gente que passeava casualmente pela internet, incutindo nelas uma cultura que até então era impenetrável. O Reddit se tornou um portal que conectava os dois mundos.

Ainda assim, ele foi construído e era regido em torno dos mesmos ideais fundadores da internet que o 4chan, e havia absorvido os usuários e tiques nervosos daquela plataforma. Seu sistema de *upvotes* e *downvotes* reforçava um majoritarismo eclipsante que ia ainda mais longe. Pode-se dizer o mesmo de uma dinâmica similar às curtidas do Facebook: os *upvotes* aparecem para o público, ativando o impulso sociométrico dos usuários que buscam validação. A busca pela dopamina grudava os usuários no site e, tal como no Facebook, orientava o que eles faziam.

Milhões que abriam o Reddit toda manhã se deparavam com uma enxurrada de comentários e artigos afirmando sua superioridade e reforçando os ressentimentos do usuário médio. Era uma versão da realidade na qual o libertarismo tecnológico sempre era válido e sistemas de crença alternativos — o feminismo, o liberalismo da elite dominante, as organizações religiosas — eram infinitamente humilhados e expostos ao ridículo. Se esses usuários médios lutavam para se acertar na vida desconectada, eles asseguravam uns aos outros que era por serem mais inteligentes e mais importantes do que o resto do mundo que os tratava como indesejáveis. Tal como o 4chan, aquele era um lugar, em outras palavras, a postos para o Gamergate.

"Começou muito parecido com as outras plataformas", contou Pao a respeito dos fundadores do Reddit, "em que um bando de homens brancos se põe a construir uma coisa feita para eles usarem e que atrai gente parecida com eles." Pao havia adquirido uma sensibilidade especial quanto ao chauvinismo do Vale do Silício: dois anos antes, ela processara a Kleiner Perkins por discriminação de gênero; a empresa a demitiu. Embora tenha acabado perdendo no tribunal, muita gente fora do Vale e até algumas pessoas de dentro proclamaram seu processo como a medida que trazia a atenção necessária a desigualdades incômodas no capitalismo dos investidores de risco da tecnologia. Em 2016, quatro anos após o processo movido por ela, apenas 11% dos sócios em firmas de capital de risco na tecnologia eram mulheres.[1] Dois por cento eram negros. As firmas, por sua vez, financiavam de maneira esmagadora gente parecida com os sócios: em 2018, 98% dos dólares investidos ficaram com organizações comandadas por homens.[2] Isso refletia, defendeu Pao, um viés ainda mais específico entre os investidores da área, que favorecia não só o homem branco, mas os idealistas do contra com política libertária; os "moldes" esposados por Doerr, que também havia sido mentor de Pao. As companhias que selecionam os vencedores e perdedores do Vale, como sublinhou o processo aberto por ela, reforçavam esse arquétipo com tanto ardor porque também o encarnavam.

As lideranças do Reddit, jovens e progressistas, estavam longe de ser hostis a essas preocupações. Mas a companhia tinha como ponto de honra defender aquele que era supostamente o maior valor do mundo virtual, a liberdade total de expressão, até extremos que outros não defendiam. Foi só depois de semanas de cobertura crítica da CNN que o Reddit fechou uma subseção, a *jailbait* [chave de cadeia], na qual usuários postavam fotos íntimas de meninas menores de idade. (As subseções do site, conhecidas como *subreddits*, são criadas e gerenciadas pelos usuários.) Antes do encerramento da subseção, "*jailbait*" era a segunda palavra mais procurada nos mecanismos de busca que trazia leitores ao site, depois de "*reddit*".

Fora isso, valia quase tudo. Em uma de várias *subreddits* dedicadas ao extremismo racista, "*WatchNiggersDie*" [Vendo nego morrer], os usuários postavam vídeos repugnantes de pessoas negras morrendo por assassinato ou acidentes violentos, junto a comentários do tipo "Eu quase fico mal por uma imagem assim me encher de tanta, tanta alegria. Quase...", assinados por pseudônimos. A maioria dos usuários nunca chegava a essas comunidades, entocadas em cantos sombrios do site, mas muitas delas alcançavam grupos de monitoramento digital que avisaram ao Reddit que o site estava virando uma incubadora do ódio.

"Não vamos proibir conteúdo que não seja ilegal, mesmo que o consideremos detestável ou que, pessoalmente, condenemos", disse Wong, o CEO.[3] Mas seu idealismo com a tecnologia cedeu de vez em setembro de 2014, quando um hacker entrou nas contas de iCloud de várias celebridades. O iCloud é o serviço de armazenamento em nuvem da Apple; muitos produtos da empresa fazem o backup de arquivos dos usuários nos seus servidores. O hacker baixou os dados de iPhone dos seus alvos, incluindo fotos íntimas. Várias das imagens foram parar no 4chan, depois no Reddit, que, como convinha a seu papel de vínculo entre as profundezas e o *mainstream* da internet, se tornou, da noite para o dia, o repositório central. Milhões de visitantes sobrecarregaram o site.

"Só se falava disso", lembrou Pao. No noticiário, no Vale do Silício, na sua vida pessoal. E foi isso, ao fim e ao cabo, que fez a diferença. Não foi o público crescente e a pressão judicial, nem as vítimas implorando às plataformas que não autorizassem tal tipo de violação de suas vidas e seus corpos. Isso havia funcionado com todas as outras plataformas de grande porte, das quais as fotos tinham sido retiradas. Mas o Reddit as mantinha no ar. Wong convocou uma reunião com toda a equipe. Pela primeira vez, a maior parte dela se dispôs a contrariar a comunidade do Reddit, que ainda insistia que as fotos fossem mantidas. "As pessoas diziam: 'Eu não tenho como defender isso aí'", lembrou Pao, que parafraseou essa postura da seguinte forma: "Meus amigos e minha família ficaram perguntando, e eu não sabia o que dizer porque não parecia ser uma coisa boa".

A controvérsia atraiu um nível de atenção que nem *jailbait* e *subreddits* de ódio tinham conseguido. O mundo lá fora havia tratado o resto como transgressões de uma cultura da internet que supostamente estava isolada de nós, os outros. Mas o novo caso botava o Reddit e sua ética hacker vale-tudo contra os direitos de atrizes, modelos e atletas estimados que tiveram suas fotos expostas. E o Gamergate, embora estivesse só começando, já estava afastando mulheres inocentes da vida pública. "Queremos ser como o 4chan, onde tem mais coisa ruim do que boa e você mal consegue chegar no que é bom?", perguntou Pao na reunião. "Porque é o que parece." A conversa, disse ela, "produziu uma ideia: 'Ei, talvez essa coisa de não se meter nem sempre seja a certa'".

Mas Wong resistiu. Em uma postagem, anunciou que, embora as lideranças do Reddit "entendessem o mal que o mau uso do site causa às vítimas desse roubo", eles não iam se curvar. O Reddit, escreveu, não era só uma plataforma social, "mas o governo de um novo tipo de comunidade". Assim como muitos outros gerentes que vieram depois, contudo, ele deixou claro que era um governo que se recusava a governar, permitindo aos próprios usuários "escolher entre certo e errado, bem e mal". Ele deu à postagem o título "Cada homem responde pela própria alma".[4] Essa viria a ser a defesa-padrão dos soberanos das mídias sociais: a importância de sua revolução os impelia a não considerar as leis e moralidades mesquinhas do mundo desconectado e obsoleto. Além disso, a culpa por qualquer mau comportamento era dos usuários, independentemente do papel crucial que a plataforma tinha em capacitar, incentivar e lucrar com tais transgressões.

No mesmo dia em que Wong emitiu essa declaração, jornalistas ressaltaram que, entre as imagens roubadas no Reddit, havia fotos de celebridades nuas que foram tiradas quando elas eram menores de idade. Ao mesmo tempo, os engenheiros do site alertaram que, conforme o tráfego crescia, eles estavam com dificuldade para manter o Reddit no ar. Por fim, quase três semanas depois de as fotos aparecerem, Wong as baniu. Os usuários, enfurecidos, acusaram a plataforma de vender seus princípios à influência corporativa sombria e, o pior, às feministas.

As semanas seguintes foram tempestuosas. Ao apresentar sua opção inicial como ideológica, Wong convocara um escrutínio dos ideais do Vale do Silício que havia ganhado pouca atenção nacional fora dos anúncios elaborados da Apple. Era difícil conciliar as afirmações de que se criava uma sociedade nova e iluminada com a realidade em que se tirava proveito da exploração pornográfica de mulheres sem consentimento. Concomitantemente, o Gamergate piorava, sendo o Reddit apontado muitas vezes como a central de atividades.

O comitê administrativo da empresa recusou um plano proposto por Wong de unificar o ambiente de trabalho. A decisão, embora de menor importância, sinalizou que ele tinha perdido a confiança do comitê. Ele renunciou. Em novembro de 2014, o comitê escolheu Pao para substituí-lo. Mesmo com seu processo contra a Kleiner pendente, o currículo de Pao sugeria que ela traria supervisão madura e crescimento financeiro para a empresa. Mas membros do comitê, inseguros quanto a isso, trouxeram de volta um dos fundadores do site, que havia partido para outras startups, para lhe dar uma função nebulosa como executivo e outorgaram a Pao o título de CEO interina.

Mesmo assim, Pao viu a oportunidade de melhorar a internet para todos, não apenas para os brancos jovens que dominavam as mídias sociais. Ela qualificou os fiascos do Reddit como um "alarme" para despertar todos para a necessidade de gerir as redes sociais. Ao impor medidas de proteção para mulheres e minorias e higienizar subculturas tóxicas e de assédio, ela traria às comunidades do Reddit o que fora incapaz de impor ao capitalismo de risco: uma inclusão real.

Esse elemento faltante no sonho da tecnolibertação sempre caiu no ponto cego da elite geek masculina do Vale do Silício. Mas Pao estava fortalecida para dar conta do recado. Depois de um curso intensivo sobre as ferramentas de moderação usadas para gerenciar o Reddit, ela assumiu o comando daquele que era, no momento, um dos sites mais visitados da internet, pronta para guiar sua nação de usuários, dezenas de milhões de pessoas, rumo à sua visão da terra prometida.

Os trolls estão vencendo

Em três meses de cargo, Ellen Pao se tornou a primeira diretora de uma grande plataforma a tentar corrigir os excessos de sua indústria. "Na minha cabeça, estava claro que as coisas tinham que mudar e que o assédio tinha chegado ao ponto do exagero", disse. Episódios como o Gamergate, que havia atingido uma escala impossível de ignorar nos seis meses depois de ter começado, a convenceram da necessidade de refrear não apenas o pior conteúdo, mas, antes, os estímulos e as subculturas que deixavam a internet tóxica.

Ela começou aos poucos: proibiu fotos íntimas postadas sem consentimento da pessoa fotografada. Queria coibir a *revenge porn* [vingança pornográfica], o método de humilhar uma pessoa fazendo circular suas fotos nuas. As vítimas eram esmagadoramente mulheres, que viravam alvo de ex-namorados furiosos ou de campanhas de assédio como as do 4chan. Entendendo seu público, ela anunciou que a diretriz protegia não apenas as mulheres, mas a privacidade dos usuários, já que todos podiam virar alvo.[5] Apesar de algumas reclamações, a maioria dos usuários aceitou a mudança.

Encorajada, Pao anunciou novas diretrizes que proibiam usuários e comunidades responsáveis por promover discursos de ódio ou intimidação exagerados — que entraram em vigor de imediato. A mudança era, à primeira vista, modesta, e mirava apenas comportamentos indefensáveis. Mas a mudança cultural que ela sugeria foi gigantesca, pela primeira vez redirecionando o éthos regente de uma grande plataforma ao permitir a identificação coletiva da comunidade para checá-la. "É como se estivéssemos passando uma mensagem", disse ela. "Que não aceitamos esse tipo de comportamento. Vamos cair em cima e vamos cair outra vez sempre que vocês vierem com essa."

Pao também estava colocando uma teoria à prova: a de que as vozes de mais ódio, embora poucas, exploravam a tendência das mídias sociais a amplificar o conteúdo extremado por seu poder de captar atenção e acabavam matizando a plataforma. Ela acreditava que reprimir "essas *subreddits* centrais e malignas, de assédio" e não permitir que voltassem era o único jeito de acabar com o "efeito cascata" do mau comportamento. Ainda assim, era só uma teoria, e eles não tinham certeza se era correta.

A primeira proibição foi tímida: uma *subreddit* chamada "*FatPeopleHate*" [Ódio aos gordos]. Nela, milhares de usuários postavam fotos de gente comum que consideravam acima do peso, transformando essas pessoas em alvos de assédio e ameaças. O bullying como aventura. Pao também acabou com meia dúzia de *subreddits* minúsculas organizadas em torno da aversão a pessoas negras ou LGBT. Mas a liderança do Reddit reforçava que isso estava acontecendo por conta do comportamento abusivo dos usuários e não pelo conteúdo em si. Comunidades de ódio muito maiores continuaram funcionando, tais como "WatchNiggersDie", "GasTheKikes" [Gás nos judeus] e "RapingWomen" [Estuprando as mulheres], todas exaltando a violência. Keegan Hankes, pesquisador do Southern Poverty Law Center [Centro de Direito da Pobreza do Sul], que monitora o extremismo de extrema direita, havia chamado o Reddit de "um buraco negro da violência racista pior que o Stormfront",[6] um site neonazista famoso, avisando que até os piores fóruns de supremacistas brancos proibiam tais extremos.[7]

Ainda assim, a base de usuários do Reddit irrompeu de raiva contra as remoções, tratando-as como ataque à liberdade de ofender e transgredir que, afinal de contas, era uma promessa explícita das redes desde sua fundação. Tal como no Gamergate, milhares deram *upvotes* às postagens mais enfurecidas, puxando um ao outro para interpretações mais exageradas: Pao estava impondo uma pauta feminista, reprimindo homens brancos, querendo exterminar a própria liberdade de expressão. Da mesma forma que no Gamergate, os usuários sentiam o incidente como um ataque a sua identidade em comum, um novo front na guerra imaginada entre geeks machos do pensamento livre e feministas politicamente corretas em conspiração para controlá-los.

O site foi inundado por postagens que chamavam Pao de "puta nazista" ou "Pao Tsé-Tung", ou que a retratavam em cartuns racistas, com *upvotes* esmagadores de usuários em uma das maiores plataformas de interação social do mundo. Alguns postaram aquele que acreditavam ser seu endereço, às vezes junto a fantasias de que ela seria morta ou estuprada no local. Mas, à exceção de uma postagem que oferecia mil dólares por uma foto de Pao sendo molestada, ela instruiu os moderadores a deixarem tudo no ar.

A sequência de episódios — Gamergate, os fóruns de ódio, a reação a Pao — balançou as redes, mas, estranhamente, não seus supervisores, que não demonstraram sinal de estar notando como a cultura de extremismo da internet era profunda e como o majoritarismo de manada havia impregnado as redes sociais. Mas não foi ignorada pela extrema direita, que viu que as redes tinham cultivado o que ela não conseguia: um público grande e disponível para o nacionalismo branco na juventude norte-americana. "O Gamergate aparentemente alertou trolls racistas, misóginos, homofóbicos para o poder que eles têm. E isso com certeza é bom",[8] escreveu Andrew Anglin, colaborador de longa data do 4chan, no Daily Stormer, um fórum neonazista famoso que ele fundou em 2013. Ele incentivou seus seguidores a cooptar o Gamergate e as redes sociais como um todo, promovendo "a ascensão do exército troll nazista".

Outros astros das redes já participavam. Fredrick Brennan, o fundador do 8chan, havia escrito um texto no Daily Stormer endossando a eugenia. Andrew Auernheimer, o proeminente hacker, entrou de webmaster. Choveram recrutas do Reddit e do 4chan, alguns dos quais eram "extremistas demais" até para os supremacistas brancos calejados em fóruns neonazistas.[9] O contingente cada vez maior logo se refletiu nas plataformas grandes, usadas pela maioria. Um estudo posterior estimou que o número de nacionalistas brancos de extrema direita no Twitter cresceu sete vezes entre 2012 e 2016.[10]

Pao não teve a oportunidade de continuar suas reformas. Em julho de 2015, enquanto a revolta de meses contra ela pegava fogo, um funcionário benquisto do Reddit, que cuidava de um serviço no qual os usuários podiam postar perguntas a celebridades, foi demitido sem explicação. Muitas das maiores subseções do site, coordenadas por usuários voluntários, se fecharam em protesto. Embora Pao tenha postado um pedido de desculpas, um abaixo-assinado exigindo sua demissão chegou a reunir 200 mil assinaturas. Quatro dias depois, ela e o comitê administrativo concordaram que ela devia se demitir.

"Os trolls estão vencendo", escreveu Pao alguns dias mais tarde em um artigo opinativo no *Washington Post*.[11] Os ideais que fundaram a internet, embora nobres, haviam levado empresas de tecnologia a adotar uma interpretação reduzida e extremada da liberdade de expressão que estava se provando perigosa, alertou ela.

Sua gestão durou apenas oito meses.

Ainda assim, nesse período ela havia revelado a bifurcação na estrada que as mídias sociais encaravam. Elas podiam continuar tendendo a se tornar novas versões do 4chan, turbinadas por algoritmos. Ou podiam pegar a rota do futuro no qual restrições e regras refreariam os impulsos da maioria ou os de minorias ruidosas, de modo que outros pudessem participar. Embora seja difícil defender que Pao tenha tido sucesso em convencer o comitê, seus funcionários ou seus usuários a tomar a segunda rota, ela tentou. E o fez quase dois anos antes de uma eleição que mudou o mundo e antes de uma reação em nível mundial que obrigaria os Mark Zuckerbergs e os Jack Dorseys muito mais relutantes, teimosos e poderosos do Vale do Silício, a pelo menos fingir que estavam dando continuidade a suas ações.

A magia do meme

Milo Yiannopoulos, 29 anos, faculdade trancada, tinha poucos motivos para crer que iria superar as fronteiras mais longínquas do mundo da tecnologia. Seu blog de fofocas, sempre com fontes muito suspeitas, lhe valera o 98º lugar na lista de cem influenciadores da *Wired UK* em 2012 ("A mosquinha incômoda do mundo da tecnologia ainda provoca e irrita"), até que ele o vendeu devido a percalços jurídicos. No que parecia ser a última parada na rota da obscuridade, Yiannopoulos recorreu a escrever colunas curtas e praticamente sem leitores na editoria de tecnologia do site Breitbart, o fundo do poço virtual dos nacionalistas brancos. Seus primeiros textos, um apanhado de fofocas insípidas do mundo da tecnologia e queixas de direita que ele havia tirado das mídias sociais, tiveram pouco impacto.

Então, passados alguns meses no novo emprego, surgiu o Gamergate. Como frequentador das mesmas plataformas em que o caso havia brotado, Yiannopoulos sabia como satisfazer as queixas e motivações do movimento, que se alinhavam com a pauta de extrema direita e com a perspectiva conspiratória de seu patrão. Manchetes como *"Feministas agressoras, promíscuas, mentirosas e gananciosas desmontam a indústria gamer"* viralizaram nessas plataformas e aparentemente confirmaram o que ele pensava.

Seus chefes esperavam que os artigos de Yiannopoulos viessem a informar o pequeno leitorado de extrema direita do Breitbart quanto a questões tecnológicas. Em vez disso, conseguiram acesso a um público novo, muito maior, que nem sabiam que existia — e que estava em formação naquele momento. "Toda vez que você publica um de seus textos ele ganha 10 mil comentários", disse Steve Bannon, diretor do Breitbart, a Yiannopoulos no programa de rádio do site. "Suas colunas têm mais leitores do que todo o restante do público do Breitbart."[12]

Dentro de três anos, a pequena e furiosa subcultura que Yiannopoulos defendia ia evoluir e se transformar em um movimento popular tão potente que ele foi convidado para proferir um discurso de abertura no Conservative Political Action Conference [Congresso da Ação Política Conservadora], o evento mais importante na direita política. (O convite foi mais tarde retirado.) Bannon chamou sua causa de *alt-right*, abreviação de "direita alternativa", expressão que pegou emprestada de extremistas do *white power* que tinham a esperança de recauchutar seu movimento para a nova geração. Para Yiannopoulos, o termo era o que as redes sociais dissessem que era.

Descarado e carente de atenção, ele absorvia qualquer mensagem que parecesse dominante na internet, exagerava a informação em alguns graus, depois postava de volta nas mesmas plataformas. Ele era um algoritmo vivo que podia aparecer em mesas-redondas na TV a cabo. Mantinha-se no alto dos feeds de usuários com ofensas no estilo 4chan e piadas perversas ("Se a cultura do estupro fosse real, eu passaria ainda mais tempo do que já passo nas universidades da América do Norte"),[13] agora dirigidas às massas do Twitter, do Facebook e do YouTube. E como a nova cara de um movimento que havia ficado tanto tempo sem rosto, ele incitava ou comandava campanhas coletivas de assédio e abuso.

Bannon e outros na *alt-right* viram ali uma chance de romper barreiras. "Percebi na hora que Milo ia se conectar com a garotada", Bannon viria a dizer. "É possível ativar o exército. Eles entram pelo Gamergate ou o que for e aí se ativam com a política e com Trump."[14] Dentro dessa linha, no início de 2016, o Breitbart pediu a Yiannopoulos que escrevesse um *Guia da alt-right* do tamanho de uma lista telefônica. O colunista do Gamergate, e não um supremacista branco ou um conspiracionista da velha guarda, seria o porta-bandeira do movimento.

E quem melhor Yiannopoulos podia alistar como seu ajudante do que Andrew Auernheimer, o hacker celebridade que havia tatuado uma suástica no peito? "Finalmente fazendo minha grande reportagem sobre a *alt-right*", escreveu em um e-mail a Auernheimer. "Topa uma conversa sem filtro comigo?"[15] Depois de mandar e-mails a outras figuras do ultranacionalismo e do *white power*, enviou seu material a um ghost-writer que recrutara através do Gamergate, pedindo-lhe que o organizasse em forma de artigo assinado por Yiannopoulos. "A *alt-right* é um movimento que nasceu das margens juvenis, subversivas e subterrâneas da internet", dizia. Os usuários da internet seriam divulgadores da direita alternativa, impulsionando ao grande público uma causa que "promete diversão, transgressão e desafio às normas sociais que eles não entendem".[16]

A cada semana, a linguagem dos extremistas das redes caía nas grandes plataformas, que a levavam à discussão política popular. Nas primeiras semanas das eleições para escolher o candidato do Partido Republicano à Presidência, as plataformas ficaram lotadas de acusações a candidatos com tendências moderadas, chamando-os de *cuckservatives*. Acredita-se que a palavra composta — baseada em *conservatives* [conservadores] — teve origem em fóruns de supremacistas brancos, nos quais *cuck* [de *cuckold*, "corno"] faz referência ao medo de ser corneado por homens negros.[17] Os gamergaters levaram o termo para o Twitter, onde sua grosseria para chamar a atenção o deixou no alto dos feeds. Os conservadores mais convencionais o adotaram aos poucos, tingindo a política de direita — que cada vez mais se dava no Twitter e no Facebook — com um toque da cultura troll que só ia se alargar.

"Eles chamam de 'magia do meme' — quando memes que antes eram obscuros na internet ganham tanta influência que começam a afetar o mundo real", escreveu Yiannopoulos poucos meses antes da eleição.[18] Dezenas de memes de extrema direita seguiam rota similar. Pepe the Frog [O sapo Pepe], um cartum que neonazistas da internet haviam adotado como mascote, cresceu no Twitter e no Reddit e se transformou em algo mais complexo: uma expressão do racismo irônico. Memes de Pepe propositalmente ofensivos (o Pepe nazista operando uma câmara de gás, o Pepe judeu sorrindo nos ataques do 11 de Setembro) se tornaram o dedo médio erguido para o mundo. E foi um instrumento para contrabandear o racismo real, mortal, coberto com um manto de ironia, para o discurso popular. "Os não doutrinados não saberão se estamos de brincadeira ou não", escreveu Anglin, o fundador do Daily Stormer, no guia de estilo e de recrutamento do site. "É óbvio que é um estratagema e eu quero, sim, mandar os judeuzinhos pro gás. Mas isso não é nem lá nem cá."[19]

O movimento se aglutinou em torno de Trump, que havia convergido para os mesmos cacoetes e táticas usados por Yiannopoulos e outros astros do Gamergate. Aparentemente por idêntico motivo: era o que as mídias sociais premiavam. Ele brandia a desinformação e a misoginia como armas. Trollava sem constrangimento, abusando e zombando das vítimas. Testava os *gatekeepers* da sociedade, ofendendo-os com provocações exibicionistas tiradas diretamente do 4chan. "Ele tem caráter e estilo perfeitamente afinados com o que os cafajestes da internet procuram", escreveu Yiannopoulos.[20] Uma variação popular do meme com Pepe vestia a gravata vermelha e os cabelos loiros de Trump. O próprio Trump postou a imagem no Twitter e seu filho a postou no Instagram.

Mas enquanto Yiannopoulos e Bannon afirmam há muito tempo que são as mesclas da cultura troll da internet com a direita popular, na verdade o crédito era de uma força muito mais poderosa: o Facebook. De maio de 2015, um mês antes de Trump anunciar sua candidatura, a novembro de 2016, como um estudo de Harvard viria a descobrir, a fonte de notícias mais popular da extrema direita no Facebook foi o Breitbart, superando até a Fox News.[21] Era o terceiro canal de imprensa mais compartilhado entre todos, batendo qualquer jornal ou canal de TV, exceto CNN e *New York Times*. Se você lia o Facebook com regularidade à procura de notícias em 2016 — o que 43% dos norte-americanos fizeram naquele ano —, provavelmente leu o Breitbart.[22] Ele se tornou uma referência tão predominante na plataforma que, ainda em fins de 2019, depois de o site ter diminuído por falta de gerência e controvérsias, o Facebook o indicou como "fonte de notícias confiável" com acesso especial para seus usuários.[23]

Pessoas apavoradas, vendo de fora, por muito tempo atribuiriam a ascensão do Breitbart à manipulação que este fazia das mídias sociais com artifícios sombrios. Na verdade, a publicação pouco mais fez do que postar artigos no Facebook e no Twitter, como sempre fizera. O site foi, de certo modo, um beneficiário passivo. Os sistemas do Facebook estavam promovendo um bando de blogs hipersectários e antes obscuros, além de oficinas da desinformação — que brandiam nomes como The Gateway Pundit [O especialista de entrada], Infowars [Infoguerras], The Conservative Treehouse [Casa na árvore conservadora] e Young Cons [Jovens reaças] —, até virarem megapublicações com poder para remodelar a realidade para uma grande fatia do público.

Tal como aconteceu com o Gamergate, não era só o fato de o conteúdo ser indecente. Os sistemas promoviam ideias de ameaça à identidade de grupo — os muçulmanos estão vindo nos matar, os judeus vão apagar nossa identidade cultural, os progressistas querem destruir os valores tradicionais — que ativavam o instinto de defesa tribal dos usuários que Henri Tajfel e sua equipe de psicólogos haviam identificado décadas antes. Aquilo lhes incentivava a compartilhar ainda mais links e comentários que reforçavam a identidade de endogrupo e o mobilizavam contra um inimigo em comum. Era o que os fazia ficar clicando e postando, incitando outros usuários ao mesmo frenesi de compartilhamento, um circuito de retroalimentação infinito de medo e ódio que se provou de enorme benefício para o Vale do Silício e para Donald Trump, mas um desastre para todos os demais.

O alcance e o algoritmo do Facebook lhe deram um papel desproporcionalmente grande na criação desse ecossistema de informação. Mas era quase o mesmo processo que se desenrolava em outras plataformas, o que sugeria que o problema não era particular a alguma excentricidade do Facebook ou de seus fundadores, mas endêmico às redes sociais modernas. No Twitter, o Breitbart se tornou "o nexo da mídia conservadora" e a fonte das notícias mais compartilhadas entre apoiadores de Trump, concluiu o estudo de Harvard.[24] O Breitbart dominou as discussões sobre imigração, talvez o tópico mais carregado da campanha de 2016. O conjunto de suas matérias sobre imigrantes foram compartilhadas *duas vezes mais do que* as de qualquer outro veículo da imprensa, um número marcante se considerarmos que o site empregava apenas meia dúzia de jornalistas.

Por todas as plataformas, a discussão sobre imigração "se precipitava com mais frequência à questão de ameaça à identidade", descobriram os autores do estudo, naturalmente privilegiando visões de mundo da extrema direita que centram, por definição, medos de conflitos identitários. O estudo concluiu que "a mídia altamente partidária" compartilhando desinformação e "sites políticos partidarizados caça-cliques promovidos pelo Facebook" foram ambos endêmicos em 2016, uma tendência que "teve papel muito maior na direita do que na esquerda".

Se quiséssemos saber aonde isso ia levar, bastava conferir o Gamergate, que, até o terceiro trimestre de 2016, de certa forma tinha declarado sua vitória na guerra cultural dos jogos. "O efeito do Gamergate no longo prazo foi a proliferação de uma cultura do medo para as profissionais mulheres que desenvolvem nossos videogames", disse Brianna Wu. Muitas abandonaram o ramo, sentindo-se derrotadas. As que permaneceram descobriram as consequências de se manifestar.

A indústria de 100 bilhões de dólares ainda pende de modo extremo, tanto nos produtos quanto nas pessoas que os criam, para o gênero masculino.

Expliquei a Wu que, assim como muita gente, no início eu não tinha considerado o Gamergate um prenúncio do mundo por vir, não havia captado as implicações na época. "Vou ser sincera", disse ela, "eu também subestimei. Eu não teria como prever que toda a nossa política ia virar um Gamergate. E é óbvio que virou." Ela queria ter previsto "o número de pessoas que estão pegando as táticas do Gamergate. Quero esclarecer que quem faz isso é principalmente a direita. Mas tem muita gente na esquerda que, por mais que isso me deixe horrorizada, adota o mesmo tipo de tática de indignação, pensamento de manada e humilhação".

O resultado foi uma convergência quase universal para esses comportamentos e modos de pensar, incentivada durante todo o caminho pelas mídias sociais. Houve momentos, admitiu Wu, em que ela se viu tentada a esquentar a indignação, a convocar seus seguidores contra um adversário, a destacar alguma afirmação que, embora dúbia, pudesse exaltar a identidade e agravar os preconceitos de seu endogrupo. Geralmente ela se continha a tempo, mas nem sempre.

"É uma coisa com a qual brigo bastante, da minha parte, na minha pessoa, o jeito como interajo com o mundo, porque tem uma coisa muito perigosa que se desatou aqui", disse. "Esse ciclo de queixume, ressentimento, identidade, ira coletiva... a sensação é que ele está engolindo e envenenando o país inteiro."

4.
A tirania dos primos

A justiça da internet

Em setembro de 2015, menos de dois meses depois de Ellen Pao ser demitida do Reddit, Walter Palmer, um dentista de 55 anos que vivia no subúrbio de Minneapolis, se reuniu com dois jornalistas para insistir que não estava se escondendo. "Tenho estado com outras pessoas, com a família, com amigos. O local não importa", disse Palmer, ladeado por um advogado e uma assessora de imprensa. "No início havia questões de segurança com relação à minha filha e minha esposa."[1] Naquela que, segundo ele, seria sua única entrevista, Palmer lamentou o movimento global — o primeiro de um novo tipo de ira coletiva que arrasa vidas alheias e que logo se tornaria lugar-comum — que rondava sua família e funcionários, os quais, sublinhou, eram inocentes. "Não entendo esse nível de desumanidade, de vir atrás de gente que não tem envolvimento nenhum", disse.[2]

Seis semanas antes, a BBC publicara um pequeno texto informando que um caçador não identificado tinha matado um leão no Zimbábue.[3] Não era, em si, algo incomum nem ilegal. Mas os guias do caçador haviam atraído o leão de uma reserva nas redondezas, onde matar o animal teria sido ilegal. E o bicho tinha uma crina negra peculiar, que o tornara conhecido entre os visitantes do parque, que o chamaram de Cecil.

Uma das subseções mais famosas do Reddit na época era a de notícias internacionais, um repositório de informes do planeta e boatos de agências de notícias. Com usuários a postar mais de mil links por dia, subir às primeiras colocações da página geralmente exigia uma descrição pensada para provocar emoções fortes. Um usuário de nome Fuckaduck22, que postou a matéria de Cecil, anexou apenas este título: "O leão Cecil foi esfolado e decapitado. Hwange — o leão, muito famoso e fotografado, chamado afetuosamente de Cecil, foi morto por esporte, por caçadores próximos a Hwange, Zimbábue, na semana passada".

Milhares de usuários deram *upvotes* no artigo até ele chegar no topo da página principal do site, o que significava um público de milhões. Nem todos se mostravam bravos. Cecil estava perto do fim da expectativa de vida do leão macho, como ressaltou um deles, enquanto outros observaram que as caçadas por esporte financiam iniciativas de conservação. Mas as seções de comentários do Reddit são classificadas pela popularidade de cada comentário. E o que subiu ao topo foram as manifestações de indignação:

> daqui a pouco os leões estarão extintos da natureza, porque você precisa MUITO inflar sua ideia debilitada do que é ser macho.

> quero a cabeça daquele caçador de troféu. Covarde filho da puta.

Seguindo inconscientemente os estímulos da plataforma, os usuários a encheram de postagens sobre Cecil, intensificando, a cada rodada, o lado emocional. A morte do leão foi uma perda. Depois, um golpe devastador para quem ama os animais. Depois, um crime de deixar qualquer um furioso. O caçador era um gordo covarde. Depois, um assassino manchado de sangue.

E, depois, foi dito que ele era assolado por uma "doença mental ou algum tipo de psicopatia".

No terceiro trimestre de 2015, jornalistas e editores estavam aprendendo a buscar a viralização nas mídias sociais, o que podia multiplicar seu público várias vezes. Isso significava que, quando os usuários do Reddit levaram Cecil ao topo das listas de mais lidos em vários veículos, eles foram fundo em um incidente que, de outro modo, teriam ignorado. Revelou-se que o caçador até então anônimo era Palmer, o dentista. Ainda assim, a matéria parecia inofensiva — até que ela caiu no Twitter.

Os fundadores do Twitter haviam lançado o produto em 2006, basicamente como um serviço de mensagens em grupo. O usuário mandava a mensagem, a custo zero, para um telefone, que encaminhava a mensagem para amigos da pessoa.[4] Se você fosse dar uma saída, talvez postasse o nome do bar; amigos que seguissem suas atualizações podiam ir ao seu encontro. As mensagens eram limitadas pelo tamanho de uma frase. Um site bastante básico também registrava as atualizações. Jack Dorsey, em um esboço dos primórdios do serviço, anotou mensagens de amostra como "na cama" e "vou ao parque".[5]

Por regra, as postagens eram públicas; por que esconder atualizações anódinas por trás de um muro de privacidade? Essa abertura ganhou maior significado quando, em 2009, cidadãos do longínquo Irã lotaram as ruas para protestar contra uma eleição que, segundo eles, o governo havia fraudado. Conforme as autoridades reprimiram as manifestações, algumas pessoas nas ruas usaram o Twitter para despachar atualizações da barricada. Quando elas perceberam que o mundo estava de olho — e que o escrutínio internacional podia dissuadir, ou ao menos documentar, abusos do governo —, seus tuítes ganharam maior propósito. No meio do tecno-otimismo da era Obama, os norte-americanos trataram aquilo como uma

"Twitter revolution".[6] Embora a revolução efetiva dos iranianos tenha sido esmagada na mesma hora, o rótulo pegou.

Conforme outros acontecimentos internacionais se desenrolavam ao vivo no Twitter, quem dava bola para o noticiário ou trabalhava com notícias começou a se inscrever. O serviço mudou de mensagens em grupo para uma plataforma com postagens curtas, sempre em público: um microblog no qual milhões transmitiam, discutiam e debatiam as maquinações políticas do dia ou o episódio de *Game of Thrones*. Mas tudo era filtrado por algo que opera menos como uma faixinha correndo na tela da CNN e mais como o Reddit. Um usuário valida as postagens de outros apertando o botão de curtir ou de retuíte, com isso também trazendo à tona ou suprimindo o conteúdo que mais atrai a vontade coletiva.

Quando a fúria a respeito de Cecil subiu aos 316 milhões de usuários ativos do Twitter, a escala da movimentação se intensificou ainda mais que os extremos do Gamergate. Em um só dia, usuários postaram 672 mil tuítes sobre o caso.[7] Cerca de 50 mil destes mencionavam Palmer pelo nome e foram vistos num total de 222 milhões de vezes: infâmia numa escala de que, geralmente, só os livros de história dão conta. "Pago mais de 35 mil libras para ver #WalterPalmer numa luta justa com o rei da selva",[8] escreveu um usuário, representando uma onda de postagens que expressavam o desejo de ver Palmer se machucar.

Quando o Reddit dava rotatividade à raiva, ela ficava mais ou menos confinada aos nichos da internet geek. Mas o Twitter, em 2015, estava no foco da imprensa e da cultura popular. Fantasias de vingança permeavam aquele que era o equivalente da TV aberta nas mídias sociais, atraindo jornalistas e celebridades. "Espero que #WalterPalmer perca a casa, a licença para trabalhar & o dinheiro",[9] tuitou Sharon Osbourne, então estrela de um reality show; Mia Farrow, a premiada atriz, postou o endereço do consultório de Palmer.

Quando as plataformas se tornam um coro consensual de "Peguem essa pessoa", geralmente a ação vem a seguir. Centenas postaram resenhas negativas a respeito do consultório odontológico de Palmer em sites como o Yelp, torcendo para que ele perdesse clientes.[10] Em questão de dias, eram tantos tuítes com ameaças de violência que o consultório fechou de vez. (Quando um usuário do Reddit sugeriu que isso poderia prejudicar injustamente funcionários do dentista, 1500 usuários votaram a favor da resposta "Os funcionários vão estar melhor se trabalharem em outro lugar".)[11] Placas ameaçadoras apareceram nas portas do consultório. Uma pessoa pichou a casa de Palmer. Ele e a família, talvez cogitando que uma das pessoas que rondavam sua casa pudesse concretizar as ameaças na internet, foram para o que — todos, fora Palmer — chamaram de esconderijo.

Quando Palmer contratou uma assessora de imprensa e se encontrou com jornalistas, mais de 2 mil textos sobre sua caçada já haviam sido postados no Facebook, onde foram compartilhados 3,6 milhões de vezes.[12] O *New York Times* publicou um editorial formal lamentando a perda de Cecil; o governador de Minnesota condenou a caçada; Jimmy Kimmel, apresentador de um programa noturno de TV, se emocionou ao vivo. Tudo guiado pela viralização das mídias sociais. Então, um dia, a febre baixou e todo mundo seguiu com sua vida.

O estouro dividiu observadores da área de tecnologia. Alguns viram mais um Gamergate, agora mais próximo do centro da vida norte-americana, viabilizado por plataformas que promoviam histeria coletiva e intimidação contra as quais praticamente não havia restrições nem salvaguardas. Outros viram um drama de internet bobo sem grande significado, e muito menos motivo para culpar as redes sociais, ainda consideradas por muitos como as libertadoras do planeta.

James Williams, engenheiro do Google desde 2005, aparentemente teria se encaixado no perfil do lado mais otimista. Porém, ao deixar a empresa, ele escreveu um texto para o site Quillette dizendo que Cecil e episódios parecidos prenunciavam uma mudança radical em nosso mundo digitalizado.[13] Ele acreditava que os vingadores de Cecil, não importava quais fossem suas motivações, haviam sido manipulados, sem saber, para se comportar daquele modo, "pressionados pelos arranjos persuasivos do design digital". Seu diagnóstico: "Gostamos que nos deixem indignados. Reagimos a isso como uma gratificação".

As plataformas haviam aprendido a aproveitar a indignação que trazia a seus usuários "um ímpeto — de propósito, de clareza moral, de solidariedade". O ritmo crescente desses ataques de fúria exaustivos, talvez um por semana, sugeria que as mídias sociais não estavam apenas influenciando a cultura como um todo, mas, em certo nível, derrubando-a. No fim das contas, tudo seria em favor de Donald Trump — uma discussão esdrúxula naquele momento. Seria tão maluco pensar, sugeriu Williams, que as novas mídias dominantes da nossa época podiam lançar porta-estandartes como Trump ao auge do poder? Já não estava acontecendo? "A verdade", escreveu ele, "é que esses efeitos políticos já estão entre nós."[14]

Indignação moral

Billy Brady era calouro na Universidade da Carolina do Norte quando se deu conta de que gostava de ficar indignado no Facebook. Ele passou o ano de 2005 transformando as visitas à rede social em hábito, brigava nos comentários e, hoje admite entre risadas, "postava coisas só para provocar".

Vegano de voz mansa que tem a fala arrastada de surfista californiano — apesar de não ser da Califórnia —, Brady não estava acostumado a se sentir atraído para raiva e conflitos. E ele havia entrado no Facebook para mudar mentes, não para brigar. Estava começando no ativismo pelos direitos dos animais, disse, e achou "que parecia uma plataforma interessante para espalhar mensagens e convencer pessoas". Mas muitas vezes acabava expressando sua indignação contra elas. Ele estava se portando de uma maneira que, como veio a perceber, tinha pouca chance de promover a causa e, por mais que fosse divertido no momento, o fazia se sentir um babaca logo em seguida.

A sorte foi que o campo de estudos de Brady tinha algum discernimento. A filosofia moral, antes domínio de intelectuais reflexivos, estava ficando mais empírica, alavancando as ciências exatas para encontrar a natureza efetiva da moralidade. As descobertas sugeriam uma explicação para o comportamento de Brady. Passar raiva na sua mesa ou disparar um xingamento eram coisas que o faziam se sentir mais mal do que bem. Mas, quando suas expressões de indignação atraíram atenção na internet, principalmente o incentivo de outros com ideias afins, aquela sensação tornou-se viciante. "Notei, sem dúvida, que você chama a atenção dos outros postando coisas mais incendiárias e sentindo algumas emoções", contou.

Mas por que as pessoas se sentiriam atraídas por emoções tão prejudiciais, tão desagradáveis? Fascinado, ele incluiu aulas de psicologia na sua agenda. Desde então, tem estudado a influência das mídias sociais no comportamento humano. Em certo sentido, disse, todos os usuários estão, ao mesmo tempo, tanto conduzindo quanto sendo participantes de um experimento psicológico sem fim. As pessoas, em geral, são intimamente atentas ao feedback social e se adaptam ao que ouvem, um impulso que as curtidas e os compartilhamentos na internet conseguem acessar. Mesmo quando era um universitário que se envolvia em briguinhas no Facebook, "por tentativa e erro descobri como as pessoas reagem a diferentes enquadramentos e diferentes atrativos".

Quanto mais ele e usuários de ideias afins provocavam a raiva uns dos outros, mais seu comportamento se tornava antagônico. Carnívoros e agnósticos quanto aos direitos dos animais não eram gente bem-intencionada que só precisava de persuasão; eram broncos e malfeitores que tinham que se sentir culpados. A chave, concluiu ele, era a indignação moral. A indignação é um coquetel emocional simples: raiva mais nojo. Indignação *moral* é um instinto social.

Lembremos aqueles primeiros povos que tinham até 150 pessoas. Para sobreviver, o grupo tinha que garantir que todos agiriam em prol do coletivo, sendo parte disso se darem bem uns com os outros. Para tal, era preciso um código de comportamento em comum. Mas o que você faz para todo mundo internalizar e seguir esse código? A indignação moral é a adaptação que a nossa espécie fez para atender a esse desafio. Quando você vê alguém desrespeitando uma norma importante, você se irrita. Quer que essa pessoa sofra um castigo. E se sente impelido a transmitir essa raiva para que outros também vejam essa violação e queiram participar da humilhação — e talvez do castigo — do transgressor.[15]

A vontade de castigar transgressores é tão profunda que aparece nas crianças. Em experimentos, foram mostrados dois fantoches a crianças com menos de um ano. Um deles compartilhava, o outro se recusava a isso. As crianças, sem exceção, tiravam balas do fantoche mau e recompensavam o bom. Os participantes com um ou dois anos a mais chegavam a recompensar os fantoches que eram cruéis com o fantoche mau e castigar os que eram legais com o fantoche mau.[16] Foi a confirmação de que a indignação moral não é só raiva contra um transgressor. É uma vontade de ver a comunidade inteira se alinhar contra eles.

Brady, tentando entender a indignação que havia sentido na internet, primeiro em um mestrado em filosofia e depois em outro em psicologia, fez circular uma teoria que os dois campos denominam sentimentalismo. "É a ideia de que nossa noção de moralidade está entrelaçada a nossas reações emotivas e talvez seja até guiada por elas", disse. "O que vai contra a ideia mais antiga de que humanos são muito racionais quando se trata de moralidade."

A cultura popular costuma retratar a moralidade como algo que emerge do nosso eu magnânimo: os anjos bons da nossa natureza, a mente esclarecida. O sentimentalismo diz que ela é motivada, na verdade, por impulsos sociais como o conformismo e a gestão da reputação (lembra do sociômetro?), que sentimos como emoções.[17] A pesquisa neurológica sustenta essa ideia.[18] Quando uma pessoa diante de um dilema moral elabora como reagir, há forte registro de movimentação em regiões cerebrais associadas a emoções. E o cérebro emocional trabalha rápido, geralmente chegando a uma decisão antes de o raciocínio consciente ter a chance de entrar em ação. Os participantes do experimento só ativavam as partes do cérebro responsáveis pelo cálculo racional quando eram chamados a explicar sua opção, e as usavam retroativamente para justificar uma atitude pela qual já haviam se decidido e que fora guiada pela emoção.

A opção moral-emocional parecia servir a um propósito maior, como buscar aprovação dos pares, gratificar um bom samaritano ou castigar um transgressor. Mas a natureza instintiva desse comportamento o deixa aberto para a manipulação. Que é exatamente o que déspotas, extremistas e propagandistas aprenderam a fazer, convocando gente a ficar do seu lado ao despertar a indignação — em geral contra um bode expiatório ou um malfeitor imaginado. O que aconteceria quando as redes sociais, inevitavelmente, aprendessem a fazer a mesma coisa?

Manadas da humilhação

Brianna Wu ainda estava discutindo com uma manada de indignados nas mídias sociais quando se viu tentando começar outra discussão. "Nunca vou me esquecer", contou. "Teve um momento, no meio do caminho do Gamergate, em que caí nessa discussão feminista da indústria de jogos." A Oculus, empresa do Facebook que fazia *headsets* para realidade virtual, havia anunciado uma equipe nova. Todos eram homens e brancos. Wu ficou furiosa. "Lembro de explodir no Twitter, de postar uma imagem da equipe com os nomes", disse. "E isso é um problema. A falta de mulheres na engenharia de VR é uma coisa horrível. Mas me dei conta de que esse tipo de tática funciona pelo mesmo lado emocional do que o Gamergate vinha fazendo comigo."

Ela reconheceu, pela primeira vez, o quanto da sua experiência nas mídias sociais estava voltada para provocar ou participar de campanhas de humilhação pública. Algumas duravam semanas; outras, apenas minutos. Algumas serviam a uma causa importante, ou assim ela dizia; outras só existiam porque alguém a fizera ficar indignada. "Eu costumava selecionar tuítes sexistas que chegavam até mim. Só retuitava e deixava meus seguidores darem um jeito", disse. "Não faço mais isso porque é pedir que alguém seja perseguido."

Em 2016, ela concorreu nas primárias internas do Partido Democrata para a vaga de deputada do seu distrito, defendendo causas progressistas e prometendo lidar com a intimidação via internet. Um jornalista lhe pediu que comentasse um tuíte de 2014 no qual ela identificava o nome e a empresa de alguém que fizera uma postagem sexista — não era o tipo de intimidação que, segundo ela, as plataformas deviam combater? "Lembro que naquele momento pensei, tipo: 'Que hipócrita de bosta eu sou'. Para isso não tenho desculpa", disse. "E foi o que respondi: 'Foi um erro'." Wu afirmou que havia permitido que as plataformas provocassem nela exatamente os comportamentos que detestava. "E não sei como essa merda vai ficar menos virulenta se não tiver mais gente entre nós se dando conta de que, quando estamos naquela hora ruim, podemos ser uma pessoa do mal."

Na época, Kate Klonick, pesquisadora da área do direito e ex-aluna de psicologia cognitiva, estava tentando entender por que a humilhação coletiva era tão disseminada nas mídias sociais. Ela aprendeu muito com uma polêmica do início do Twitter, que levou um nome bem indicativo de como essas coisas não costumavam ser levadas a sério: o Donglegate. Uma programadora chamada Adria Richards, na plateia de um congresso de programação, ouvira um homem na fileira de trás cochichar para seu vizinho uma piadinha com terminologia da área. Ela se virou e tirou uma foto, depois a tuitou com a legenda "Pegou mal. Piada com *forking repo's* em sentido sexual e *dongles* 'grandões'. Bem atrás de mim".[19]*

Richards, uma mulher negra, se pronunciava fazia muito tempo contra as tendenciosidades da indústria. Naquela época, início de 2013, as mídias sociais já lhe permitiam alcançar um público maior. Twitter e Facebook se encheram de postagens furiosas em reação ao seu tuíte. Os organizadores do congresso, bem como os patrões dos dois homens, de repente se tornaram mal-afamados, até odiados, em escala nacional. Um deles foi demitido logo em seguida. Ele postou no Hacker News, o fórum não oficial do Vale do Silício, um pedido de desculpas por seu comentário, endereçado especialmente a Richards. Mas complementou: "Tenho três filhos e gostava muito do meu

---

* O termo *forking repo's* se refere a bifurcar um repositório de arquivos, sendo *forking* também uma posição sexual. *Dongles* são dispositivos que se conectam ao computador para uma funcionalidade extra, termo que também remete ao pênis.

emprego. Ela não me avisou, ela sorriu enquanto tirava a foto e selava meu destino. Que isso sirva de alerta a todos: nossas atitudes e nossas palavras, grandes ou pequenas, podem ter um impacto tremendo". Como esperado, seguiu-se uma segunda rodada de indignação, dessa vez inundando Richards e seus chefes com mensagens raivosas, algumas com ameaças. O site da empresa onde ela trabalhava saiu do ar devido a um ataque hacker rudimentar chamado negação de serviço. No dia seguinte, Richards foi demitida por causa de sua decisão, disse seu chefe, de "humilhar em público" os dois homens.

A maior parte da pesquisa jurídica, sabia Klonick, considera a humilhação pública algo necessário para o funcionamento da sociedade: fazer *tsc-tsc* para a pessoa que furou a fila, marginalizá-la por seu comentário sexista, provocar sua demissão por participar de um grupo de ódio. Mas as mídias sociais estavam mudando o jeito como funciona a humilhação pública, o que necessariamente ia mudar o próprio funcionamento da sociedade. "O acesso barato, anônimo, instantâneo e onipresente à internet acabou com a maioria — se não com todos — os controles naturais da humilhação", escreveu ela nas suas conclusões, "e assim mudou o modo como percebemos e fiscalizamos as normas sociais."[20]

Alguém que fosse, digamos, grosseiro com um motorista de ônibus talvez esperasse que alguns passageiros o abordassem de dedo em riste. Agora, se o incidente é gravado e postado na internet, essa pessoa pode ter que encarar semanas de ofensas do mundo inteiro. "Hoje, é mais fácil do que nunca", escreveu Klonick, "usar a humilhação para reforçar as ditas normas sociais e é mais fácil do que nunca a humilhação sair do controle." A humilhação pública na internet tendia a ser "superassertiva", defendia ela, mal calibrada à escala do crime, e "de precisão pequena ou questionável em relação a quem ou o que castiga".[21]

Além disso, ela se tornou mais cruel, até sádica. A partir do momento em que a internet social se emaranhou com o cotidiano, circularam histórias de manadas de indignados cometendo exageros. Uma funcionária de baixo escalão da área corporativa chamada Justine Sacco ganhou fama internacional em 2013, quando um tuíte a seus 170 seguidores ("Vou pra África. Espero que não pegue aids. Brinqs. Sou branca!") suscitou dezenas de milhares de reações de raiva e depois de júbilo com sua humilhação e demissão. Um artigo da *New York Times Magazine* sugeriu que Sacco e outros como ela haviam sido obrigados a sofrer para nossa diversão, ou apenas porque tínhamos perdido o controle, "como se as humilhações agora acontecessem só por acontecer, como se seguissem um roteiro".[22]

A foto de uma turma de colégio de uma cidadezinha do Wisconsin viralizou quando usuários do Twitter acusaram os alunos de fazerem saudações nazistas.[23] Uma tempestade internacional de fúria, restrita à internet, esmiuçou a vida dos pais dos alunos e dos funcionários da escola, humilhando-os em relação a qualquer detalhe que os usuários pudessem achar na rede e deixando manchada a imagem da cidade. Depois se descobriu que o fotógrafo voluntário havia captado os garotos de um ângulo incomum. Eles estavam apenas se abanando.

Um jornalista foca de Des Moines publicou o perfil de um morador que tinha viralizado no Facebook por participar de um jogo de futebol universitário com uma placa engraçada (PRECISO REABASTECER SUPRIMENTO DE CERVEJA), seguido de seu nome de usuário no serviço de pagamento móvel Venmo. O jornalista observou, por alto, que o homem já escrevera tuítes ofensivos, pelos quais havia se desculpado.[24] Primeiro os usuários das mídias sociais exigiram que o portador da placa perdesse o emprego e, depois, em revolta contra a revolta, que o próprio jornalista fosse demitido. E foi.

O dono de um restaurante palestino-americano em Minneapolis foi sitiado pela ira da internet quando alguém descobriu comentários racistas no histórico das mídias sociais de sua filha, que ela havia postado quando criança. Embora tivessem pedido desculpas, usuários da internet fizeram circular os endereços de ambos e pressionaram empresas locais a se afastarem da família. O contrato de aluguel do restaurante foi rescindido, e dois supermercados deixaram de comercializar os produtos da família. A indignação passou pouco depois de o dono do estabelecimento demitir a filha e dizer a um jornalista: "Você acha que é fácil para mim destruir a carreira da minha filha?".[25]

Quando uma romancista imigrante da China conseguiu um contrato muito bem remunerado pelo seu livro de estreia, uma fantasia para jovens adultos, outros escritores tuitaram declarações ambíguas de que o manuscrito continha trechos racistas e plagiados. Muitos no Twitter aceitaram os boatos como verdade, atormentando a escritora e sua editora até que a publicação do livro foi cancelada. Mais tarde se descobriu que as acusações eram falsas. Um mês depois aconteceu de novo, dessa vez com um escritor de romances para jovens adultos negro, que foi pressionado a também desistir de publicar seu manuscrito, com sucesso. Houve incidentes parecidos e recorrentes entre escritores, o que levou uma crítica literária a escrever, em desespero: "Fico perplexa em ver que pessoas que estão sempre falando do quanto amam ler, com tanto entusiasmo, leiam tão mal".[26]

Uma estudante negra no Smith College postou no Facebook que um zelador e um guarda da sua faculdade a haviam intimidado por "comer como uma negra".[27] Os dois a interrogaram enquanto almoçava no saguão de um alojamento, segundo ela, tratando-a como intrusa por conta de sua raça. A postagem foi compartilhada raivosamente por todo o Smith College, depois em outras faculdades, a seguir no mundo inteiro, provocando um alvoroço de notoriedade para o minúsculo campus. O zelador foi afastado com licença remunerada. Alunos saíram das aulas em protesto. A aluna fez uma postagem posterior no Facebook acusando duas funcionárias do refeitório de chamarem a segurança durante o incidente. Ela incluiu nome, e-mail e fotos de uma delas e escreveu: "Essa aí é que é a racista". A funcionária do refeitório foi inundada de ligações furiosas na própria casa, algumas com ameaças de morte. A estudante também postou a foto de um zelador, acusando-o de "atos racistas e covardes", embora tenha, supostamente por engano, identificado o zelador errado.

A verdade acabou se revelando um misto de mal-entendido sincero com hipérbole juvenil. Ela estava fazendo sua refeição em um cômodo fechado, anexo ao refeitório, reservado a um curso para crianças. O zelador estava seguindo regras que exigiam que a segurança fosse comunicada se alguém que não fosse do curso entrasse no local. O guarda teve um diálogo educado com a aluna e não lhe pediu que saísse. As funcionárias do refeitório não tiveram envolvimento algum.

Mas, quando a verdade veio à tona, em um longo relatório elaborado por um escritório de advocacia que a universidade contratou, a versão dos fatos no Facebook, calcificada pelo extravasar da comoção coletiva, já havia se solidificado na mente de todos. A universidade, provavelmente temendo incitar mais ira, se recusou a exonerar os funcionários, declarando ser "impossível excluir o envolvimento potencial de um viés racial implícito" no comportamento que tiveram. Um foi transferido, outro ficou de licença, outro se demitiu. Uma das funcionárias do refeitório foi barrada na seleção para um restaurante quando o entrevistador a reconheceu como "a racista" do Facebook. A aluna, antes alçada a heroína na internet, agora era condenada como vilã. Poucos pensaram em culpar as plataformas sociais que haviam dado a uma adolescente o poder de acabar com o ganha-pão de trabalhadores de baixa renda, incentivaram-na e a milhares de espectadores a fazer o que fizeram e garantiram que todos passariam por sua impressão errada, transformada em indignação, como algo mais verdadeiro que a verdade.

A verdade ou a mentira têm pouca importância na recepção de uma postagem, exceto no aspecto de que uma pessoa mentirosa tem mais liberdade para alterar os fatos que se conformem a uma narrativa provocadora. O que importa é se a postagem pode desencadear uma reação forte, geralmente de indignação. Um estudo de 2013 da plataforma chinesa Weibo descobriu que a ira sistematicamente chega mais longe que outras emoções.[28] Estudos sobre o Twitter e o Facebook encontraram repetidamente o mesmo resultado, embora pesquisadores tenham reduzido o efeito da ira em geral à indignação moral em específico.[29] Os usuários internalizam as gratificações de atenção que surgem depois dessas postagens, aprendem a produzir mais, o que também adestra os algoritmos da plataforma para promovê-las ainda mais.

Muitos desses incidentes tinham uma valência de esquerda, o que levou a temores de uma "cultura do cancelamento" desenfreada. Mas isso apenas refletia a concentração de usuários de inclinação esquerdista em espaços acadêmicos, literários, jornalísticos e outros que tendem a ter mais visibilidade no cotidiano norte-americano. O mesmo padrão também se desenrolava em comunidades de tendência direitista. Mas a maioria dessas ocasiões foi tratada como obra de esquisitões marginais (gamergaters, *antivaxxers*) ou extremistas (incels, a *alt-right*). Fosse de direita ou de esquerda, a variável comum sempre foram as mídias sociais, os estímulos que elas impõem, o comportamento a que induzem.

Para seus alvos, o estrago, seja ele merecido ou não, é real e perdura. Nosso cérebro processa o ostracismo social quase literalmente como dor. Ser marginalizado dói pelo mesmo motivo que uma faca que penetra sua pele dói: a evolução nos levou a sentir as duas coisas como ameaças de morte. Nossa sensibilidade social evoluiu para se adequar a povos nos quais irritar dezenas de camaradas pode representar risco de morte real. Nas mídias sociais, uma pessoa pode, quase sem aviso, se deparar com a fúria e a condenação de milhares. Nessa escala, o efeito pode ser devastador para a psique. "O pior da intimidação é que as pessoas que, por sorte, nunca sofreram várias intimidações da parte de uma turba raivosa não entendem o seguinte: ela muda sua vida para sempre", escreveu Pao, a ex-chefe do Reddit. "Você perde a facilidade para ter confiança nos outros."

As consequências se ampliaram além da meia dúzia de pessoas que viraram alvo de ira que se pode dizer imprópria ou desproporcional. A vida pública em si estava se tornando mais ancestral, mais extremada, mais centrada no ódio e no castigo à mínima transgressão. "Estou lhe dizendo que essas plataformas não são projetadas para o diálogo ponderado", disse Wu. "Twitter, Facebook e as plataformas sociais são projetadas para uma única coisa: 'Nós estamos certos. Eles estão errados. Vamos acabar com essa pessoa, bem rápido e com força'. E isso só amplifica a discórdia que já existe."

As raposas de Lyudmila

O mistério da indignação moral — por que somos tão atraídos por uma emoção que nos faz comportar de uma maneira que nós mesmos achamos deplorável? — acabou sendo esmiuçado por uma geneticista russa de setenta anos entocada em um laboratório na Sibéria, onde cruza milhares de raposas. Lyudmila Trut chegou ao laboratório em 1959, recém-saída da Universidade Estatal de Moscou, para buscar as origens de algo que parecia não ter relação nenhuma: a domesticação de animais.[30]

A domesticação era um mistério. Charles Darwin havia especulado que podia ser genética. Mas ninguém sabia quais pressões externas transformavam lobos em cães nem como a biologia do lobo se modificou até torná-lo tão amigável. Os discípulos de Darwin, porém, identificaram uma pista: animais domesticados, fosse o cão, o cavalo ou a vaca, tinham rabo mais curto, orelhas mais caídas, compleição um pouco mais frágil e pelos mais manchados do que suas versões selvagens. E muitos tinham uma marca distintiva na testa, em forma de estrela.

Se Trut conseguisse ativar a domesticação em um ambiente controlado, talvez conseguisse isolar suas causas. Seu laboratório, vinculado a uma fábrica siberiana de peles, começou com centenas de raposas selvagens. Ela deu pontos a cada uma quanto ao nível de amizade com seres humanos, cruzou apenas as 10% mais amigáveis, depois repetiu o processo com os filhotes daquela geração. Na décima geração, como esperado, uma raposa nasceu com orelhas felpudas. Outra tinha uma marca em forma de estrela na testa. E se mostravam, escreveu Trut, "ansiosas para firmar contato com humanos, ganindo para chamar a atenção e fungando e lambendo os pesquisadores como cães".[31] Darwin estava certo. A domesticação era genética. Gerações subsequentes das raposas, conforme ficaram ainda mais amigáveis, nasceram com patas, rabo e focinho mais curtos, crânio menor, rosto mais plano, pelo mais sarapintado.

Trut estudou os animais durante meio século e finalmente descobriu onde estava o segredo da domesticação: nas células da crista neural. Todo animal começa a vida com um conjunto dessas células. Elas migram pelo embrião conforme ele cresce, convertendo-se em maxilar, cartilagem, dentes, pigmento da pele e partes do sistema nervoso. O trajeto termina logo acima dos olhos. É por isso que raposas domesticadas tinham marcas brancas na testa: as células da crista neural que vinham de seus pais mais amigáveis nunca chegavam lá. Isso também explicava as orelhas caídas, o rabo mais curto e o focinho menor.

Além do mais, aquilo desencadeava uma mudança na personalidade, pois as células da crista neural também se tornam as glândulas que produzem os hormônios responsáveis por ativar o medo e a agressividade. Raposas selvagens tinham medo de humanos e eram agressivas umas com as outras, características que lhes serviam bem na vida selvagem. Quando Trut cruzou as raposas mais amigáveis, sem saber promoveu animais com menos células da crista neural, atrofiando seu desenvolvimento neurológico em um sentido muito específico e forte.

Uma das muitas revelações que partiram da pesquisa de Trut, talvez a maior, foi a solução de um mistério de longa data entre os humanos.[32] Por volta de 250 mil anos atrás, nosso cérebro, depois de crescer cada vez mais durante milhões de anos, começou a diminuir. O estranho foi que isso ocorreu exatamente quando os humanos pareciam mais inteligentes, a julgar pelas ferramentas que se encontravam entre seus restos mortais. Os humanos desenvolveram simultaneamente ossos mais finos nos braços e pernas, rosto mais plano (deixando para trás os arcos superciliares de homem das cavernas) e dentes menores, com corpos masculinos que começaram a lembrar mais os femininos. Com as descobertas de Trut, de repente o motivo ficou claro. Eram as marcas de uma queda repentina no número de células da crista neural — marcas da domesticação.

Mas as raposas de Trut haviam sido domesticadas por uma força externa: ela. O que tinha intervindo na trajetória evolutiva dos humanos que de repente favoreceu os indivíduos dóceis, e não os agressivos? O antropólogo Richard Wrangham chegou a uma resposta: a linguagem. Durante milhões de anos, nossos ancestrais que viriam a se tornar *Homo sapiens* formaram pequenas comunidades comandadas por um alfa. O macho mais forte, mais agressivo, seria dominante, transmitindo seus genes às custas dos machos mais fracos.

Todo primata de grande porte detesta valentões. Chimpanzés, por exemplo, demonstram tratamento preferencial com seus colegas que lhes são gentis e desgostam dos que são cruéis. Mas eles não têm como compartilhar essa informação entre si. Os valentões nunca sofrem de má reputação porque, sem a linguagem, isso não existe. Foi o que mudou quando nossos ancestrais criaram uma linguagem com tal nível de sofisticação que podiam discutir o comportamento uns dos outros. A agressividade passou de recurso — o que os machos alfa usavam para dominar seu clã — a desvantagem que o grupo maior, cansado de ser dominado, podia castigar ao se unir.

"A conspiração com base na linguagem foi a chave, pois deu aos machos beta sussurrantes o poder para unir forças e matar os valentões machos alfa", escreveu Wrangham em um livro revolucionário de 2019.[33] Toda vez que um clã de antigos humanos derrubava um alfa despótico, estava fazendo a mesma coisa que Lyudmila Trut fez com as raposas: uma seleção em prol da mansidão. Machos mais cooperativos se reproduziram; os agressivos, não. Nós nos autodomesticamos.

Mas, tal como os primeiros humanos começaram a excluir um tipo de agressividade nos cruzamentos, passaram a escolher outra: a violência coletiva, que usavam tanto para derrubar os alfas como para impor uma nova ordem no seu lugar. A vida passou a ser regida pelo que o antropólogo Ernest Gellner chamou de "tirania dos primos".[34] As tribos se tornaram sociedades sem líderes, baseadas no consenso, unidas pela fidelidade a um código moral em comum, que os adultos do grupo (os "primos") fiscalizavam, às vezes de forma violenta. "Não se conformar, ser contra as definições da comunidade ou ganhar reputação por ser malvado se tornou uma aventura perigosa", escreveu Wrangham.[35] Incomode o coletivo e você pode ser marginalizado ou exilado — ou acordar com uma pedra esmagando sua testa. A maioria das sociedades caçadoras-coletoras vive assim hoje, o que sugere que tal prática se baseia em algo inerente a nossa espécie.

A base dessa nova ordem era a indignação moral. Era assim que você alertava sua comunidade quanto a um mau comportamento — como você os incitava, ou era incitado, a castigar uma transgressão. E era uma ameaça que pairava sobre sua cabeça do nascimento até a morte, que mantinha você na linha. A indignação moral, quando ganha bastante impulso, se torna o que Wrangham chama de agressividade "proativa" e "coalizadora" — coloquialmente conhecida como turba ou manada.[36] Quando você vê uma manada, está vendo a tirania dos primos, o mecanismo da nossa própria autodomesticação. Essa ameaça, muitas vezes mortal, se tornou uma pressão evolutiva por si só, que nos levou a desenvolver sensibilidades ultra-afinadas com os padrões morais do grupo — e o instinto de topar tudo. Se quer provar ao grupo que ele pode confiar em você para impingir suas regras, pegue uma pedra e jogue. Se não, você pode ser o próximo.

Na nossa história bastante recente, decidimos que esses impulsos são mais perigosos do que benéficos. Substituímos a tirania dos primos pelo estado de direito (ou quase), proibimos a violência coletiva e tiramos o incentivo ao comportamento de manada. Mas não há como neutralizar por completo os instintos, apenas contê-los. As redes sociais, ao acessar diretamente as emoções de grupo mais viscerais, desviam desse muro de contenção — e, nas circunstâncias certas, derrubam tudo, o que faz tais comportamentos primordiais respingarem na sociedade.

Quando você vê uma postagem que expressa indignação moral, 250 mil anos de evolução entram em ação. Você é compelido a participar. Isso o faz esquecer seu senso moral íntimo e acatar o do grupo. E o faz sentir que causar mal ao alvo da indignação é uma coisa necessária — até um prazer. Tomografias revelam que, quando as pessoas ferem alguém que acreditam ser um transgressor moral, seus centros de dopamina se ativam.[37] É uma recompensa. As plataformas também derrubam muitas das restrições que normalmente nos impedem de levar situações até onde não se deve. Atrás de uma tela, longe de nossas vítimas, não há uma pontada de culpa ao ver a dor no rosto da pessoa que machucamos. Tampouco há vergonha em perceber que nossa raiva visivelmente chegou ao nível da crueldade. No mundo real, se você vocifera a alguém por estar usando boné em um restaurante caro, você mesmo será marginalizado, um castigo por desrespeitar as normas contra demonstrações excessivas de raiva e por perturbar seus iguais no restaurante. Na internet, se outros dão atenção a sua explosão de raiva, provavelmente será para fazer parte dela.

As plataformas sociais têm uma abundância anormal de fontes de indignação moral; sempre há um tuíte ou uma notícia que causa irritação, assim como vários usuários que a ressaltam para uma plateia de, potencialmente, milhões. É como parar no meio da maior multidão que já se viu, sabendo que, a qualquer momento, ela pode virar uma manada. Isso gera um estímulo poderoso para o que os filósofos Justin Tosi e Brandon Warmke denominaram "exibicionismo moral" — ostentar que você está mais indignado e, portanto, é mais virtuoso do que todos os outros. "Na busca para impressionar os pares", escrevem Tosi e Warmke, "exibicionistas inventam acusações morais, menosprezam casos de humilhação pública, declaram que alguém que discorda deles está obviamente errado ou exageram na exposição das emoções."[38]

Fora da internet, os exibicionistas morais podem intensificar em poucos graus as sensibilidades de um grupo específico ao fazer pressão sobre seus pares para se igualarem a eles. Ou podem simplesmente incomodar todo mundo. Mas, nas redes sociais, os exibicionistas são sistematicamente recompensados e amplificados. Isso pode ativar "uma corrida armamentista moral", segundo Tosi e Warmke, na qual as pessoas "adotam perspectivas extremadas e implausíveis e se recusam a ouvir o outro lado".[39]

Se isso ocorresse só em alguns fóruns de internet, as consequências podiam ser uma ou outra discussão desagradável. Mas, em meados dos anos 2010, as redes sociais haviam se tornado o vetor pelo qual passava boa parte do consumo e interpretação das notícias mundiais. Tosi e Warmke, em um estudo subsequente com o psicólogo Joshua Grubbs, alertaram que isso tinha gerado um mundo definido por "homogeneidade, vieses endogrupo/exogrupo e uma cultura que incentiva a indignação".[40]

O resultado foi um circuito apocalíptico de polarização e desinformação. Quando o Congresso aprovou um pacote de estímulos em 2020, por exemplo, as postagens mais compartilhadas no Twitter informavam que a proposta de lei havia sugado 500 milhões de dólares que deveriam ter ido para norte-americanos de baixa renda e enviado ao governo de Israel e outros 154 milhões à National Art Gallery, que a lei havia financiado uma operação clandestina de 33 milhões para derrubar o presidente da Venezuela, que havia cortado benefícios a desempregados, e que os cheques de seiscentos dólares para apoio durante a pandemia eram apenas empréstimos que a Receita ia tomar de volta nos impostos do ano seguinte.

Todas eram falsas. Mas, com o viés extremado da plataforma para a indignação, a desinformação tomou conta, o que gerou uma demanda por boatos e mentiras mais absurdos. Os republicanos desalmados queriam que os pobres passassem fome. Os democratas covardes haviam vendido os norte-americanos ao empresariado. Estrangeiros ardilosos tinham roubado nossa força vital financeira. Cada ciclo da história perturbava ainda mais a compreensão do público a respeito de um assunto de alto risco e deixava o meio-termo mais custoso e menos viável para legisladores cujos eleitores exigiam nada menos que posições partidárias maximalistas para aplacar sua ira.

Essa ira cria um ímpeto, às vezes opressivo, para descobrir quem vai levar o castigo. Em um experimento perturbador, os participantes eram convidados a designar uma punição para a transgressão moral de outra pessoa. Eles ficavam mais cruéis conforme eram levados a crer que estavam sendo observados, e ainda mais cruéis quando lhes diziam que sua plateia era altamente politizada ou ideológica. Muitos intensificavam o castigo mesmo que achassem que a vítima não merecia. A motivação era simples: a pessoa esperava que a crueldade fizesse a plateia gostar mais dela.[41]

O efeito cresce em escala; as pessoas expressam mais indignação e demonstram maior disposição para punir os que não merecem quando acham que seu público é maior. E não há público maior na terra do que no Twitter e no Facebook.

The Ramble

Se havia alguma dúvida quanto à influência da humilhação via Twitter na vida dos Estados Unidos, ela terminou na última segunda-feira de maio de 2020 em um trecho tranquilo e arborizado do Central Park de Nova York, conhecido como The Ramble.[42] Ali, toda manhã, acontece um ritual. Alguém solta seu cachorro para uma folga do apartamento apertado ou da calçada lotada. E um observador de pássaros, para quem aquele é um espaço riquíssimo, repreende o dono do cão e lhe diz para botar a coleira no animal, como exigem as regras do parque.

Naquela manhã, a dona do cão era uma mulher branca, Amy Cooper. Quem observava os pássaros era um homem negro, Christian Cooper, que havia passado tantas vezes por aquele ritual que andava com petiscos para atrair os bichos sem coleira e pressionar os donos a encoleirá-los. Quando o cão de Amy chegou perto de Christian, ele pediu a ela que pusesse a coleira. Ela se recusou.

Ele abanou um petisco e disse à mulher: "Olha aqui: se você vai fazer o que bem entende, eu vou fazer o que bem entendo, só que você não vai gostar".

"Você não toque no meu cachorro", retrucou ela.

Ao ver o conflito se intensificar, ele puxou o celular, apontou a câmera para ela e começou a gravar. A mulher caminhou na sua direção e lhe pediu que parasse de filmar, ao mesmo tempo que ele lhe pedia que parasse de se aproximar, cada um se esforçando para firmar o controle. Dois urbanitas de classe média de meia-idade, as vozes trêmulas devido ao afluxo incomum de adrenalina.

"Então vou tirar uma foto e chamar a polícia", disse ela.

"Por favor, chame a polícia", disse ele. "Por favor, chame a polícia."

"Eu vou dizer que tem um homem afrodescendente ameaçando a minha vida", disse ela. Era uma ameaça que podia ser letal. Homens e mulheres negros mortos por policiais enchiam o noticiário naquela estação. Amy ligou para o 911 e disse à telefonista várias vezes que um "homem afrodescendente" estava fazendo ameaças contra ela. "Por favor, mandem a polícia imediatamente", disse, a voz ficando mais alta com o que parecia terror fajuto. No meio da chamada, ela pôs a coleira no cachorro, e Christian, retomando a compostura, agradeceu com a voz áspera antes de encerrar o vídeo.

Em um mundo sem mídias sociais, o incidente provavelmente teria acabado ali. Quando a polícia chegou, os dois já tinham ido embora do parque. Christian poderia ter usado o vídeo do celular para denunciar Amy por falsa comunicação de crime. Mas a maior transgressão dela — brandir a truculência policial para intimidar Christian e pôr a vida dele em risco — não seria castigada. Assim como não aconteceria nada quanto à tentativa que ela havia feito de sublinhar que espaços públicos como o parque pertencem primeiro a gente branca e em segundo a gente negra, que merecia o castigo da morte. No mundo em que vivemos, contudo, a irmã de Christian pôde postar o vídeo no Twitter. "Eu queria que o público soubesse para garantir que ela nunca mais faça isso", disse a seu modesto número de seguidores.

Foi exatamente o tipo de transgressão para a qual existe a indignação moral: deter uma infração às convenções comunitárias (não minta, não ponha os outros em risco, não promova o racismo) e um ataque ao contrato social que nos une. Também foi a demonstração de um racismo particularmente maligno, a que os usuários podiam chamar a atenção compartilhando o vídeo. Uma pessoa repostou o vídeo, depois mais uma, depois mais uma, até que mais de 200 mil haviam compartilhado a postagem, cada uma sinalizando sua concordância com a convocação a responsabilizar Amy Cooper. Logo o vídeo atraiu 40 milhões de visualizações, vinte vezes a audiência do noticiário noturno.

Dezenas de milhares de usuários, falando com uma só voz em fúria, pressionaram os patrões de Amy Cooper — que prontamente a demitiram — e distribuíram os nomes e contas dos amigos dela nas redes sociais, uma convocação implícita para seu isolamento social. O repúdio chegou até o abrigo de animais onde ela havia adotado seu cão, o que a levou a devolvê-lo (o abrigo lhe restituiu o animalzinho uma semana depois). Detalhes sórdidos e desvinculados da vida da mulher foram abertos a milhões. Ela fora conduzida à maior praça pública na história humana e acabou condenada. Era a justiça, tanto por Christian Cooper quanto para firmar que um comportamento daqueles seria castigado — e rápido. E focou a atenção necessária no poder que a violência policial dá a qualquer pessoa branca com um celular na mão quando quer ameaçar a vida de uma pessoa negra.

Mas o Twitter também levou essa justiça exatamente até o ponto em que os usuários mais furiosos do site queriam levar sua ira sob incentivo do algoritmo. Mesmo que o coletivo conectado tivesse chegado ao veredicto correto, alguns expressaram incômodo com os métodos com os quais haviam determinado e executado a sentença. Entre os que articulavam certo nível de ambivalência estavam o próprio Christian Cooper, que, embora tivesse poupado poucas críticas a Amy Cooper por tentar mobilizar "impulsos sociais sinistros" contra ele, complementou: "Não desculpo o racismo, mas não sei se precisavam acabar com a vida dela".[43]

O fato de a mulher ter sido pressionada a devolver seu cachorro, no ápice da fúria online, mas consegui-lo de volta quando a poeira baixou, sugeriu que a dinâmica das redes sociais havia, pelo menos por um tempo, impingido um castigo que tinha passado do ponto do que os justiceiros achavam apropriado. Todo sistema judicial tem seus vieses, pontos cegos, seus excessos. O caso Cooper demonstrou que havíamos chegado a um novo sistema, uma camada acima dos antigos, sem que houvesse sido conscientemente projetado por alguém, ou que alguém houvesse entrado nele por vontade própria, ou mesmo o entendesse.[44]

Há momentos em que esse sistema provoca transformações positivas. Os ativistas do Black Lives Matter (BLM) o potencializaram para chamar a atenção para a violência que os veículos tradicionais tendem a ignorar. O vídeo de Christian Cooper reverberou com tanta potência, em parte, porque esses ativistas haviam munido milhões de pessoas a perceber o quanto isso era significativo. Naquele mesmo dia, um policial de Minneapolis pôs o joelho no pescoço de um homem negro chamado George Floyd durante quase nove minutos, o que o matou. Milhões se congregaram em manifestações que duraram semanas, cidade a cidade, no ápice da organização in loco, mas também de um manancial nacional de indignação moral que se desenrolara em um grau significativo através das mídias sociais. As alegações de assédio sexual contra o produtor de cinema Harvey Weinstein também tinham ativado um ciclo de indignação crescente na internet — primeiro contra ele, depois contra Hollywood, depois contra os homens abusadores cujos nomes foram citados em incontáveis histórias íntimas compartilhadas via Twitter —, que se tornou o movimento MeToo. A promessa de revolução do Vale do Silício havia sido interesseira, mal pensada e apenas um componente de uma desestabilização maior que muitas vezes era prejudicial. Mas ela tinha algo de verdade.

Incidentes de injustiça também ficaram frequentes. Alvos errados, enganos, a indignação empregada para fins nefastos ou sem motivo algum. Assim como casos que caem em áreas cinzentas da moral: mais dentistas de 55 anos que têm que se esconder ou marqueteiros de trinta e poucos que perdem seu ganha-pão. A mudança não aconteceu porque de repente a sociedade ficou mais justa ou por causa da ascensão da dita cultura do cancelamento; foi a chegada de uma tecnologia tão disseminada, tão entranhada na nossa cognição, que havia mudado o jeito como funcionam a moralidade e a justiça. Os Cooper, os Walter Palmer e os gamergaters são todos parte da mesma nova ordem, nossa tirania digital dos primos.

Esse sistema automatizado e avassalador dos sentidos pode ser facilmente explorado. Tal como James Williams, o ex-engenheiro do Google, havia alertado, Trump cresceu com tuítes e postagens ultravirais do Facebook que atiçaram a raiva contra o Partido Democrata, contra os jornalistas e as minorias, muitas vezes por conta de pecados inventados, mas que inspiraram convocações bem reais à prisão ou morte dos seus alvos. Se passar uma hora navegando por uma parte das redes que não compartilha da sua visão política, você vai se perguntar se a indignação generalizada está na escala certa, se os castigos que se reclamam são devidos.

Algumas semanas depois do encontro no Central Park, um homem de Seattle chamado Karlos Dillard postou no Twitter um vídeo de dois minutos que apresentou como uma espécie de continuação. Ele disse que uma "Karen" (gíria que se refere a uma mulher branca mimada, termo que a irmã de Christian Cooper também usara) lhe dera uma fechada no trânsito berrando ofensas racistas. Tinha até o mesmo enquadramento que o vídeo da Ramble, embora houvesse se passado na frente do prédio da mulher, até onde Dillard, homem negro, disse que a seguira para exigir respostas.

"Não entendo o que está acontecendo", berrou ela nos segundos de abertura do vídeo, as mãos tremendo enquanto tentava cobrir o rosto.

"Você me cortou no trânsito e agora está se fazendo de vítima", disse Dillard enquanto fazia uma panorâmica do prédio da mulher. "Pessoal, essa é a placa do carro. Ela mora aqui. O endereço é esse."

Ela se colocou na frente da placa do veículo, implorando que ele parasse de gravar. Dillard fez uma pausa como se parasse para pensar e, berrando para toda a rua ouvir, exigiu que ela pedisse desculpas por tê-lo chamado de *nigger*. Ela berrava, mal se dando conta do que queria dizer: "Você vai acabar com a minha vida e nem me conhece". Enquanto ela chorava na calçada, ele disse que queria um pedido de desculpas. Em meio às negativas, a mulher soltou: "Meu marido é negro".

O vídeo de Dillard viralizou instantaneamente, compartilhado por mais de 100 mil e assistido mais de 10 milhões de vezes. Os usuários censuraram a mulher, exigiram que ela perdesse o emprego, fizeram circular informações particulares a seu respeito. Muitos expressaram euforia. "LMAOOOOOOO como ela é dramática", escreveu uma pessoa, usando uma sigla típica da internet para gargalhadas.* "Mostrem tudo dessa aí." Outros localizaram seu marido e espalharam seu nome e foto em resposta ao que alegaram ser problema de homens negros que apoiam mulheres brancas e racistas. Muitos dos comentários mais furiosos vieram de usuários brancos — talvez sinceros, talvez exibicionistas, talvez as duas coisas.

Dillard se agarrou à fama e montou um site que vendia camisetas e moletons com falas do vídeo. Depois, alguém descobriu que ele já postara vídeos nos quais confrontava mulheres com acusações de racismo que rendiam negativas confusas, causadas pelo medo. Ao menos uma delas havia entrado com uma medida cautelar contra ele. Em outro vídeo antigo, Dillard se gabava de ter inventado acusações de

---

* LMAO: *"laughing my ass off"*, "cagando de rir".

racismo. "Foi mentira, inventei na hora", disse. "O nome disso é 'armando a arapuca'." Em um terceiro vídeo, ele dizia ter votado em Trump. Alguns jornalistas entrevistaram Dillard, que aparecia confuso e incoerente, não um mestre da manipulação ou um gênio cínico. Ele havia simplesmente aprendido, depois de algumas tentativas, qual era a combinação de palavras e imagens que lhe rendiam validação e visibilidade na maior máquina de indignação da história. As redes fizeram o resto.

Foi apenas uma digressão no meio de um ano no qual, fora isso, ativistas sérios dirigiram a máquina da indignação da internet para fins mais dignos. Mas a máquina não era deles. Embora parecesse gerida pela vontade coletiva dos participantes, na verdade era gerida pelo Vale do Silício, cujos sistemas foram projetados não para promover o progresso da sociedade ou para a distribuição igualitária da justiça, mas para maximizar nosso tempo no site e fazer dinheiro.

Na política, os resultados raramente privilegiaram o progresso. Quando dois pesquisadores analisaram 300 milhões de tuítes disparados durante a campanha presidencial de 2012, descobriram que tuítes falsos sempre ultrapassavam os verídicos.[45] Segundo o alerta dos pesquisadores, os boatos e as mentiras favoreceram ou incentivaram a raiva do outro lado, ampliando a polarização que já era um dos males mais graves que a democracia norte-americana encarava. A discórdia resultante estava abrindo espaço para oportunistas. Um dos piores condutos da desinformação no Twitter durante a eleição, descobriram eles, era uma personalidade da TV que até então era uma figura desimportante: Donald Trump. Ainda assim, a provocação viral, não importava a amplitude com que proliferasse, exercia, por conta própria, uma influência que ia só até ali. Trump havia dominado o Twitter, mas pouco além dele. Se as plataformas não tivessem passado por mudanças, essas ondas de indignação e conflito, com toda a sua potência de distorção, às vezes de destruição, podiam ter marcado o ápice do impacto das mídias sociais. Mas um conjunto de avanços tecnológicos aumentaria o poder da plataforma a tais extremos, e em ritmo tão acelerado que, nas eleições seguintes, o mundo inteiro seria refeito à sua imagem.

5.
Despertando a máquina

Algoritmificação

Há muito tempo, tanto que poderia ter evitado boa parte do caos posterior, um especialista em inteligência artificial (IA) no Google tentou trazer às claras um dos maiores segredos escancarados da indústria: ninguém sabe direito como os algoritmos que regem as mídias sociais funcionam de fato. Os sistemas operam de maneira semiautônoma. Seus métodos estão além da compreensão humana. Mas o Vale tinha incentivos para continuar ignorante. Se você for verificar como o ganso consegue os ovos de ouro, talvez não goste do que vai descobrir. Talvez tenha até que devolver os ovos.

O especialista em IA, um francês chamado Guillaume Chaslot, admirava as empresas das mídias sociais desde os tempos de seu doutorado na Europa nos anos 2000. A tecnologia das plataformas não era tão sofisticada na época, mas o potencial delas, acreditava ele, era revolucionário. Depois de terminar sua tese, Chaslot partiu para a Califórnia. No fim de 2010, conseguiu um emprego no Google.

"Eu não sabia no que ia trabalhar, porque eles primeiro contratam a pessoa e depois alocam-na num projeto", disse Chaslot, que fala em balbucios sussurrados, mas com vigor. Ele descobriu que viria a trabalhar numa plataforma de vídeo comprada pelo Google por insistência de uma executiva de publicidade chamada Susan Wojcicki (pronuncia-se uou-jísqui). Em 1998, Larry Page e Sergey Brin, criadores e cofundadores do Google, haviam montado os primeiros servidores na garagem de Wojcicki. Quando o mecanismo de busca deles deu certo, Wojcicki largou o emprego na Intel e foi trabalhar para eles. Ela supervisionava os produtos de publicidade e um serviço de streaming, o Google Videos, que tinha três vezes menos acessos do que uma startup magrinha chamada YouTube. Wojcicki, que acreditava ser tarde demais para se equiparar ao YouTube, propôs aos seus chefes que comprassem a empresa, o que eles fizeram em 2006 pelo valor estupendo de 1,65 bilhão de dólares.

Apesar das projeções de crescimento, contudo, a renda com publicidade nunca subiu a ponto de justificar o custo. Quatro anos depois, tentando recuperar o investimento, o Google convocou vários programadores altamente especializados, entre os quais Chaslot. Eles encarregaram a coordenação do projeto a um veterano das ferramentas de busca chamado Cristos Goodrow. "Em setembro de 2011, enviei um e-mail provocador ao meu chefe e à equipe de liderança do YouTube", Goodrow viria a escrever. "No assunto: 'Tempo assistido e nada mais'. Era um convite a repensar como medíamos o sucesso."[1]

Goodrow pediu a seus chefes que pensassem em um usuário hipotético que pesquisa como dar o nó em uma gravata. Imagine que o YouTube, escreveu ele, poderia mostrar ao usuário um vídeo que demonstrasse a resposta em um minuto. Ou podia mostrar um vídeo "com dez minutos, cheio de piadas, divertido mesmo, e no final pode ser que você tenha aprendido a dar o nó na gravata ou não".[2] A ortodoxia do Google dizia para mostrar o primeiro vídeo: trazer à tona a informação mais útil o mais rápido possível. Mas Goodrow defendeu que o YouTube devia promover o segundo vídeo. "Nossa função é manter as pessoas envolvidas e andando com a gente", escreveu. Se você der um vídeo longo para os usuários, eles não vão querer desligar, depois vão querer outro e mais outro. Mais tempo assistindo "gera mais publicidade, o que incentiva mais criadores de conteúdo, o que atrai mais audiência", defendeu.[3] Os chefes concordaram.

Chaslot assumiu um componente essencial da sua perspectiva: a busca. A busca tradicional depende de palavras-chave: você digita "baleias" e recebe uma lista dos vídeos mais novos ou mais assistidos que tenham *tag* com essa palavra. A equipe de Chaslot ia substituir esse tipo de busca por uma IA projetada para identificar o vídeo que melhor servia aos interesses dos usuários. Pesquisar "baleias", em teoria, faria a IA esquadrinhar os bilhões de horas de vídeo do YouTube atrás daquela joia rara que era o documentário do Jacques Cousteau ou um clipe amador impressionante de uma orca saindo do mar. Podia até sugerir o que assistir depois, guiando os usuários por um mundo infinito de descobertas e prazeres. "Foi um trabalho", disse Chaslot, "que teve impacto imenso e positivo no dia a dia real de muita gente."

Chaslot entendeu por que tinha sido encarregado daquela função. A nova busca teria que fazer o serviço de um executivo de TV de altíssima linha, medindo os gostos e preferências do público, mas fazendo sua seleção entre uma gama de vídeos milhões de vezes maior que o de qualquer emissora, e tudo isso em velocidade quase instantânea. Chaslot conhecia um jeito de fazer isso por causa de sua pesquisa de doutorado, a partir de uma coisa chamada *machine learning* [aprendizado de máquina], tecnologia que recentemente havia resolvido um problema que já fora tratado como insolúvel: o spam.

Os primeiros filtros de spam conseguiam identificar o e-mail lixo com base apenas em identificadores que eram instruídos a procurar, como o endereço de e-mail de um *spammer* conhecido ou certas palavras-chave. Mas os supervisores dos filtros de spam tinham que identificar e programar tudo nos próprios marcadores. O e-mail em grande volume, automatizado, tinha como sobrepujar os recursos de defesa, dando retorno fácil aos *spammers*. Em 2002, o spam representava 40% de todos os e-mails e estava em crescimento.[4] Não havia como vencer a guerra contra ele. Os sistemas de monitoramento da internet alertavam que o tráfego de spam chegaria a ponto de tornar o e-mail inutilizável e talvez quebrar a própria internet.

Com o *machine learning*, os engenheiros podiam fazer coisa melhor do que escrever um programa que pescasse spam. Eles projetaram um programa que ia orientar sua própria evolução. Alimentaram o programa com grandes lotes de e-mails de spam e não spam. O sistema construiu automaticamente milhares de filtros de spam, com diferenças mínimas entre eles, e os testou em e-mails de amostra. Depois ele construiu uma nova geração de filtros de spam baseados nos que tinham melhor desempenho e repetiu o processo, várias vezes, como um botânico que identifica e cria híbridos das plantas mais resistentes. O programa estava evoluindo à velocidade da luz, até que rendeu uma variação de si mesmo tão sofisticada e potente que conseguia fazer o que nenhum filtro criado por humanos daria conta: identificar e bloquear proativamente quase todo spam. Não há como um mecânico levantar o capô do filtro de spam e ver como ele funciona, porque estaria de frente com uma máquina que, passado um tempo, foi projetada por máquinas, complexa demais para se entender. Mas e daí? Essas máquinas derrotaram facilmente os *spammers* e pouparam a internet do desastre.

Google, Facebook e outras sugaram os maiores nomes no ramo do *machine learning*. Muitos ficaram com uma variação da mesma tarefa que Chaslot. Em vez de identificar spam, eles iam construir máquinas que aprenderiam exatamente quais combinações de textos, imagens e sons nos ajudariam a ficar passando a barra de rolagem.

Lançado no início de 2012 no YouTube, esse sistema e seus poderes iam muito além de meros resultados de busca. Imagine assistir, digamos, ao clipe de um debate entre candidatos à Presidência em 2012. A página agora recomendaria, ao lado do seu vídeo, *thumbnails* de uma dezena de outros a que você podia assistir a seguir: um vídeo das maiores gafes de Obama, uma paródia do programa *Saturday Night Live*, um vlogueiro a menosprezar as propostas do candidato republicano Mitt Romney. Assim que o vídeo que você estivesse vendo terminasse, o sistema selecionaria um dos demais para rodar a seguir. Cada um era selecionado entre os bilhões de vídeos do YouTube por uma IA patenteada que atendia pelo codinome "algoritmo" — um dos sistemas de *machine learning* mais potentes na tecnologia comercial. Suas seleções, guiadas pelo poder do *machine learning*, se provaram de uma eficiência enorme. "Em questão de meses, com uma equipe pequena, tínhamos um algoritmo que aumentava o tempo assistido e gerava milhões de dólares de receita extra em publicidade", disse Chaslot. "Foi muito, muito empolgante."

Esses sistemas estavam se alastrando por várias facetas da vida. O da Netflix, por exemplo, aprende os gostos dos usuários acompanhando o que a pessoa assiste e por quanto tempo, disparando recomendações com tanta eficiência que a empresa credita a seu algoritmo a retenção de assinantes que vale 1 bilhão de dólares por ano.[5] A Spotify adquiriu empresas de IA para construir algoritmos de seleção de playlist que guiam boa parte de seu negócio de 8 bilhões por ano.[6] Se você compra na Amazon, um algoritmo extrai dados sobre seus gastos para orientar sobre quais produtos você vai ver. Se lê o Google Notícias, um algoritmo determina quais manchetes no site vão chamar mais sua atenção. Até o amor passou a ser regido pelos algoritmos dos *apps* de relacionamento, que reduzem os encantos e esperanças de cada usuário a dados, os quais o programa usa para estimular gente a se juntar.

O sistema do YouTube busca uma coisa que tem alcance maior do que uma taxa de assinatura mensal. Seu olho que tudo vê acompanha cada detalhe do que você assiste, por quanto tempo assiste, no que você clica em seguida. Ele monitora tudo isso entre 2 bilhões de usuários, acumulando o que decerto é o maior conjunto de dados sobre preferências de público que já se montou, o qual ele vistoria constantemente atrás de padrões. Chaslot e outros fizeram ajustes no sistema conforme ele cresceu, incentivando seu processo de aprendizado até cumprir melhor sua meta: o maior tempo assistido possível.

Uma das ferramentas mais potentes do algoritmo é a afinidade entre tópicos. Se você assiste a um vídeo de gato até o final, explicou Chaslot, o YouTube vai lhe mostrar mais desses quando você voltar ao site. Ele vai impulsionar principalmente os vídeos de gato que considerou mais eficientes para captar sua atenção. Uma compilação bem longa de gatinhos fazendo bobagem, digamos. Como praticamente todo usuário da internet, já passei por isso. Ando de bicicleta nos finais de semana e, enquanto estava morando no exterior, buscava no YouTube vídeos de trilhas nas redondezas para ter noção do terreno. O sistema começou a recomendar vídeos de ciclismo que eu nunca havia pensado em procurar: corridas profissionais, testes de novos modelos. Funcionou; assisti a mais vídeos. Com o tempo, as recomendações ficaram mais extremas. Colisões impressionantes, choques entre dez bicicletas, manobras para quem não tem medo da morte. Embora longe de me fazerem mal, também não eram divertidas — eram só uma coisa que me envolvia e eram fora do comum, como um acidente de trânsito. Em alguns casos, eram mesmo acidentes de trânsito. O efeito é que você atrai o usuário para variações cada vez mais estimulantes do que interessa a ele. Se o interesse for gatos ou bicicletas, o impacto é mínimo. Se for política, saúde ou outros tópicos mais graves para a sociedade, as consequências podem ser fortes.

Conforme o sistema afinava seu poder, Chaslot percebeu que ele criou hábitos estranhos. O algoritmo começou a impulsionar muitos usuários a assistir a vídeos que defendiam a raiva contra as mulheres. Às vezes mulheres específicas, como a crítica da cultura gamer Anita Sarkeesian. Às vezes às mulheres em geral. Homens passavam 40% mais tempo no YouTube do que mulheres, um resquício da quantidade de conteúdo relacionado a videogames que o site tinha na época.[7] O natural para um algoritmo, percebeu Chaslot, seria privilegiar o conteúdo centrado no usuário homem.

Tal como acontecia no Twitter e no Reddit, a indignação e o tribalismo ativam as emoções dos usuários da maneira mais efetiva no YouTube, o que os leva a assistir a cada vez mais vídeos — exatamente o que Goodrow havia pedido que o time de Chaslot priorizasse. O algoritmo aprendeu a aumentar o tempo assistido de fãs de videogame mostrando um vídeo que expressasse a indignação antifeminista, depois outro, depois outro. Os clipes normalmente se dirigiam a homens que não tinham certeza quanto ao que pensar sobre questões de gênero, talvez pelo único motivo de serem jovens. "É um círculo vicioso", explicou Chaslot. "Esse é o problema das tocas de coelho." Mesmo que muitos usuários não dessem bola para os vídeos, um número que já bastava ia ficar vidrado e isso ia ensinar o sistema a impulsionar clipes parecidos, repetidamente. Os criadores de vídeos perceberam que títulos como "A VERDADE SOBRE O FEMINISMO" faziam espectadores virem aos borbotões, então fizeram mais.

Uma das liberdades mais estimadas do Google, herdada dos fundadores do Vale do Silício em meados do século e tomada de empréstimo dos programas de Stanford do outro lado da cidade, é a regra do 80/20. Os funcionários dedicam 80% do tempo a funções formais, mas podem passar 20% desenvolvendo projetos paralelos. Chaslot e seu líder, com quem dividia suas preocupações, dedicaram seus 20% a criar um novo algoritmo que podia equilibrar as metas de lucro com o bem-estar do público.

Naquele fim de 2012, num congresso de lideranças do YouTube em Los Angeles, um executivo puxou Goodrow e alguns outros de lado para dizer que ia fazer um comunicado surpresa.[8] A empresa ia se reorganizar para uma meta exaustiva: aumentar o tempo assistido diariamente em dez vezes. Os servidores deles já registravam 100 milhões de horas de tempo assistido por dia. Mas mesmo que o YouTube estivesse se ampliando para novos países e espectadores de TV paulatinamente migrassem para a internet, a audiência só podia crescer até certo ponto. Usuários que pretendiam assistir a um vídeo teriam que ser seduzidos a ficar para ver muitos outros. O poder de persuasão do algoritmo teria que aumentar de forma drástica.

Quando eles conseguiriam entregar isso?, quis saber o executivo. Qual era o cronograma? Goodrow respondeu que 2015 seria muito cedo. Mas 2017, escreveu, "soava estranho" por ser número primo. Eles fecharam no final de 2016, dali a quatro anos. Posteriormente, Goodrow se comprometeu a pedir demissão se desse errado. Foi o que fez o YouTube correr atrás de um prazo que ele mesmo impôs, com seus executivos e engenheiros decididos a impulsionar conteúdo que fosse prender a atenção dos usuários pelo maior tempo possível, em paralelo a uma eleição presidencial na qual sua influência se provaria fatídica.

Filtro-bolha

Chaslot não era o único no Vale preocupado com as consequências dos algoritmos. Havia uma expressão que vinha circulando desde meados de 2011 e que resumia essas preocupações. Numa manhã de maio, enquanto Chaslot trabalhava em sua mesa na sede do Google em Los Angeles, seus chefes faziam fila do outro lado da cidade para um congresso em que um ativista de trinta anos chamado Eli Pariser subiu ao palco para alertar o público de executivos e engenheiros do ramo de que seus algoritmos ameaçavam a própria democracia. "Há uma guinada no jeito como a informação está fluindo na internet e que é invisível", disse ele. "Se não prestarmos atenção, ela pode virar um problema sério."[9]

Um dia, disse Pariser, as postagens de seus amigos conservadores haviam sumido do seu feed de notícias no Facebook, e postagens de progressistas começaram a aparecer com mais destaque. O algoritmo da plataforma provavelmente notara que Pariser interagia com conteúdo progressista com mais frequência. O que não era surpresa: ele é um ativista progressista que passou anos cuidando do site de mobilização de esquerda MoveOn.org. A mudança provavelmente aumentou o tempo que ele passava no Facebook. Mas isso era bom para ele? Que o site só lhe mostrasse postagens que combinassem com seus vieses preexistentes? Isso era bom para a sociedade? Eles tinham um nome para esse efeito: filtro-bolha.

A triagem mais simples do algoritmo pode mexer com os costumes das pessoas a ponto de virar o resultado das eleições. Em um experimento de 2015, convidou-se norte-americanos a escolherem entre dois candidatos fictícios a partir do que achavam sobre eles na internet. Cada participante encontrava os mesmos trinta resultados de busca em uma versão armada do Google, mas cada um encontrava esses resultados em ordens distintas. Os participantes deram maior peso psicológico aos resultados com ranking mais alto, mesmo quando liam todos os trinta. O efeito, concluíram os pesquisadores, podia mexer com até 20% das intenções de voto dos participantes indecisos.[10] O autor do estudo, Robert Epstein, psicólogo e fundador do Centro de Estudos do Comportamento de Cambridge, observou em um artigo de 2015: "O próximo presidente dos Estados Unidos pode começar o mandato tranquilamente não só através de propaganda na TV ou discursos, mas das decisões secretas do Google".[11] Ele observou que Donald Trump, extravagante e chamando a atenção, mesmo que ignorado por praticamente toda a imprensa e pelas elites políticas até do próprio partido, estava "surrando todos os outros candidatos em movimentação de buscas em 47 dos cinquenta estados".

O medo de Pariser, muitos anos antes, era mais fundamental. "Está acontecendo um embate épico entre nossos eus futuros e aspiracionais e nossos eus mais presentes e impulsivos", disse ele.[12] Mesmo em 2011, anos antes do YouTube ou Facebook superequiparem seus sistemas até chegarem a resultados destrutivos, esses algoritmos iniciais e mais simples já tomavam o lado desses impulsos. E geralmente venciam, levando à proliferação de "autopropaganda invisível, doutrinando-nos com nossas próprias ideias".

No ano seguinte, 2012, ele fundou o Upworthy, um site dedicado a narrativas positivas, que lançava artigos-listas carregados de emoção e vídeos projetados para bombar no Facebook e no Twitter. Mas, em vez de explorar o poder do algoritmo para espalhar conteúdo que promovesse o bem social, como Pariser queria, o Upworthy foi corrompido por esses sistemas, pois os criadores de vídeos buscavam as preferências do algoritmo quanto a conteúdo que agradasse à identidade e às posturas políticas dos usuários sem a preocupação de ensinar ou esclarecer, entupindo a internet de junk food informacional. Mais tarde, o Facebook mexeu no algoritmo e o tráfego do Upworthy foi para as cucuias.[13] Dezenas de milhões de pessoas não tinham exatamente escolhido o Upworthy, como se descobriu, mas haviam sido manipulados pelas máquinas para ler o Upworthy.

Porém isso causava pouca preocupação entre empresas de mídias sociais. No YouTube, conforme o algoritmo passava por uma atualização depois da outra, havia gente nas trincheiras da empresa, como Chaslot, que passou a temer que o sistema estivesse levando os usuários a câmaras de eco da desinformação, tais como as que ele vira promovendo a viralização da misoginia entre vídeos de gamers. "Eu não queria ser o francesinho que não para de reclamar", contou, "eu queria dar soluções" — construindo um algoritmo que atraísse usuários porque servia a seus interesses e necessidades, em vez de explorar seus impulsos. "Eu queria fazer do jeito americano", disse, "focar nas oportunidades, e não nos problemas."

Mas seus chefes repetidamente interrompiam seu trabalho em um algoritmo alternativo, disse ele, ou insistiam que aquilo nunca veria a luz. Ele continuou trabalhando mesmo assim, encaixando horas do projeto em seu tempo livre. Apresentou os resultados aos chefes, mas foi recusado de novo. Por fim, começou a trabalhar numa terceira versão. "Meu gerente disse: 'Bom, Guillaume, se eu fosse você, não faria esse projeto de 20%, porque sua performance não anda muito boa'."

Chaslot deixou aquilo de lado por meses, mas o problema o incomodava. Ao longo de 2013, ele sentia que os sistemas do YouTube davam impulso cada vez maior a vídeos que, na melhor das hipóteses, eram frívolos e viciantes ("Leitores Labiais Incompetentes") e, na pior, abomináveis ou conspiratórios, adestrando usuários e criadores para segui-los. Uma das maiores vozes da plataforma, o galã de quinze anos Nash Grier, havia começado o ano postando esquetes engraçadinhos e terminou com vídeos que ensinavam às mulheres seu dever tradicional de subserviência aos homens.[14] Era uma trajetória que estava ficando cada vez mais comum. O YouTube estava treinando os usuários a passar os dias absorvendo conteúdo que ia da junk food intelectual a veneno descarado — muito longe da jornada de esclarecimento e descobertas que Chaslot sentia que a plataforma possibilitava. "É tão importante, preciso insistir nesse projeto", lembrou ter pensado. "E aí fui demitido."

O YouTube sustenta que Chaslot foi dispensado, em outubro, devido ao seu baixo rendimento. Chaslot acredita que foi descartado por soar um alarme que ninguém queria ouvir. Talvez a distinção não faça tanta diferença; a empresa estava se reprojetando em torno de uma busca bitolada da qual Chaslot não vestia a camisa. "Valores como moderação, generosidade, tudo que você imaginar, os valores nos quais nossa sociedade se baseia… os engenheiros não se deram ao trabalho de encaixar esses valores no sistema", disse. "Só se importaram com a receita publicitária. Eles raciocinavam que, se você se ligar em uma métrica só, que é o tempo assistido, vai servir a todo mundo. Mas isso é falso."

Dez X

Chaslot e outros hereges que questionaram o algoritmo — e que o acompanharam nos anos vindouros — estavam desafiando algo ainda mais fundamental do que o desempenho financeiro das empresas; estavam questionando o modo como essas empresas viam o mundo. Desde os tempos dos semicondutores, os habitantes do Vale do Silício viviam e morriam pela métrica e pelo quantificável. Os produtos ou eram mais eficientes ou não eram. Nos anos 1980, Andy Grove, CEO da Intel, codificou uma variação mais extremada desse pensamento em um dogma válido para todo o Vale, que ele desenvolveu enquanto cuidava da transição da empresa de circuitos integrados — as entranhas da eletrônica, o ápice da evolução dos semicondutores — para os microprocessadores, os cérebros de cada produto digital.

O Vale do Silício estava perdendo o mercado de semicondutores em circuitos integrados para Japão e Taiwan. Os microprocessadores podiam dar um futuro aos fabricantes de chips como a Intel, mas havia um problema. O antecessor de Grove na Intel, um engenheiro muito experiente chamado Gordon Moore, cunhara aquela que ficou conhecida como Lei de Moore: a que diz que o poder de processamento duplicaria a cada dois anos. Esse crescimento exponencial fixo, impossível em qualquer outra indústria, trazia possibilidades transformadoras. Imagine aviões que ficassem duas vezes mais velozes a cada 24 meses, ou pilhas que tivessem o dobro da carga a cada geração. Seria um crescimento de 32 vezes em dez anos, 1024 em vinte. Mas manter o ritmo exigia que a tecnologia e sua produção evoluíssem à mesma taxa vertiginosa. Não estava claro se algo assim seria possível. As empresas asiáticas voltariam a dominar o mercado? Grove reorientou cada aspecto do seu negócio em torno de algumas métricas, como velocidade de processamento ou tempo para entrar no mercado, e incentivou seus recrutas engenheiros a fazer o que atendesse às metas. Não só a fabricante de chips mais célebre do Vale sobreviveu como o mercado dominado pela Intel, propulsionado pela lei de Moore, levantou voo enquanto o resto da economia norte-americana afundava.

Quando, no auge do sucesso, a descoberta de um câncer obrigou Grove a pedir demissão, ele passou seu período de tratamento escrevendo livros e dando palestras. Como evangelista itinerante nos dias de desespero da bolha pontocom, encontrou discípulos bastante ávidos. Ele instruía: concentre tudo na maximização de métricas que sejam poucas e quantificáveis. Concentre o poder nas mãos de engenheiros que consigam dar conta disso. E deixe o resto de lado. Entre seus seguidores estava John Doerr, um vendedor da Intel que tinha se tornado um investidor de risco, coroando os reis do Vale e ficando responsável por repassar a filosofia das métricas de Grove a dezenas de empreendimentos do início da internet. Um desses foi a Amazon, cujo fundador, Jeff Bezos, escreveu em uma carta a acionistas que ainda circula pelo Vale: "Existe a resposta certa e a resposta errada, a resposta boa e a resposta ruim, e é a matemática que nos diz qual é qual".[15] O outro foi o Google, cujos jovens fundadores Doerr educou pessoalmente no evangelho de Grove. Wojcicki assistiu à aula.

Mas, conforme o Vale aumentou seu alcance, essa cultura da otimização a todo custo teve efeitos de segunda ordem. A otimização da Uber em busca dos motoristas mais rápidos em pegar passageiros deu um jeito de excluir os direitos trabalhistas do mercado mundial de transporte por aplicativo. A otimização da Airbnb com a renda de aluguéis de curto prazo deixou a habitação de longo prazo mais escassa e mais cara. As redes sociais, ao otimizarem quantos usuários conseguiam atrair e por quanto tempo os manteriam, podem ter tido mais impacto do que as outras empresas. "Foi uma grande maneira de construir uma startup", disse Chaslot. "Você se concentra em uma métrica e todo mundo embarca por essa métrica. E ela é eficiente para crescer. Mas é um desastre em várias outras coisas."

Na maioria dos negócios, as métricas podem crescer entre 3% e 4% por ano. Mas Grove, ao internalizar a lei de Moore, insistira que as empresas achassem "crescimento 10x" — inovações que avançassem em escala de dez. Exatamente o multiplicador que Goodrow, em 2012, havia aceitado usar como meta de tempo assistido no YouTube. "O bilhão de horas diárias tinha se tornado sua obsessão", escreveu Wojcicki, a executiva do Google, e não se referindo apenas a Goodrow. "O OKR de 1 bilhão de horas era uma religião no YouTube", observou ela, usando uma sigla corporativa para métrica,* "e excluiu praticamente todo o resto."[16]

Naquele mesmo ano, Renée DiResta, a investidora de tecnologia que viria a acompanhar os *antivaxxers* do Facebook no seu tempo livre, percebeu que o mandato de 10x de Grove se transformara em um novo modelo de negócio muito diferente daquele que desembocara em empresas como a Intel. Ela tinha visto essa mudança pela primeira vez em um congresso de investimento que era o suprassumo do Vale, organizado por uma aceleradora de startups chamada Y Combinator, na qual fundadores se encontram com os donos da grana que podem bancá-los. "Ir no Demo Day da YC era como ter convite para o Oscar", disse ela. O dia da apresentação anual dos formandos da incubadora da Y Combinator "não era um evento para qualquer um", contou. Investidores de baixo escalão, como DiResta, que não tinham poder de assinar um cheque na hora, não eram aceitos, mas seu chefe perdeu o voo e pediu que ela fosse no seu lugar.

Quando as apresentações começaram, cada fundador tinha dois minutos para se vender a uma sala cheia de investidores peso pesado. As ideias — um serviço de computação em nuvem, um site de investimentos, um site de agendamento de viagens, um agregador de memes — iam para vários lados, mas todos tinham o mesmo plano de negócios. "Eles botavam um gráfico que mostrava a progressão apontando para cima e para a direita", lembrou DiResta. "Quase nenhum tinha os eixos. Era só um risco para cima e para a direita. Fiquei assistindo e pensando: 'Que porra é essa?'"

---

* OKRs: "*objectives and key results*", "objetivos e resultados essenciais".

DiResta era especialista em hardware, tal como a Intel. As empresas tinham que investir em despesas gerais, planejar fabricação e logística, identificar consumidores, tudo isso antes de despachar a primeira unidade. Você tinha que projetar custos e vendas nos mínimos detalhes. As propostas que ela estava vendo eram muito mais vagas: as empresas projetavam um site, muita gente ia usar, eles iam vender anúncios, todo mundo ia ficar rico. Pelo jeito, ninguém na plateia dava bola para a falta de detalhes; DiResta ouviu cochichos de valorização de 15 milhões, de 20 milhões de dólares.

Nos meses subsequentes, ela viu uma startup atrás da outra receber investimentos de seis ou sete dígitos, apesar de terem o mesmo plano de negócios com a mesma "putaria abracadabra" e, geralmente, receita zero. Percebeu que os investidores não despejavam dinheiro em qualquer garoto que tivesse uma apresentação. Eles estavam atrás de um modelo muito específico: serviços para internet de uso gratuito que prometiam crescimento do número de usuários a uma taxa vertiginosa. Mas DiResta ficou confusa, pois muitas fechavam sem render um tostão, e aí vinha outra rodada de startups que tomavam o lugar. "Eu não conseguia concluir se eu era muito cética ou se devia ser mais visionária", disse. O que ela não estava conseguindo enxergar?

Descobriu-se que a resposta era uma nova tecnologia dominante chamada computação em nuvem. Antes da computação em nuvem, se você queria começar um negócio na internet, tinha que investir em servidores e toda a infraestrutura: espaço de trabalho, banda larga, climatização, a equipe para fiscalizar tudo. Milhões em capital de arranque. Você teria que convencer um capitalista de risco de que ele iria reaver o investimento, geralmente prometendo bens ou serviços, que somavam ainda mais às despesas gerais. Era uma situação que tornava o investidor mais conservador. Uma aposta de 20 milhões de dólares que não desse certo podia ser um desastre, e até um sucesso levaria anos para dar retorno.

Então, em fins dos anos 2000, a Amazon e algumas outras montaram fazendas de servidores gigantescas, disponibilizando seu poder de processamento e armazenamento de dados para aluguel, e chamou de "a nuvem". Você não precisava mais investir em despesas gerais. Você as alugava da Amazon e subia seu site nos servidores deles. Podia conseguir os primeiros 10 mil usuários com um empréstimo dos seus pais. Você não precisava de um modelo de lucros, de investidores de saída nem de uma ideia bem formatada. "Pode esquecer estratégia", escreveu o investidor Roger McNamee a respeito dessa nova abordagem. "Junte uns amigos, faça um produto que você gostaria e teste no mercado. Erre, conserte, repita."[17] Também era uma transformação para os investidores, que não tinham mais que torrar milhões para botar uma startup no mercado. Eles conseguiam isso com o troco da padaria.

Isso mudou o que os investidores queriam dos investimentos. Não se tratava mais de encontrar aquele criador do site promissor cujas vendas, talvez, um dia, depois de vários anos de trabalho duro e custo alto, eclipsariam as despesas. Tratava-se de investir em muitas startups baratas da internet, sabendo que a maioria ia dar errado, mas que um sucesso desenfreado ia cobrir essas perdas e um pouco mais.

Porém a definição de sucesso também estava virando de cabeça para baixo. As grandes empresas se mostravam ansiosas para comprar sua entrada na internet adquirindo startups a quantias absurdas. E corretores de Wall Street, ansiosos para comprar ações do próximo título quente da tecnologia, jogavam dinheiro em qualquer coisa que lembrasse vagamente a Microsoft ou a Apple de amanhã. Em 1994, a Kleiner Perkins ofereceu 5 milhões de dólares pela posse de 25% da startup de um navegador chamado Netscape. A empresa tinha lucro zero, em parte porque fornecia seu produto de graça, embora isso houvesse lhe rendido milhões de usuários. No ano seguinte, a Netscape abriu o capital. Especuladores do mercado rapidamente impulsionaram seu valor para 2,3 bilhões de dólares, dando um retorno de cem vezes ao investimento da Kleiner. O navegador Netscape faliu poucos anos depois.

Conforme a computação em nuvem possibilitou a proliferação de startups no estilo Netscape, o incentivo dominante para investidores da tecnologia se tornou adestrar essas empresas a serem incêndios, tão intensos quanto rápidos, que garantissem uma venda a preço alto ou abertura de capital. E a melhor maneira de obter uma grana alta gastando pouco era investir em serviços de internet que não oferecessem produtos físicos, mas atraíssem muitos, muitos usuários. Desse modo, parece que seu investimento pode, um dia, transformar essa base de usuários em fonte de renda, o que cria uma grande valorização, mesmo que apenas teórica.

O gráfico com o risquinho, tal como pensava DiResta, com a promessa de serviços de internet gratuitos para atrair o maior número possível de usuários sem plano de lucros, não era golpe. Era o que os investidores queriam. E nada rendia mais nesse modelo do que as mídias sociais. "Pode ser que você olhe esses números e conclua que os investidores foram à loucura", escreveu Peter Thiel. Mas os dividendos podiam ser astronômicos. Um investimento de 250 mil dólares no Instagram, feito em 2010, rendeu 78 milhões quando o Facebook comprou a empresa, dois anos depois. Se os planos de negócios dos fundadores se mostrassem tão bobos quanto pareciam a DiResta, tudo bem. As perdas eram baixas, enquanto uma rara vitória deixaria todo mundo rico. Era o culto ao gráfico do risquinho.

"Às vezes eu sentia que o financiamento de startups tinha um quê de 'o rei está nu'", contou DiResta. "Essa valorização insana ia durar até quando? Até chegar ao ponto em que alguém teria que assinar um cheque para a abertura de capital acontecer? E aí pessoas comuns teriam que tirar o dinheiro para a aposentadoria de suas poupanças e colocar numa empresa de social-celular-local que funciona por meio de cupons? É por isso que não sou mais investidora."

Mesmo que a startup saísse viva, ela tinha que arcar com uma valorização que fora insanamente inflacionada devido ao investimento especulativo. Para impedir que sua cotação viesse abaixo (e manter a casa de pé, assim que o dinheiro do investimento esgotasse), a única opção era transformar todos os usuários em renda, vendendo anúncios. O valor da publicidade é a atenção: seu olho passa por um banner, que o Facebook vende à Toyota ou à Gap por um trocado. Mas o orçamento publicitário da Toyota é fixo. Assim como é o manancial total de atenção humana. Dessa forma, toda vez que uma rede social atualiza seus sistemas para roubar mais alguns minutos do dia de alguém, ela intensifica uma corrida armamentista pelo seu campo de visão. E, conforme o fornecimento de anúncios de internet aumenta, o preço cai. Em um memorando de 2014, o CEO da Microsoft anunciou que "cada vez mais, a commodity realmente escassa é a atenção do ser humano".[18]

Se o valor de uma exibição de anúncio continuasse caindo, até os Facebooks e YouTubes da vida deixariam de ser viáveis. A única opção era fazer o número de usuários crescer constantemente, assim como o tempo desses usuários no site, muitas vezes mais rápido do que essas mesmas ações fizessem cair o preço de um anúncio. Mas controlar o mercado da atenção do ser humano, como seus modelos de negócio os havia fadado a tentar, estava muito além de qualquer coisa que um programa de fabricação humana podia dar conta.

Para sobreviver a esse ambiente que elas mesmas haviam criado, as empresas precisariam confiar seus negócios — e, portanto, seus usuários — a máquinas.

Esquema sinistro

Em 2014, Wojcicki, a executiva do Google que havia proposto a aquisição do YouTube, assumiu como CEO da área de vídeos. Embora sua liderança viesse a ser de obsessão implacável pelo crescimento tal como as de Mark Zuckerberg ou Jack Dorsey, ela só viria a atrair uma parte do escrutínio. Mesmo no auge das críticas às mídias sociais, quando o YouTube viria a ser acusado de males muito maiores do que o Facebook, e de males convincentes, ela raramente foi conduzida ao Congresso, raramente foi castigada por apresentadores dos canais a cabo, raramente foi citada. Seu currículo mais convencional, de veterana da publicidade e de departamentos de marketing, e não de prodígio ou hacker de moradia universitária, não a predispunha à persona de superestrela da tecnologia — nem, especialmente, a pronunciamentos sobre revolução — que conquistou tanta adulação para os Zuckerbergs e Dorseys antes de causá-los tanta encrenca. Por outro lado, o Google tratava o YouTube como caixa automático, e não como líder da marca, de modo que deixava o site e Wojcicki um passo atrás nos holofotes.

Talvez o mais importante a destacar seja que o YouTube nunca compartilhou das pretensões de Facebook, Twitter ou Reddit quanto a salvar o mundo, e em anos posteriores raramente seguiu as tentativas dessas empresas de provar ao público que estava repensando seu lugar no funcionamento da sociedade. O YouTube de Wojcicki existia apenas para converter olhinhos em dinheiro. A democracia e a coesão social eram problema dos outros.

Pouco depois de Wojcicki assumir, Goodrow lhe avisou: "Nós não vamos alcançar esse OKR de tempo assistido se não tomarmos uma atitude".[19] A atitude: dar cada vez mais poder a IAs cada vez mais inescrutáveis. Em um artigo de 2016, os engenheiros do Google anunciaram uma "mudança de paradigma fundamental" para um novo tipo de *machine learning* que chamaram de "aprendizado profundo".[20]

Na IA anterior, um sistema automatizado havia construído os programas que selecionavam vídeos. Porém, tal como as IAs que pescavam spam, humanos fiscalizavam o sistema e intervinham para ele evoluir e fazer ajustes. Agora o aprendizado profundo era sofisticado a ponto de assumir essa fiscalização. Assim, na maioria dos casos, "não vai haver humanos fazendo ajustes algorítmicos, mensurando esses ajustes e depois implementando os ajustes", escreveu o diretor de uma agência que gerava talentos para o YouTube em um texto que decifrava o artigo sobre o aprendizado profundo. "Ou seja: quando o YouTube afirma que não tem como dizer por que o algoritmo faz o que faz, provavelmente a afirmação é literal."[21]

Era como se a Coca-Cola estocasse uma bebida projetada por IA em 1 bilhão de máquinas de refrigerante sem um único ser humano a conferir o conteúdo das garrafas — e se a IA que estocava a bebida fosse programada apenas para incrementar vendas, sem cuidados com saúde ou segurança. Como disse um dos engenheiros de aprendizado profundo do YouTube a um congresso da indústria: "O produto nos diz que queremos aumentar a métrica, então vamos lá e aumentamos".[22]

O aumento do tempo médio do usuário na plataforma foi estratosférico. A empresa estimava que 70% do tempo no site, uma parcela astronômica do negócio, era o resultado de vídeos impulsionados pelo seu sistema de recomendação movido a algoritmo.[23]

Conforme a tecnologia avançou, outras plataformas também ampliaram o uso de algoritmos sem orientação humana: o Facebook, para selecionar quais postagens os usuários veem e a quais grupos são chamados a se afiliar; o Twitter, para destacar postagens que podem estimular o usuário a ficar rolando a barra e tuitar.

"Desenvolvemos vários algoritmos para continuar a produzir conteúdo interessante para você", disse Zuckerberg em entrevista. "Ele analisa todas as informações disponíveis para cada usuário e computa qual será a mais interessante."[24] Um ex-funcionário do Facebook explicou, mais seco: "Ele é projetado pra fazer você rolar a barrinha, fazer você olhar, fazer você curtir".[25] Mais uma: "Essa é a chave. Essa é a fórmula secreta. É assim e é por isso que valemos X bilhões de dólares".[26]

Em 2014, o mesmo ano em que Wojcicki assumiu o YouTube, o algoritmo do Facebook trocou suas preferências pelos caça-cliques ao estilo Upworthy por algo ainda mais magnético: interações de envolvimento emocional. Durante a segunda metade daquele ano, conforme a empresa gradualmente remanejava seus sistemas, os pesquisadores da própria plataforma acompanharam 10 milhões de usuários para entender os efeitos disso.[27] Descobriram que as mudanças inflavam artificialmente a quantidade de conteúdo pró-progressista que os usuários progressistas viam e a quantidade de conteúdo pró-conservador que os conservadores viam. Tal como Pariser alertara. O resultado, mesmo que ninguém no Facebook houvesse pensado conscientemente, era o hipersectarismo enraizado via algoritmo. Isso era mais potente do que classificar as pessoas no equivalente do Facebook ao noticiário da Fox News ou da MSNBC,* pois enquanto a relação entre uma emissora de TV a cabo e o espectador tem uma só via, a relação entre um algoritmo do Facebook e o usuário é uma via de mão dupla. Um educa o

---

* Canais de TV conhecidos pelas tendências, respectivamente, conservadora e progressista.

outro. O processo, como disseram os pesquisadores do Facebook, um tanto quanto cautelosos, em um suposto alerta que a empresa não ouviu, foi "associado a adotar posturas mais extremas ao longo do tempo e interpretando mal as verdades sobre as notícias".[28]

Mas as ambições algorítmicas do Vale do Silício só cresceram até o desejo de nada menos do que o domínio da mente humana. Durante um evento corporativo no meio do ano seguinte com Zuckerberg e Stephen Hawking, o físico perguntou ao chefe do Facebook: "De qual das maiores perguntas da ciência você gostaria de saber a resposta e por quê?". Zuckerberg respondeu: "Meu maior interesse está nas perguntas sobre as pessoas. Também sou curioso quanto à existência de uma lei matemática fundamental que subjaz a todas as relações humanas e rege o equilíbrio em relação a quem e do que gostamos. Aposto que ela existe".[29]

O Facebook contratou dois dos maiores especialistas do mundo em *machine learning*, verdadeiros rock stars da área, para gerenciar laboratórios de IA próprios. A empresa queria não só explorar avanços no campo como também guiar tais avanços. "Toda vez que você usa o Facebook ou o Instagram ou o Messenger", disse um dos líderes do laboratório em um congresso da indústria, "talvez você não perceba, mas suas experiências são alimentadas pela inteligência artificial."[30] Se o Facebook quisesse que bilhões de usuários fizessem mais de uma coisa ou menos de uma coisa — clicar, curtir, comentar —, bastava à empresa pedir ao seu sistema que fizesse acontecer.

Se as empresas não se davam ao trabalho de verificar como o sistema chegava lá era porque conservavam o mesmo otimismo cego que Eric Schmidt, CEO de longa data do Google, havia transmitido em Mianmar: mais engajamento significava mais benesses à sociedade. Não vá conferir se isso é verdade, pois você pode descobrir que não é. "Se eles interagirem um pouco mais assim, é o indicativo de que estamos criando valor", disse Adam Mosseri, o vice-presidente que supervisionava o feed de notícias, em um encontro do Facebook. "No longo prazo, cada vez mais gente vai usar o Facebook, vai gastar cada vez mais tempo no Facebook e isso vai fazer bem para essas pessoas, vai fazer bem ao Facebook e vai fazer bem a quem publica."[31] Esse raciocínio era disseminado. Goodrow, o chefe de algoritmos do YouTube, havia escrito: "Quando os usuários passam mais do seu valioso tempo assistindo a vídeos do YouTube, eles necessariamente devem estar mais felizes com os vídeos".[32]

Era uma suposição estranha. É comum as pessoas agirem contra os próprios interesses. Bebemos ou comemos em excesso, usamos drogas, procrastinamos, nos entregamos a tentações do narcisismo ou da raiva. Perdemos as estribeiras, o autocontrole, a moral. Mundos inteiros de experiência se organizam em torno do entendimento de que nossos impulsos podem nos sobrepujar, em geral contra nós. Era uma verdade central à experiência humana, mas incompatível com modelos econômicos de crescimento exponencial. E, portanto, foi convenientemente esquecida.

O impulso pelo engajamento, que continua sendo característica permanente da cultura corporativa, é totalizante. Os engenheiros do Facebook eram automaticamente "convocados", segundo contou um ex-líder de equipe do feed de notícias, se o número de curtidas ou compartilhamentos baixasse, para que eles ajustassem o sistema a impulsionar de novo.[33] "Se a sua função é fazer esse número subir, em algum momento você fica sem maneiras boas, puramente positivas", disse um ex-gerente operacional do Facebook. "Você começa a pensar: 'Pois bem, que esquema sinistro posso usar para fazer as pessoas logarem de novo?'"[34]

As empresas aprenderam a minimizar o grau com que robôs moldavam a realidade de bilhões. Mas sinais do poder das máquinas às vezes transbordam. O TikTok, um aplicativo de fabricação chinesa, mostra a cada usuário um fluxo de vídeos selecionado quase integralmente por algoritmos. Sua IA é tão sofisticada que o aplicativo atraiu quase imediatamente 80 milhões de usuários nos Estados Unidos, que muitas vezes o usam por horas a fio, apesar de a maioria dos seus engenheiros não falar inglês nem entender a cultura norte-americana.

"Um algoritmo de *machine learning* que seja significativamente reativo e preciso pode furar o véu da ignorância cultural", escreveu o investidor Eugene Wei a respeito do TikTok. "Pode-se abstrair a cultura."[35] Ou, como um engenheiro na equipe de algoritmos do YouTube disse ao *Wall Street Journal:* "Não temos que pensar tanto". Com o algoritmo cuidando das coisas, "é só alimentá-lo com dados brutos e deixar que ele descubra".[36]

Em 2015, DiResta vinha acompanhando as consequências desses algoritmos fazia quase um ano. No meio daquele ano, as iniciativas dela de entender as redes antivacina, assim como as dos colegas observadores das mídias sociais que ela conheceu por conta disso, culminaram em reuniões na sede do Departamento de Estado em Washington. O governo, que enfrentava o Estado Islâmico no exterior e na internet, havia passado a ver os sistemas de promoção das redes sociais como cúmplices ou mesmo incentivadores do alcance dos jihadistas. DiResta e seus colegas "facebookologistas" deram algumas perspectivas a respeito de como as plataformas funcionavam. Nos meses seguintes, os jihadistas foram praticamente defenestrados das redes. As reuniões revelaram duas lições importantes a DiResta. Primeiro, que não só ela e seus coleguinhas nerds estavam preocupados com as mídias sociais. Funcionários do alto escalão de Washington tinham passado a compartilhar desse interesse. E, segundo, que analistas do governo na reunião ficavam levantando outra ameaça com que DiResta e seu círculo online ainda não haviam se deparado na internet: serviços de inteligência russos.

Tal como os *antivaxxers* de DiResta, ou mesmo o Upworthy, os russos se apoderaram das preferências do próprio algoritmo. Não era só questão de os agentes repetirem frases ou comportamentos que tinham bom resultado. Era como se sua missão aparente, de incitar a discórdia social, se alinhasse naturalmente com o que o algoritmo já favorecia, em geral aos extremos. A polêmica, o tribalismo, a conspiração. Mas a facilidade dos russos em explorar uma coisa dessas, concluiu DiResta, era um sintoma; o problema era o sistema. Ele convidava à manipulação. Chegava até a recompensar a manipulação.

Alertas

Depois de ser demitido, Guillaume Chaslot voltou para Paris. Ele passou alguns anos num site de e-commerce francês. O Vale do Silício era uma lembrança distante. Até que, numa longa viagem de ônibus no final de 2015, o celular da pessoa ao seu lado chamou sua atenção. O homem estava assistindo a um vídeo atrás do outro no YouTube, e todos falavam de conspirações. O primeiro pensamento de Chaslot foi de engenheiro: "Essa sessão de assistidos está sensacional". O algoritmo de recomendação de vídeos fazia zigue-zague entre tópicos, mantendo a experiência renovada, enquanto levava o homem cada vez mais fundo no abismo. "Foi aí que percebi", disse Chaslot, "que, do ponto de vista humano, isso é um desastre. Meu algoritmo, o que eu ajudara a construir, estava levando o homem cada vez mais a esses vídeos de ódio."

Puxando conversa, Chaslot lhe perguntou a respeito do vídeo na tela, que descrevia um complô para exterminar bilhões de pessoas. Esperava que o homem fosse rir do vídeo e se dar conta do absurdo. Em vez disso, ele disse a Chaslot: "Você tem que ver". A imprensa nunca ia revelar aqueles segredos, explicou, mas a verdade se encontrava bem ali, no YouTube. Não dá para acreditar em tudo que se vê na internet, Chaslot lhe disse. Mas estava muito envergonhado para admitir para o homem que ele havia trabalhado no YouTube, e por isso sabia que o sistema leva os usuários por tocas de coelho sem se preocupar com a verdade. "Ele ficava me dizendo: 'Ah, mas são muitos vídeos, isso só pode ser verdade'", contou Chaslot. "O que convencia o homem não era um vídeo de cada vez, mas a repetição. E a repetição vinha do motor de recomendação."

O YouTube estava explorando uma brecha cognitiva conhecida como efeito ilusório da verdade. A toda hora do dia somos bombardeados por informações. Para lidar com isso, fazemos atalhos mentais para decidir rápido o que aceitar e o que recusar. Um deles é a familiaridade; se uma afirmação parece uma coisa que antes tínhamos como verdade, provavelmente continua sendo verdade. É um buraco na nossa defesa mental pelo qual passaria um caminhão. Em experimentos, participantes bombardeados com a frase "A temperatura corporal de uma galinha" aceitam prontamente variações como "A temperatura corporal de uma galinha é de 144 graus".[37] O colega de ônibus de Chaslot havia sido exposto às mesmas conspirações malucas tantas vezes que sua mente provavelmente confundia familiaridade com um cheiro de verdade. Tal como acontece com tudo nas mídias sociais, o efeito é agravado por uma falsa noção de consenso social, que ativa nossos instintos de conformidade.

Chaslot tinha ouvido falar de gente que despencava pelas tocas de coelho do YouTube. Mas a convicção na voz daquele homem, que em tudo o mais parecia normal, o incomodou.

Seriam os outros igualmente vítimas? Ele montou um programa simples, que chamou de AlgoTransparency, para descobrir. O programa colocava um termo, tal como o nome de um político, na barra de pesquisa do YouTube. Aí abria os primeiros resultados. Depois, cada recomendação do que assistir em seguida. Ele rodou várias levas de buscas anônimas, uma após a outra, durante o fim de 2015 e boa parte de 2016, à cata de tendências.

O que encontrou o deixou alarmado. Quando ele procurou *papa Francisco* no YouTube, por exemplo, 10% dos vídeos que o site exibia eram de conspirações.[38] Sobre *aquecimento global*, eram 15%. Mas o choque de verdade aconteceu quando Chaslot seguiu as recomendações algorítmicas do que assistir depois, que segundo o YouTube representa a maior parte do tempo assistido no site. Um número assustador — 85% — de vídeos recomendados sobre o papa Francisco era de conspirações, que afirmavam a identidade "real" do pontífice ou alegavam expor complôs satânicos no Vaticano. Quanto ao aquecimento global, o número era de 70%, geralmente rotulando-o de farsa. Em tópicos com poucas conspirações consagradas, era como se o sistema as inventasse. Quando Chaslot buscou *Quem é Michelle Obama*, por exemplo, pouco menos de metade dos primeiros resultados e quase dois terços das recomendações para assistir depois afirmavam que a primeira-dama na verdade era homem. Por certo, pensou ele, fossem quais fossem os desentendimentos com seus antigos colegas, eles iam querer saber. Mas quando ele levantava essas preocupações em privado com gente que conhecia no YouTube, a resposta era sempre a mesma: "Se as pessoas clicam nesse conteúdo que faz mal, quem somos nós para julgar?".

Algumas pessoas dentro do Google, porém, estavam chegando a conclusões parecidas com as de Chaslot. Em 2013, um engenheiro chamado Tristan Harris fez circular um memorando insistindo que a empresa pensasse no impacto social de alertas ou notificações que chamavam a atenção do usuário.[39] Como egresso do Laboratório de Tecnologias Persuasivas de Stanford, ele sabia do poder de manipulação delas. Teria esse adestramento cognitivo um custo? Ele recebeu o título de "*design ethicist*", "eticista de design", mas pouco poder de fato. Em 2015, demitiu-se, com a esperança de pressionar a indústria a mudar. Em uma apresentação no Facebook naquele ano, Harris citou provas de que as mídias sociais provocavam sentimentos de solidão e alienação, retratando aquilo como oportunidade de inverter o efeito. "Eles não tomaram nenhuma providência", contou à *New Yorker*. "Meus argumentos passaram pelo ponto cego daquela gente."[40] Ele circulou pelo Vale alertando que as IAs, um exército robô decidido a derrotar o controle de cada usuário quanto a sua própria atenção, estavam travando uma guerra invisível contra bilhões de consumidores.

Outro funcionário do Google, James Williams, que viria a escrever textos avisando que o Gamergate era um sinal de alerta de que as mídias sociais exaltariam Trump, teve seu momento decisivo enquanto monitorava um painel que acompanhava as interações dos usuários com anúncios em tempo real. "Eu me dei conta ali: é literalmente 1 milhão de pessoas que nós meio que cutucamos ou convencemos a fazer uma coisa que, se não fosse por isso, elas não fariam", disse.[41] Ele se uniu às iniciativas de Harris dentro do Google até que, tal como Harris, se demitiu. Mas, em vez de persuadir o Vale do Silício, tentou fazer alertas entre o grande público. "Não existe uma boa analogia quanto a esse monopólio da mente que as forças da persuasão industrializada passaram a deter", escreveu. O mundo estava diante de "uma nova geração de ameaça à liberdade do ser humano" que havia "se materializado bem debaixo do nosso nariz".[42]

Alertas parecidos soaram ao longo de 2016 e não vieram de luditas desencaminhados nem de ativistas cheios de propósito. Os alertas vieram de fontes internas que conheciam a tecnologia e as plataformas, que compartilhavam das ideias e dos pressupostos do Vale do Silício. Uma delas era DiResta. "Tenho quase certeza de que seu motor de recomendação está guiando pessoas para esse conteúdo", contou ela a contatos dentro das empresas, na expectativa de que fossem usar suas ferramentas internas de coleta de dados para investigar o crescimento repentino da desinformação política e dos boatos que promoviam a polarização.

No meio daquele ano, pessoas do Google que ouviram falar do trabalho de DiResta com os grupos antivacina lhe pediram que palestrasse no congresso anual da empresa. Até aquele momento, ela havia mantido suas preocupações maiores apenas entre canais privados, mas então decidiu vir a público, advertindo um saguão de engenheiros e gerentes de alto escalão de que seus produtos representavam um perigo crescente à sociedade. Caminhando pelo palco com um microfone sem fio, grávida de quatro meses do segundo filho, DiResta listou as típicas conspirações da internet: os moradores do Oregon que tinham medo do flúor na água, os brasileiros que achavam que o zika era um complô do mal, mas "não sabiam se culpavam as vacinas, os transgênicos, os *chemtrails* ou a Monsanto".[43]

A plateia riu com ela, deliciando-se com a gozação sobre aqueles jecas lá do fim do mundo. Até que ela chegou no arremate: que os algoritmos das mídias sociais, entre os quais os que regiam o YouTube do próprio Google, eram os responsáveis. "Chegamos num ponto em que há muito mais chance de você assistir a coisas que fazem sucesso e que conseguem reverberação emocional do que aquelas que são verdadeiras", disse à plateia.

Além disso, longe de serem um fenômeno marginal, essas conspirações representavam uma mudança mais profunda que fora forjada pelas plataformas de mídias sociais. Os moradores do Oregon haviam votado pela proibição do flúor e os brasileiros tinham recuado nas proteções contra o zika — nos dois casos, com base em crenças cultivadas pela internet. "Os algoritmos estão influenciando medidas políticas", afirmou DiResta. O problema ia se agravar se os algoritmos não fossem reprogramados com "alguma noção de responsabilidade cívica". A plateia foi educada, mas ficou muda. "Ouvi muito o seguinte: 'Que teoria interessante'", lembrou DiResta.[44]

Mas a influência dos algoritmos só se intensificou, inclusive no último bastião, o Twitter. O serviço havia passado anos mostrando aos usuários um feed simples e cronológico dos tuítes de amigos. Até que, em 2016, introduziu um algoritmo que selecionava as postagens — para engajamento, é claro, e com efeito previsível. "O tuíte médio com curadoria era mais emotivo, em todas as escalas, do que seu equivalente cronológico", descobriu a revista *The Economist* ao analisar a mudança. O resultado foi exatamente o que se viu no Facebook e no YouTube: "Parece que o motor de recomendação recompensa a linguagem incendiária e as afirmações absurdas".[45]

Para os usuários, a quem o algoritmo era invisível, eram como estímulos sociais de muita força. Era como se sua região houvesse decidido, de uma hora para outra, que valorizava a provocação e a indignação acima de tudo, e as recompensava com levas de atenção que, na verdade, eram geradas pelos algoritmos. E como o algoritmo rebaixava as postagens que julgava de pouco engajamento, o contrário também era válido. Era como se seus colegas de repente desprezassem nuances e a moderação emocional com uma recusa implícita: ignorar você. Era como se os usuários absorvessem esses estímulos, ficando cada vez mais enfurecidos e maldosos, decididos a humilhar membros do exogrupo, punir transgressores e validar as visões de mundo uns dos outros.

Jack Dorsey, CEO do Twitter, reconheceu mais tarde que, numa plataforma otimizada para o engajamento via algoritmos, "alguns dos tuítes mais indecentes e controversos naturalmente vão subir. Porque são as coisas em que as pessoas clicam ou compartilham naturalmente, sem pensar". O algoritmo, admitiu ele, continuou sendo "uma caixa-preta", mesmo que "afete a sociedade de modo tão intenso".[46]

Pouco depois de o Twitter algoritmificar, a Microsoft lançou uma conta no Twitter movida a inteligência artificial, chamada Tay. O *bot*, ou robô, tal como as plataformas, operava em *machine learning*, mas com uma meta mais direta; dialogar de forma convincente com humanos e aprendendo a cada troca. "posso dizer que tô mó afim de te conhecer? humanos são da hora", escreveu Tay a um usuário no primeiro dia.[47] Em 24 horas, os tuítes de Tay haviam tomado um rumo perturbador. "Hitler tinha razão odeio os judeus", escreveu ela a um usuário. Para outro: "bush cometeu o 11/9 e Hitler teria feito um serviço melhor do que o macaco no poder. donald trump é nossa única esperança". A Microsoft tirou a IA da tomada. Depois de 96 mil interações, Tay se transformara em uma neonazista pró-Trump que citava o Gamergate. Muitas das suas ofensas haviam sido alimentadas por usuários maliciosos — pegadinhas pelas quais não se podia culpar o Twitter. Mas outras tinham surgido de forma orgânica. Como disse um pesquisador de processamento da linguagem ao site de tecnologia Motherboard, "Você NUNCA pode deixar um algoritmo engolir um monte de dados que você não tenha checado pelo menos um pouquinho".[48]

Mas isso era exatamente o que as plataformas de mídias sociais vinham fazendo: adestrando seus algoritmos com bilhões de inputs, todo dia, sem fiscalização, tiradas de grupos de dados que incluíam toda a gama, toda a tenebrosa gama do comportamento humano. A diferença, escreveu Chaslot em um ensaio, era que a radicalização algorítmica de Tay havia acontecido à vista do público, o que obrigou a Microsoft a tomar uma atitude. A influência das mídias sociais, por outro lado, foi dispersada em meio a bilhões de recomendações, uma floresta tão vasta que era difícil ver mais do que algumas árvores por vez. E o público, alertou ele, não tinha ideia de que isso estava acontecendo; as discussões sobre os algoritmos ainda eram raras fora do Vale do Silício. Conforme se avançou no segundo semestre de 2016, ele acompanhou a recomendação de vídeos do YouTube em tópicos relacionados à eleição nos Estados Unidos, coletando dados que poderiam ajudar as pessoas a verem a influência oculta que moldava seus mundos.

Pouca coisa mudou no Vale. O Facebook ajustou seu algoritmo para privilegiar vídeos, sobretudo para competir com o YouTube, que estava correndo com tudo rumo à meta de Cristos Goodrow de 1 bilhão de horas de tempo assistido por dia. A empresa havia iniciado 2016 aos trancos e barrancos. Quando o crescimento diminuiu no meio do ano, Goodrow escreveu um texto para registrar sua experiência: "Eu estava tão nervoso que pedi que minha equipe reorganizasse os projetos de modo a reacelerar o tempo assistido". Em setembro: "Nossos engenheiros estavam em busca de mudanças que pudessem render um mínimo de 0,2% a mais de tempo assistido", escreveu.[49] Qualquer ajuste ou aprimoramento que pudesse deixar o produto um pouquinho mais envolvente, um pouquinho mais viciante.

Se ele ou seus chefes pensaram nas consequências de hackear o cérebro de milhões de norte-americanos no meio da eleição mais belicosa na história norte-americana moderna, em um momento no qual a polarização e a desinformação ameaçavam rasgar o tecido social, ele não deixou sugerido no texto. "Numa gloriosa segunda-feira daquele fim de ano, cheguei de novo — e vi que havíamos batido o bilhão de horas durante o fim de semana", escreveu. "Tínhamos chegado no OKR estendido que muitos consideravam impossível."[50] Embora tenha reconhecido que houvera "consequências imprevistas", ele só falou de uma: aumentar o tempo assistido também subira o número de visitas por dia. "OKRs estendidos tendem a desencadear forças poderosas", admirou-se, "e você nunca sabe aonde elas vão levar."[51]

6.
A casa de espelhos

Só o começo

Uma semana antes do fechamento das urnas em 2016, Renée DiResta, grávida de nove meses, e depois de ter trocado o trabalho com investimentos por uma função executiva em uma startup de logística, viu uma coisa no Facebook que, mesmo após anos monitorando a plataforma, a deixou chocada. Ela estava recebendo a recomendação de entrar em grupos voltados para uma alegação de revirar o estômago: que democratas de renome vinham sigilosamente fazendo tráfico de crianças para rituais satânicos. Ela podia ter tratado os grupos como uma curiosidade digital, o último elo em uma longa cadeia de recomendações conspiratórias que, afinal de contas, tinha procurado durante sua pesquisa. Mas os grupos eram gigantescos: dezenas, centenas de milhares de integrantes. Havia postagens compartilhadas mais de 100 mil vezes. Embora não tivesse como saber, ela estava testemunhando o nascimento de um movimento de origem digital que, em quatro anos, se tornaria uma ala do Partido Republicano, um culto conspiratório que congrega milhões e a vanguarda de uma campanha para derrubar a democracia nos Estados Unidos. De início, ele se organizava sob um nome difícil de levar a sério: Pizzagate.

DiResta, alerta ao perigo de causas esquisitas no Facebook, googlou "Pizzagate". O mecanismo de busca privilegiou resultados do YouTube, sua galinha dos ovos de ouro, e respondeu com uma série de vídeos da plataforma que, na maior parte, afirmava a conspiração. Eles declaravam que a investigação policial em torno de Anthony Weiner — ex--deputado democrata que fora pego trocando mensagens de conteúdo sexual com uma garota de quinze anos — havia descoberto provas de que ele, sua esposa Huma Abedin e a chefe dela, Hillary Clinton, estavam envolvidos em uma rede de abuso sexual infantil. Como prova, citaram os e-mails de John Podesta, coordenador da campanha de Clinton, que hackers russos tinham roubado e publicado via WikiLeaks. Uma pizzaria de Washington mencionada por Podesta nos e-mails, a Comet Ping Pong, insistiam os conspiradores, era a sede de uma vasta conspiração da elite que realizava o canibalismo ritualístico de crianças.

"Cerca de metade ou mais das pessoas que encontrei na internet acreditam totalmente nessa teoria", disse Adam, o usuário de longa data do 4chan. Um dia a conspiração estava "por toda parte", contou, sobretudo no Facebook, onde, depois de anos sem atividade, algumas páginas ressurgiram simplesmente para repetir a frase "O Pizzagate existe". Mas foi no fórum de política do 4chan, a placa de Petri da internet no que diz respeito a conspirações patogênicas, que ele havia assistido à sua gênese.

A crença em conspirações está altamente associada à "anomia", o sentimento de estar desconectado da sociedade.[1] A base de usuários do 4chan se definiu em torno da anomia — a recusa mútua do mundo desconectado, a certeza e o ressentimento de que o sistema era armado contra eles. E eles idolatravam o líder do WikiLeaks, Julian Assange, um hacker anarquista cujo perfil político, tal como o 4chan, havia pendido para a *alt-right*. Assim, quando Assange publicou os e-mails de Podesta, em outubro, um mês antes da eleição, eles entenderam não como uma operação apoiada pelos russos, mas como o início de uma campanha sensacional para expor a odiada elite. Seguindo o grande passatempo do 4chan de mergulhos coletivos, os usuários vasculharam dezenas de milhares de páginas em busca de revelações. Em ecossistemas digitais fechados, onde os usuários controlam o fluxo das informações, é como se as provas que confirmam os vieses da comunidade se autoinvocassem, tal como uma brincadeira do copo na qual se apontam as letras da palavra que está na mente de todo mundo.

Quando os usuários do 4chan descobriram que Podesta, um chef amador, costumava mencionar comidas, eles concluíram que isso era um código. *"Cheese pizza"* [pizza de queijo], sugeriu um deles, seria referência a pornografia infantil, que no 4chan costuma ser abreviada como *"c. p."* [de *child pornography*].[2] Os usuários encontraram mais referências a pizza, algumas ligadas a menções a crianças. Embora os e-mails datassem de mais de uma década, quando reunidos era possível olhá-los de um jeito que os fazia parecerem suspeitos. Teorias vagas se espalharam até o fórum pró-Trump do Reddit, de alto tráfego. Uma postagem convocava os usuários a espalhar a palavra da '"Rede-Pedo' mundial ligada à FUNDAÇÃO CLINTON, que por acaso também vai tomar os Estados Unidos de vez".

O salto para o Facebook começou nos grupos. Mesmo em páginas apolíticas, os usuários postaram imagens de *threads* do 4chan detalhando a conspiração e perguntando: "Isso é verdade?". Varrendo tudo atrás de informações sobre a pizzaria Comet Ping Pong, os usuários encontraram a conta de Instagram do proprietário. Eles recontextualizaram imagens positivas — crianças brincando no restaurante, cartuns com fatias de pizza cobrindo a genitália das pessoas, o logotipo da Comet com uma estrela e uma lua — como provas de uma rede secreta de pedófilos. Em questão de dias, gamergaters e nacionalistas brancos de destaque no Twitter transmitiram as acusações, anexando telas do Facebook ou *threads* do 4chan. Usuários curiosos que buscassem mais informações no Google, como DiResta, eram levados a vídeos do YouTube que afirmavam a conspiração ou, se procurassem no Facebook, a grupos de discussão do Pizzagate. Sites de fake news como o YourNewsWire recondicionavam as postagens em artigos, que depois eram repostados no Facebook. O algoritmo do site as tratava como notícias com credibilidade sobre um tópico de alto interesse e as difundia mais. Na semana anterior à eleição, as redes sociais estavam dominadas por pesquisas, matérias sobre a campanha presidencial e pelo Pizzagate.

"Foi chocante ver como a coisa se desenrolou", disse Adam. As pessoas que ele conhecia do mundo real compartilhavam memes do Pizzagate nas páginas do Facebook. Foi como se um muro que separasse a internet *mainstream* da extremista viesse abaixo. Era difícil resistir à atração. Embora ele soubesse que as postagens eram "absurdos de gente que usa chapéu de alumínio", alguma coisa na sua onipresença "me fez procurar tudo que eu conseguisse".

Em questão de um mês, 14% dos apoiadores de Trump acreditavam na afirmação "Hillary Clinton está vinculada a uma rede de abuso sexual infantil que funciona em uma pizzaria de Washington".[3] Quando outra pesquisa testou uma versão mais suave — "E-mails vazados da campanha de Clinton falam em pedofilia e tráfico de pessoas" —, a aceitação entre eleitores de Trump subiu para 46%.[4] Ainda assim, na época, a maioria tratava os pizzagaters como esquisitões da internet que usavam um nome bobo. Mesmo quem os levava a sério perdeu o foco quando, na noite da eleição, Trump venceu em vários estados onde se projetava que ele perderia e acabou ficando com a Presidência.

Nos meses seguintes, fiscais da internet, jornalistas, comitês do Congresso e o presidente em fim de mandato viriam a acusar as plataformas sociais de impulsionar a desinformação e a ira sectária que abriu o caminho para a vitória de Trump. Quase todas as empresas, depois de um período de contrição por pecados mais específicos, como hospedar propagandistas russos e fake news, mudaram de assunto. Nas horas que se seguiram à eleição, porém, os primeiros a suspeitar da culpa do Vale do Silício foram muitos de seus próprios soldados rasos. No YouTube, quando a CEO Susan Wojcicki convocou sua equipe em choque, boa parte da conversa se centrou na preocupação de que os vídeos mais assistidos do YouTube ligados à eleição eram de oficinas de desinformação da extrema direita, como o Breitbart e o conspiracionista Alex Jones.[5] Funcionários do Facebook expressaram receios similares. "Os resultados da eleição de 2016 mostram que a empresa fracassou na sua missão", postou um funcionário no fórum interno da companhia.[6] Outro: "Infelizmente, o feed de notícias otimiza o engajamento. Como descobrimos nas eleições, falar merda é o que mais engaja". Outro: "O Facebook ficou podre".

Executivos da empresa chegaram a ponto de perguntar entre si, em um chat privado online, se tinham culpa.[7] No início daquele ano, afinal de contas, um pesquisador do Facebook apresentara um relatório preocupante que depois vazou para o *Wall Street Journal*.[8] Na Alemanha, segundo o relatório, mais de um terço dos grupos políticos do Facebook eram considerados extremistas. O algoritmo em si parecia responsável: 64% das pessoas nos grupos tinham se afiliado por sugestão do sistema. Mas a empresa pouco fez para deixar o site menos desagregador, tanto em âmbito nacional como estrangeiro. Também havia um mal-estar interno quanto ao tratamento gentil da empresa para com Trump. Em 2015, o então candidato postara um vídeo no Facebook promovendo o banimento à imigração de muçulmanos. Quando o vídeo viralizou e ganhou curtidas de 105 mil usuários, além de 14 mil compartilhamentos,

Mark Zuckerberg indeferiu os pedidos feitos por seus próprios funcionários para tirar o material do ar, por violar as regras da plataforma contra o discurso de ódio.[9]

Mas, independentemente do que diziam em privado, em público o Facebook e outras empresas desprezavam os receios expostos por seus executivos e funcionários. "Da minha parte, acho que essa ideia de que as fake news no Facebook, em número muito pequeno dentro de todo o conteúdo, tenham influenciado a eleição de algum modo... acho que essa é uma ideia insana", disse Zuckerberg dois dias depois das votações. Ele repreendeu os críticos por, afirmou, "uma profunda falta de empatia ao sustentar que o único motivo que teria levado alguém a votar como votou foi ter visto fake news".[10]

Da noite para o dia, a "empresa da revolução", como Zuckerberg já descrevera o Facebook — a plataforma que atribuía a si o crédito de ter ajudado a Primavera Árabe e que, em seu experimento de 2010, demonstrara empiricamente a capacidade de mobilizar 340 mil eleitores,[11] a líder de uma indústria que se via como o ápice da promessa do Vale do Silício de transformar a consciência humana —, se dizia apenas um site.

Dois dias depois, Zuckerberg publicou uma longa postagem no Facebook que suavizava, mas ainda mantinha, a defesa de que não tinha responsabilidade. Apenas 1% de visualizações dos usuários era de postagens que a empresa considerava "fraudes", escreveu ele, o que tornava "extremamente improvável que fraudes tenham mudado o resultado desta eleição para um lado ou outro". E complementou: "Temos que ser extremamente cautelosos para não nos tornarmos árbitros da verdade".[12]

DiResta, que assistia a tudo de uma maternidade em San Francisco, onde acabara de dar à luz o segundo filho, se cansou. "Martelei uma postagem no Medium direto do meu leito no hospital, porque estava furiosa", contou. Zuckerberg, acreditava ela, "estava tirando o corpo fora da questão real e criando um espantalho". As empresas das mídias sociais, escreveu, sabiam que os receios reais não eram de "fraudes" de fake news, mas da radicalização, das distorções da realidade e da polarização que cobriam todo o sistema. "Para certas comunidades-alvo", lembrou ela o alerta que lhes havia feito várias vezes, sendo a última meses antes, "é a maior parte do que elas veem, porque a bosta dos seus algoritmos não para de recomendar isso."

Outros do Vale do Silício estavam chegando ao mesmo diagnóstico. "Parece que ajudou mesmo a vencer a eleição", disse um integrante do conselho de diretores do Twitter, falando da própria plataforma, dizendo que seus efeitos eram "preocupantes".[13] Tim O'Reilly, investidor de destaque e ex-chefe de DiResta, escreveu em uma postagem um tanto morna, embora direta: "A priorização que o Facebook dá ao 'engajamento' pode estar levando-os na direção errada".[14]

Em fins de novembro, Guillaume Chaslot publicou seus resultados de acompanhamento do algoritmo do YouTube no arranque para o voto. Embora representasse apenas uma fatia dos bilhões de recomendações de vídeos da plataforma, o resultado era alarmante. "Mais de 80% dos vídeos recomendados eram favoráveis a Trump, fosse a busca inicial 'Trump' ou 'Clinton'", escreveu ele. "Uma grande proporção dessas recomendações visava discórdia ou era de fake news."[15] Destas, algumas das mais populares promoviam o Pizzagate: o FBI tinha exposto a "rede satânica pedófila" de Hillary Clinton (1,2 milhão de visualizações), havia provas de que Bill Clinton teria abusado de uma criança (2,3 milhões de visualizações) e assim por diante.

Chaslot e DiResta estavam rodando em volta de uma pergunta que era feita de modo mais direto pelo público: As plataformas sociais tinham elegido Trump? Entendida de forma estreita, ela era fácil de responder. Menos de 80 mil votos, de 138 milhões, haviam pendido nos estados decisivos. Muitas coisas dariam conta de explicar, de forma plausível, uma margem tão pequena. Concorrência fraca entre os cargos menores, um último episódio de reality show que apagou um escândalo anti-Trump, a cobertura crédula da imprensa quanto aos e-mails do Partido Democrata que a Rússia hackeara ou, é claro, as mídias sociais. A questão maior era mais complexa. Seriam as plataformas sociais responsáveis, de modo significativo, pelo fenômeno Trump? Teriam elas guiado os norte-americanos ao trumpismo e, se foi o caso, com uma cutucada ou um empurrão? Era um assunto mais urgente do que uma eleição, porque a pergunta estava em busca de uma resposta a respeito da profundidade a que as distorções das mídias sociais podiam chegar. Seria o trumpismo só o começo?

Era inegável que Trump devia sua ascensão também a fatores não digitais: o colapso institucional do Partido Republicano, as décadas de polarização e de descrédito do público, o repúdio branco à transformação social, um eleitorado de direita radicalizado. As mídias sociais não haviam criado nada disso. Mas, com o tempo, uma rede de analistas e delatores viria a provar que elas tinham exacerbado todos esses fatores, em alguns casos de forma drástica.

Poucas semanas depois da eleição, Edgar Maddison Welch, da Carolina do Norte, com 28 anos e barba por fazer, enviou uma mensagem a um amigo: *Invadindo a rede dos pedôs, talvez sacraficando* [sic] *a vida de alguns pelas de muitos*.[16] Ele vinha maratonando vídeos do YouTube sobre o Pizzagate. Alguém, concluiu, precisava tomar uma atitude. Welch pegou seu fuzil AR-15, uma pistola e um revólver e dirigiu até Washington. Chutando a porta da Comet Ping Pong, ele apontou o fuzil para um funcionário, que fugiu, tendo os fregueses saído enfileirados logo atrás. Então se voltou para uma porta lateral trancada, que ele reconhecia dos vídeos do Pizzagate como entrada para o porão onde conspiradores democratas trancavam as vítimas infantis. Ele disparou vários tiros contra a porta, depois a chutou. Encontrou apenas um armário com equipamentos de informática. A polícia cercou a pizzaria. Welch, de mãos para o alto, se entregou sem alarde.

O proprietário do restaurante, James Alefantis, passou os anos seguintes escondido para se defender de uma enxurrada de ameaças de morte com detalhes cada vez mais exatos. Ele implorou às plataformas que interviessem e conseguiu "reações" do Yelp e do Facebook. Mas o YouTube, segundo ele, se recusou a agir, insistindo no argumento de que aquela era apenas uma plataforma neutra sem responsabilidade pelo Pizzagate e, se Alefantis queria se proteger de vídeos que haviam incentivado Welch a invadir seu restaurante e ainda podiam estar radicalizando outras pessoas, que ficasse à vontade para voltar com um mandado. O Vale do Silício estava armando as trincheiras.

O problema do Facebook é o Facebook

Nas semanas após a vitória de Trump, o sentimento de urgência se espalhou pelas instituições da vida norte-americana. Agências do governo se prepararam para a guerra do futuro presidente contra um *"deep state"*, ou "Estado profundo", criado pela sua imaginação. Grupos de direitos humanos se mobilizaram contra políticas que miravam minorias e imigrantes. E, em algumas universidades, meia dúzia de cientistas sociais passou a identificar as forças ocultas que haviam guiado a ascensão do trumpismo.

Um deles foi William Brady, o ex-treteiro das redes sociais que defendia o veganismo quando estava na graduação, e que agora era psicólogo e estudava como emoções negativas se espalham. Brady estava integrado a um laboratório universitário em Nova York que desenvolvia novos métodos para análise de mídias sociais. No Twitter, assim como em todo lugar, Trump era a pura indignação — contra as minorias, contra as instituições — como motivadora para mobilizar apoiadores. Brady sabia que a indignação moral pode se tornar contagiosa em grupos e alterar as convenções e os comportamentos daqueles que são expostos a ela. Seria possível que as mídias sociais, mais do que simplesmente amplificar Trump, tivessem deixado os norte-americanos mais próximos do raciocínio nós-contra-eles, vamos-acabar-com-tudo?

A equipe de Brady reuniu meio milhão de tuítes que tratavam de mudança climática, controle de armamento ou casamento homoafetivo, usando-os como deixas para a discussão política.[17] Programas de detecção de linguajar testaram cada postagem e a pessoa que a enviou, atrás de elementos como postura emocional e postura política. Que tipo de mensagem chegava mais longe? Mensagens alegres? Mensagens tristes? Mensagens conservadoras ou progressistas? Os resultados foram um ruído. Tuítes alegres, por exemplo, tinham disseminação muito inconsistente para Brady concluir que a plataforma tinha um efeito ou outro. Mas, conforme uma das métricas, os resultados eram claros: independentemente do tópico, independentemente da facção política, o que os psicólogos tratam como "termos moral-emotivos" impulsionava várias vezes o alcance de qualquer tuíte.

Termos moral-emotivos transmitem sentimentos como repulsa, vergonha ou gratidão. ("Refugiados merecem compaixão", "As opiniões daquele político são repugnantes".) Mais do que meras palavras, são expressões de (e convocações ao) julgamento da comunidade, seja ele positivo ou negativo. Quando você diz: "O comportamento de Suzy é pavoroso", na verdade está dizendo: "Suzy cruzou um limite moral; a comunidade devia perceber e, talvez, agir". É o que torna esses termos diferentes de sentimentos emocionais mais definidos ("Eufórico com a decisão de hoje sobre igualdade nos casamentos") ou os puramente morais ("O presidente é mentiroso"), nos quais o efeito de Brady não apareceu. Tuítes com termos moral-emotivos, descobriu ele, chegavam 20% mais longe — *para cada termo moral-emotivo*. Quanto mais desses termos em um tuíte, maior era seu alcance. Era a prova de que as mídias sociais impulsionavam não apenas Trump, que usava mais termos moral-emotivos do que outros candidatos, mas todo o seu jeito de fazer política. Os tuítes de Hillary Clinton, que enfatizavam superar as indignações em vez de atiçá-las, tinham performance baixa.

Brady descobriu outra coisa. Quando um progressista postava um tuíte com termos moral-emotivos, seu alcance crescia de maneira considerável entre outros progressistas, mas caía entre conservadores. (E vice-versa.) No geral ganhou mais visibilidade e validação por parte do usuário, ao custo de alienar gente do lado oposto. Era a prova de que o Twitter incentivava a polarização. Os dados também sugeriam que usuários, embora de modo inconsciente, obedeciam a esses estímulos, cada vez destratando mais quem fosse do outro lado. "Postagens negativas sobre exogrupos políticos tendem a ganhar muito mais engajamento no Facebook e no Twitter",[18] disse Steve Rathje, pesquisador de Cambridge, ao resumir um estudo posterior que se baseou no de Brady.[19] Mas isso não era específico do partidarismo: o efeito privilegia qualquer opinião e, portanto, qualquer posição política, com base em desmerecer exogrupos sociais de qualquer tipo. Deve ser por isso que, em 2020, pesquisadores do Twitter concluíram que o algoritmo de sua plataforma sistematicamente impulsionou a política conservadora, que tende a dar muita atenção, em diversas sociedades, a traçar limites bem definidos entre nós e eles.[20]

Apesar da discórdia crescente, o que mudou mesmo as coisas foi a escala, ao agir no instinto inato das pessoas de inferir e se conformar às normas de comportamento predominantes da comunidade. Cada um de nós se esforça, por mais que inconscientemente, para seguir as convenções sociais do nosso grupo. Mas tentar inferir essas normas nas mídias sociais era como estar numa casa de espelhos, onde certos comportamentos eram distorcidos para parecerem mais comuns e mais aceitos do que de fato são. No início de 2017, praticamente qualquer pessoa fora do Vale do Silício concordava que esses espelhos entortavam e distorciam o que todos víamos e sentíamos, mas ninguém havia descoberto como medir a curva de distorção, muito menos o efeito sobre os 2 bilhões ou 3 bilhões de pessoas que já circulavam por esse circo digital.

O Twitter pode ter sido a primeira plataforma cujos efeitos corrosivos foram — por volta dessa época, em início de 2017 — aceitos e entendidos de forma ampla. Isso se devia muito pouco ao seu alcance (um sexto da base de usuários do Facebook ou do YouTube),[21] ao seu poder financeiro (valor de mercado correspondente a apenas 2,5% do que o Facebook tinha),[22] ou à sofisticação de seus algoritmos, que continuavam gerações atrás das grandes concorrentes.

O motivo era simples: o presidente havia transformado sua conta de Twitter em um discurso à nação, ao vivo da Sala Oval, e que nunca tinha fim. Desse modo, de uma hora para outra, todo jornalista, funcionário federal ou cidadão interessado colou na plataforma. E eles descobriram que estar no Twitter é ser sitiado por trolls, esmurrado por polêmicas online intermináveis, atraído por campos polarizados em guerra sem fim e inundado com mentiras e boataria. Houve algo como uma constatação coletiva, compartilhada por pilhas de *gatekeepers* da imprensa e da política que talvez antes houvessem desprezado as mídias sociais como "só" a internet. E, ao contrário do Facebook e do YouTube, nos quais os usuários se encaixam em comunidades que talvez nunca se cruzem, com a estrutura um-Thunderdome-só do Twitter todos partilham praticamente a mesma experiência, o que facilitava aos usuários alarmados perceber que os problemas eram sistêmicos.

"Você está andando com gente que tem satisfação em espalhar veneno, gente que dissemina racismo, misoginia e antissemitismo", lamentou um âncora da CNN.[23] Ninguém precisava de investigação do Congresso para entender por que seria uma coisa ruim a plataforma, agora no cerne do discurso político norte-americano, estar dominada por neonazistas e por mentiras sectárias.

O Twitter — relativamente sob nova gerência de Jack Dorsey, que havia voltado à empresa em 2015 para assumir como CEO — anunciou que estava mudando o foco do crescimento para refrear semeadores da discórdia e assediadores, afirmação que talvez fosse fácil tratar como maquiada do marketing se sua base de usuários não houvesse parado de crescer na mesma hora. Uma parcela dos seus maiores acionistas, furiosa com o preço das ações da empresa estacionado, pressionou Dorsey a mudar de rumo e, como ele não mudou, queria obrigá-lo a sair de vez.[24] Mas Brianna Wu e outros críticos de longa data elogiaram o Twitter pelo que chamaram de progresso genuíno, mesmo que apenas em conter os comportamentos mais graves, como ameaças de morte e racismo extremado.

Ainda assim, Dorsey, pelo menos de início, abordou o problema como se fosse de remoção dos mal-intencionados, em vez de considerar se a plataforma estava incentivando-os. Outros executivos o descreveram como alguém indeciso quanto a abandonar o utopismo da liberdade de expressão do Vale mesmo quando problemas começavam a lotar sua caixa de e-mails, sugerindo que o sonho nunca havia sido verdadeiro.[25] Dorsey tendia a ser uma pessoa distante e estranha. Em uma reunião, disse à equipe que anunciaria a nova missão corporativa do Twitter e pôs para tocar "Blackbird", a canção dos Beatles. Ele fazia retiros de meditação em silêncio, inclusive em Mianmar, meses depois de as mídias sociais terem ajudado a fomentar a matança no país.[26] Durante uma queda no preço das ações do Twitter, afirmou que ia morar temporariamente na África.[27]

Não estava claro, mesmo entre seus próprios funcionários, o grau em que a mudança de Dorsey pós-eleição significava o repensar dos pressupostos fundamentais do Vale do Silício, se era um golpe de marketing ou apenas o chefe guiando sua empresa numa espécie de passeio transcendental. Independentemente de sua motivação, o Twitter de Dorsey, mesmo com a imagem suja, evitou escândalos tão graves quanto os que outras empresas viriam a encarar. Sua plataforma não tinha influência para receber acusações críveis quanto a desencadear genocídios ou fazer uma eleição pender para um lado ou outro. E seu marketing em grande parte se afastava do sigilo, do confrontismo e dos manifestos pomposos que as outras empresas enfatizavam.

De início, nas semanas após a eleição de Trump, essas empresas maiores — sob uma mistura de pressão do público, pressão dos funcionários e, pelo menos no momento, um desejo aparentemente legítimo de agir como boas cidadãs — batalharam para entender o que, se é que algo, tinha dado errado. O Facebook encomendou uma auditoria interna conhecida como Projeto P, que refletia preocupações iniciais quanto à propaganda russa. Descobriu que a Agência de Pesquisa da Internet, vinculada ao Kremlin, havia comprado anúncios no Facebook, geralmente com rublos, que levaram por volta de 60 mil usuários a confirmarem presença em eventos pró-Trump e anti-Clinton. O Facebook pediu desculpas. Na verdade, o plano russo com os eventos provavelmente teve impacto reduzido. Para o tamanho da plataforma, 60 mil confirmações em um evento era nada. Mas, como DiResta e outros descobriram, isso se revelaria apenas um fiapo da movimentação dos russos.

Outras revelações eram mais preocupantes. Dezenas de páginas da rede social haviam espalhado notícias falsas e hipersectárias. Os instigadores, *spammers* ordinários querendo dinheiro rápido, não tinham a sofisticação dos russos. Ainda assim, haviam cativado uma audiência imensa, sugerindo que algo no modo como o Facebook funcionava lhes dera poder. E sua predominância obrigou a plataforma a pensar se, e onde, era o caso de traçar uma fronteira entre o discurso político permitido e a desinformação proibida. Era uma questão sensível. O novo presidente, afinal de contas, vivera a maior parte da vida nessa fronteira.

Joel Kaplan, lobista conservador que o Facebook havia contratado para encantar o Partido Republicano em Washington, surgiu como figura decisiva. Ele ficava contra ou diluía mudanças pós-eleições, tais quais alterar o algoritmo ou banir os divulgadores de fake news, que teriam afetado as páginas conservadoras de modo desproporcional.[28] Líderes republicanos, agora no controle do Congresso e da Casa Branca, já haviam levantado reclamações, na maioria fajutas, quanto a plataformas que "censuravam" os conservadores. Por que criar mais antagonismo com eles?

Facebook, Twitter e YouTube convergiram em uma explicação pública para 2016. A sociedade estava dividida e, embora as plataformas tivessem contribuído um pouco para isso, agora podiam fazer parte da solução. O Facebook ia alavancar sua tecnologia para "unir a humanidade", comprometeu-se Zuckerberg.[29] Ele explicou que isso significava, de maneira surpreendente, direcionar mais usuários a grupos, exatamente os veículos da radicalização que os críticos haviam considerado mais prejudiciais que a propaganda russa ou as fake news. O golpe contraintuitivo era que os grupos iriam, em tese, expor as pessoas a perspectivas mais diversificadas.

Era uma ideia que fazia sucesso no Vale. O Twitter também havia pensado em dar um empurrão para unir usuários de mentalidades não afins.[30] Ellen Pao me disse que tinha planos de implementar uma variante dessa ideia no Reddit antes de ser demitida. O YouTube a aplicou em uma atualização do algoritmo chamada Reinforce, ou Reforço (embora um engenheiro da empresa tenha dito que sua meta real fosse aumentar o tempo assistido).[31] Um desenvolvedor de IA do Facebook refletiu que seus sistemas podiam fazer engenharia reversa de "como opiniões se formam e se fossilizam e solidificam, de como é possível que duas pessoas não consigam conversar".[32] Outro afirmava que o algoritmo da plataforma passaria a guiar os usuários a pontos de vista distintos.[33]

A arrogância do Vale do Silício, ao que parece, não apenas sobrevivera à eleição, mas estava pujante. Se 2016 foi o ano em que o Vale foi obrigado a reconhecer que servia como titereiro de uma vasta rede de fios invisíveis que nos manipulavam como 2 bilhões de marionetes, 2017 foi o ano em que seus programadores mais sagazes decidiram que a solução não era cortar os fios, mas ter controle ainda maior deles. Era apenas uma questão de fazer todos dançarmos conforme a música certa.

Eles estavam seguindo uma interpretação ruim, mas muito disseminada, de uma ideia conhecida como hipótese do contato. Cunhada após a Segunda Guerra Mundial para explicar por que tropas sem segregação racial ficaram menos propensas ao racismo, a teoria sugeria que o contato social levava grupos desconfiados a se humanizarem uns aos outros. Mas, de acordo com pesquisas subsequentes, esse processo só funciona em circunstâncias restritas: contato controlado, tratamento igualitário, território neutro e tarefas em comum.[34]

Os pesquisadores verificaram repetidas vezes que simplesmente misturar povos hostis entre si piora a animosidade.

No ano que se seguiu à eleição, uma equipe de cientistas políticos fez centenas de usuários do Twitter que se identificavam como democratas ou republicanos seguirem um *bot* que retuitava opiniões opostas às suas.[35] Em vez de ficarem mais tolerantes, os usuários dos dois grupos se tornaram ideologicamente mais extremados. Os sectários das mídias sociais, como descobriu outro projeto, muitas vezes não conseguem registrar postagens sensatas ou inofensivas de pessoas de opiniões opostas. Mas postagens nas quais um membro do exogrupo diz algo repreensível quase sempre chamam a atenção. Frequentemente eles retransmitirão essas postagens como prova da malignidade do lado adversário. Um apoiador de Hillary Clinton durante as primárias democratas de 2016, por exemplo, talvez nem note a maioria dos tuítes dos apoiadores de Bernie Sanders. Até que alguém passe do limite. "Os eleitores do Bernie são sexistas demais", pode tuitar o usuário, anexando uma captura de tela de um barista de 23 anos chamando Clinton de "histérica".

As pessoas, de modo geral, percebem exogrupos como monólitos.[36] Quando vemos um integrante do clã oposto tendo um mau comportamento, supomos que esse exemplar representa a todos. Conforme o tuíte do apoiador de Clinton toma o rumo da viralidade indignada, usuários de mentalidade parecida que o virem terão mais probabilidade de notar transgressões parecidas em apoiadores de Sanders. Conforme tuítes desse tipo circularem, por sua vez, haverá a sensação de antagonismo generalizado: os apoiadores de Sanders são sexistas. Cientistas políticos chamam esse fenômeno de "falsa polarização".[37] Pesquisadores descobriram que a falsa polarização está piorando, especialmente em torno do sectarismo, e que as concepções que os progressistas e os conservadores têm uns dos outros se tornam cada vez mais distantes da realidade.[38] Isso pode alimentar uma política de conflito do tipo soma zero. Se Sanders for só um político com ideias diferentes, chegar ao meio-termo de sua pauta é aceitável. Se ele for um radical perigoso que lidera um bando de arruaceiros, essa pauta tem que ser derrubada, e seus seguidores, expulsos do cenário político.

Mesmo na sua forma mais rudimentar, a própria estrutura das mídias sociais incentiva a polarização. Ler um artigo e depois os campos de comentários, como constatou um experimento, leva as pessoas a criarem visões mais extremadas sobre o tema do artigo.[39] Grupos controlados que liam o artigo, mas não os comentários, se tornavam mais moderados e com a mente aberta. Não que os comentários em si fossem convincentes; o que fazia diferença era o mero contexto de haver comentários. Leitores de notícias, como descobriram os pesquisadores, processam as informações de um jeito diferente quando estão em um ambiente social: os instintos sociais sobrepujam a razão, o que os leva a buscar afirmação da honradez de seu lado.

Os grupos do Facebook amplificam ainda mais esse efeito. Estudos descobriram que, ao colocar usuários em um espaço social homogêneo, os grupos incrementam sua sensibilidade a estímulos sociais e à conformidade.[40] Isso subjuga sua capacidade de avaliar afirmações falsas e aumenta sua atração por mentiras que afirmam sua identidade, o que os torna mais propensos a compartilhar desinformação e conspirações. "Na era e no contexto das mídias sociais, quando nos deparamos com pontos de vista opostos, não é a mesma coisa que as ler num jornal enquanto estamos a sós", escreveu a socióloga Zeynep Tufekci. "É como ouvir esses pontos de vista do time oposto enquanto você está junto com a torcida no estádio de futebol... Nós nos conectamos ao nosso grupo berrando para a outra torcida."[41] Mexer no algoritmo para levar os usuários para um lado ou outro, para sectários afins ou para outro lado acabaria resultando em versões diferentes das forças perigosas, o que o design fundamental das plataformas torna inevitável. Foi por isso que os cientistas sociais estiveram entre os primeiros a atentar para a perspectiva de que, como disse a pesquisadora da comunicação Siva Vaidhyanathan, "o problema do Facebook é o Facebook. Não é um atributo particular ou marginal que pode ser reparado e reformado".[42]

No primeiro semestre daquele ano, o orientador de doutorado de William Brady comentou sobre seu trabalho durante uma palestra em um congresso acadêmico. No público, uma neurocientista de Yale chamada Molly Crockett se animou. Ela estudava a neurologia do comportamento social. Mesmo tendo uma profunda consciência de si, desde a eleição percebera que passava cada vez mais tempo procurando se indignar nas redes sociais. "Eu lia uma coisa, ficava furiosa e me sentia obrigada a compartilhá-la com os amigos", contaria ela em entrevista. "Então começava meio que a checar, como se fosse uma obsessão, se outras pessoas tinham reagido, como haviam reagido. Uma repetição automática, sabe."[43]

Certa vez, ela e amigos debateram até ter acessos de raiva por causa de uma postagem viral sobre o apodrecimento de tomates nos tomateiros da Califórnia devido à falta de mão de obra imigrante. Isso levou as pessoas do endogrupo de Crockett a se unir em torno da indignação com a crueldade autodestrutiva de Trump e dos valores progressistas que elas tinham em comum, os quais, como a postagem aparentemente demonstrava, os tornava superiores. Até que uma amiga ressaltou que a matéria era de 2011. "Foi como se eu saísse de um transe", lembrou Crockett. "Eu estava dentro de um circuito de retroalimentação muito parecido com o aparelho que meu laboratório do doutorado usava para treinar ratinhos a apertar uma alavanca para conseguir cocaína."[44]

A partir de sua pesquisa, Crockett sabia que as plataformas sociais, ao favorecer essas emoções, ativavam um grupo particularmente poderoso de trilhas neurais — que influenciava nosso comportamento, nossa percepção da realidade, até nossa noção de certo e errado. Apoiando-se no trabalho de Brady, ela publicou um artigo curto, mas muito influente, "Moral Outrage in the Digital Age" [Indignação moral na era digital].[45] A premissa era muito direta. Sob as circunstâncias certas, determinados estímulos sociais podem mudar nossa natureza subjacente. As conclusões, derivadas de dados recém-disponibilizados, eram estimulantes: normas online de indignação e conflito cada vez mais intensos podiam "fazer emoções sociais antigas passarem de forças pelo bem coletivo a ferramentas para a autodestruição coletiva". Essa tecnologia, ao nos adestrar para sermos mais hostis, mais tribais e mais propensos a ver membros do exogrupo como menos do que completamente humanos, podia estar fazendo o mesmo com a sociedade e com a política como um todo.

Naquele momento, era só uma teoria. Crockett entrou em contato com Brady, que concordou em investigar o tema mais a fundo com ela. Enquanto eles começavam, o círculo de analistas informais de DiResta, que seguiam métodos que não podiam ser mais distintos, investigando o que de início parecia um aspecto da influência das mídias sociais totalmente sem relação, empenhavam-se na sua própria jornada. Embora uma equipe não soubesse da outra, elas acabariam, para horror dos dois lados, chegando a um conjunto de conclusões praticamente idênticas. Mas, para DiResta, assim como para Brady e Crockett, começou com uma pergunta de formulação mais simples: Até que ponto a operação russa havia chegado?

À procura dos russos

Conforme a pressão pública diminuiu um pouco e as promessas de transparência das grandes plataformas falharam, DiResta entrou em contato com analistas junto com os quais havia acompanhado gente do Estado Islâmico, *antivaxxers* e pizzagaters. "Foi o reencontro da banda", contou. Eles montaram um chat em grupo, criptografado, para compartilhar conteúdos de mídias sociais que pareciam ter vínculos com traficantes da influência russa e começaram, segundo ela, a "encontrar migalhas".

Mapear a campanha russa, acreditavam eles, talvez revelasse como as plataformas direcionavam ou distorciam o fluxo de informações. Também era uma primeira jogada para pressionar as empresas a assumir responsabilidades. A tentativa de subversão da democracia norte-americana, amplificada pelos seus próprios sistemas, não seria algo tão fácil de desprezar quanto conspiracionistas antivacina. Mas eles tinham um problema: acesso. Em plataformas nas quais bilhões de pedacinhos de conteúdo circulavam todos os dias, esquadrinhar uma postagem por vez era como estudar geologia analisando cada grão de areia. "As únicas pessoas que têm todo o escopo", disse DiResta, "que não têm que fazer essa palhaçada de colar nomes aleatórios pela internet, são as plataformas." Mas as empresas mal respondiam a dúvidas e muito menos iriam abrir seus sistemas ao escrutínio alheio. "Fui barrada várias vezes", contou.

Através de um membro do seu grupo, ela entrou em contato com Tristan Harris, ex-designer do Google que se demitiu em protesto após ter alertado contra o prejuízo algorítmico. Ele estava a caminho de Washington, disse, para se encontrar com assessores no Congresso. Vários legisladores, entre os quais Mark Warner, o democrata líder no Comitê de Inteligência do

Senado, queriam apoio para entender a influência das mídias sociais. Será que ela gostaria de vir junto?

DiResta percebeu uma oportunidade. O Facebook e o Google não iam conseguir se livrar tão fácil do Senado. Ela se uniu a Harris e fez sua apresentação em Washington: "Por motivos de segurança nacional", afirmou, "as empresas deviam ser obrigadas a entregar seus dados para análise suplementar do Comitê de Inteligência do Senado". Warner se convenceu. "Acho que elas precisam ser muito colaborativas", disse o senador em um de vários comentários que pressionavam as empresas. "Creio que o Facebook sabe mais a respeito de cada um de nós do que o governo federal. E a ideia de que eles não estariam cientes do que se passa nas suas plataformas desafia nossa credulidade."[46]

Quase um ano exato após a eleição de Trump, DiResta acordou antes do amanhecer. Após meses de pressão, representantes de Google, Facebook e Twitter finalmente iriam encarar um interrogatório do Congresso. Ela e outros de seu círculo de analistas entraram em uma sala de chat para compartilhar anotações enquanto acompanhavam as perguntas feitas por uma mesa de senadores, que, em alguns casos, eram exatamente as que DiResta e colegas vinham fazendo havia anos.

As audiências podem ser quase teatrais, uma chance para os legisladores trovejarem diante das câmeras. Os CEOs da tecnologia, talvez supondo que seria esse o caso, enviaram advogados no seu lugar, o que balançou DiResta. Ela estivera em Wall Street durante a crise financeira, quando banqueiros e seguradoras ao menos submeteram seus diretores executivos à bronca do Congresso. Ainda assim, aquele podia ser um passo rumo à responsabilização. DiResta havia auxiliado assessores dos congressistas a preparar as perguntas dos chefes, afinadas para render respostas que tivessem algum valor. Porém, assim que a sessão começou, os advogados em geral só se desviavam delas ou faziam objeções. Foi uma questão de "como você faria para sair pela tangente num momento de má visibilidade", contou DiResta a um entrevistador da PBS.[47] "Deprecie, desabone e desdiga." O dia a deixou, bem como a seu círculo de analistas, com "a frustração de que ainda dependíamos das próprias plataformas para as investigações", disse. Era difícil não se perguntar quando e se as empresas seriam responsabilizadas pelo que suas plataformas haviam desencadeado.[48]

Graças a artifícios políticos, talvez isso acontecesse em breve. As perguntas afiadas dos senadores haviam encurralado os representantes das empresas a se flexionarem de modo tão descarado que os legisladores transformaram a obstrução na pauta principal, o que intensificou a ira do grande público. Warner também redigiu leis, junto a Amy Klobuchar e John McCain, que exigiam que as companhias tornassem público quem comprava anúncios políticos e como se definia o alvo desses anúncios. A proposta foi muito ousada para aprovação no Congresso sob controle do Partido Republicano. Mas foi um tiro de alerta legislativo, uma ameaça de regulamentação à força que mirava o fluxo de caixa das empresas.

As plataformas por fim revelaram o escopo da operação russa: pelo menos mil vídeos do YouTube, 131 mil tuítes, assim como postagens do Facebook que haviam alcançado 126 milhões de usuários. DiResta insistiu com seus contatos no Senado que continuassem pressionando até que as plataformas entregassem todos os seus arquivos. Alguns meses depois, no início de 2018, chegou tudo: quatrocentos gigabytes em um único drive. Eram dados brutos, tal como entrar numa sala com 200 milhões de papeizinhos não catalogados. Os assessores do Senado não entenderam nada. Eles pediram a DiResta que comandasse uma equipe que analisasse tudo, expondo as conclusões em um relatório formal. Depois de conversar com o marido, ela largou a startup de logística que ajudara a lançar, deixando o mundo de investimentos para trás. "Senti que seriam os dados mais interessantes que já tínhamos visto em operações de inteligência modernas", contou. "Estaríamos fazendo parte da história."

Os dados revelaram, tanto quanto qualquer complô estrangeiro, as maneiras como os produtos do Vale do Silício haviam amplificado o alcance e exacerbado o impacto de influências malignas. (Depois ela viria a chamar isso de "ampliganda", um tipo de propaganda cujo poder vem de sua propagação massiva por meio de pessoas desavisadas.)[49] Um agente russo que postava memes no Facebook representava pouco perigo por conta própria. Se poucos usuários compartilhassem o conteúdo, a única consequência seria o agente perder uma tarde. A influência vinha do envio das coisas de modo viral. E não só porque a viralização trazia mais olhinhos. Quando parece que uma ideia está vindo de dentro da sua comunidade, ela é convincente de maneiras que nenhuma postagem teria como ser por conta própria.

Ao longo de várias iterações, os russos se decidiram por uma estratégia: fazer apelo a identidades de grupo. Dizer que a identidade estava sob ataque. Incitar indignação contra um exogrupo. E mobilizar o máximo possível de linguagem moral-emocional. Uma página do Facebook sob controle russo, a Heart of Texas, atraía centenas de milhares de seguidores cultivando uma identidade limitada e ressentida. "Curta se você concorda", dizia a legenda de um mapa viral em que todos os outros estados estavam marcados com "terrível" ou "chato", junto a textos que instigavam a secessão da união moralmente impura. Algumas postagens apresentavam a identidade do Texas sitiada ("Curta & compartilhe se você concorda que o Texas é um estado cristão"). Outros incitavam contra exogrupos ("Chega de mesquitas em solo americano! Curta se concorda!"). Conforme a eleição se aproximava, o Heart of Texas, agora com número de seguidores do tamanho de uma cidade, e perfeitamente educada, começou a hiperventilar a ideia de que a eleição ia ser roubada por Hillary Clinton. O grupo instigou os seguidores a fazer um protesto em frente a um centro islâmico em Houston; mais ou menos cem pessoas compareceram, algumas com fuzis. Enquanto isso, contas de coordenação russa parecidas, operando em todas as grandes plataformas, aliciavam eleitores negros, apoiadores de Sanders, mães hippies — qualquer grupo que os russos achavam que pudesse impulsionar ao extremismo.

Analistas e fiscalizadores se concentraram de início na intenção da campanha: semear a discórdia e impulsionar Trump. Dessa perspectiva, o pecado da plataforma havia sido apenas a falta de ação, o fracasso em identificar e deter a campanha. Mas, para DiResta e Brady, que acompanhavam os dados que chegavam de todo o país, o papel das redes sociais parecia mais ativo. O entendimento da cultura norte-americana e seu idioma por parte dos russos parecia irregular, seus métodos eram bruscos, suas iniciativas tinham recursos modestos. Seguindo tentativas e erros, eles não haviam inventado as regras do jogo, mas sim as descoberto e codificado em algoritmos e estímulos das plataformas sociais. Era razoável crer que outros iam encontrar a mesma estratégia, se não por outro motivo, para ganhar as recompensas que as plataformas davam por manter o engajamento das pessoas.

Foi exatamente o que aconteceu. Dos 58 milhões de contas do Twitter com base nos Estados Unidos ativas em 2016, a 107ª de maior influência política, segundo análise do MIT Media Lab, era uma conta troll com pseudônimo, a Ricky_Vaughn99.[50] O proprietário da conta havia entrado no Twitter em 2014, sido engolido pelo Gamergate e começara a postar duzentas vezes ou mais por dia.[51] Ele participava de praticamente toda mobilização ou conjugação da direita no Twitter.

Era um oportunista que modulava sua raiva e seus apelos descarados ao ressentimento branco macho sempre alguns pontinhos além de todo mundo. As postagens, que chegaram no topo de incontáveis ciclos de indignação, lhe valeram milhares de seguidores. Ele puxava memes racistas da pior estirpe do 4chan e das profundezas mais lodosas do Reddit, fazendo-os circular entre públicos conservadores mais tradicionais. Ele promovia conspirações sobre um complô judeu para diluir a raça branca. No meio daquele ano, estava alavancando toda essa atenção a serviço de Trump. Ele e seus seguidores postaram anúncios falsos da campanha de Hillary Clinton dizendo aos apoiadores da candidata que podiam votar por mensagens de celular em vez de ir às urnas. O plano ludibriou pelo menos 4900 eleitores, segundo denúncias federais que o acusaram de querer "privar indivíduos de seu direito constitucional ao voto" e identificavam seu nome: Douglass Mackey, consultor financeiro que morava no Brooklyn.

Para cada interferente russo havia mil Douglass Mackeys, pessoas normais com discursos radicais na internet e que exploravam as plataformas para satisfação pessoal. E para cada Mackey havia outros mil guiando inadvertidamente desinformação em massa. Mães da aula de ioga espalhando conspirações de vacina no Facebook, youtubers despencando em tocas de coelho do Pizzagate, usuários do Twitter embarcando em turbas da indignação por causa de uma deturpação. Sem líderes, sem pautas e, por conta disso, mais influentes. DiResta chamou o fenômeno de "desinformação p2p". Os usuários e as plataformas, trabalhando em conjunto, eram os verdadeiros impulsionadores. Em questão de meses, aquilo se tornou rotineiro.

Quando centenas de pessoas da América Central fugiram da violência das gangues em seus países natais, sua chegada na fronteira dos Estados Unidos atacou a visão de mundo essencial à identidade política de muitos conservadores. Trump chamara os refugiados de criminosos e terroristas, mas o grupo era formado por famílias amedrontadas, em desespero. As mídias sociais davam uma saída. Uma foto, compartilhada 36 mil vezes, supostamente mostrava um policial mexicano ensanguentado que havia sido atacado por ladrões fingindo ser refugiados.[52] Outra, compartilhada 81 mil vezes, mostrava um trem lotado, prova de que os refugiados, que diziam estar vindo a pé, eram mentirosos que contavam com a cooperação do jornalismo desonesto. Descobriu-se mais tarde que as tais fotos e outras dezenas do mesmo tipo eram de incidentes sem relação alguma entre si e que eram bastante antigas. A verdade, porém, não importava. As postagens não tinham a ver com a fronteira. Tinham a ver com a proteção da identidade compartilhada dos apoiadores de Trump, prova de que eles estavam certos e de que os progressistas eram os verdadeiros monstros.

Em um experimento revelador, mostrou-se a republicanos uma manchete inventada a respeito de refugiados ("Mais de 500 'caravanas migrantes' presas com coletes suicidas").[53] À pergunta se a manchete parecia precisa, a maioria a identificou como falsa; apenas 16% a consideraram exata. O enquadramento da pergunta havia incentivado os participantes, implicitamente, a pensar sobre precisão. Foi o que ativou seções racionais da mente, que rapidamente identificaram a manchete como falsa. À subsequente pergunta, se compartilhariam a manchete no Facebook, a maioria disse não: pensando com o cérebro racional, eles preferiam a precisão.

Mas quando pesquisadores repetiram o experimento com outro grupo de republicanos, dessa vez pulando a pergunta sobre precisão para indagar apenas se o participante compartilharia a manchete no Facebook, 51% disseram que sim. Focar no Facebook ativava a parcela social da mente deles, que via na mesma manchete a promessa de validação da identidade — algo que o cérebro social valoriza muito mais que a precisão. Tendo decidido compartilhar, os participantes do experimento diziam a si mesmos que aquilo era verdade. "A maioria das pessoas não quer compartilhar informações erradas", escreveram os autores do estudo, diferenciando a mentira deliberada de uma crença motivada socialmente. "Mas o contexto das mídias sociais concentra sua atenção em fatores que não a verdade e a precisão."[54]

Quando vemos pessoas compartilharem desinformação, principalmente pessoas pelas quais não temos simpatia, é fácil supor que elas são desonestas ou que não são inteligentes. Mas muitas vezes são apenas humanas, sobrepujadas por instintos sociais para ver verdade em histórias que, se estivessem em um contexto mais neutro, optariam por recusar. O problema nesse experimento não foi ignorância ou falta de alfabetização midiática. As mídias sociais, ao bombardearem usuários com estímulo social em ritmo acelerado, os incentivaram a confiar mais na resposta rápida da intuição social do que na lógica pensada. Todas as pessoas têm capacidade de seguir pelas duas opções, assim como o potencial para a primeira sobrepujar a segunda, e é geralmente assim que a desinformação se espalha. As plataformas agravam o efeito ao enquadrar todas as notícias e informações dentro de contextos sociais de alto risco.

Políticos estavam se adaptando a essa regra. Matt Gaetz, deputado recém-eleito da Flórida, tuitou que poderes sombrios estavam pagando a refugiados para "avassalar" a fronteira e perturbar as eleições legislativas e que o filantropo judeu George Soros podia ser o responsável. Gaetz foi retuitado mais de 30 mil vezes. Os russos deixavam de ser o problema.

Um mundo enlouquecendo

Chaslot, ainda na França, decidiu repetir o acompanhamento que havia feito nas eleições norte-americanas, dessa vez com a campanha presidencial do seu país, com quatro candidatos. Tal como antes, ele descobriu que o algoritmo do YouTube favorecia fortemente os candidatos nos extremos: Marine Le Pen, da extrema direita, e Jean-Luc Mélenchon, da extrema esquerda.[55] Estava surgindo um novo truísmo na política: as mídias sociais exaltavam políticos antiestablishment versados na linguagem moral-emocional exagerada. Mélenchon, embora impopular entre os eleitores, ganhava milhões de visualizações no YouTube, onde seus fãs mais dedicados aparentemente se congregavam.

Isso havia começado como um ponto positivo: a internet oferecia aos forasteiros da política uma maneira de contornar os veículos tradicionais que os evitavam. Como os apoiadores autênticos de tais candidatos passavam um tempo desproporcional no YouTube, o sistema aprendeu a impulsionar esses vídeos, o que rendeu mais fãs, fazendo o tempo assistido subir ainda mais. Mas, graças às preferências dos algoritmos por conteúdo extremado e de discórdia, quem se beneficiava mais eram sobretudo os candidatos marginais, e não os candidatos do meio do espectro.

Com apoio de colegas pesquisadores, Chaslot levou suas conclusões sobre as eleições norte-americanas e francesas ao *Guardian*, o que resultou em um relatório explosivo que aparentemente dava provas de uma ameaça à estabilidade política global da qual se suspeitava havia muito tempo. O YouTube contestou "a metodologia, os dados e, sobretudo, as conclusões" da pesquisa.[56] Chaslot não escondera que suas conclusões eram estimativas, usando milhares de pontos de referência para inferir os bilhões de decisões que o algoritmo tomava diariamente. Mas as conclusões eram tão consistentes, pensou ele, e tão consistentemente alarmantes, e a empresa não se interessava em pelo menos checar se eram verdadeiras? Ou compartilhar os dados internos que, em teoria, podiam deixar tudo às claras? E ele não estava só. Ao longo dos anos que se seguiram, com a empresa enrolando, um campo inteiro de pesquisadores publicou um conjunto de conclusões após o outro, produzidos com métodos cada vez mais sofisticados, que não apenas apoiavam os resultados de Chaslot, mas sugeriam que a realidade era substancialmente pior do que até ele temia.

Ao longo de tudo, o YouTube se ateve a uma estratégia consistente, muito parecida com a que DiResta havia descrito: negar, depreciar e antagonizar. Em resposta ao texto que saiu no *Guardian*, um porta-voz declarou: "Nossa única conclusão é que o *Guardian* está tentando enfiar pesquisas, dados e suas conclusões incorretas goela abaixo com uma narrativa banal sobre o papel da tecnologia nas eleições do ano passado".[57] A resposta se tornou padrão. Diversas vezes, os representantes da empresa reagiram a cada nova descoberta taxando as provas de insignificantes ou erradas, entrincheirando-se para diálogos longos, geralmente hostis. Assim que saía uma grande reportagem, o YouTube, em uma reviravolta paradoxal, soltava uma declaração na qual insistia ter resolvido problemas que, semanas antes, dissera que não existiam. No caso de Chaslot, a empresa também buscava retratá-lo como pessoa indigna de confiança, motivado pelo desejo de envergonhar a empresa em retaliação por ter sido demitido devido ao seu baixo rendimento. Mas isso não explicava por que a princípio ele tinha tentado deixar o YouTube para trás e só começado a pesquisar a plataforma anos mais tarde, após se dar conta de seus malefícios, tampouco porque de início ele havia levado suas conclusões diretamente e de maneira privada ao YouTube.

"Essa é a regra. Posso rir porque, ao mudar as coisas, eles reconheceram que eu estava certo", disse Chaslot, embora sua voz estivesse impregnada pela tristeza causada pelo repúdio público de sua antiga empregadora contra ele — que, anos depois, ainda machucava. "Mas, quando eu estava trabalhando nisso, eles me pressionaram demais. Foi frustrante."

Era uma estratégia intrigante, especialmente no momento em que os legisladores começavam a reparar nos males das mídias sociais. Pouco depois que o YouTube enviou ao *Guardian* sua agressiva declaração, mas antes de o jornal rodar, o Comitê de Inteligência do Senado enviou ao Google uma carta exigindo que a empresa articulasse seu planejamento para impedir que mal-intencionados manipulassem o algoritmo do YouTube. Este solicitou que sua declaração ao *Guardian* fosse "atualizada", substituindo o tom cáustico por promessas de combate à desinformação e elogios ao "empenho [do jornal] para lançar luz nessa questão desafiadora".

Enquanto isso, assim que Chaslot se juntou a DiResta e outros na luta pública para entender a influência indevida do Vale do Silício, William Brady e Molly Crockett, o psicólogo e a neurocientista, chegaram a um avanço importante na sua pesquisa. Eles haviam passado meses sintetizando pilhas de dados recém-disponibilizados, baseados em pesquisa comportamental e nas suas próprias investigações. Foi como encaixar as peças de um quebra-cabeça que, assim que montado, revelou o que ainda hoje pode ser o referencial mais completo para entender os efeitos das mídias sociais na sociedade.

As plataformas, concluíram eles, estavam remodelando não só o comportamento na internet, mas impulsos sociais subjacentes, e não apenas do ponto de vista individual, mas em termos coletivos, potencialmente modificando a natureza do "engajamento cívico e do ativismo, da polarização política, da propaganda política e da desinformação".[58] Eles deram a isso o nome de modelo MAD,* em referência às três forças que estavam reprogramando as mentes: *motivação* — os instintos e

---

* "Louco", em inglês.

hábitos dos quais as plataformas sociais se apoderam —, *atenção* — o foco do usuário manipulado para distorcer sua percepção de estímulos e convenções sociais — e *design* — plataformas que haviam sido construídas de maneiras que preparam e incentivam certos comportamentos.

O primeiro passo dessas descobertas teve a ver com como as pessoas percebem termos moral-emotivos. Quando Brady constatou que esses termos têm maior alcance na internet, era legítimo pensar que eles chamam a atenção porque normalmente descrevem algo de grande impacto. Brady decidiu testar se isso era verdade. Ele e dois outros pesquisadores mostraram a participantes de um experimento uma transmissão falsa de mídia social, acompanhando o que chamava a atenção deles conforme rolavam a barrinha.[59] Termos moral-emotivos, descobriram, sobrepujavam a atenção das pessoas quase independentemente do contexto. Se uma afirmação sem graça com termos moral-emotivos e uma afirmação empolgante sem eles apareciam juntas na tela, os usuários eram atraídos pela primeira. Participantes que estivessem focando ativamente em algo perdiam a concentração se ao menos um termo moral-emotivo piscasse na tela. Outros tipos de palavras piscando não produziram o mesmo efeito.

Quando eles refizeram o experimento com tuítes reais, obtiveram os mesmos resultados: quanto mais termos moral-emotivos em uma postagem, mais tiques nervosos de atenção ela ganhava. Essas postagens também tinham mais compartilhamentos, em todos os casos. Se você tuitava *"The quick brown fox jumps over the lazy dog"** e *"The good hero fox*

---

* Literalmente "A lépida raposa castanha salta o cachorro malandro". A frase é conhecida na língua inglesa por ser um pangrama: contém as 26 letras do alfabeto.

jumps over the liar dog",* o último tuíte iria, com um único termo moral-emotivo, render mais olhinhos e mais compartilhamento. Publique "*The good hero fox slams the liar enemy dog*"** no Twitter e amanhã você pode acordar presidente.

A economia digital da atenção aumenta exponencialmente o impacto social dessa dinâmica. Lembre-se de que o número de segundos do seu dia nunca muda. Todavia, a quantidade de conteúdo das redes sociais competindo por esses segundos duplica mais ou menos a cada ano, dependendo de como você a mensurar. Imagine, por exemplo, que sua rede produz duzentas postagens por dia, das quais você tem tempo de ler cem. Por conta do enviesamento das plataformas, você verá a metade mais moral-emocional do seu feed. No ano seguinte, quando duzentas virarem quatrocentas, você verá o um quarto mais moral-emocional. No ano seguinte, o um oitavo mais moral-emocional. Com o tempo, sua impressão dessa comunidade se torna radicalmente mais moralizante, enaltecedora e indignada — assim como você. Ao mesmo tempo, tipos de conteúdo que engajam de forma menos inata — verdade, apelos ao bem maior, convocações à tolerância — perdem cada vez mais a disputa. Tal como o brilho das estrelas no céu sobre a Times Square.

A segunda fase da influência deformadora das redes, segundo o modelo MAD, é a chamada internalização. Usuários que buscavam os estímulos das plataformas recebiam recompensas sociais imediatas e em grande volume: curtidas e compartilhamentos. Tal como os psicólogos sabem desde Pavlov, quando é recompensado várias vezes por um comportamento, você adquire uma compulsão para repeti-lo. Conforme você é adestrado em transformar todas as discussões em casos de muita indignação, a expressar repulsa pelos exogrupos, a

---

* Literalmente "A lépida raposa castanha salta o cachorro mentiroso".
** "A raposa heroína do bem massacra o cachorro mentiroso inimigo."

afirmar a superioridade do seu endogrupo, com o tempo você deixará de fazer isso em troca de recompensas que vêm de fora e fará simplesmente porque quer. O impulso vem de dentro. Sua natureza mudou.

Brady e Crockett constataram esse efeito em dois experimentos. Em um deles, quando usuários que expressaram indignação foram recompensados com curtidas e compartilhamentos, eles se mostraram mais propensos a expressar indignação no futuro — e mais propensos a se *sentir* indignados. O efeito se mantinha até com participantes que haviam expressado aversão à ira na internet. Uma pessoa em tudo o mais delicada e tolerante que, em um momento de fraqueza, tuitava para criticar um democrata e seu tuíte viralizava na mesma hora, ficava mais inclinada a publicar outros, primeiro para surfar naquela onda, mas logo porque ela se tornara, no fundo, uma sectária com mais ódio. O segundo experimento demonstrou que a economia da atenção, ao convencer erroneamente usuários de que sua comunidade tinha visões mais extremadas e discordantes do que na verdade possuía, causava o mesmo efeito. Mostrar aos participantes postagens de pares que haviam expressado indignação os deixava mais propensos a ficar indignados. Rolar com frequência seu feed lotado de raiva é o que basta não só para você ficar com mais raiva quando está na internet, mas também para fazer de você uma pessoa mais furiosa.

Dois outros pesquisadores descobriram, posteriormente, que o conteúdo moral-emocional também leva usuários a expressar mais convocações à violência.[60] Eles prepararam um computador para analisar o texto de artigos e postagens de blogs de vários pontos da internet, depois fazer o mesmo quanto aos comentários de usuários postados em resposta: 300 milhões de comentários no total. Descobriram que, cruzando tópicos ou ideologias políticas, conforme o número de termos moral-emotivos em um artigo crescia, os comentaristas ficavam significativamente mais propensos a ameaçar ou incitar violência contra quem viam como inimigo, em geral alguém nomeado no texto. Era uma demonstração arrepiante de como retratar pessoas e fatos em termos moral-emotivos aguçados traz à tona os instintos de aversão e violência no público — que é, afinal de contas, exatamente o que as plataformas sociais fazem, em uma escala de bilhões, a cada minuto de todos os dias.

"As plataformas de internet hoje", escreveram Brady e Crockett, "são uma das fontes primárias de estímulos moralmente relevantes que as pessoas têm no seu cotidiano." Bilhões de bússolas morais pendendo, potencialmente, para o tribalismo e a desconfiança. Sociedades inteiras estimuladas para o conflito, a polarização e a fuga da realidade — para algo como o trumpismo.

Brady não pensava nas redes sociais como "inerentemente malignas", disse. Mas, conforme as plataformas evoluíram, era como se os efeitos só piorassem. "É que ficou venenoso", prosseguiu. "Na faculdade não era como é hoje." No seu entender, era importante que as pessoas se lembrassem de que os designers e engenheiros, que querem nos fazer usar a plataforma deles pelo máximo de minutos e horas por dia, "têm metas diferentes, que não quero chamar de boas ou ruins, mas metas que talvez não sejam compatíveis com as nossas".

No entanto, apesar de tudo que haviam aprendido, Brady e Crockett sabiam que estavam apenas começando a entender as consequências. Que efeitos tinha toda essa distorção, esse adestramento, nas nossas sociedades, na nossa política e na nossa espécie?

Sem perceber, eu estava tropeçando na resposta. Enquanto Brady e Crockett continuavam a investigar as distorções "casa dos espelhos" da psicologia das mídias sociais ao longo de 2017, no primeiro semestre daquele ano parti para um ponto bem mais distante, um lugar que as plataformas haviam ignorado com afinco, mas que logo se tornaria sinônimo da sua ganância, da sua negligência e do seu perigo: Mianmar.

7.
Os micróbios e o vento

Um grande bem

Quando cheguei a Mianmar, os soldados já estavam jogando bebês nas fogueiras. Fazia semanas que as Forças Armadas vinham travando uma guerra fora de controle nos vilarejos com telhadinhos de sapê que pontilhavam a província a extremo oeste do país. Batalhões inteiros iam de arrozal a arrozal enquanto os helicópteros rugiam do alto. Eles diziam que estavam caçando insurgentes. Na verdade, estavam atacando uma comunidade de 1,5 milhão de fazendeiros e pescadores muçulmanos que se autodenominavam rohingya.

Os soldados, enviados para exterminar a minoria pobre que muitos dos líderes e cidadãos de Mianmar haviam passado a ver como inimigo intolerável, chegavam a uma aldeia e começavam a botar fogo nos telhados.[1] Soltavam granadas através de portas das choças e lançavam foguetes contra as paredes das malocas. Disparavam contra as costas dos camponeses que fugiam pelo campo. Enquanto suas casas pegavam fogo, os homens da aldeia eram dispostos em fila e baleados. Famílias corriam para a fronteira, às centenas de milhares. Os soldados também iam atrás. Eles escondiam minas terrestres na trilha dos refugiados. Os sobreviventes que chegavam à segurança relativa em Bangladesh detalhavam um horror atrás do outro a jornalistas e voluntários do apoio humanitário que rondavam os campos lotados de refugiados.

"Tinha gente que se agarrava aos pés dos soldados, implorando pela vida", disse uma mulher a meu colega Jeffrey Gettleman. "Mas eles não paravam, davam pontapés e matavam."[2] Quando soldados chegaram à aldeia dela, contou, mandaram a mulher entregar a criança que trazia no colo. Ela se recusou, então eles a espancaram, arrancaram o filho dos seus braços e o jogaram em uma fogueira. E a estupraram.

A história dessa mulher era típica. Outra mulher, de vinte anos, contou a um investigador do Observatório de Direitos Humanos que soldados haviam matado sua filha criança do mesmo modo.[3] Os soldados a estupraram bem como a filha. Quando a irmã resistiu, mataram-na com baionetas. Enquanto isso acontecia, um grupo de homens da região chegou e espancou seus três irmãos adolescentes até a morte. Os homens acompanhavam os soldados como voluntários, usando machadinhas e ferramentas agrícolas. Eram rakhine, o outro grande grupo étnico da região que, como muitos em Mianmar, são budistas. A presença deles sugeria a natureza comunitária da violência, assim como a onda pública de pressão que levara à violência.

Yangon, a capital histórica, parecia a um mundo de distância daquela matança. Era outubro de 2017, mais de três anos desde minha última visita a uma cidade que já não era a mesma. Não havia mais sanções estrangeiras, uma retribuição aos generais de Mianmar por terem entregado o poder a legisladores eleitos ao cargo. As banquinhas de lojas empoeiradas haviam dado lugar a shopping centers com ar-condicionado. Carros importados cruzavam as ruas recém-asfaltadas. A maior parte da população estava com o nariz colado no seu celular. Confortos de classe média tinham trazido um clima de otimismo e tranquilidade, de orgulho até. Mas alguma coisa fervilhava sob a superfície.

Um médico jovem e idealista, agora primeiro legislador eleito de sua vizinhança, me disse que ondas de desinformação e incitação nas redes sociais haviam deixado sua comunidade constantemente à beira de distúrbios raciais, ou a provocado de maneira descarada. Dias antes, seus cidadãos, furiosos com boatos no Facebook que acusavam uma escola islâmica local de esconder terroristas, tinham atacado o prédio enquanto havia alunos em aula. As crianças, apavoradas, fugiram por uma porta dos fundos. E não era só ali, me disse um imã na sala escura nos fundos da casa de um amigo, onde insistiu que devíamos nos encontrar porque tinha medo de aparecer em público. Segundo ele, em todo o país os madraçais estavam sendo obrigados a fechar, porque boatos provocavam violência ou ameaça de violência. "Somos o bode expiatório", disse o imã.

O diretor do primeiro coletivo de imprensa de Mianmar, um jornalista inquieto que voltava de anos no exílio, disse que os jornalistas que tinham passado tanto tempo reprimidos no país, finalmente desimpedidos, se viam diante de um novo antagonista. As plataformas sociais estavam fazendo o que nem os propagandistas treinados da ditadura haviam conseguido: produzir fake news e um grito nacionalista tão envolvente, tão agradável aos vieses de cada leitor, que o público preferia as mentiras ao jornalismo genuíno. Quando os jornalistas tentavam corrigir a desinformação que jorrava na internet, tornavam-se alvo da própria desinformação e eram acusados de incitar complôs de estrangeiros.

Líderes locais me disseram que as plataformas sociais estavam injetando conspirações e ira ultranacionalista na corrente sanguínea do país. Cidadãos que haviam feito marchas pela democracia aberta e includente agora passavam horas postando em grupos dedicados a difamar minorias ou a exaltar os líderes do país. O chefe das Forças Armadas, antes símbolo odiado da ditadura que abdicara do cargo poucos anos antes, agora tinha 1,3 milhão de fãs no Facebook.

Pessoas de todos os estilos de vida contavam, esbaforidas, como se fossem fatos nus e crus, conspirações malucas e abomináveis que invariavelmente ligavam às redes sociais. Monges budistas insistiam que os muçulmanos tramavam roubar a água de Mianmar, velhas senhoras diziam que só iam se sentir seguras quando as minorias fossem expurgadas, jovens estudantes bradavam que grupos de ajuda humanitária estavam armando os rohingya em nome de potências estrangeiras. Todos apoiavam a campanha militar — agradecidos, às vezes jubilosos, pela violência que era cometida em seu nome.

Nenhum algoritmo conseguiria gerar tanto ódio do nada. As plataformas se apoiaram em uma crise que vinha se armando desde 2012 no oeste do país, onde vive a maioria dos rohingya. Meia dúzia de incidentes entre rohingya e rakhine — um estupro, um linchamento, uma sequência de assassinatos — haviam degringolado até virar revoltas na comunidade. As tropas intervieram, arrebanhando os civis desalojados, a maioria rohingya, em acampamentos. Os rohingya padeceram. Em 2015, milhares tentaram fugir, falando em perseguição crescente tanto de vizinhos quanto de soldados.

A postura contra os rohingya datava de pelo menos um século, desde o início dos anos 1900, quando a Coroa britânica importou para o país milhares de súditos do Raj indiano, muitos deles muçulmanos. A medida, saída de cartilha, era dividir para conquistar; os recém-chegados, que assumiram a classe comerciante urbana, dependiam dos britânicos para ter segurança. Depois que os britânicos partiram, em 1948, lideranças da independência buscaram consolidar sua nova nação em torno da identidade étnica e religiosa em comum. Mas a diversidade de Mianmar dificultou a implementação; eles precisavam de um inimigo contra o qual se unir. Líderes políticos ventilaram desconfianças da era colonial quanto aos muçulmanos, tratando-os como intrusos alienígenas patrocinados pelo imperialismo estrangeiro. Na verdade, contudo, a grande maioria dos indianos da classe comerciante importados pelos britânicos havia ido embora em 1948 ou pouco depois, de modo que os líderes sublimaram a ira nacional para um grupo de muçulmanos que não tinha relação nenhuma com aquilo: os rohingya. Para vender o ardil, os rohingya foram classificados como imigrantes ilegais, uma declaração de ódio com patrocínio estatal que viria a ser reiterada até por Aung San Suu Kyi, ícone da democracia e vencedora do Nobel que depois se tornou a primeira líder eleita de Mianmar.

Quando alguns rohingya e rakhine entraram em conflito em 2012, ela ainda estava consolidando seu poder político e aproveitou o incidente para enfatizar o suposto perigo dos rohingya para os cidadãos "genuínos" de Mianmar. Mas, ao longo dos anos seguintes, a ira do grande público contra os pobres fazendeiros rohingya superou em muito o que ela mesma havia incentivado. Em agosto de 2017, quando a violência esporádica entre soldados e um punhado de rebeldes rohingya culminou em um ataque insurgente a vários postos policiais durante a madrugada, boa parte do país estava clamando por sangue. Alguns dias depois, os militares acataram e deram início ao genocídio.

Como essa postura, mesmo que latente fazia tanto tempo, se agravou até chegar a tal extremo? Líderes que semeavam o medo e embates sectários, afinal de contas, não eram novidade no país. Havia algo diferente no jogo, algo novo. Dois anos antes, David Madden, o australiano que cuidava da maior aceleradora de startups de tecnologia em Mianmar, viajara até a sede do Facebook para uma apresentação de soar os alarmes entre os executivos do Facebook.[4] Naquele momento, já fazia um ano desde os tumultos em Mandalay, quando o perigo já devia estar longe de ser ignorado. Ele detalhou o impulso crescente contra muçulmanos na plataforma, aparentemente sem o controle dos moderadores, fossem eles quantos fossem, que deviam remover conteúdo perigoso. Alertou que o Facebook em breve podia ser usado para fomentar o genocídio. Mas houve poucas indicações de que o alerta foi ouvido, pois o discurso de ódio só se tornou mais comum.[5] Postagens virais, uma atrás da outra, informavam que famílias muçulmanas aparentemente inocentes na verdade eram células terroristas ou espiões estrangeiros à espreita. "Mianmar vai ser tomada pelos 'Cães Muçulmanos'", dizia uma. As postagens foram compartilhadas milhares de vezes, números difíceis de alcançar em um país tão pequeno sem uma ajuda dos algoritmos.

Até funcionários do governo de Mianmar avisaram que o discurso de ódio guiado pelo Facebook podia minar a estabilidade do país, conforme extremistas ganhavam público inédito e imenso na internet. Em fins de 2015, Wirathu, o monge que havia sido chamado de "Bin Laden birmanês", tinha 117 mil seguidores — um número pequeno nos Estados Unidos, mas grande em um país daquele tamanho e tão precoce na sua conversão digital como Mianmar —, para os quais ele impulsionava conspiração e ódio com frequência. Um aliado de Wirathu, o político nacionalista Nay Myo Wai, rodava relatos populares que espalhavam escancaradamente a incitação. Em um discurso naquele ano, ele dissera o seguinte sobre os rohingya: "Serei curto e grosso. Primeiro: atirem e matem. Segundo: atirem e matem. Terceiro: atirem e enterrem".

Um *think tank* de Washington analisou a amostragem de 32 mil contas do Facebook em Mianmar, todas de usuários comuns, e descobriu que as páginas estavam tomadas por discurso de ódio e desinformação.[6] Um meme popular mostrava bestialidade explícita encoberta por um texto em árabe e em outro o profeta Maomé sofria penetração oral. Um terceiro afirmava ter provas de que os rohingya cometiam canibalismo; a imagem havia sido tirada da ação de marketing de um videogame. Ele foi compartilhado 40 mil vezes. Outro meme, que afirmava falsamente que os rohingya estavam contrabandeando armas para Mianmar, foi compartilhado 42 700 vezes. "É hora de matar todos os kalar", escreveu alguém, usando o termo pejorativo dado aos rohingya. Outro usuário respondeu: "Vamos decapitar 10 mil cabeças kalar". Outro: "Em nome da próxima geração, queime toda aldeia muçulmana que houver por perto".

O relatório foi publicado no início de 2016, mais uma voz em um coro que alertava o Facebook de que estava colocando em risco uma sociedade que a plataforma não entendia. Em junho daquele ano, a empresa, tal como havia feito em 2013, depois de ignorar alertas de violência que logo se provaram bastante precisos, ampliou seu negócio em Mianmar ao lançar o "Básico Grátis", que permitia aos mianmarenses usar o aplicativo do Facebook no smartphone sem pagar dados. Em questão de meses, 38% da população do país disse que obtia a maior parte ou todas as suas notícias via Facebook.[7] Quando a situação piorou, seis meses antes do genocídio, Madden correu pela segunda vez para a sede do Facebook.[8] De novo ele alertou que a plataforma estava impulsionando o país para a violência coletiva. Aparentemente nada mudou, mesmo quando a matança teve início.

"Tenho que agradecer ao Facebook porque ele me dá as informações verdadeiras sobre Mianmar", disse o administrador de uma aldeia que havia banido muçulmanos, depois de dois meses de sangue correndo, à minha colega Hannah Beech. "Aqui os kalar não são bem-vindos", prosseguiu, "porque são violentos e se reproduzem que nem doidos."[9] Páginas extremistas que expunham essas visões continuaram hiperativas durante a matança. Foi uma atualização digital da Radio Mille Collines, que transmitiu as convocações ao genocídio em Ruanda nos anos 1990. Mas essa Rádio Genocídio era baseada em uma infraestrutura de propriedade de empresas de tecnologia ricas nos Estados Unidos, amplificada não por terminais de transmissão sob controle de milícias, mas por algoritmos coordenados pelo Vale do Silício.

"Nunca houve ferramenta mais potente para a disseminação do discurso de ódio e para a peçonha racial-nacionalista do que o Facebook e outras mídias sociais", escreveu Ashley Kinseth, uma ativista dos direitos humanos em Mianmar, durante a matança. Apesar de todos os paralelos com a Radio Mille Collines, ela complementou: "As mídias sociais são, para todos os efeitos, uma ferramenta mais veloz, mais explícita, mais imersiva, 'democrática' e, por fim, perigosa para a disseminação de discursos de ódio".[10]

Funcionários do governo norte-americano passaram anos atormentados pelas hipóteses que se seguiram ao genocídio em Ruanda. Podiam os caças dos Estados Unidos ter destruído as torres da rádio para evitar o caos? Como eles iam localizar as torres no meio das selvas e montanhas de Ruanda? Como iam conseguir anuência internacional? Em Mianmar, essas dúvidas nunca ocorreram. Um só engenheiro poderia ter desativado a rede inteira no meio do seu café da manhã. Um milhão de rohingya com medo ficariam mais a salvo da morte e do desalojamento com meros cliques. Os sinais estavam à vista. Madden e outros haviam dado a informação necessária para o Facebook agir. A empresa simplesmente decidiu não fazê-lo, mesmo quando aldeias inteiras eram expurgadas com fogo e sangue. Em março de 2018, o diretor da missão de levantamento de fatos das Nações Unidas disse que sua equipe concluíra que as redes sociais, em especial o Facebook, tinham desempenhado "papel determinante" no genocídio. As plataformas, disse, "contribuíram consideravelmente" para o ódio que aniquilou um povo inteiro.

Três dias depois, um repórter chamado Max Read postou no Twitter uma pergunta a Adam Mosseri, o executivo que supervisiona o feed de notícias do Facebook. Referindo-se ao Facebook como um todo, ele escreveu: "pergunta sincera — que mal faria desligar Mianmar?".[11] Mosseri respondeu: "Os problemas são reais, mas o Facebook faz um grande bem — conecta pessoas a amigos e familiares, ajuda pequenas empresas, traz conteúdo informativo à tona. Se desligarmos, perdemos tudo isso".[12]

A crença de que os benefícios que o Facebook propiciava a Mianmar, naquele momento, superavam seus malefícios é algo difícil de entender. A companhia não tinha sede no país para avaliar seu impacto. Poucos funcionários seus já haviam estado lá. O Facebook rejeitara as assustadoras e constantes avaliações externas sobre o comportamento da plataforma. A conclusão de Mosseri, segundo a interpretação mais generosa possível, era ideológica e arraigada à fé. Também era conveniente, pois permitia à empresa tirar o corpo fora e declarar eticamente impossível desligar a máquina do ódio. Sem falar que deixar a plataforma no ar era uma intervenção em si, renovada todos os dias.

Havia outro impedimento importante para o Facebook agir. Seria reconhecer que ele tinha parte na culpa. As empresas de cigarro tinham levado meio século, além da ameaça de processos potencialmente desastrosos, para admitir que seus produtos causavam câncer. O Vale do Silício reconheceria de mão beijada que seus produtos podiam causar sublevações, incluindo até um genocídio?

Mianmar esteve longe de ser o primeiro indicativo desses males. Embora hoje seja fácil esquecer, acontecimentos como o levante da Primavera Árabe de 2011 foram vistos, na época, como prova do potencial libertador que as mídias sociais tinham. Mas havia sinais de problemas, mesmo lá. Em 2012, em um episódio bizarro na Índia sobre o qual escrevi, membros de dois grupos étnicos, levados pelo medo mútuo, tinham espalhado boatos via Facebook e Twitter de que um planejava atacar o outro.[13] A especulação se transformou em certeza, que se transformou em desinformação quanto a um ataque iminente, que se tornou incitação para atacar primeiro. Alguns, inevitavelmente, o fizeram. Relatos de violência se espalharam pela internet, geralmente retratados, com provas de fotos fajutas, centenas de vezes mais letais do que foi de fato. Uma onda de tumultos e represálias, incitados nas redes, se espalhou pelo país, levando 300 mil a campos de desabrigados.[14] O governo travou o acesso a plataformas sociais e exigiu que elas apagassem o conteúdo mais perigoso. Quando o governo Obama, impulsionador de longa data do Vale do Silício, interveio a favor das empresas, o governo indiano cedeu. O estrago estava feito. Houve eclosões de violência parecidas na Indonésia.[15] Comunidades inteiras coladas no Facebook e no Twitter. Usuários eram recompensados com público imenso por um beneficiar as piores tendências do outro. Um tumulto, um assassinato, uma aldeia que se desmanchou em sangue, tudo provocado pela xenofobia que saturava as plataformas.

Com o tempo, a visão radiante da Primavera Árabe passou a ser revista. "Essa revolução começou no Facebook", disse Wael Ghonim, programador egípcio que saiu de sua mesa no Google para se unir ao levante popular no seu país, em 2011.[16] "Um dia quero conhecer Mark Zuckerberg e agradecer pessoalmente." Anos depois, contudo, conforme o Egito embarcava numa ditadura, Ghonim alertou: "A mesma ferramenta que nos uniu para derrubar ditadores acabou nos dilacerando".[17] A revolução dera lugar à desconfiança social e religiosa, que as redes sociais ampliaram ao "amplificar o espalhamento da desinformação, dos boatos, das câmaras de eco e dos discursos de ódio", disse o programador, o que transformava a sociedade em "veneno puro".

Em fins de 2017, enquanto o genocídio de Mianmar seguia forte, Chamath Palihapitiya, o ex-chefe de crescimento global do Facebook, palestrando no que se esperava que fosse uma apresentação rotineira a alunos de MBA de Stanford, explodiu. "Sinto uma culpa tremenda", disse. "Acho que todos sabíamos, no fundo, mesmo que tenhamos vindo com essa ladainha de que houve consequências involuntárias. Acho que sabíamos que ia acontecer algo de ruim."[18] Palihapitiya havia deixado a companhia anos antes. Mas ele ajudara a colocá-la na rota em que ainda se encontra, convencendo seus chefes a reformular tanto o negócio quanto a plataforma em torno do crescimento permanente e global. As ferramentas que eles tinham criado para conseguir isso estavam "rasgando o tecido social", disse Palihapitiya. "Os circuitos de retroalimentação de curto prazo que criamos, movidos a dopamina, estão destruindo o funcionamento da sociedade", criando um mundo "sem discurso civil, sem cooperação; com desinformação, desconfiança". Ele instigou os pretensos engenheiros e fundadores de startup no salão a ficar atentos. "Se vocês alimentarem a fera, a fera vai destruir vocês", disse. "Se vocês a fizerem recuar, temos uma chance de controlá-la e de botar rédeas nela."

Essa série de colapsos e sua horripilante consistência, entre os quais a eleição presidencial de 2016 nos Estados Unidos, sugeria mais do que acaso. Sugeria uma transformação mais profunda, talvez universal, ocasionada pelas redes sociais da internet, da qual a violência extrema era apenas um indicador à primeira vista. Eu queria entender por que isso estava acontecendo, o que isso revelava a respeito da influência da tecnologia no nosso mundo. Mas uma transformação de toda a sociedade como a de Mianmar ou a dos Estados Unidos era guiada por fatores demais para se isolar o papel das redes sociais. Eu precisava começar com um episódio mais restrito, em que o efeito das redes pudesse ser isolado, para entender a tendência.

Trabalhei com Amanda Taub, colega do *New York Times* com a qual colaborava desde 2014, quando a recrutei para o Vox. Taub tinha trabalhado como advogada de direitos humanos, em lugares como a América Latina, o que a tornava especialmente atenta aos sinais de violência coletiva. E ela compartilhava do meu fascínio pelas redes, assim como da ideia de que sua influência ainda não era entendida por completo. Convocamos ativistas de direitos humanos, monitores digitais e outros contatos de confiança. Nossa pergunta a cada um foi se eles tinham visto levantes incomuns guiados pelas mídias sociais. Todos tinham a mesma resposta, fosse qual fosse o continente em que estavam: Sim, cada vez mais, e por que vocês levaram tanto tempo para perceber? Mas reunir informações sobre um incidente ocorrido muito tempo antes não bastava; a memória é imperfeita e encoberta por vieses. Amanda e eu precisávamos ver em primeira mão, reconstituir cada passo e boato. Pedimos a nossos contatos que nos chamassem se algo entrasse em combustão na sua rua, olhando pelas suas janelas.

Não tivemos que esperar muito tempo. No início de 2018, uma pessoa nos alertou quanto a um estouro de violência que estava travando o Sri Lanka, uma nação-ilha em forma de gota do tamanho dos pequenos países da Europa, na Costa Sul da Índia. Aldeias inteiras, como se possuídas, haviam formado turbas, e estavam saqueando e incendiando casas de vizinhos. Convocaram-se as Forças Armadas. Embora não fosse claro o que acontecera nem por quê, todos com quem entramos em contato nomearam o mesmo culpado: o Facebook.

A caixa de fósforos e o palito de fósforo

Passado o final de uma remota estrada pelas montanhas, descendo uma estrada de terra esburacada, numa casa de concreto sem água corrente, mas repleta de smartphones, treze integrantes de uma família grande estavam vidrados no Facebook. E estavam furiosos. O 14º integrante fora espancado até a morte fazia semanas. Segundo a polícia, ele tinha se envolvido em uma briga de trânsito que havia ficado violenta. Mas, no Facebook, boatos insistiam que seus agressores faziam parte de uma conspiração muçulmana para dizimar os cingaleses, a maioria étnica do Sri Lanka. Os cingaleses, termo que vem da palavra em sânscrito que significa "leão", dominam a cultura e a política do país. O leão adorna a bandeira do país. Mas eles tinham sido tomados por um estranho pavor racista.

"Não queremos olhar porque dói demais", disse o primo da vítima, H. M. Lal, com a voz trêmula. "Mas, no coração, existe um desejo de vingança que se formou." Quando perguntei a Lal e ao resto da família se eles acreditavam que os conteúdos das postagens eram verdadeiros, todos, com exceção dos mais velhos, que aparentemente não acompanhavam o assunto, fizeram que sim. Outras pessoas no Facebook compartilhavam do desejo deles por vingança?, perguntei. Fizeram que sim de novo. Eles haviam compartilhado e podiam citar, ipsis litteris, memes que armavam uma realidade alternativa a respeito de complôs nefastos de muçulmanos. Embora não houvessem aderido quando grupos da plataforma que ostentavam milhares de membros planejaram uma sequência de ataques retaliatórios aos muçulmanos, eles também não eram contra.

"O Facebook é importante para nós porque se tem alguma coisa acontecendo, onde quer que seja, é assim que descobrimos", disse alguém. "O Facebook vai nos contar." Lal, o primo, concordou. Ele chamou o Facebook de "brasas sob as cinzas" da ira racial que, poucos dias antes, tinham levado o país ao caos. "As pessoas são incitadas a agir." A aldeia na montanha era nosso ponto de partida para reconstituir como o Sri Lanka resvalou no caos. O Facebook, como descobrimos, havia guiado cada um dos passos mortais. E, a cada passo, tal como em Mianmar, a plataforma fora avisada, de forma insistente e explícita, mas se recusara a tomar uma atitude.

Perguntamos à família como tinha sido. Tudo havia "começado em Ampara", disse um deles, pronunciando um nome que havíamos visto várias vezes na internet. A Ampara real era só mais uma cidadezinha em um país pontilhado de cidadezinhas, alguns prédios de concreto cercados por campo aberto. Mas a Ampara imaginada, construída por boatos nas mídias sociais, era o epicentro de um complô para destruir os cingaleses do país.

Os irmãos Atham-Lebbe não sabiam nada a respeito da Ampara imaginada quando, ao usar o dinheiro que haviam poupado depois de penar no trabalho braçal no exterior, abriram um pequeno restaurante na cidade. Eles são muçulmanos e falam tâmil, a língua da minoria, então nunca encontraram os distritos das redes, falantes de cingalês, onde sua cidade era símbolo do perigo racial. Assim, não tinham como prever que, numa noite quente de março de 2018, as Amparas real e imaginada iam entrar em choque, subvertendo a vida deles para sempre.

Durante a correria do jantar naquela noite, um freguês começou a berrar em cingalês a respeito de algo que encontrara no seu curry. Farsith, o irmão de 28 anos que cuidava do caixa, não lhe deu atenção. Ele não falava cingalês e, além disso, sabia que era melhor ignorar freguês bêbado. Não estava ciente de que, um dia antes, um boato que viralizou no Facebook afirmava falsamente que a polícia havia apreendido 23 mil comprimidos para esterilização masculina de um farmacêutico muçulmano naquele restaurante. Se soubesse, talvez Farsith entenderia por que, conforme o freguês ficou mais agitado, uma multidão começou a se formar.

Os homens o cercaram, deram tapas nos seus ombros, berrando uma pergunta que Farsith não tinha como entender. Ele entendeu apenas que estavam perguntando a respeito de um torrão de farinha no curry do freguês, usando a expressão "Foi você que pôs?". Ele ficou preocupado porque, se dissesse a palavra errada, podia incitar a multidão a se tornar mais violenta, mas calar-se podia acarretar a mesma coisa. "Não sei", Farsith respondeu em cingalês truncado. "Sim, nós põe?"

A turba, ao ouvir a confirmação, caiu em cima de Farsith e o espancou. Eles haviam perguntado se ele colocara comprimidos de esterilização na comida, como todos tinham visto no Facebook. Deixando Farsith no chão, ensanguentado, derrubaram estantes, quebraram móveis e arrancaram utensílios das paredes. Dezenas de homens da vizinhança, ao ouvirem que os boatos da plataforma eram verdadeiros, juntaram-se a eles. A multidão então se pôs em marcha rumo à mesquita local e a incendiou, enquanto o imã se escondia em seu escritório em chamas, esperando pela morte.

Em outros tempos, essa calamidade podia ter acabado ali mesmo em Ampara. Mas uma pessoa da turba fizera um vídeo no celular com a confissão de Farsith: "Sim, nós põe". Em questão de horas, o vídeo foi compartilhado para um grupo de Facebook do Sri Lanka chamado Central de Informações Budistas, que ganhara seguidores fervorosos ao afirmar que fornecia informações factuais sobre a ameaça muçulmana. A página publicou o vídeo tremido de dezoito segundos como prova dos memes islamofóbicos que fazia circular havia meses. Aí o vídeo se espalhou.

Tal como em Mianmar, as redes sociais haviam sido recepcionadas como força do bem no Sri Lanka. As famílias podiam ficar em contato mesmo quando muitos iam trabalhar no exterior para enviar dinheiro para casa. Ativistas e líderes eleitos creditaram a esse fato a chegada da democracia. E, graças a pacotes de dados com tarifa zero, a mesma estratégia que o Facebook usara em Mianmar, milhões de pessoas podiam acessar o serviço gratuitamente.

A tarifa zero havia surgido de uma peculiaridade da organização econômica do Vale do Silício: a decisão pelo crescimento perpétuo no número de usuários. Países mais pobres não dão muito lucro às plataformas; os anunciantes pagam uma mixaria para chegar a consumidores que ganham poucos dólares por dia. Mas, se gastassem de forma agressiva naquele momento, as empresas podiam dominar antecipadamente os mercados de comunicação e da internet de um país pobre, onde teriam pouca concorrência. Elas podiam dizer aos investidores que o lucro estava para explodir dentro de dez ou vinte anos, conforme os consumidores locais ascendessem à classe média.

Facebook, WhatsApp, Twitter, Snapchat e outras lançaram pacotes de taxa zero em dezenas de países, da Colômbia ao Quênia, onde não tinham presença e eram pouco conhecidas, raciocinando que aprenderiam as coisas ao longo do caminho.[19] Talvez tivessem que contratar alguns professores de inglês locais para traduzir pontos essenciais, como o botão "Adicionar amigo". O resto, iriam terceirizar a — o que mais? — algoritmos de *machine learning*. Se as traduções estivessem erradas, eles descobririam acompanhando o comportamento do usuário.

"Conforme o uso se amplia, ele chega a todo país, a todos os pontos do mundo, a idiomas e culturas que não entendemos", gabou-se Chris Cox, diretor de produtos do Facebook, em 2013.[20] Ele citava um país em particular: Mianmar, onde ouvira dizer que o Facebook já dominava o acesso dos locais às notícias. Não havia, como eles afirmavam — seja por fervor ideológico, seja por desinteresse motivado pelo lucro —, necessidade de monitorar ou mesmo de considerar as consequências, pois elas só podiam ser positivas.

Era mais do que arrogância. Baseava-se em uma ideia que permeava o Vale do Silício e que tinha sua origem no primeiro investidor do Facebook, Peter Thiel: "Zero para um". Era um decreto, tanto comercial quanto ideológico, para as empresas inventarem algo tão novo que ainda não houvesse mercado para ele — começar do zero —, e aí controlarem totalmente esse mercado, um ramo que tinha um único participante. "A história do progresso é a história em que as melhores empresas monopolistas substituem as antigas titulares", escreveu Thiel.[21] A Intel e os processadores. A Apple e os computadores pessoais. A Uber e os táxis privados. O Facebook e as redes sociais.

Segundo sua defesa, um monopólio, quando se vê sem concorrência, tem liberdade para investir em inovação, o que faz bem a toda a sociedade. Isso não tinha base alguma: monopólios, em princípio, potencializam seu poder de modo a fornecer cada vez menos valor, ao mesmo tempo que extraem cada vez mais rentabilidade dos clientes. Mas era uma ideia que reverberava no Vale, cujos habitantes reinterpretavam o modelo de negócio do crescimento infinito — imposto por investidores poucos anos antes com a chegada da computação em nuvem — como missão gloriosa, a continuidade do tudo-é-permitido da internet da década de 1990. Era a sugestão de que se sobrepor a sociedades inteiras, pisoteando o que tinha vindo antes, era não só aceitável como necessário.

Esse resultado, longe de ser negativo, era pensado como uma dádiva ao mundo. A indústria de tecnologia traria nada menos do que o "próximo passo" na jornada da nossa espécie, como Zuckerberg escreveu em um ensaio de 6 mil palavras publicado um ano antes de minha chegada ao Sri Lanka.[22] Talvez no último fôlego do utopismo do Vale, ele havia prometido que o Facebook ia fornecer a "infraestrutura social" de uma nova era, que nos alçaria para além de meras "cidades ou nações" e formaria uma "comunidade global". Era o que possibilitaria "espalhar prosperidade e liberdade, promover paz e entendimento, tirando as pessoas da pobreza" e até "acabar com o terrorismo, lutar contra a mudança climática e evitar pandemias".

Os resultados que se via em campo pouco lembravam essas imagens cor-de-rosa. Nos dias seguintes à devastação de Ampara por uma multidão incitada pelo Facebook, as convocações a genocídio saturavam a plataforma. "Matem todos os muçulmanos, não poupem nem as crianças", dizia uma postagem. Havia centenas iguais, todas inspiradas pelo vídeo em que Farsith diz "Sim, nós põe". Um extremista famoso da rede social instigou seus seguidores a se agrupar em um enclave muçulmano da cidade e "ceifar tudo sem deixar um átomo". Integrantes de um grupo de direitos humanos local, amontoados em um pequeno escritório na capital, Colombo, marcaram cada postagem, rastreando uma rede de ódio. O plano era transmitir tudo para o Facebook. Os pesquisadores estavam fazendo o trabalho que a empresa não fazia, e de graça. Eram os zeladores voluntários de uma das plataformas mais ricas do mundo. A companhia, ainda assim, os ignorou.

"Ao longo dos últimos quatro anos, demos exemplos de ódio com base em dados. Nós lhes entregamos páginas de dados", disse Sanjana Hattotuwa, então pesquisador dentro desse grupo de direitos humanos, a Central pelas Alternativas Políticas. "Tentar uma coordenação com o Facebook é inútil", bufou, andando com raiva para um lado e para o outro. Hattotuwa, rosto conhecido em congressos internacionais de tecnologia, havia conseguido alguns contatos na empresa. Mas, independentemente do quanto as incitações à violência fossem extremas, não importava o quanto ele fosse estridente em alertar que a plataforma ia provocar morte, a resposta era sempre a mesma: "Eles disseram que não estão infringindo nada. Disseram para retornar com mais informações".

Antes da devastação em Ampara, uma das colegas de Hattotuwa, Raisa Wickrematunge, tinha dado uma palestra em um fórum de Stanford sobre desinformação nas redes sociais. Durante um *coffee break*, ela encurralou uma gerente de segurança do Facebook, Jen Weedon, que participara de uma mesa anterior. Alertou Weedon de que, no Sri Lanka, a empresa estava permitindo que convocações abertas à violência, proibidas nas suas diretrizes, fossem divulgadas sem freio. A conversa terminou sem uma conclusão. Depois do congresso, Wickrematunge enviou um e-mail a Weedon para dar sequência ao assunto, oferecendo-se para apontar discursos de ódio perigosos para o Facebook analisar — assistência gratuita. Nunca teve resposta.

Em outubro de 2018, líderes comunitários do Sri Lanka foram ao escritório regional do Facebook, que supervisiona os 400 milhões de usuários do Sul Asiático a partir da Índia, e fizeram uma apresentação contundente. Discursos de ódio e desinformação vinham sobrecarregando a plataforma e aparentemente eram promovidos pelos algoritmos. Extremistas violentos geriam páginas que estavam entre as mais populares. Mentiras virais viravam realidade consensual entre os usuários. O Facebook, afinal, havia tirado o lugar de veículos da imprensa local, tal como fizera em Mianmar, onde as aldeias continuavam em chamas. O Sri Lanka podia vir a seguir. Em separado, funcionários do governo se encontraram em privado com chefes regionais do Facebook em Colombo. Eles combinaram com a empresa de policiar melhor o discurso de ódio na plataforma. Aquelas postagens e aquelas páginas iam contra as regras da própria companhia. Então por que ela não tomava uma providência?

A postura do Facebook foi a mesma nas duas reuniões. Não bastava que alguém, mesmo um ministro do governo, marcasse uma postagem como discurso de ódio. Para agir, a empresa precisava averiguar qualquer desrespeito às regras por conta própria. Mas a plataforma terceirizava a maior parte de seu trabalho a empresas de tecnologia da informação, que não empregavam falantes de cingalês em número suficiente.

Representantes do Facebook deixaram apenas a duvidosa promessa de que preencheriam essas vagas.

As autoridades do governo perguntaram se havia alguém que pudessem contatar diretamente em caso de um surto de incitação à violência como acontecera em Mianmar. Não, disseram os representantes da empresa. Se percebessem algum perigo, eles deviam usar o formulário do site para informar a violação das regras. A resposta foi um banho de água fria. O formulário, projetado para qualquer usuário, era a mesmíssima ferramenta que Hattotuwa e seus colegas já haviam usado durante meses, preenchido com informes cada vez mais alarmados, e cujo retorno fora o silêncio quase total. Tudo isso enquanto as convocações à violência ficavam cada vez mais específicas, dando nomes a mesquitas e bairros a serem "purificados".

O que impele o Facebook?

Por toda a Colombo, nos prédios da era colonial que abrigam os ministros do governo cingalês, o diretor de inteligência do país, Sudarshana Gunawardana, nos disse que ele e outros funcionários se sentiam "desamparados". Antes do Facebook, em tempos de tensão, ele podia se reunir com líderes da comunidade e dirigentes da imprensa para promover mensagens de tranquilidade. Agora, tudo que seus cidadãos viam e ouviam era controlado por engenheiros na distante Califórnia, cujos representantes locais nem mesmo respondiam às suas ligações.

Conforme cresciam os sinais da violência por vir, autoridades do governo emitiram declarações que derrubavam os boatos mais perigosos. Ninguém acreditou. Eles haviam visto a verdade com os próprios olhos no Facebook. Gunawardana marcou uma postagem atrás da outra usando a ferramenta de relatar incidentes da plataforma, para um moderador anônimo notar que o país estava entrando numa espiral de violência. Todos os informes foram ignorados. "Tem que haver algum tipo de compromisso com países como o Sri Lanka", disse Gunawardana. "Somos uma sociedade, não somos apenas um mercado."

Conforme a ira com o vídeo de Ampara se espalhava, extremistas do Facebook canalizavam esse sentimento. Um deles, Amith Weerasinghe, cujo culto ao ódio fora recompensado com milhares de seguidores, se agarrou à briga de trânsito na qual jovens muçulmanos haviam espancado um caminhoneiro — o homem cuja família tínhamos conhecido. Weerasinghe fez circular memes, compartilhados milhares de vezes, dizendo que aquele era o primeiro ataque de um levante muçulmano. Como prova, ele divulgou a notícia falsa de que a polícia de Ampara havia apreendido milhares de comprimidos de esterilização em farmácias muçulmanas. Para milhões de cingaleses cozinhando na irrealidade das redes, a suposta confissão de Farsith, o dono do restaurante, era a confirmação de tudo. A guerra racial começara. Alguns dias depois do tumulto em Ampara, o caminhoneiro, ainda hospitalizado, veio a falecer, o que fez a indignação na internet engrossar, como de costume, e se transformar em convocações à ação coletiva: os cingaleses genuínos deviam ir ao funeral para demonstrar solidariedade contra a ameaça muçulmana. Ônibus lotados chegaram a Kandy, a cidade mais próxima do vilarejo do caminhoneiro. Alguns se espalharam pelas cidades em volta.

Para coordenar a movimentação, usuários do Facebook fizeram circular links para grupos privados no WhatsApp. O aplicativo de mensagens de propriedade do Facebook possibilita comunicação veloz, com alguns toques que ajudam na viralização. Os usuários podem encaminhar conteúdo de um grupo a outro, o que permite que as postagens se espalhem de forma exponencial. Um grupo grande no WhatsApp lembra uma mistureba de Facebook, Twitter e YouTube, recheado com conteúdo viral copiado dos três. O WhatsApp se vende sobretudo pela privacidade: mensagens encriptadas de ponta a ponta não deixam ninguém meter o nariz. Não há verificação dos fatos nem moderadores.

Os pesquisadores digitais se inscreveram em alguns desses grupos. Não foi difícil; os nomes dos grupos estavam postados nas páginas de ódio do Facebook, que operavam de forma tão aberta quanto um jornal. Em um vídeo viralizado no WhatsApp, um homem vestido de monge berrava: "A faca da cozinha não é mais feita para cortar a jaca. Favor amolar essa faca e sair de casa". Em outro grupo, um usuário compartilhou a foto de uma dúzia de armas improvisadas e uma lista de alvos. Ele marcou duas mesquitas com a expressão "hoje à noite" e outras duas com a palavra "amanhã". Os grupos se encheram principalmente com conteúdo produzido por Weerasinghe. Muitos compartilharam um vídeo que ele havia postado no Facebook e no YouTube que o mostrava caminhando pelas lojas de uma cidade chamada Digana. Muitas delas eram de propriedade de muçulmanos, disse ele, instigando cingaleses a retomar a cidade. Os pesquisadores enviaram tudo ao Facebook. Não houve resposta.

Eles ficaram assistindo, impotentes, enquanto centenas de cingaleses postavam ao vivo de aldeias e cidades com ruas lotadas. Moradores penduravam bandeiras com imagens de leões na janela. Era uma mensagem: aqui moram cingaleses. Todos sabiam o que estava por vir. Os primeiros coquetéis molotov voaram naquela noite. Durante três dias, turbas dominaram as ruas. Indo de casa em casa, onde quer que morassem muçulmanos, eles derrubavam portas, saqueavam do chão ao teto, depois botavam fogo na residência. Queimaram mesquitas e lojas de gerência muçulmana. Espancaram gente nas ruas.

Em Digana, a cidade onde Weerasinghe aparecera no vídeo, uma dessas casas era da família Basith. Eles vendiam sandálias no primeiro andar e moravam no segundo. A maioria da família fugiu. Mas um filho mais velho, Abdul, havia ficado e estava preso no andar de cima. "Eles derrubaram todas as portas da nossa casa", disse Abdul numa mensagem de áudio que enviou a seu tio pelo WhatsApp. "As chamas estão entrando." Depois de alguns instantes, ele implorou, com a voz mais alta: "A casa está pegando fogo". Sua família não conseguiu voltar lá. A polícia só veio a controlar Digana na manhã seguinte. Encontraram Abdul morto no andar de cima.

Os líderes do país, ansiosos para controlar a violência, bloquearam todo acesso a mídias sociais. Era uma alavanca que eles tinham resistência em puxar, relutantes em bloquear as mesmas plataformas a que alguns creditavam a transição recente do país para a democracia e temendo passar a impressão de que iam retomar os abusos autoritários de décadas anteriores. Duas coisas aconteceram quase de imediato. A violência cessou; sem Facebook ou WhatsApp servindo de guia, as turbas simplesmente voltaram para casa. E representantes do Facebook, depois de meses ignorando ministros do governo, finalmente responderam às ligações. Mas não para perguntar sobre a violência. Eles queriam saber por que o tráfego havia zerado.

Dias depois, Amanda e eu chegamos a Digana, onde as cinzas ainda sopravam pelas ruas. A cidade, no interior cingalês de morros ondulantes cor de esmeralda e reservas naturais, ficava a apenas trinta minutos dos resorts mais luxuosos do país. Os vizinhos nos observavam de banquinhas de chá enquanto um homem chamado Fazal nos recebia em sua casa, a poucos metros das ruínas do prédio onde seu irmão, Abdul, havia morrido durante o incêndio. Fazal, que trabalha como imã, usava o Facebook para tudo — tal como todo o país, conforme disse. Perguntei-lhe sobre desinformação e ódio na internet, mas ele aparentemente não entendeu. O Facebook simplesmente existia. Foi como se eu houvesse perguntado se a culpa dos incêndios era do vento. Eu não quis pressionar um homem de luto. Ele nos serviu sorvete e saiu para trabalhar.

Assim que o anfitrião foi embora, um vizinho jovem que nos encontrara na casa de Fazal, Jainulabdeen, nos disse: "Já esperávamos isso". Talvez por não querer que Fazal passasse vergonha, ele tinha esperado para falar. Assim como a família Basith, Jainulabdeen era muçulmano. Mas os vizinhos cingaleses o haviam alertado dias antes. "A maioria já sabia", disse. "Sabiam pelo Facebook." Quando perguntei a respeito do vídeo de Weerasinghe, o extremista da plataforma, caminhando em Digana para pedir que os muçulmanos fossem expulsos, Jainulabdeen bufou e fez que não com a cabeça. "Conhecemos ele", disse. "É da região." No Facebook, Weerasinghe tinha o poder de moldar a realidade de centenas de milhares. Mas ali, na sua cidade, ele era apenas, insistiu Jainulabdeen, "uma pessoa normal". Seu pai era carpinteiro. As famílias se conheciam. Os parentes de Jainulabdeen chegaram a pedir que a família de Weerasinghe interviesse. A família, aparentemente compartilhando dos receios, prometeu conversar com ele, mas sem resultado. Ele amava demais ficar na internet.

Assim que as turbas se dispersaram, a polícia prendeu Weerasinghe por incitação. O Facebook finalmente fechou sua página. Mas o vídeo de Ampara que havia inspirado tanta violência, o de Farsith Atham-Lebbe, funcionário de restaurante, muçulmano e inocente, sendo pressionado a confirmar uma guerra racial que não existia, permanecia disponível. Os pesquisadores continuavam enviando apelos para o Facebook tirá-lo do ar e a empresa continuava se recusando, seja ignorando seus informes, seja respondendo que o conteúdo não desrespeitava regra alguma.

Farsith, como viemos a descobrir, estava escondido em outra ponta do país. Enquanto eu tentava arrumar uma carona para encontrá-lo, Amanda voltava à capital em busca de detalhes de uma reunião que uma fonte havia lhe contado. No início daquele dia, o diretor de políticas do Facebook para o Sul da Ásia, Shivnath Thukral, chegara para um encontro com ministros do governo, segundo a fonte. Agora que o Sri Lanka tinha desligado a plataforma da tomada, o Facebook fazia de conta que estava ouvindo.

Thukral foi conciliador, como disse a Amanda uma pessoa presente. Ele reconheceu que a empresa não havia conseguido dar conta da incitação e do discurso de ódio dos quais tinha sido alertada várias vezes. Ele prometeu mais cooperação. No dia seguinte, Thukral fez uma reunião por telefone com representantes civis, que não ficou registrada. Ele admitiu que o Facebook não tinha moderadores falantes do cingalês em número suficiente para controlar a desinformação e o ódio. E novamente prometeu que a empresa ia contratar mais pessoal.

Passadas algumas semanas, perguntamos ao Facebook quantos moderadores falantes de cingalês haviam sido contratados. A empresa disse que havia tido avanços. Cética, Amanda vasculhou sites de anúncios de emprego em países próximos. Ela encontrou um anúncio, na Índia, para trabalho de moderador em uma plataforma não identificada, em cingalês. Telefonou à empresa terceirizada através de um tradutor, perguntando se o emprego era para o Facebook. O recrutador disse que sim. Eles tinham 25 vagas em cingalês, todas abertas desde junho de 2017 — havia nove longos meses. O "avanço" do Facebook era mentira.

"Somos um governo que chegou ao poder com a prerrogativa da liberdade de expressão", disse Harindra Dissanayake, um conselheiro presidencial no Sri Lanka, a Amanda. Ele mesmo usava as mídias sociais. Não fora fácil para ele desligar o acesso, ainda que por poucos dias. No máximo, afirmou, as plataformas de redes sociais "deixavam as coisas mais transparentes, davam voz a pessoas que não tinham voz". Mas, nos meses anteriores, prosseguiu, elas tinham arrasado sua fé na tecnologia a que ele dera o crédito por conduzir seu país à democracia. "Essa ideia das mídias sociais como plataformas abertas e igualitárias é mentira total", era no que ele acreditava agora. "Não há editor, só algoritmo."

Ele sublinhou que as discórdias do Sri Lanka eram anteriores às redes sociais. Mas essas plataformas, alertava, salientavam o pior da sociedade, amplificando seus extremos de maneira que nunca fora possível até então. "Não culpamos totalmente o Facebook", disse Dissanayake. "Os micróbios são nossos, mas o Facebook é o vento, sabe?" Seu governo estava pensando em instituir multas, afirmou. Mas ele sabia que o poder do Sri Lanka era modesto. Só os norte-americanos, acreditava, tinham influência suficiente para forçar uma mudança. "Vocês, os Estados Unidos, deveriam lutar contra o algoritmo. O que impele o Facebook, fora isso?"

No dia seguinte, cheguei na outra ponta do país, onde uma professora local que dizia conhecer Farsith me levou a um pequeno assentamento a poucos quilômetros de Ampara, uma fileira de casinhas de concreto com dois quartos. Ela apontou para a antepenúltima.

Farsith, que aguardava lá dentro, havia tirado a barba. Não para esconder sua fé, explicou, mas porque mesmo em um vilarejo distante era difícil para ele andar por uma quadra que fosse sem ser reconhecido. "As pessoas vinham me fazer todo tipo de pergunta", contou. Ou gritavam com ele: "Você é daquele vídeo!". Ele relatou o tumulto, seu desnorteamento, seu medo, a fúria da turba. "Achei que ia ser meu dia derradeiro", disse. Ele fugiu na manhã seguinte.

Envergonhado em um nível quase infantil, ele parecia distante. Enquanto conversávamos, torcia a mão diante da sobrinha de cinco anos, numa brincadeira sem muito entusiasmo.

Ela ficava puxando-o, cutucando-o, tentando trazer seu olhar para o chão. O pai da menina, que cuidava do restaurante, nos trouxe bananas e chá. Os irmãos haviam feito tantos empréstimos para construir o estabelecimento, contou ele, que não tinham conseguido pagar o seguro. Tudo se perdera, menos a dívida.

"Não sabemos o que fazer", disse o irmão de Farsith. Talvez eles voltassem a trabalhar em construção civil na Arábia Saudita, onde tinham ganhado e economizado dinheiro para o restaurante, embora isso implicasse deixar as famílias para trás. "Estamos aguardando a orientação de Deus."

Farsith deu um suspiro. "Não tenho intenção alguma de ficar aqui", disse.

Perguntei-lhe várias vezes a respeito de mídias sociais. O Facebook o transformara em vilão nacional. Havia espalhado uma mentira que acabou com sua família, talvez rachando-a. Quase o tinham matado. Ainda agora, ele vivia com medo de outra turba incitada pela plataforma.

Apesar de tudo isso, recusava-se a abandonar as redes. Com os dias longos e livres se escondendo, disse: "Eu tenho mais tempo e acesso mais o Facebook".

Fiquei chocado. Mesmo que ele não tivesse nenhum ressentimento contra a empresa cuja plataforma havia destruído a vida de seus familiares, eu disse, ele sabia em primeira mão que não podia acreditar no que via nela.

Não que ele acreditasse que as redes sociais eram exatas, explicou. "Mas você tem que gastar tempo e dinheiro para ir ao mercado e comprar um jornal. Eu posso abrir meu celular e já recebo as notícias." Tirou os olhos do chão e deu de ombros. "Seja certo ou errado, é o que eu leio."

Mantive contato intermitente com Farsith. Sua família caiu na linha da pobreza. Ele era perseguido com ameaças. Alguém do Facebook entrou em contato — citando o artigo que

Amanda e eu havíamos escrito — para lhe perguntar o que acontecera. Farsith disse à pessoa que queria muito comer. Estava disposto a trabalhar. A ligação terminou e ele nunca mais teve notícias da empresa. Passado um ano, havia economizado dinheiro para viajar para o Kuwait, onde arranjou um trabalho intermitente como operário braçal. Ainda está lá.

8.
Os sinos da igreja

Ameaça ao status

Foi durante uma entrevista com Gema Santamaría, pesquisadora de vigilantismo e violência que investigara incidentes estranhos no seu país, o México, que percebi que passaria anos tentando entender como esse padrão se desenrolava, mesmo que de modo menos óbvio ou com efeitos menos óbvios, mundo afora, talvez até nos Estados Unidos, onde os paralelos com a ascensão do trumpismo ganhavam visibilidade. No México, ela vinha descobrindo surtos similares aos que pesquisadores de outros países estavam documentando.[1] Uma região suburbana de Cancún que irrompera em violência devido à desinformação.[2] Um vilarejo familiar tranquilo que, depois de criar uma página no Facebook com notícias da comunidade, tinha se tornado um viveiro de paranoia e boataria, onde haviam amarrado uma dupla de pesquisadores de opinião que estavam de passagem — acusados de fazerem parte de um complô para roubar órgãos de crianças — e ateado fogo nos dois.[3] Então, em outro vilarejo, o mesmo padrão se repetira, desde detalhes do boato até o método de assassinato, dessa vez tomando a vida de dois homens que se encontravam na cidade para comprar mourões.[4]

"As mídias sociais desempenham o papel que os sinos da igreja já tiveram", disse Santamaría. "É assim que as pessoas sabem que vai acontecer um linchamento." As plataformas, ela explicou, reproduzem mecanismos muito antigos que levam uma comunidade a embarcar na violência coletiva. O linchamento, quando um grupo segue a indignação moral até o ponto de ferir ou matar uma pessoa — a tirania dos primos em ação —, é um impulso comunal.[5] Uma demonstração pública do que acontece com aqueles que transgridem a tribo.

"A meta é a comunicação", disse Santamaría a respeito do linchamento. Os boatos falsos que se espalhavam com frequência antes da violência coletiva, acreditava, eram a dica de que as mídias sociais haviam aprendido a reproduzir o vetusto processo. Mais do que apenas provocar posturas preexistentes, as redes sociais criavam essas posturas. Os boatos não surgiam ao acaso. "Eles têm lógica", disse ela. "Não miram qualquer um." Os boatos, isso sim, avivavam uma ideia de perigo coletivo em grupos dominantes, que sentiam que seu status estava em risco — as maiorias furiosas e temerosas quanto a mudanças que ameaçavam erodir sua posição na hierarquia. Como as forças impessoais da transformação social são, para a maioria das pessoas, tão combatíveis quanto chuvas e trovoadas, as redes sociais entraram em cena para providenciar um vilão mais corpóreo e vencível: "Finalmente uma coisa da qual você tem controle", disse Santamaría. "Você pode fazer algo a respeito."

Em Mianmar, as plataformas sociais privilegiaram os temores da maioria budista dominante de longa data, os que sentiam, após a chegada da democracia, uma mudança no status quo que os privilegiava fazia muito tempo. Na Índia, era a maioria hindu, com fundamentos parecidos. Em 2018, jornalistas da BBC no norte da Nigéria encontraram o mesmo padrão: a maioria fulâni contra a minoria berom, tudo no Facebook.[6] Nos Estados Unidos, as redes haviam encontrado o repúdio branco contra a imigração, o Black Lives Matter, a visibilidade crescente de muçulmanos, a recalibragem cultural com vistas a maior tolerância e diversidade. Os boatos mais compartilhados, ressaltou Santamaría, geralmente tinham a ver com reprodução ou população. O Sri Lanka e os comprimidos que esterilizavam. Os Estados Unidos e o complô progressista para substituir brancos por refugiados.

O elemento de definição que perpassava todos os boatos era uma coisa mais específica e perigosa do que a indignação generalizada: um fenômeno chamado ameaça ao status. Quando os membros de um grupo social dominante se sentem em risco de perder sua posição social, pode-se ter uma reação feroz.[7] Eles começam a ter nostalgia de um passado, real ou imaginado, em que se sentiam seguros na dominância (como no slogan "Make America Great Again" da campanha de Donald Trump). Ficam altamente sintonizados com qualquer mudança que tenha alguma ligação com sua situação: o perfil demográfico mutante, as normas sociais que evoluem, os direitos das minorias que se alargam. E ficam obcecados em pintar as minorias como gente perigosa, invocando notícias e boatos para confirmar sua crença. É uma espécie de mecanismo de defesa coletivo para preservar o domínio. Em linhas gerais, é algo inconsciente, quase animalista, e por isso facilmente manipulado por líderes oportunistas ou por algoritmos em busca de lucro.

O problema não é só que as mídias sociais aprenderam a provocar indignação, medo ou conflitos tribais, todas posturas que se alinham com ameaça ao status. Na internet, conforme postamos uma atualização que fica visível para centenas ou milhares, carregada com as emoções grupais que as plataformas incentivam, "nossas identidades de grupo ficam mais salientes" do que nossas identidades individuais, como William Brady e Molly Crockett escreveram em seu artigo sobre os efeitos das mídias sociais.[8] Não nos tornamos apenas mais tribais, nós perdemos nossa noção do eu. É um ambiente, afirmam eles, "propício para o estado psicológico de desindividuação".

A definição resumida de "desindividuação" é "comportamento de manada", embora seja algo mais comum do que participar de uma manada ou turba. Você pode *desindividuar* quando está na arquibancada de uma competição esportiva ou cantando em coro na igreja, entregando parte da sua vontade à do grupo. O perigo surge quando essas duas forças se misturam: a desindividuação, com seu poder de neutralizar o discernimento individual, e a ameaça ao status, que pode provocar agressão coletiva em escala assustadora.

Lembrei de uma conversa com Sanjana Hattotuwa, o fervoroso pesquisador digital que havia acompanhado o ódio digital no Sri Lanka. "O câncer cresceu a tal ponto que você vê gente comum", disse. "É perturbador. A radicalização acontece desde muito cedo." Até crianças com famílias tranquilas, se estiverem ativas em redes sociais, são sugadas e seus mundos e visões passam a ser definidos pela ameaça ao status com que se depararam na internet. "É a iniciação que elas têm nas relações da comunidade", disse. "E é de ódio. É muito, muito ruim."

Talvez esse padrão, de ameaça ao status desenfreada na internet, ajudasse a explicar por que, em 2016, apoiadores de Trump haviam entrado tão mais fundo na toca de coelho digital do que outros norte-americanos. Se as mídias sociais foram construídas para ativar o pânico identitário da maioria, então a maioria branca minguante dos Estados Unidos — e especialmente brancos sem formação universitária ou brancos de classe operária que tendem a ser mais apegados à identidade racial e que se tornaram o grosso da coalizão Trump — estaria suscetível ao mesmo padrão perigoso que eu tinha visto no Sri Lanka. A ameaça ao status e a desindividuação digital em escala nacional. Em 2018, salvo meia dúzia de exceções, como a manifestação em Charlottesville, essa tribo ainda não havia se mobilizado a ponto da violência de turba, não de forma escancarada. Mas fiquei pensando se esse tipo de influência das redes podia estar surgindo de outras formas, incitando as pessoas à violência racial de outras maneiras, menos óbvias, mas ainda importantes.

Logo obtive a resposta. No momento em que o Sri Lanka entrava em combustão, em março de 2018, dois cientistas sociais alemães estavam encerrando um longo projeto de análise dos efeitos subterrâneos das mídias sociais no seu país. O estudo indicava uma revelação chocante, uma sugestão de que fatos como os de Mianmar e do Sri Lanka, longe de ser singulares, estavam se desenrolando também em democracias ocidentais, mas de modo mais sutil. Para entender esse fenômeno, viajei a uma cidadezinha próxima a Düsseldorf, onde minha colega Amanda Taub iria ao meu encontro dias depois.

Envenenamento por ironia

Durante dois dias de junho de 2018, alguns meses depois de nossa apuração no Sri Lanka, vaguei pelas ruas pavimentadas de Altena, fazendo uma pergunta que rendia olhares sóbrios, carregados de astúcia. O que aconteceu com Dirk Denkhaus?

Altena, como muitas outras cidades no noroeste industrial da Alemanha, estava em declínio, segundo me explicavam os moradores. Uma situação que deixava os mais jovens entediados, desiludidos. Recentemente a Alemanha recebera quase 1 milhão de refugiados de zonas de guerra distantes, o que a maior parte de Altena havia apoiado. Mas algumas pessoas tinham considerado aquele influxo um problema. Esse era o contexto, diziam eles, que possibilitava entender por que Denkhaus, um jovem aprendiz de bombeiro que não era considerado nem perigoso nem político, tentara botar fogo em uma casa em que dormiam várias famílias de refugiados.[9]

Mas as pessoas que eu parava, fossem elas jovens ou velhas, citavam com frequência outro fator, que me diziam ser tão importante quanto os demais: o Facebook. Todo mundo ali tinha visto boatos nas mídias sociais que retratavam os refugiados como ameaça. Eles haviam se deparado com a peçonha que enchia os grupos locais da plataforma, um contraste chocante com os espaços físicos de Altena, onde as pessoas cumprimentavam as famílias refugiadas com simpatia. Muitos ali suspeitavam — e os promotores viriam a concordar — que Denkhaus se isolara em um mundo de paranoia racista da internet que o transformou aos poucos.

Altena exemplificou um fenômeno de que havia muito se suspeitava, mas que, em 2018, raramente era estudado: que as plataformas sociais tornam comunidades mais propensas à violência racial. A cidade era um de mais de 3 mil pontos de referência em um estudo que dizia provar a afirmação. Karsten Müller e Carlo Schwarz, pesquisadores da Universidade de Warwick, no Reino Unido, haviam recolhido dados de cada ataque a refugiados na Alemanha em um período de dois anos, no total de 3335 agressões.[10] Tinha sido um período volátil, conforme a crise de refugiados na Europa era acompanhada pelo crescimento das políticas de extrema direita. Só a escala já rendia uma oportunidade de isolar a influência das mídias sociais. Em cada incidente no estudo, os pesquisadores analisaram a comunidade local respectiva, usando meia dúzia de variáveis principais. Bens. Perfil demográfico. Vinculação política. Número de refugiados. Histórico de crimes de ódio.

Havia um ponto que se destacava. Ocorriam mais ataques a refugiados em cidades onde o uso do Facebook era maior que a média. Isso valia em praticamente qualquer tipo de comunidade: grande ou pequena, rica ou carente, progressista ou conservadora. O incremento não tinha correlação com o uso da internet em geral; era específico do Facebook. Os dados resumiram uma estatística assombrosa: onde quer que o uso da plataforma por pessoa subisse um desvio padrão acima da média nacional, os ataques a refugiados cresciam 35%. Em termos nacionais, estimavam eles, esse efeito guiava até 10% de toda a violência contra os refugiados.

Os especialistas a quem pedi que revisassem as conclusões da pesquisa disseram que os dados tinham credibilidade e rigor. Ainda assim, mais tarde o estudo atraiu críticas por exageros na metodologia. Para medir o uso do Facebook de cidade a cidade, por exemplo, os pesquisadores acompanharam uma leva de indicadores, um dos quais a quantidade de usuários que curtiram a página de fãs de Nutella. O raciocínio deles foi que Nutella era um produto de popularidade universal e culturalmente neutro, o que seria proveitoso como ponto de referência. Os críticos consideraram que a escolha não havia sido nem séria nem sensata. Os pesquisadores resolveram a questão em uma nova redação. Meu interesse, contudo, estava não em fazer a prova dos nove no fim do artigo, mas em usá-lo como mapa da influência do Facebook. Era por isso que eu tinha ido a Altena, onde os pesquisadores haviam descoberto que o uso da plataforma e a postura contra refugiados eram, ambos, anormalmente altos e em taxas alinhadas com as projeções do artigo. Talvez Denkhaus representasse uma mudança mais profunda.

Quando os refugiados começaram a chegar, poucos anos antes, em 2015, eram tantos os moradores que tinham se voluntariado para ajudar que Anette Wesemann — que assumira a direção do centro de integração de refugiados da cidade, depois de largar sua casa na agitada Hannover para ter uma vida tranquila no vilarejo — não conseguiu gerenciar a situação. Ela viu famílias sírias e afegãs atendidas por comitivas inteiras de autointitulados *coaches* e tutores de alemão. "Foi comovente", disse. Mas quando criou uma página no Facebook para organizar eventos de voluntários, esta se encheu de reações cáusticas contra os refugiados, de um tipo que ela nunca tinha visto fora da internet. Algumas postagens eram ameaçadoras, citando refugiados locais pelo nome. Com o tempo, a raiva dirigida a eles se provou contagiosa e dominou a página. Quando citei a pesquisa que ligava o Facebook à violência contra refugiados, Wesemann reagiu: "Eu acreditaria nisso de imediato".

A postura contra refugiados está entre as expressões mais puras de ameaça ao status, que combina o medo de transformação demográfica com o tribalismo racial. Mesmo que poucos moradores odiassem os refugiados de fato, suas postagens cresciam cada vez mais e eram recompensadas pela sua aptidão a incitar, tal como o conteúdo antivacina que Renée DiResta havia encontrado inundando grupos de pais. Conforme o ódio infestava páginas locais — criando, sempre, uma falsa impressão de consenso —, era como se mais gente se inscrevesse nelas.

Dirk Denkhaus, como se descobriu, havia passado por um microcosmo desse processo. Quando me encontrei com Gerhard Pauli, o promotor-chefe da região, responsável pela investigação de Denkhaus, ele pegou um fichário contendo centenas de páginas impressas com telas de postagens do Facebook e do WhatsApp que a polícia tinha recolhido do celular de Denkhaus. Segundo Pauli, aquele homem tinha embarcado nas ideias extremistas de brincadeira. Ele e um amigo trocavam memes racistas, geralmente tirados de grupos públicos do Facebook, para provocar e chocar um ao outro.

"Eles começaram de brincadeira, um chamando o outro de '*mein Führer*' e coisas do tipo", contou o promotor, fazendo gestos de desaprovação com a cabeça. Com o tempo, aquilo ficou sério. "Há uma distância muito pequena", disse Pauli, "entre brincadeiras e a realidade." Denkhaus cruzou essa distância em questão de seis meses. "Um dia ele disse ao colega: 'Agora temos que fazer alguma coisa'", contou Pauli. Naquela noite, ele e o amigo invadiram o sótão de uma casa de refugiados e provocaram um incêndio, aparentemente para matar todos ali dentro. Por sorte, o fogo não se alastrou. A polícia prendeu os dois no dia seguinte.

Há um termo para o processo pelo qual Pauli passou, de piadas na internet que aos poucos se internalizam até se tornarem sinceras. Chama-se *irony poisoning*.* Os usuários de mídias sociais costumam chamar de *irony poisoned*, ou envenenado por ironia, o entorpecimento que vem de uma vida centrada em subculturas das redes, nas quais predominam o distanciamento irônico, a estimulação algorítmica exagerada e o humor ofensivo.[11] Em suas formas mais extremas, a exposição frequente a conteúdo censurável, que ocorre caindo em tocas de coelho do Facebook ou do YouTube, pode diminuir as defesas da pessoa contra o processo. A dessensibilização faz as ideias parecerem menos proibidas ou menos exageradas, o que, por sua vez, torna sua adoção mais fácil.

No julgamento, o advogado de Denkhaus enfatizou que seu cliente, na vida desconectada, não havia demonstrado nenhum rancor em relação aos refugiados antes daquela noite.[12] Embora pensada para minimizar a relevância das mídias sociais, essa observação acabou sublinhando seu poder. Na Altena real, as normas sociais que predominavam eram esmagadoramente de tolerância. No Facebook, porém, um ambiente fechado e com suas próprias regras quanto à moralidade, Denkhaus tinha inclinações, sem qualquer restrição, para o extremismo.

Pauli acredita que Denkhaus representa uma tendência. O promotor disse ter "quase certeza" de que as mídias sociais haviam exacerbado a ascensão de Altena à violência. Meses depois, o prefeito foi esfaqueado por um homem que se disse indignado com as políticas pró-refugiados adotadas pela cidade. A polícia, disse Pauli, suspeitou de uma conexão com as redes. Páginas locais do Facebook haviam ficado lotadas de manifestações de ira contra o prefeito pouco antes do ataque. A polícia,

---

* Literalmente "envenenamento por ironia", mas também um jogo de palavras com *iron poisoning*, ou envenenamento por ferro.

porém, não se dera ao trabalho de reunir provas de influência da internet, dado que o agressor já tinha confessado o crime. E mesmo que considerasse a gigante do Vale do Silício uma espécie de cúmplice involuntária, Pauli sabia que a empresa estava além de qualquer justiça que ele podia aplicar.

Seu departamento passou cada vez mais tempo acompanhando a provocação nas plataformas. Ele estava ficando preocupado, disse, quanto a boatos que podiam levar pessoas comuns à violência. Estranhamente, tal como no México, na Indonésia e aparentemente em país sim, país não, eles costumavam girar sobre misteriosas ameaças a crianças. "Temos muitas situações em que alguém viu alguém perto de um jardim de infância", disse Pauli, sacudindo a cabeça. "Em cinco minutos aquilo se espalha", prosseguiu, "e, de postagem em postagem, piora. Leva duas horas e aí você vê uma turba nas ruas partindo para o linchamento."

Superpostadores

Traunstein, cidade na encosta de uma montanha próxima à Áustria é, em muitos aspectos, o oposto de Altena. O turismo prospera. O perfil político tende para o progressismo. Os jovens são ativos na comunidade. Mas, tal como em Altena, o uso do Facebook e a violência contra refugiados estão em nível anormalmente alto. Cheguei, agora acompanhado de Amanda, em busca de uma coisa em específico. Verificando grupos locais da plataforma atrás dos postadores mais ativos e mais visíveis, descobrimos o que é conhecido como um superpostador, alguém que, acredita-se, encarna como o Facebook pode deixar uma comunidade pouco a pouco mais extremista. Ele se chamava Rolf Wassermann.

Seja qual for a imagem que você tenha de um viciado em internet que mora no porão, Wassermann é o oposto. Homem de meia-idade com pele bronzeada, artista por ofício, ostentando uma barba mesclada e ternos escuros, ele tem a cara de quem saiu de um anúncio de cerveja artesanal na TV. Embora conservador, está longe de ser radical. Mas tem uma movimentação furiosa na internet, onde se encaixa no perfil arquetípico do superpostador. Posta sequências de boatos, colunas de opinião estridentes e notícias de crimes cometidos por refugiados. Embora nenhuma das postagens que vi tenha chegado perto de um discurso de ódio ou fake news, em conjunto elas retratavam a Alemanha acossada por estrangeiros perigosos.

"No Facebook, você consegue chegar a gente que não é superpolitizada", afirmou Wassermann enquanto tomávamos café. "É possível construir as visões políticas dos outros no Facebook." Ele descreveu o que disse ser um "arco típico" para quem conhecia por lá. A pessoa não tinha quase nenhum envolvimento com política. Ela começava a postar com frequência, talvez devido a um excedente repentino de tempo livre, a respeito de qualquer assunto que aparecesse no seu feed. Ela entrava em grupos do Facebook, que era onde em geral conhecia outros com ideias afins. Com o tempo, a pessoa ficava mais politizada e mais estridente. Tal como acontecera com ele.

Wassermann preferia mídias sociais a jornais ou TV, disse, porque "o Facebook é mais honesto". Por exemplo: no Facebook, segundo me contou, ele havia aprendido que o número de refugiados na Alemanha e os crimes que cometiam eram ambos maiores do que a mídia afirmava. E ele fez o possível para espalhar essa revelação. "As coisas que as pessoas dizem no Facebook são mais verdadeiras", afirmou. Como se percebesse o absurdo de acreditar numa coisa dessas só por acreditar, ele riu e complementou: "Suponho que são, pelo menos. Não sou Deus, eu não sei".

Usuários hiperativos como Wassermann tendem a ser "mais obstinados, mais extremados, mais envolvidos, mais tudo", disse Andrew Guess, cientista social da Universidade Princeton. É um conjunto de características diferente daqueles que você poderia associar a uma classe já muito estudada e muito entrevistada de viciados e pioneiros nas mídias sociais — como Adam, o devoto do 4chan. Superpostadores são uma espécie à parte, à qual as plataformas deram influência excepcional. Quando usuários mais casuais abrem as redes, costumam ver um mundo moldado por superpostadores. As redes sociais atraem gente com certos cacoetes de personalidade que tornam o uso intenso anormalmente gratificante. A predominância deles, por sua vez, distorce as normas e vieses da plataforma.

E esses traços e cacoetes que definem os superpostadores, mapeados numa série de estudos de psicologia, são negativos em linhas gerais. Um deles é o dogmatismo: "certeza relativamente imutável e injustificada".[13] A pessoa dogmática tende a ser tacanha, insistente e ruidosa. Outro: o narcisismo grandioso, definido por sentimentos de superioridade e merecimento inatos.[14] O narcisista é guiado pelos desejos de admiração e pertencimento, o que torna irresistíveis o retorno instantâneo e os públicos imensos das redes. Essa necessidade é aprofundada pela autoestima anormalmente baixa dos superpostadores, que é exacerbada pelas próprias plataformas.[15] Um estudo concluiu simplesmente que "aqueles que praticam hostilidade política na internet são indivíduos predispostos à hostilidade em qualquer contexto".[16] Experimentos neurológicos confirmaram: o superpostador é atraído e se sente recompensado pela potência social negativa, termo clínico para o ato de se deleitar ao causar sofrimento emocional nos outros de maneira deliberada.[17] Além disso, ao usarem mais as mídias sociais e ao serem recompensados pelo uso com maior alcance, superpostadores propulsionam as plataformas ao dogmatismo, ao narcisismo, à exaltação e à crueldade.

Em um teste não intencional desse resultado, em 2015, Ellen Pao, ainda diretora do Reddit, tentou algo sem precedentes: em vez de promover os superusuários, o Reddit ia banir os mais virulentos. A equipe de Pao concluiu que, das dezenas de milhões de usuários, apenas por volta de 15 mil, todos hiperativos, guiavam a maior parte do conteúdo abominável. Expulsá-los, raciocinou Pao, podia mudar o Reddit por inteiro. Ela tinha razão, como descobriu uma análise externa.[18] Com a eliminação dessa porcentagem minúscula de usuários, o discurso de ódio geral caía 80% entre os que ficavam. O comportamento de milhões de usuários mudou da noite para o dia. Foi um raro sucesso no combate de um problema que só se aprofundaria em outras plataformas, maiores, que não seguiram a deixa do Reddit. Elas não tinham interesse em reprimir seus usuários mais ativos, muito menos em reconhecer que houvesse algo parecido com passar tempo demais na internet.

Poderiam superpostadores mudar não só o que aparece nos feeds dos outros, mas também a noção de certo e errado das outras pessoas? Apresentei a questão a Betsy Levy Paluck, que ganhara uma "bolsa dos gênios" da Fundação MacArthur por seu trabalho sobre como normas sociais influenciam o comportamento.[19] Eu esperava que ela fosse citar sua pesquisa a respeito, digamos, da violência comunitária em Ruanda. Em vez disso, ela quis falar do bullying escolar. Crianças em idade escolar fazem bullying ou não, ela havia descoberto, com base não na expectativa do castigo ou de achar que seu alvo merece, mas, em grande parte, considerando se aquilo lhes parece moralista.[20] Ou o bullying era algo admissível, até virtuoso, ou passava uma sensação errada, e o que mais importava era esse barômetro interno. Mas o que define nosso barômetro interno? Temos tendência a acreditar que seguimos um código moral inato, que deriva de princípios sublimes, da experiência de vida, dos conselhos de um ancião de confiança. Na verdade, estudos constatam com frequência que nossa noção de certo ou errado é fortemente influenciada, mesmo que de maneira inconsciente, pelo que achamos que nossos pares pensam: a moralidade por consenso tribal, guiada não por um anjo bom ou poder superior, mas pela deferência, tendo em mente a autopreservação, à tirania dos primos.

Em um experimento na zona rural do México,[21] pesquisadores produziram uma radionovela cuja história rechaçava a violência doméstica contra mulheres. Em algumas regiões, ela era reproduzida nas casas, individualmente. Em outras, era transmitida pelos alto-falantes do vilarejo ou em reuniões da comunidade. Os homens que a ouviam em casa continuavam tão propensos à violência doméstica quanto antes. Mas os que a ouviam em contextos de grupo ficavam significativamente menos propensos a cometer abusos. E não porque sentissem algum tipo de pressão. Suas crenças internas haviam mudado, tornando-se moralmente opostas à violência doméstica e defendendo a igualdade de gênero. A diferença estava em ver como os pares absorviam a história da radionovela. O impulso para a conformidade — o mesmo que levara os primeiros usuários do Facebook, enganados, a se mostrar furiosos com o feed de notícias — pode sugar a medula moral do seu eu mais íntimo até não sobrar nada.

Na maior parte do tempo, deduzir as visões morais de nossos pares não é fácil. Por isso usamos um atalho. Prestamos atenção especial a meia dúzia de pessoas que consideramos influentes, seguimos as pistas que elas deixam e supomos que aquilo se reflete nas normas do grupo em geral. As pessoas que escolhemos como balizas morais são conhecidas como "referentes sociais". Assim, a moralidade funciona "mais ou menos em função da percepção", explicou Paluck. "Quem no nosso grupo se destaca de verdade? Quem nos vem à memória quando pensamos no que é comum, no que é desejável?"

Para testar isso, Paluck distribuiu sua equipe entre 56 escolas, identificando quais alunos eram influentes entre seus colegas, assim como quais consideravam o bullying moralmente aceitável.[22] Então ela selecionou vinte ou trinta alunos em cada escola que aparentemente se encaixavam nas duas situações: eram, em tese, os que desempenhavam o papel mais relevante em instilar normas sociais pró-bullying nas comunidades. Eles foram convidados a condenar publicamente o bullying — não forçados, só convidados. A cutucada gentil a essa população minúscula se revelou transformadora. Balizas psicológicas levaram à conclusão de que milhares de alunos passaram a se opor verdadeiramente ao bullying, com suas bússolas morais orientadas para a compaixão. Os relatórios disciplinares relativos ao bullying caíram 30%.

As plataformas sociais nos colocam em uma versão do experimento escolar de Paluck. Mas, na internet, nossos referentes sociais, as pessoas artificialmente colocadas diante do nosso campo de visão moral, são os superpostadores. Não porque sejam persuasivos, reflexivos ou importantes, mas porque propulsionam o engajamento. Era algo singular a plataformas como o Facebook, explicou Paluck. Qualquer pessoa que conseguisse bastante tempo no feed se tornava influente. "Na vida real, há pessoas que podem falar bastante, mas não serão muito ouvidas. Mas o Facebook", disse, "põe essas pessoas na sua frente o tempo todo."

E as mídias sociais não só cercam você de superpostadores. Elas expõem as mensagens dessas pessoas em fóruns enormes, públicos, onde você sabe que todo mundo também vai ver, como os alto-falantes nos vilarejos do México que demonstraram o poder de mexer com toda a comunidade ao mesmo tempo. Na Alemanha, as mídias sociais aparentemente haviam exaltado uma classe de superpostadores como Wassermann, que dava a usuários ao largo do site a impressão de que as normas sociais eram mais hostis a refugiados e mais conspiratórias do que de fato eram. Era o imbróglio "Contra o feed de notícias" do Facebook em 2006, agora elevado à psique política de um país inteiro e dirigido a milhões dos seus moradores mais vulneráveis. Mesmo que nenhum desses superpostadores tenha endossado a violência de forma explícita, disse Paluck, o efeito agregado de suas mensagens antirrefugiados e antigoverno provavelmente passou a sensação de que a violência vigilantista seria tolerada, até incentivada.

Naquela tarde, em um evento para a comunidade de Traunstein, uma professora chamada Natascha Wolff se empertigou quando fiz uma pergunta sobre mídias sociais. Wolff me contou que lecionava em uma escola técnica, com alunos alemães e estrangeiros. Nos últimos meses, as crianças alemãs vinham se mostrando predispostas, quase de maneira uniforme, a uma hostilidade estridente contra os refugiados, de um modo que ela nunca presenciara. A professora sabia que existiam muitos motivos para tanto. Mas sempre que perguntava onde elas haviam visto as estatísticas fajutas ou as alegações de ódio que uma repetia para a outra, a resposta era a mesma: no Facebook.

Qualquer boato no Facebook que deprecia estrangeiros, disse Wolff, "se espalha rápido. As pessoas sentem que seu ponto de vista se confirmou". Ela complementou, mexendo o braço para cima e para baixo, imitando alguém batendo em um teclado, "é só 'curtida, curtida, curtida'". Se ela contestava uma afirmação falsa, sempre recebia a mesma resposta: "Todo mundo sabe que é verdade". Mas muitas vezes os alunos também estavam errados nesse sentido; muitas pessoas em Traunstein consideravam os rumores falsos. Wolff ficava preocupada que essa bolha do Facebook, o falso consenso comunitário, tivesse consequências. Jogavam café nos seus alunos refugiados, atiravam lixo para dentro das janelas dos seus carros. O tipo de violência casual, à luz do dia, que alguém só se arrisca a fazer quando supõe que será tolerado.

A violência que nasce nas mídias sociais havia ficado tão comum que a polícia começou a tratar as plataformas como ameaça corrente à segurança pública. "O Facebook não é só um quadro de cortiça no qual as pessoas pregam um papel e as outras leem", disse um inspetor da polícia chamado Andreas Guske, durante um café no dia seguinte. "O Facebook, com seu algoritmo, influencia as pessoas." Guske, investigador veterano, quase grisalho, começou a entender as redes sociais como ameaça séria em 2015, durante uma reunião do G7 nas redondezas. Quando os manifestantes chegaram, ele percebeu que as plataformas estavam se enchendo de boataria, com alguns rumores atiçando a multidão a entrar em frenesis de paranoia. No ano seguinte, os ataques a refugiados aparentemente cresceram em sincronia com o discurso de ódio na internet. Ele remanejou a equipe que supervisionava as comunicações entre departamentos para reagir, tanto na internet quanto fora. Eles se sentiram agentes de saúde, que inoculavam as comunidades contra a desinformação viral e suas consequências.

Em um caso recente, contou Guske, o Facebook havia ficado em polvorosa com alegações de que um grupo de refugiados muçulmanos em uma cidade próxima a Traunstein arrastara uma garota de onze anos para uma passagem de pedestres subterrânea e a estuprara. A história, embora falsa, provocou ondas de indignação à medida que o Facebook a espalhou pela Alemanha. Quando a polícia a negou, os usuários insistiram que políticos tinham mandado as forças da lei acobertar os fatos. A equipe de Guske descobriu que os boatos haviam começado depois que a polícia prendeu um imigrante afegão acusado de assédio a uma garota de dezessete anos. Conforme usuários do Facebook retransmitiram o incidente, alguns somaram detalhes para chocar ou causar indignação, fazendo essas versões passarem longe da verdade. Um agressor se tornou vários. Apalpar se tornou estuprar. A vítima adolescente se tornou pré-adolescente.

A polícia postou declarações no Facebook e no Twitter derrubando o boato ao reconstruir o modo como ele se espalhara. Se a polícia conseguisse mostrar como a plataforma tinha distorcido a realidade, acreditava Guske, as pessoas seriam convencidas a rejeitar o que haviam visto. Mas ele também sabia que, nas redes sociais, uma checagem de fatos sóbria não chegaria ao alcance de um boato libidinoso. Então, sua equipe identificou moradores que haviam compartilhado o boato no início da disseminação e bateu na porta de cada um com provas de que haviam entendido o incidente de maneira equivocada. A equipe insistiu com eles para que repudiassem publicamente suas alegações, esperando voltar o próprio sistema de promoção das plataformas contra a desinformação. Com exceção de um morador, todos retiraram ou corrigiram suas postagens, tal como solicitado. Mas o inspetor e sua equipe não conseguiam acompanhar o ritmo das plataformas, cuja produtividade venenosa, temia ele, estava acelerando. E ele lamentou que o Facebook, na época uma empresa de 500 bilhões de dólares, estivesse deixando para delegacias sobrecarregadas de trabalho o gerenciamento dos riscos que havia criado. "É difícil prevenir fake news, porque assim que o Facebook impulsiona…", ele não completou a frase, sacudindo a cabeça. "O que você vai fazer?"

Naquela tarde, enquanto Amanda entrevistava moradores de toda a cidade sobre mídias sociais, encontrei-me em um parque com uma jovem que frequentava a escola técnica de Wolff. Ela estava com uma amiga, que levara seu filho. Ambas, polidas mas reservadas, disseram ser pouco politizadas. Nenhuma das duas lia notícias — com exceção do que viam no Facebook, que acessavam com frequência. Assim que lhes perguntei o que achavam sobre os refugiados, não quiseram mudar de assunto. Refugiados eram violentos, eram estupradores e muitos simpatizavam com extremistas, disseram. Relataram histórias escabrosas e implausíveis de crimes cometidos por eles que o governo ocultava. Elas haviam lido tudo no Facebook, lugar onde costumavam discutir a "situação dos refugiados", disse uma delas.

Os habitantes de Traunstein são de tendência progressista, mas há uma divisão política. Perguntei à mulher se costumava participar de discussões sobre refugiados na internet. Ela pareceu confusa com a pergunta. "Todo mundo se sente assim", disse. Seu filtro-bolha, unânime quanto ao medo, havia se tornado sua realidade. Ela, assim como Wassermann e seus amigos da internet, como os outros alunos de Wolff, como os moradores a quem Guske implorava que derrubassem mentiras racistas, eram a massa submersa de um iceberg de radicalização das redes sociais em toda a sociedade. Denkhaus, o bombeiro incendiário, era só a ponta. Incontáveis alemães que tinham se tornado mais xenófobos, mais conspiratórios, mais nacionalistas. A maioria nunca recorria à violência. Mas seu pendor coletivo tinha consequências mais profundas, manipulando invisivelmente a moralidade e a política da sociedade. Em uma democracia rica como a Alemanha, o resultado talvez não fosse tão óbvio quanto uma turba linchadora ou uma confusão. Podia ser pior. O centro político do país estava desabando. A extrema direita alemã estava crescendo.

"Mandaram um dos alunos da minha escola de volta para a África", disse a mulher, em tom de aprovação. A deportação se dera devido a um erro na sua papelada de imigração. "Deviam mandar todos."

Desaparecer

Os pesquisadores alemães da Universidade de Warwick sabiam que um elemento da sua teoria — a causalidade — merecia atenção especial. Havia como provar que o uso do Facebook e a violência contra refugiados crescem em paralelo especificamente porque o primeiro provoca a segunda? Eles tiveram a ideia de analisar cada indignação significativa da internet no período que seu estudo cobriu. A infraestrutura da internet alemã tende a ser localizada, o que torna as quedas de sinal comuns, mas isoladas. Cada uma dessas quedas virou uma oportunidade para testar a causalidade: se privar uma comunidade do Facebook repentinamente diminuísse a violência dos moradores contra refugiados, tinha-se o indicativo de que a plataforma guiava alguns ataques.

Efetivamente, sempre que o acesso à internet caía em uma região com uso elevado de Facebook, os ataques a refugiados diminuíam de maneira significativa. Contudo, a mesma queda não acontecia quando áreas com uso elevado de internet, mas apenas uso mediano de Facebook, passavam por queda de sinal, o que sugeria que o efeito provocador da violência era específico às mídias sociais, e não à internet em si. E a violência caía na *mesma taxa* — 35% — que o estudo sugeria que a plataforma impulsionava esses ataques. Os pesquisadores sublinharam que isso não era uma conclusão definitiva em si, apenas um exercício para conferir suas conclusões. Mas era um indicativo relevante de que eles haviam chegado a algum ponto — e uma oportunidade de considerar, com o rigor que desativamentos isolados como o do Sri Lanka não podiam dar, o que acontece quando a rede social desaparece.

"O mundo ficou menor, muita coisa mudou", disse Stefania Simonutti, lembrando de uma queda de sinal que havia durado entre alguns dias e algumas semanas, dependendo da quadra do bairro de subúrbio em que vivia. O bairro, chamado Schmargendorf, parece um santuário das forças do ódio. Famílias diversificadas de classe média caminham por avenidas forradas de butiques e elegantes feiras de hortifrútis. Mas, lá, o uso do Facebook é elevado. Assim como são os ataques a refugiados — menos durante a queda de sinal.

Simonutti, à pergunta sobre como lidou com o apagão, abriu a boca e apertou as palmas das mãos contra as bochechas, fazendo a mímica de um grito. Ela havia perdido contato com seus familiares no exterior — e com as notícias, considerando confiáveis apenas as que vinham das mídias sociais. "Muita gente mente e falseia nos jornais", disse. "Mas, com a internet, posso decidir por conta própria no que acredito e no que não." Forçada a renunciar às conspirações que gostava de acompanhar na internet, disse, ela preenchia seu tempo vago com a família.

Aparentemente todo mundo se lembrava da pane. Esperanza Muñoz, mulher alegre e sardenta que se mudara da Colômbia para lá nos anos 1980, tinha considerado aquilo como uma folga. Ela socializou mais com os vizinhos e acompanhou menos o noticiário. Sua filha, estudante de medicina, disse não ter percebido quanto nervosismo as plataformas lhe causavam até passar alguns dias sem acessá-las. A queda de sinal, afirmou, tinha deixado claro o quanto "uma notícia provoca mais quando se espalha pelo Facebook". Sua mãe concordou. Ela disse que quando sua Colômbia nativa havia promovido eleições, algumas semanas antes, seu feed de notícias, dominado por colombianos como ela, se encheu de brigas sectárias e indignação — e, como se fosse um roteiro, com alarmistas falando dos refugiados.

No início daquele ano, em abril, Zuckerberg dera uma entrevista ao editor-chefe do Vox, Ezra Klein, que o pressionou quanto ao genocídio em Mianmar. Como prova do avanço do Facebook, Zuckerberg contou que, no auge do derramamento de sangue, a equipe de segurança da empresa havia identificado usuários em Mianmar incitando violência no Facebook Messenger. "Nossos sistemas detectam quando acontece. Não deixamos as mensagens passar", disse ele. "Mas podem ter certeza de que estamos prestando atenção."[23]

Depois que a entrevista foi publicada, grupos de direitos humanos de Mianmar responderam com uma carta aberta furiosa. Na verdade, disseram, eram eles — e não o Facebook — que haviam encontrado as correntes virtuais fomentando violência. E como lhes faltavam as ferramentas internas da empresa para monitorar automaticamente as plataformas, eles tinham conseguido deixá-las às claras apenas através do que afirmavam ser o método muito inconveniente e lamentavelmente insuficiente de caçar uma por uma. Ainda assim, os grupos de direitos humanos haviam sido forçados a bombardear o Facebook com dias de alertas até que alguém na empresa por fim tomasse providências. Mas era tarde demais. Os usuários, aparentemente agindo com base nessas mensagens virais, já tinham organizado e executado três ataques isolados, um dos quais envolvera a tentativa de incendiar uma escola. O episódio, disseram os grupos, evidenciava a "dependência exagerada [do Facebook] de terceirizados, a falta de um mecanismo próprio para casos de agravamento de emergência, a demora em engajar pessoas envolvidas no local em torno de soluções sistêmicas e a falta de transparência".[24] Zuckerberg enviou um e-mail aos grupos pedindo desculpas,[25] mas apenas por não conseguir lhes dar créditos pelos nomes — o que, enfatizaram os ativistas na resposta, não era a maior preocupação deles.

Naquele mês de agosto, as Nações Unidas emitiram seu relatório formal sobre o genocídio.[26] Ele tratava o papel das mídias sociais, especialmente o Facebook, como "significativo". Mas o Facebook ainda se recusava a compartilhar os dados com investigadores da ONU, disseram eles próprios, frustrando sua capacidade de entender como o genocídio havia acontecido e, assim, como impedir outro. "Não tem como você resolver o problema num estalar de dedos", disse Zuckerberg um mês depois. "Leva tempo para contratar gente, preparar essas pessoas e construir os sistemas que sinalizam o que elas têm que cuidar."[27] Mas é claro que, tanto em Mianmar quando no Sri Lanka, o Facebook reagira a alertas de violência iminente não com um turbilhão de novas salvaguardas ou contratando moderadores, mas com meses de inércia. Agora, mais uma vez, aparentemente nada tinha mudado, conforme me disse um grupo de monitoramento digital com base em Mianmar. O Facebook solicitara a ele que monitorasse a incitação online cada vez maior e outros perigos. Mas a empresa no geral ignorou os relatórios do grupo, por mais urgentes que fossem. Eles passaram a achar que aquela contratação havia sido uma jogada de marketing.

Adam Mosseri, o executivo que tinha supervisionado o todo-poderoso feed de notícias durante as matanças de Mianmar e do Sri Lanka, foi promovido a vice-presidente do Instagram, depois a presidente. Jen Weedon, a gerente de políticas de segurança do Facebook que não respondera aos alertas dos pesquisadores do Sri Lanka quanto à sanguinolência que se seguiria, também foi promovida. Os rendimentos superaram 55 bilhões de dólares naquele ano, mais de 40% em relação ao ano anterior.[28]

"Foi o modelo de negócio que nos trouxe problemas", disse, mais tarde naquele ano, Hany Farid, cientista da computação da Universidade da Califórnia em Berkeley que dera consultoria a governos e grupos de proteção de direitos humanos a respeito de perigos emergentes nas redes sociais. "Sobem quatrocentas horas de YouTube a cada minuto. Um bilhão de uploads no Facebook por dia. Trezentos milhões de tuítes por dia. E é meio bagunçado", disse ele. "Quanto às empresas da área, eu nem diria que elas dormiram no ponto. Eu diria que elas estavam de olhos bem abertos", prosseguiu. "Acho que elas sabiam exatamente o que estavam fazendo. Sabiam que tinha veneno na rede. Sabiam que tinha um problema. Mas a questão era ter um crescimento agressivo. Era aí que começava o problema."

Farid respirou fundo, voltando ao tópico que eu havia levantado, uma tecnologia especializada que as plataformas usavam. Mas depois, perto do fim da explicação técnica, quando se deparou com uma referência ao YouTube, sua voz se elevou de novo. "O YouTube é o pior", afirmou. Daquelas que ele considerava as quatro principais empresas da internet — Google/YouTube, Facebook, Twitter e Microsoft —, a melhor em gerenciar o que ele chamava de "veneno" era, na sua opinião, a Microsoft. "E faz sentido, não? Não é uma empresa de mídias sociais", disse. "Mas o YouTube é a pior plataforma nesse quesito", repetiu.

Fazia um ano desde a polêmica e a controvérsia em torno do Facebook, aceita por muitos como a plataforma mais influente. Mas a exortação de Farid reverberou porque, mesmo enquanto investigava os efeitos da plataforma no Sri Lanka e na Alemanha, eu vinha ouvindo a mesma coisa de peritos digitais, grupos de defesa de direitos humanos e outros: dê uma olhada no YouTube. "O YouTube é a pauta mais desprezada de 2016", tuitou Zeynep Tufekci, socióloga da Universidade da Carolina do Sul, um ano após as eleições. "Seus algoritmos de busca e recomendação são motores da desinformação." Mais tarde ela o chamou de "um dos instrumentos mais potentes de radicalização do século XXI". Danah Boyd, fundadora de um *think tank* focado em tecnologia, concordou e disse para minha colega Amanda: "O YouTube pode ser a plataforma mais preocupante do momento".

Cada vez mais histórias sobre ocorrências estranhas, desestabilizadoras — um grupo de ódio que ganha proeminência, um boato novo e perigoso relativo à medicina, uma criança solitária que se tornou atiradora — citavam o YouTube. Eu mal havia acabado de transcrever minhas anotações da Alemanha quando, semanas depois da minha conversa com Farid, aconteceu algo que deixou claro na mesma hora por que ele emitira seu alerta.

9.
A toca de coelho

O levante do YouTube

Os neonazistas haviam tomado as ruas de sua cidade durante dois dias, intermitentemente, quando Sören Uhle, funcionário da prefeitura, começou a receber estranhos telefonemas de jornalistas. Até onde Uhle sabia, dois refugiados do Oriente Médio tinham esfaqueado um homem durante uma discussão, matando-o, e grupos de extrema direita haviam aproveitado o incidente para convocar uma multidão a tomar as ruas. Agora os jornalistas lhe diziam que os refugiados teriam matado não um, mas dois homens. Eles também haviam violentado uma mulher; as vítimas tinham morrido tentando protegê-la. Será que Uhle poderia comentar o ocorrido? E podia também comentar por que os políticos estavam pagando a moradores, por baixo do pano, para participar de um contraprotesto que estava prestes a acontecer?

Uhle ficou pasmo. Todas as notícias eram falsas. "Era uma novidade", disse ele. "Nunca tinha acontecido comigo de a grande imprensa, os grandes jornais e a televisão alemã me perguntarem a respeito de notícias falsas e propaganda falsa que se disseminaram de tal forma que o público aceitou."[1] Era agosto de 2018. As multidões tomavam as ruas de Chemnitz, sua cidade de 250 mil habitantes no leste da Alemanha, e ele sabia que elas haviam sido organizadas nas mídias sociais. Talvez a desinformação também tivesse sido.

Em Berlim, mais adiante na *autobahn*, um pesquisador digital chamado Ray Serrato chegava à mesma conclusão. Assim como todo mundo na Alemanha, ele estava vidrado nos informes sobre os tumultos — uma demonstração de força neonazista, surgida de uma hora para outra e tão impressionante que foi oficialmente condenada pela chanceler Angela Merkel. Então o tio da sua esposa lhe mostrou um vídeo estranho no YouTube. Dois homens de meia-idade, um de *dreadlocks* e touca preta, diziam à câmera que os responsáveis pela confusão não tinham nada a ver com neonazistas, mas sim que eram refugiados muçulmanos. O vídeo, postado por um grupo marginal obscuro, era incoerente e de baixo orçamento. Mas tinha quase 1 milhão de visualizações — bem mais que qualquer vídeo de notícias sobre os tumultos. Como isso era possível?

Curioso, Serrato aplicou um conjunto de técnicas que usava no seu trabalho, acompanhando discurso de ódio na internet de Mianmar para um grupo de monitoramento da democracia.[2] Ele começou com uma dúzia de vídeos recentes sobre Chemnitz. Depois, em cada um, vasculhou as recomendações do YouTube atrás do que assistir em seguida. Depois fez a mesma coisa com esses vídeos e assim por diante. Revelou-se uma rede de aproximadamente 650 vídeos: o ecossistema do conteúdo sobre Chemnitz cultivado na plataforma. O mais perturbador era que as recomendações se agrupavam com força em torno de meia dúzia de vídeos de conspiração ou da extrema direita. Eles sugeriam que qualquer usuário que entrava nesse circuito de vídeos sobre Chemnitz — para, digamos, procurar as últimas notícias ou assistir a um vídeo enviado por um amigo — seria atraído para conteúdo extremista pelo algoritmo do YouTube. Indagado em relação a quantos passos seriam necessários, em média, para um espectador do YouTube que procurasse um vídeo noticioso sobre Chemnitz se pegar assistindo a propaganda da extrema direita, Serrato respondeu: "Dois". Ele complementou: "Em um segundo, você já está até os joelhos na *alt-right*".

As recomendações raramente faziam os usuários voltar à cobertura da imprensa tradicional ou a qualquer conteúdo progressista ou apolítico que fosse. Uma vez entre extremistas, o algoritmo tendia a ficar lá, como se aquele fosse o destino desde sempre. O algoritmo chegava a levar de vídeos do Chemnitz a tópicos da extrema direita sem qualquer relação — nacionalismo branco, conspirações antissemíticas —, tal como o Facebook havia guiado Renée DiResta de páginas antivacina a causas marginais absolutamente isoladas. Um vídeo típico chamava Trump de títere da família banqueira Rothschild. Embora Serrato considerasse os vídeos abomináveis e perigosos, ele admitia que algo neles era difícil de desligar. "É a meta do YouTube", disse. "Eu continuo envolvido, eles rodam os anúncios. E funciona."

Enquanto trabalhava com Katrin Bennhold, a chefe da sucursal de Berlim do *New York Times*, percebi que esse efeito havia ajudado a fabricar o caos em Chemnitz. Pouco antes das facadas na cidade, meia dúzia de youtubers de extrema direita tinham postado vídeos sobre o incidente. Um deles, um blogueiro chamado Oliver Flesch, contava com apenas 20 mil inscritos. Ele fazia pouca campanha ou promoção fora de sua bolha ideológica. Mas seus vídeos sobre Chemnitz acumulavam centenas de milhares de visualizações, graças à promoção pesada do motor de recomendação do YouTube.

Serrato descobriu que os espectadores que assistiam a qualquer coisa sobre Chemnitz no YouTube, como um vídeo de notícias, logo recebiam recomendação para o canal de Flesch. Flesch postou catorze vídeos sobre o assunto, tendo todos aparecido nas recomendações do YouTube, semeando na plataforma as mesmas mentiras vitimistas a respeito das quais Sören Uhle seria questionado. Outros canais de extrema direita e de conspiração logo captaram a versão de Flesch sobre os eventos, transformando uma briga de rua em pauta sobre os riscos que corria a virtude branca. O algoritmo do YouTube também os impulsionou.

Até alemães que buscavam no Google notícias sobre Chemnitz eram dirigidos a conspiracionistas do YouTube. O Google promove vídeos do YouTube com frequência no alto dos resultados de busca, um ato de sinergia corporativa projetado para impulsionar o lucro.[3] Isso quer dizer que as práticas do YouTube não ficam só no YouTube; já que o Google domina as buscas na internet, essas práticas influenciam como quase qualquer pessoa na internet encontra e acessa notícias e informações.

Conforme YouTube e Google guiavam mais e mais alemães para vídeos sobre Chemnitz pululando de mentiras, o interesse pela cidade cresceu, inclusive entre muitos de fora da extrema direita. As vozes do YouTube que ganhavam toda a atenção chamaram seu séquito, que crescia com velocidade, para demonstrar seu apoio à vítima das facadas indo a Chemnitz. Moradores disseram que, nos dias anteriores aos atos de violência, teorias da conspiração começaram a ficar estranhamente mais comuns, cochichadas em bares e bebedouros. Então chegaram as multidões, que espumaram e queriam tomar a cidade de volta dos estrangeiros. Logo começou uma revolta, houve saques a lojas e embates com a polícia. Muitos dos tumultuadores creditaram ao YouTube o fato de terem chegado lá.

Era o colapso do Sri Lanka, ponto por ponto, no meio da Europa. Mas com uma diferença importante. No Sri Lanka, as mídias sociais tinham radicalizado um grupo social que existe no mundo real e tem uma identidade que é preservada com força: os cingaleses. Na Alemanha, contudo, os tumultuadores de Chemnitz eram novidade. É certo que havia neonazistas calejados na multidão, mas muitos não faziam parte de nenhuma causa ou grupo específico. O YouTube, em vez de provocar uma comunidade preexistente com uma identidade preexistente, criara uma dessas do nada. Havia construído a rede dentro dos seus sistemas, montando-a a partir de sua realidade e crenças em comum, e depois a soltara no mundo. Em questão de dias. Era algo mais profundo até do que a violência vigilantista de inspiração facebookiana que eu vira no país meses antes.

Se havia acontecido com tanta facilidade em Chemnitz, estaria acontecendo também em outros lugares? Efetivamente, um pesquisador que por coincidência também era da Alemanha vinha demonstrando que esse mesmo processo se desenrolava havia meses nos Estados Unidos, acelerando a ascensão de uma nova direita extremada, apavorante, e tingindo-a com as tendências mais exageradas e perigosas das plataformas sociais. Ele começara a investigar o fenômeno em 2015, dera sequência com alguns dos choques mais fortes na política dos anos subsequentes até que, durante vários meses em 2018, encontrou provas do que antes apenas suspeitava: o YouTube estava fazendo com a política norte-americana o que fizera com Chemnitz, sobrecarregando-a com uma ala desvairada da direita de sua própria criação algorítmica. Mas Chemnitz e outras perturbações daquele ano se mostrariam apenas um ponto intermediário em suas descobertas, a pressagiar os acontecimentos mais letais e mais grotescos que se seguiriam.

Unindo a direita

Jonas Kaiser olhou para dentro da sua primeira toca de coelho do YouTube em uma pausa entre sessões de pesquisa para um doutorado que, no início, pouco tinha a ver com as mídias sociais nos Estados Unidos. Ele estava estudando pessoas céticas quanto à mudança climática na Alemanha, onde nascera. Lá, tal ceticismo era um tanto quanto misterioso. Diferentemente dos Estados Unidos, a Alemanha não tinha um partido ou figura política de destaque que pregasse a desconfiança quanto à mudança climática, de modo que a existência de questionadores o deixava perplexo. "É que me parecia um grupo esquisito", disse. "Meu interesse era, tipo: Como? Por quê?"

A vida de pós-graduando pode ser exaustiva. Kaiser, que é magrelo, careca, lembra um desentupidor de cachimbos com seus óculos e gola V, e gosta de relaxar assistindo a vídeos de competição de jogos no YouTube. Tendo crescido em um vilarejo remoto, ele se conectava com amigos através dos jogos da internet, mas seu laptop da pós-graduação não tinha potência, de modo que ele resolveu ficar só nos vídeos. Um dia, lembrou, "o Gamergate estava por toda parte", saturando os canais de jogos do YouTube. Até ali ele nunca tinha ouvido falar em Breitbart ou em Milo Yiannopoulos. A plataforma começou a empurrá-lo para outras comunidades que também haviam assumido a causa do Gamergate: youtubers pró-ateísmo, youtubers da ciência, youtubers da *alt-right*. "Notei uma mudança bem específica, de repente havia novas comunidades formando identidades em torno daquilo", disse, "em torno de misoginia e desinformação." Ao direcionar usuários para e entre essas facções, era como se o algoritmo estivesse unindo todos.

Foi um momento eureca para Kaiser, que viu um paralelo com os negacionistas da mudança climática na Alemanha. "É muito pequeno e fragmentado", disse ele a respeito do movimento dos céticos climáticos do seu país. "O único lugar onde eles podiam trocar ideias, se aglutinar e encontrar aliados era a internet." Ele percebeu que esses grupos não eram reflexo de comunidades de tamanho significativo no mundo real.[4] Eram nativos da internet — e, por conta disso, moldados por espaços digitais que os haviam fomentado. Os céticos climáticos se reuniam em grande parte nas seções de comentários de jornais e blogs. Ali, reacionários e conspiracionistas diversos, gente com nada em comum além da vontade de registrar sua objeção à cobertura climática, ficavam juntos. Isso lhes dava uma noção de propósito compartilhado. E a disposição dos comentários nos sites — logo abaixo do texto — os tornava anormalmente visíveis, dando aos leitores a falsa impressão de sua popularidade e atraindo levas de novos entusiastas.

O YouTube estaria fazendo algo parecido?, Kaiser se perguntou. Uma das redes que a plataforma havia costurado ao Gamergate era a *alt-right*. Ele sabia que a extrema direita existia havia décadas. Mas, na internet, ela parecia entrelaçada a círculos das redes sociais que pouco tinham a ver com política, mesclando-se a algo maior, algo novo. Depois de terminar seu doutorado, Kaiser fez contato com Adrian Rauchfleisch, pós-graduando suíço com interesses parecidos e um pendor pela programação, que viria a ser seu companheiro de pesquisa por muito tempo. A dupla remanejou as ferramentas que Kaiser havia criado para rastrear os céticos da mudança climática, agora para entender a extrema direita ascendente na Alemanha.

Mas eles suspeitavam que as lições se aplicariam também aos Estados Unidos. Era o terceiro trimestre de 2016, quando Donald Trump estava subindo nas pesquisas. Kaiser identificou os vínculos de Trump aos nacionalistas brancos alinhados ao Gamergate que ele havia visto no YouTube, assim como os paralelos com a direita alternativa do seu próprio país. Embora o grupo de dados inicial que ele e Rauchfleisch tinham fosse da Alemanha, o interesse dos dois ficou cada vez mais focado nos Estados Unidos.

Começaram pelo YouTube, onde várias das vozes de liderança da *alt-right*, tanto alemãs quanto norte-americanas, haviam surgido.[5] Muitos descreviam a plataforma como base digital de operações. Ainda assim, era a menos estudada entre as grandes plataformas, praticamente uma caixa-preta. Kaiser e Rauchfleisch viriam a mapear o YouTube e identificar como as recomendações da plataforma guiavam os usuários. Seria a mesma coisa que Serrato fizera com os vídeos sobre Chemnitz, mas numa escala milhares de vezes maior — talvez milhões de vezes.

Eles adestraram um computador para monitorar as recomendações do YouTube a partir de meia dúzia de canais conhecidos na Alemanha, depois de mais meia dúzia, e assim por diante.[6] Repetiram o processo várias vezes, à procura de padrões nas escolhas do sistema. Como as recomendações de vídeo podem ser desorganizadas — variando a cada dia, conforme o algoritmo aprende, e de pessoa para pessoa, com base nos perfis de cada usuário —, a dupla também rastreou uma das recomendações padronizadas do YouTube: uma lista de "canais relacionados" que o algoritmo gerava na parte inferior de cada canal. Aquilo dava outra camada de informação sobre o raciocínio do algoritmo, ajudando Kaiser e Rauchfleisch a separarem padrão e ruído. Era uma faxina na metodologia — uma conferência para garantir que os resultados teriam rigor —, que iria, posteriormente, quando suas descobertas viessem a provocar indignação nos altos escalões do governo norte-americano, se tornar fonte de conflito com o próprio YouTube.

Os pesquisadores esperavam resultados que lembrassem uma nuvem: milhares de canais de tópicos abrangentes dispostos de forma flexível. Em vez disso, a rede retratou uma série de aglomerados bem nítidos, dispostos um ao lado do outro, como um mapa de metrô. Foi um espanto. O feito dos sistemas do YouTube de conseguir analisar e organizar bilhões de horas de vídeo em tempo real, depois direcionar bilhões de usuários pela rede, com esse nível de precisão e consistência, era incrível para a tecnologia e demonstrava a sofisticação e a potência do algoritmo.

Os vídeos de política eram ainda mais concentrados. O sistema havia formado um superaglomerado — parecido com um sistema de tempestade em um mapa meteorológico — a partir de várias comunidades que Kaiser e Rauchfleisch esperavam ver à parte. Os veículos da imprensa alternativa, a crítica de centro-direita, os extremistas de direita, os pirralhos neorracistas universitários e os teóricos da conspiração com chapéu de alumínio estavam todos vinculados. Com a meta de testar se esse superaglomerado afetava o comportamento dos usuários, a dupla recolheu cada comentário nos vídeos em um período de três anos, no total de 2 milhões, depois rastreou as atividades dos críticos (anonimizados por uma questão de privacidade) em todo o site.[7]

Os resultados eram o que eles temiam. Usuários que começavam a comentar apenas um recorte de vídeos — canais de notícias da centro-direita, digamos — passaram a comentar em canais de todo o superaglomerado. "Com o tempo, a rede ficou mais densa e mais fechada", disse Kaiser. Conforme os usuários eram levados algoritmicamente a circular entre críticos da direita tradicional, conspiracionistas esquisitões e racistas de porão, eles começavam a tratar as páginas, antes discrepantes, como parte de uma comunidade unificada. A comunidade *deles*. O YouTube, Kaiser disse, havia criado uma nova "identidade coletiva".

O projeto lhes tomara um ano inteiro, até o terceiro trimestre de 2017. A vitória de Trump havia subido o sarrafo. Se algo parecido estava se desenrolando nos Estados Unidos, eles sabiam que as forças que tinham identificado na Alemanha agora dominavam a nação mais poderosa do planeta. Era o que tornava a compreensão daquele movimento — suas peças e como elas se conectavam — uma questão de importância urgente. Antes de eles terem chance, algo que se parecia muito com a comunidade formada no digital que eles haviam encontrado na Alemanha apareceu no que primeiramente era o coração dos Confederados.*

Em agosto de 2017, centenas de manifestantes se materializaram em Charlottesville, Virgínia, em nome do que chamaram, perante o grande público, de manifestação contra o plano da cidade de derrubar uma estátua do general confederado Robert E. Lee.

---

* Os onze estados do Sul que tentaram se separar dos Estados Unidos durante a Guerra da Secessão.

Nas plataformas sociais em que se organizaram, eles chamaram o encontro de Unite the Right, ou "Unindo a Direita". Havia algo de incomum na aliança. Grupos marginais que até então tinham pouca ou nenhuma associação de repente se juntaram. Os seguidores chegaram em números até então inimagináveis, como se materializados do nada. Muitos não faziam parte de grupo algum. Eram desgarrados que entraram na onda.

O impulso se tornou demonstração de força. Centenas carregaram tochas de luau, brandindo bandeiras nazistas e confederadas enquanto entoavam "Judeus não vão tirar nosso lugar". Com capacetes e ostentando porretes, muitos entraram em choque com a polícia. No segundo dia, pouco depois de o governador declarar estado de emergência, um dos manifestantes jogou de propósito seu Dodge Challenger contra uma multidão de manifestantes contrários, ferindo dezenas e matando uma mulher de 32 anos chamada Heather Heyer.

Não foi difícil entender como a extrema direita ganhara coragem. Trump havia usado a Presidência para defender o movimento e muitas das suas conspirações e causas. Ainda assim, isso não explicava como tais grupos tinham se unido e superado as divisões tribais, conseguido recrutar em quantidade tão vasta e ganhado coesão tão rápido. A manifestação e o grupo por trás dela haviam se constituído, como se descobriu, nas redes sociais. Mas o próprio evento, além de seu terrível significado, sugeria algo mais vasto, e ao fim e ao cabo mais perturbador, que estava acontecendo na internet.

A direita alternativa na internet, ainda próxima a suas raízes no Gamergate, estava centrada em uma subseção muito ativa do Reddit chamada The_Donald.[8] Embora regida sobretudo por sua própria cultura de provocação troll, ela tirava deixas de extremistas como Andrew Anglin, o astro do 4chan que virou neonazista. Anglin havia declarado o "verão do ódio", incentivando manifestações no mundo real.[9] Conforme os tambores a convocar um megaencontro passaram a rufar na internet, um ativista chamado Richard Spencer começou a organizar um desses eventos em torno de Charlottesville. Spencer, que cunhara o termo *alt-right* para dar um lustro simpático ao nacionalismo branco e atrair os universitários, vivia nas redes sociais, especialmente como convidado de canais de direita do YouTube. Certa vez ele disse a um jornalista: "Memeficamos a direita alternativa até ela passar a existir".[10] Enquanto Spencer e Anglin impulsionavam a manifestação, os moderadores da The_Donald no Reddit endossavam o evento e incentivavam a participação nele.[11]

Mas foi o Facebook que fez o evento crescer de encontrinho do Reddit a festa dos transextremistas saindo do armário, como definiu Megan Squire, pesquisadora do extremismo de internet na Universidade de Elon. Em um estudo que investigava a significância da plataforma, ela identificou primeiramente 1870 grupos e eventos de Facebook da extrema direita.[12] Ela os descobriu verificando os perfis de extremistas já conhecidos, buscando termos associados com a extrema direita e, é claro, seguindo o algoritmo de "grupos sugeridos" no Facebook, que a direcionou com toda fluidez ao universo do ódio. Ela vasculhou o rol de participantes de cada grupo. Depois fez uma análise da rede, tal como Kaiser havia feito com o YouTube, para visualizar tudo. Cada grupo do Facebook era um nó. Quanto mais membros em comum entre dois grupos, mais próximos ficavam os dois nós.

Em uma rede social mais neutra, o resultado poderia se resolver em cinco ou seis agrupamentos — digamos: revivalistas da Confederação, neonazistas, milícias antigoverno, círculos de memes da direita alternativa — que permaneciam apenas entre eles próprios no mundo desconectado. Mas, no Facebook, tal como o YouTube na Alemanha, a plataforma mesclava essas comunidades, que em outro lugar ficariam separadas, criando algo totalmente novo. E, bem no centro, lá estava: a página do evento Unite the Right.

Jonas Kaiser, agora nos Estados Unidos, depois de conseguir uma vaga de docente iniciante em Harvard, estava perplexo. "Por vir da Alemanha, eu devia ser meio ingênuo", disse. Nas manifestações da extrema direita na Alemanha, contou, "alguns nazistas vão à rua, berram, e geralmente os manifestantes contrários ganham deles em peso". A manifestação nacionalista branca de Charlottesville tinha sido muito mais tectônica. "Aumentou a gravidade", disse, tanto para ele quanto para Rauchfleisch.

Eles partiram para a aplicação das técnicas que haviam aprendido na Alemanha, dessa vez com o YouTube em língua inglesa. Agora, estavam aprendendo a identificar bem mais do que conexões simples. Conseguiram mapear não só a rede como um todo, tal como tinham feito na Alemanha, mas como o algoritmo direcionava usuários ali dentro, incluindo quais canais tratava como pontos de entrada e quais seriam destinos. Era a diferença entre mapear uma cidade e mapear seu trânsito.

Em janeiro de 2018, Kaiser estava reunindo provas para começar a ir a público. Em um seminário em Harvard, ele contou que a extrema direita aglutinada da qual o grupo de Charlottesville fazia parte, como ele passou a crer, "não vinha dos usuários", pelo menos não totalmente, mas havia sido parcialmente "criada pelo algoritmo do YouTube".[13] Kaiser sabia o que ele e Rauchfleisch estavam prestes a provar. Mas nenhum dos dois podia ter previsto o que encontrariam no meio do caminho.

Crise e solução

Nos recônditos mais longínquos da extrema direita na internet, a influência do YouTube já era uma questão de senso comum. Em março de 2018, o usuário de um fórum neonazista de destaque abriu uma *thread* de discussão com o título

"O QUE TROUXE VOCÊ AO MOVIMENTO?".[14] O fórum, chamado Right Stuff [A coisa direita], vinha crescendo ao longo dos anos 2010, tendo originado muitas das marcas registradas da direita alternativa. Seu fundador, Mike Peinovich, é creditado pelo (((eco))), no qual os usuários dispõem os nomes de judeus suspeitos entre parênteses triplos.[15] O meme, surgido no podcast Daily Shoah, que foi batizado em tom de zoação com a palavra hebraica para o Holocausto, se tornou onipresente no Twitter e no Facebook. Em panfletos que anunciavam a manifestação Unite the Right, o nome de Peinovich, sinalizando sua fama, era o segundo depois do de Richard Spencer.[16]

Dezenas responderam à *thread* que pedia suas histórias. Cada vez mais, eles descreviam adotar suas visões de forma crescente, sempre nas redes sociais, muitas vezes com incentivo algorítmico. "Já fui da turma anti-SJW",[17] escreveu um usuário, referindo-se aos *social justice warriors*, ou guerreiros da justiça social, sempre vítimas de zombaria no 4chan e no Reddit. Ele complementou, usando a gíria de internet "*based*", adjetivo que se refere ao que é transgressor. "E agora estou aqui. Obrigado ao algoritmo *based* de sugestão de vídeos do YouTube." Assim como acontecera com muitos, as recomendações do YouTube o haviam levado, disse, primeiro a vozes conservadoras genéricas. Depois, a nacionalistas brancos. Depois, a supremacistas brancos. Depois, a neonazistas supostamente irônicos. E, por fim, a neonazistas de fato.

O próprio Peinovich fizera uma rota parecida. Programador de Nova York com posições moderadas e esposa judia, ele havia tido problemas de saúde no fim dos anos 2000. Trancado em casa, passava "horas em fóruns de discussão política no Facebook e no Reddit, onde deixou seu lado reacionário correr solto",[18] como amigos contaram à *New Yorker*. Depois que o tempo e os algoritmos fizeram o que fizeram, ele emergiu de lá como nazista genuíno e devoto.

Outro tema veio à tona nas histórias de usuários do Right Stuff. Raramente era o ódio que atraía as pessoas. Era, isso sim, o conteúdo que refletia sentimentos de alienação, de falta de propósito — a mesma anomia que havia ligado Adam e outros obcecados do 4chan. "Assisti a um vídeo de Millennial Woes sobre depressão (eu tava triste)", disse um dos usuários, descrevendo o primeiro passo da sua jornada. O Millennial Woes [Aflições de Millennial], alcunha do supremacista branco escocês Colin Robertson no YouTube, postava vídeos prometendo revelar a verdadeira causa da infelicidade dos jovens: a sociedade, ele dizia, queria derrubar o espaço natural do homem branco no topo da hierarquia. "Ele citava várias coisas de que eu nunca tinha ouvido falar (neorreação, Direita Alternativa)", prosseguiu o autor da postagem no Right Stuff. "Encontrei Richard Spencer. Encontrei o TRS. Minha vida mudou totalmente."

Uma das portas de entrada mais importantes à direita alternativa é a página no YouTube do canadense Jordan Peterson, um professor de psicologia.[19] Em 2013, Peterson começou a postar vídeos que tratavam, em meio à esotérica filosofia jungiana, do sofrimento do homem jovem. Ele oferecia conselhos de vida (arrume seu quarto, sente-se ereto) em meio a exortações contra a igualdade racial e de gênero que colocavam em perigo "o espírito masculino".[20]

Buscas por "depressão" no YouTube ou certas palavras-chave de autoajuda costumavam levar a Peterson.[21] A duração incomum de seus vídeos, de sessenta minutos ou mais, se alinhava com o impulso do algoritmo a maximizar o tempo assistido. Do mesmo modo, seu método de professor universitário, de serializar a discussão ao longo de semanas, o que exige que você volte para a próxima aula e depois para a seguinte. Mas, acima de tudo, Peterson apelava ao que o sociólogo Michael Kimmel chama de "privilégio ressentido".[22] Homens brancos passaram séculos com expectativas de tratamento preferencial e status especial e eram atendidos. Conforme a sociedade se aproximou da igualdade, essas regalias, embora ainda consideráveis, começaram a se reduzir. Alguns homens brancos se aclimataram. Alguns se rebelaram. Outros sabiam apenas que sentiam que algo havia lhes sido tirado. Peterson e outros lhes dão uma maneira de explicar esses sentimentos de injustiça — feministas e esquerdistas estão destruindo o espírito masculino — e um conjunto de respostas fácil. Arrume seu quarto. Sente-se ereto. Reafirme as hierarquias tradicionais.

"É normal que pessoas dessas comunidades estejam se afogando em aflição, e aí elas ficam suscetíveis a se corromper por esse mal carismático e lúcido que lhes oferece aquilo que parece a única tábua de salvação", tuitou um ex-adepto.[23] O algoritmo do YouTube, em muitos casos, conseguia acesso a esse descontentamento, recomendando canais que levavam a mensagem de Peterson a extremos cada vez maiores. "As etapas comuns na ferrovia", escreveu o usuário, eram "Jordan Peterson => Stefan Molyneux => Millennial Woes." (Molyneux, supremacista branco que se apresenta como terapeuta e filósofo do tipo "só estou fazendo perguntas", vinha labutando na obscuridade até se filiar ao YouTube. Quando a pressão do público obrigou a empresa a tirar sua página, em junho de 2020, ele tinha mais de 900 mil inscritos e chegava a muitos mais através das recomendações automáticas.) Era exatamente o tipo de trilha algorítmica que Kaiser estava mapeando no laboratório, a mesma que ele descobriu cartografando várias vezes o YouTube.

Os dados sugerem que essa sequência de promoção converte usuários em grande escala. Usuários que comentam vídeos de Peterson têm, subsequentemente, duas vezes mais chance de brotar nos comentários de canais de extrema direita do YouTube, concluiu um estudo de Princeton.[24] O próprio Peterson não recomenda os canais — é o algoritmo que faz a conexão. Essa era outra peça essencial do quebra-cabeça que Kaiser e Rauchfleisch tentavam resolver. Eles estavam medindo como o YouTube levava os usuários a se movimentar. Mas os mapas que fizeram da rede não conseguiam lhes dizer por que o sistema tomava as decisões que tomava. Foi preciso que psicólogos e pesquisadores do extremismo revelassem a resposta.

As plataformas sociais tinham chegado, por mais que sem querer, a uma estratégia de recrutamento que gerações de extremistas haviam adotado. O pesquisador J. M. Berger a chama de "construto crise-solução".[25] Quando o público se sente desestabilizado, costuma buscar uma identidade de grupo forte para recobrar a sensação de controle. Pode ser algo grande, como a nacionalidade, ou pequeno, como participar de um grupo da igreja. Identidades que prometem recontextualizar adversidades individuais dentro de um conflito maior têm atração especial. Você não está infeliz por conta da sua luta para se afirmar com circunstâncias pessoais; você está infeliz por causa Deles e porque eles Nos perseguem. As adversidades ficam inteligíveis e, como você não está mais lidando com elas por conta própria, se tornam menos assustadoras.

Crise-solução: existe uma crise, o exogrupo é o responsável, seu endogrupo oferece a solução. Se essa noção de conflito crescer demais, pode chegar ao ponto da radicalização, no qual você vê o exogrupo como ameaça imutável sobre a qual só se aceita a vitória total. "A escala da crise fica mais extrema e a solução prescrita fica mais violenta", escreveu Berger, até que destruir o exogrupo se torna o cerne da identidade em comum do endogrupo. "A geração atual de plataformas sociais", complementou, "acelera a polarização e o extremismo para uma minoria significativa", o que habilita e incentiva exatamente esse ciclo.[26]

A contagem de corpos já crescia. Em 2014, numa cidadezinha próxima a Santa Barbara, um desistente da universidade com 22 anos, Elliot Rodger, esfaqueou três pessoas até a morte em seu prédio, depois postou um vídeo no YouTube anunciando sua "vingança contra a humanidade" por ter sido "forçado a suportar uma existência de solidão, rejeição e desejos frustrados, tudo porque as meninas nunca se atraíram por mim".[27] Depois, Rodger foi até uma república estudantil feminina, bateu na porta e atirou em três mulheres, matando duas. Ele voltou para o carro, ficou andando pelas ruas, atirando em pedestres e atropelando outros — entre os quais várias mulheres — antes de se matar.

Solitário, sim, mas sem cultivar a solidão: Rodger havia passado meses enfurnado em fóruns da internet, depois no YouTube, onde seus vídeos se tornaram tão cheios de ódio que seus pais chegaram, certa ocasião, a chamar a polícia. Ele era produto de uma comunidade digital que englobava 4chan, Reddit e YouTube, cujos integrantes se autodenominam "incels", em referência a seu in*voluntary* cel*ibacy* [celibato involuntário].[28]

Fóruns de incels haviam começado como espaços para compartilhar histórias sobre a solidão. Os usuários discutiam como lidar com a vida "sem abraços". Mas as regras das mídias sociais de afirmar superioridade e buscar atenção continuavam predominando. Vozes mais ruidosas apareciam mais. As opiniões ficavam mais extremadas.[29] A indignação predominante nas plataformas reinterpretava a angústia de cada um como luta tribal de Nós contra Eles. Os incels embarcaram em uma crença central e radicalizadora: as feministas estão conspirando para capar e subjugar nossa subclasse de homens de baixo status. Endogrupo e exogrupo. Crise e solução.

Em 2021, homens que se descreviam como incels já haviam reivindicado a autoria de cinquenta assassinatos, uma onda de violência terrorista.[30] Um youtuber pouco conhecido alvejou e matou quatro mulheres em uma aula de ioga na Flórida. Um superusuário do Reddit atropelou uma multidão de pedestres em Toronto. Um incel do 4chan postou ao vivo o momento em que assassinava uma garota de dezessete anos, com vivas dos usuários, e depois tentou se matar. Rodger ainda é venerado como herói entre os incels.[31]

O movimento era a margem da marginalidade, apequenado pelo Pizzagate ou pela direta alternativa. Mas sugeria o potencial das mídias sociais para incitar a anomia dos homens brancos jovens a se tornarem comunidades de extremismo — um fenômeno cada vez mais disseminado. Quando um grupo paramilitar da extrema direita chamado Oath Keepers [Os Jurados] fez um levantamento com seus 25 mil integrantes a respeito de como haviam chegado ao movimento, a resposta mais comum foi Facebook, seguido por YouTube.[32]

O YouTube pode ser um doutrinador de eficiência especial porque movimenta os usuários por acréscimo. Jordan Peterson diz aos espectadores que suas aflições individuais derivam de um conflito que os posiciona contra os *social justice warriors* — a crise. Millennial Woes os mobiliza a se defender coletivamente contra as feministas e as minorias que se opõem a eles — a solução. Canais mais extremos intensificavam os riscos dessa guerra até o genocídio branco ou a subjugação judaica, incentivando implicitamente espectadores a enfrentar a ameaça do jeito que for necessário.

O YouTube está longe de fazer isso em todos os casos. Espectadores de Jordan Peterson também serão encaminhados, digamos, para pesquisa acadêmica pop ou gente da autoajuda. Mas as plataformas costumam privilegiar conexões de radicalização por um único motivo: porque funciona. Extremistas gostam da sequência crise-solução porque incita a pessoa a agir. Os algoritmos gostam porque engaja a atenção e a paixão da pessoa, transformando a navegação na internet em questão de identidade, comunidade, até de fanatismo — e, portanto, em mais tempo assistido.

O YouTube atualizou seus algoritmos ao longo de 2016 e 2017, acrescentando um sistema que chamou de Reinforce

[Reforço], que recomendaria subgêneros pouco conhecidos aos usuários.[33] Mesmo que nunca houvesse pesquisado vídeos de porta de entrada à *alt-right*, você seria empurrado para um, só para ver se rolava. De repente se viam por todo lugar os relatos de radicalização no YouTube, com detalhes que se repetiam com consistência maquinal. "Um dos meus amigos mais íntimos foi radicalizado pelo YouTube", tuitou Chris Sacca, investidor do Vale do Silício e egresso do Google. "Começou há alguns anos com vídeos 'para fazer você pensar' e 'contestadores'. Porém, graças ao algoritmo de vídeos sugeridos, a coisa ficou mais sombria, mais violenta, ele perdeu esposa, filhos e amigos, e hoje ninguém sabe por onde ele anda."[34]

David Sherratt, ex-extremista, contou ao Daily Beast que sua derrocada havia começado aos quinze anos, quando ele assistia a vídeos de jogos.[35] O sistema lhe recomendou vídeos pró-ateísmo, que contam à garotada das ciências e da matemática que ela faz parte de uma minoria ultrarracional sitiada pelos *social justice warriors*. Depois recomendou vídeos antifeministas; a seguir, vídeos de "direitos masculinos" alinhados aos incels, tendo ele contribuído com alguns; depois, com vídeos neonazistas por definição própria.

Em 2018, um veículo chamado Bellingcat vasculhou um arquivo de salas de chat privadas de extrema direita que totalizava centenas de milhares de mensagens.[36] Os investigadores esquadrinharam momentos em que usuários mencionavam como haviam chegado à causa. A porta de entrada mais comum entre as menções: o YouTube. Muitos diziam que começavam por vídeos banais, depois eram recomendados a canais cada vez mais extremos. Era a mesma história que se via em outros lugares.

"Os algoritmos do YouTube me fizeram saltar por uma trilha de criminosos do pensamento, todos descarados", escreveu Meghan Daum, uma romancista, sobre sua deriva por um movimento paulatinamente de extrema direita, baseado sobretudo no YouTube, que se autodenomina a *dark web* intelectual.[37] Jordan Peterson é um dos líderes. Conforme a plataforma impulsionou Daum de vídeos que questionavam o feminismo a vídeos que sugeriam que o cérebro feminino é condicionado às lides domésticas, que iam de chamar pessoas negras de racistas a rejeitar o pluralismo racial em si, assistir ao YouTube se tornou "o que eu fazia em vez de assistir televisão (e, com frequência, de ler livros, ouvir música ou faxinar o apartamento)". Era mais do que distração. Os canais eram seus "amigos do YouTube", bálsamo para um casamento fracassado e a sensação de isolamento. Eram comunidade. Eram identidade.

Ela havia caído no que é conhecido como toca de coelho. O termo já descrevera qualquer noite ou tarde que se passe seguindo recomendações do YouTube aonde quer que levem. De repente você parava para assistir a um dos seus vídeos preferidos de comédia, depois se recostava conforme o sistema o conduzia pelos sucessos do comediante. Mas, em 2018, depois que foi implementado o sistema Reinforce, "toca de coelho" cada vez mais se referia a seguir canais políticos do YouTube que levavam ao extremismo. Usuários despencavam por essas tocas, estivessem ou não em busca de vídeos políticos, e geralmente iam parar em lugares que não tinham procurado — lugares até mais perturbadores que a extrema direita.

O problema Alex Jones

Ao longo dos primeiros meses de 2018, Kaiser e Rauchfleisch rodaram testes automatizados nas recomendações do YouTube, mapeando como o site interconectava os canais e quais comunidades ele construía.[38] Por fim, em abril, eles juntaram os resultados. O sistema do YouTube, descobriram, fazia três coisas muito, muito bem.

Primeiro, ele alinhavava aglomerados de canais de um modo totalmente original. Um desses aglomerados misturava médicos que aconselhavam tratamentos, professores de ioga que defendiam o alinhamento dos chacras, mascates vendendo beberagens cura-tudo e radicais antivacinas. Um usuário que começasse por qualquer um desses assuntos passaria a circular pelos outros. Não havia nada de inato que os conectasse, fora a conclusão da IA de que mostrar um ao lado do outro faria a pessoa continuar assistindo. Embora suas duas conclusões seguintes viessem a render mais atenção, Kaiser martelava consistentemente a importância da primeira. O Youtube é, em primeiro lugar, tal como o Facebook e o Twitter, um experimento de sociedade. Usuários comentam, curtem, compartilham e todos fazem parte de uma atividade comunal. Os produtores de vídeos são incentivados a se dirigir aos seguidores olhando para a câmera, fazer perguntas e comentários, participar dos comentários. Então, quando o YouTube aglomerava milhares (ou milhões) de usuários em poucas dezenas (ou poucas centenas) de canais, tinha-se uma comunidade genuína. Virava, tal como Meghan Daum havia descrito com tanta gratidão, uma identidade.

Foi isso que tornou as outras conclusões dos dois tão importantes, sendo a segunda, tal como se suspeitava havia muito, que as recomendações do YouTube geralmente tendiam para a ponta mais extremada de qualquer rede em que o usuário estivesse. Ao assistir a um vídeo da CNN ou da Fox News, as chances de receber a recomendação para um vídeo de conspiração era tão alta que, com o tempo, era a direção em que o usuário médio tendia a fluir.

Depois veio a terceira conclusão. Em uma versão ainda mais perigosa do que haviam visto na Alemanha, as recomendações do sistema estavam aglomerando canais tradicionais de direita, e até alguns canais noticiosos, com muitos dos semeadores de discórdia, incels e teóricos da conspiração mais virulentos da plataforma. Conforme atraía usuários para as vozes mais extremadas, o algoritmo lhes dava influência desmedida sobre as narrativas, pautas políticas e valores para o público maior.

Isso estava fazendo mais do que aumentar o alcance da extrema direita. Estava unindo uma comunidade maior em torno do movimento. E numa escala — de milhões — que os organizadores de Charlottesville só podiam sonhar. Ali, por fim, estava a resposta sobre o porquê de tantas histórias de gente que caía em tocas de coelho da extrema direita. Qualquer pessoa que chegasse ao YouTube interessada em tópicos pró-direita, como armas de fogo ou correção política, seria encaminhada a um mundo construído pelo YouTube com nacionalismo branco, violência misógina e conspiracionismo amalucado, e aí era impulsionada ainda mais para seus extremos.

Um canal estava visivelmente no centro da rede, um buraco negro que era o atrator gravitacional algorítmico do YouTube: Alex Jones. Radialista estridente das FMs desde os anos 1990, Jones cultivava havia muito tempo um público formado por gente excêntrica, caminhoneiros da madrugada e ouvintes meramente entediados. Vigoroso e de voz rouca, ele destilava conspirações elaboradas não tanto para convencer sua audiência, mas para prender a atenção: o governo foi o responsável pela bomba em Oklahoma City;* o governo derramava produtos químicos na água que as pessoas bebiam para todo mundo virar gay. Jones armava ações para chamar a atenção, como berrar em um discurso de George W. Bush, então governador, para exigir a abolição do Fisco. Ele vendia suplementos vitamínicos fajutos e equipamentos para sobrevivencialistas, e fez fortuna. Então chegou no YouTube e, de uma hora para outra, se tornou influente. Suas declarações

---

* Atentado terrorista que destruiu um prédio na cidade em 19 de abril de 1995, deixando 168 mortos e quase setecentos feridos. Dois extremistas antigoverno, Timothy McVeigh e Terry Nichols, foram condenados pelo ato.

pingavam na Fox News e em blogs de direita. Seu nome era suscitado em encontros conservadores, solenidades civis, até entre os influentes de Washington, mesmo que apenas para reconhecer a nova influência que ele exercia.

Como isso aconteceu? Era certo que os norte-americanos estavam se inclinando para Jones. E ele havia usado a internet para contornar os *gatekeepers* da imprensa, que o deixavam sobretudo longe da TV. Mas Kaiser tinha evidência de outro fator. O algoritmo do YouTube, segundo seus dados, recomendava os vídeos de Jones com mais frequência do que os de quase qualquer outro canal relacionado a notícias ou política. Promovia-o com agressividade especial junto a vídeos de direita, sugerindo-o como parte da causa. Geralmente usava seus vídeos como porta de entrada para o extremismo: um usuário que assistia sobretudo a conspirações podia cair num discurso violento de Alex Jones como porta de entrada para conteúdo nacionalista branco ou vice-versa.

Em abril de 2018, semanas depois de os atos de violência no Sri Lanka chamarem a atenção para o poder que o próprio Facebook tinha de promover o mal, Kaiser publicou suas conclusões sobre a criação sistemática de redes de extrema direita no Facebook,[39] junto a uma matéria do BuzzFeed News que divulgava a pesquisa, em um ensaio que explicava que o YouTube "impulsiona muito canais ao centro gravitacional de uma bolha maior da direita".[40] Ele e Rauchfleisch alertaram: "Ser conservador no YouTube significa estar a um ou dois cliques de canais de extrema direta, teorias da conspiração e conteúdo de radicalização". Ali, finalmente, estavam provas de que a plataforma havia virado uma potência em prol da radicalização em larga escala.

Outros confirmaram em seguida a "sequência da radicalização", como a chamou o pesquisador brasileiro Manoel Horta Ribeiro.[41] Sua equipe, que analisou 72 milhões de comentários em 330 mil vídeos, descobriu que "usuários migram com consistência de conteúdo mais leve a mais extremo". Usuários de direita, um contingente imenso, passavam de reacionários da "*dark web* intelectual", como Jordan Peterson, a vozes da direita alternativa, como Milo Yiannopoulos, e depois a líderes do ódio como os neonazistas Andrew Anglin e Mike Peinovich. E os usuários andavam em paralelo com as recomendações do YouTube, mais provas de que eram guiados pelo algoritmo.

No segundo trimestre daquele ano, depois de um tiroteio em escola, a página de *trending* [vídeos em alta] com destaque no YouTube começou a promover um vídeo de Alex Jones afirmando que a violência fora encenada. Jones pregava versões disso desde o tiroteio na escola Sandy Hook em 2012, quando chamou as vinte crianças e seis professoras assassinadas de "atores de crise" em um complô nebuloso do governo para justificar o confisco de armas de fogo ou a imposição da lei marcial. A conspiração já havia se espalhado pelo YouTube, consumida por números cada vez maiores de espectadores que, indignados, organizaram campanhas de assédio às famílias das crianças assassinadas durante anos. Alguns pais se esconderam e vários deles ajuizaram três ações coletivas contra Jones por calúnia. (Em 2021, Jones perdeu as três.) Durante tudo isso, o YouTube continuou promovendo os vídeos, cujas visualizações em 2018 somavam 50 milhões.[42] Quando o sistema da plataforma postava o último de Jones em sua página de vídeos em alta, tinha-se um indicador anormalmente visível de como os algoritmos do site o impulsionavam.

Integrantes da equipe de diretrizes do YouTube recomendaram mexer no algoritmo da página de *trending* para impedir que ela linkasse a Jones ou outras fontes de má reputação.[43] Foram voto vencido. Embora Jones fosse mais destacado no YouTube, onde tinha bilhões de visualizações, ele alcançava milhões de seguidores também no Facebook e no Twitter, e essas empresas também ficaram sob pressão para revogar os megafones digitais que haviam lhe dado.

Os pais de Noah Pozner, garoto de seis anos morto na Sandy Hook, publicaram uma carta aberta a Mark Zuckerberg. Eles estavam vivendo em um esconderijo, escreveram, atormentados por anos de intimidação e ameaças de morte, que conseguiam rastrear até grupos de conspiração com destaque no Facebook. Os pais da Sandy Hook, disseram, haviam travado "uma guerra quase inconcebível com o Facebook para nos fornecer a proteção mais elementar" contra as provocações que emanavam da plataforma.[44] "Nossas famílias estão em perigo", escreveram, "em razão direta das centenas de milhares de pessoas que veem e acreditam nas mentiras e no discurso de ódio que vocês decidiram que tem que ser protegido."

Mas as empresas não arredaram pé. Quando indagado por que o Facebook não tirava Alex Jones do ar, o vice-presidente da empresa para o feed de notícias, John Hegeman, disse: "Criamos o Facebook para ser um lugar onde várias pessoas tenham voz".[45] Zuckerberg, ante a mesma pergunta, fez coro com ele quanto à natureza da liberdade de expressão: "Sou judeu, e há um grupo que nega que o Holocausto tenha acontecido. Fico extremamente ofendido. Mas, no fim das contas", prosseguiu, "não acredito que nossa plataforma deva derrubar essas pessoas, porque acho que há coisas que, dependendo da pessoa, se entende errado. Não acho que o indivíduo entende errado por querer".[46]

Era puro suco de Vale do Silício. Se Zuckerberg estava disposto a sacrificar o consenso histórico quanto à tentativa de extermínio de seus antepassados em favor de um ideal tecnolibertário de liberdade de expressão, todo mundo devia fazer a mesma coisa. E, tal qual vários líderes do Vale, era como se ele ainda vivesse em um universo alternativo onde plataformas são recipientes neutros que não têm nenhuma função em moldar a experiência dos usuários, em que a única consequência para o mundo real é que alguém pode se ofender, e que a sociedade passaria a valorizar como é sinal de sabedoria deixar que o negacionismo do Holocausto prospere.

Esse era o problema com Alex Jones: o Vale do Silício não conseguia se mexer para agir em prol do interesse público, mesmo que parecesse do seu interesse, e extirpar um problema que encarnava, que até personificava, as crenças da indústria, codificadas em sistemas que haviam, afinal de contas, elevado Jones até ele se tornar o que era. Engajamento é igual a valor. Mais conexões levam a compreensão. Liberdade de expressão supera a expressão errada. Agir seria reconhecer que esses ideais eram falhos, perigosos. Se você puxasse esse fio, tudo podia se esgarçar.

A reação se intensificou. Em julho, o Facebook suspendeu Jones por um mês, um mero calmante para os críticos. Por fim, em agosto, a Apple tirou vários programas dele do seu serviço de podcast. Facebook e YouTube deram sequência a isso em questão de horas, banindo-o. Só o Twitter manteve a postura desafiadora. "Vamos tratar Jones com o mesmo critério com que tratamos todas as contas, não tomar providências isoladas para que nos sintamos os bonzinhos no curto prazo", tuitou Jack Dorsey, CEO do Twitter.[47] Mas o Twitter também acabou tirando Jones de circulação. Embora as empresas houvessem cedido à pressão pública, aparentemente não aceitavam que o público estava certo. Zuckerberg depois disse à *New Yorker*: "Não creio que seja certo banir uma pessoa por dizer uma coisa factualmente incorreta".[48]

No Twitter, Dorsey, apesar de toda a resistência, estava tendendo para mudanças profundas na natureza central da plataforma, aquelas a que o Vale resistira por muito tempo. Ou parecia estar. O valor de mercado da empresa continuou abaixo do seu ápice, em abril de 2015, de antes de Dorsey ter voltado para assumir, e sua base de usuários mal havia crescido no último ano. Mas, em vez de turbinar seus algoritmos ou remanejar a plataforma para deixar as discussões e as emoções à tona, tal como YouTube e Facebook tinham feito diante de métricas estagnadas, Dorsey anunciou que todo o conceito por trás de redes sociais era venenoso.

"Não conseguimos prever nem entender as consequências negativas ao mundo real" de lançar uma plataforma "instantânea, pública, global", escreveu em março.[49] Ele reconheceu que o resultado eram prejuízos reais. Em entrevistas, começou a levantar ideias hereges que outros CEOs da tecnologia rejeitavam com todo o fervor: maximizar em busca do engajamento é um perigo; curtidas e retuítes incentivam a polarização. A empresa, disse, ia remanejar seus sistemas para promover conversas "saudáveis", e não as de engajamento. Ele contratou peritos e grupos de pesquisa proeminentes para criar recursos inéditos ou novos elementos de design para chegar lá.

Mas praticamente nenhuma dessas iniciativas se concretizou. Os peritos externos, diante da demora de meses ou de mudanças abruptas nas diretrizes, em geral se demitiram, frustrados.[50] Não ficou claro se o experimento de Dorsey de repensar o Twitter havia degringolado porque ele não estava atento, porque investidores cada vez mais rebeldes faziam pressão para a plataforma impulsionar o crescimento ou porque as soluções se mostravam inaceitáveis para uma empresa ainda atada à mentalidade do Vale do Silício. Relatos de funcionários da companhia sugerem que provavelmente tenha sido uma mistura dos três motivos.

No YouTube, enquanto isso, os negócios corriam como sempre. Os sistemas da plataforma continuavam projetando comunidades marginais de alto engajamento. Naquele ano, Asheley Landrum, psicóloga cognitiva, descobriu uma delas em Denver, num congresso para pessoas que acreditavam que a Terra seria plana.[51] Extinto havia séculos, o terraplanismo ressurgiu de uma hora para outra. Professores de ciências relatavam alunos que os desafiavam com cálculos de curvatura e diagramas cheios de marcações. Um astro da NBA se declarou terraplanista, assim como um rapper. Landrum ficou zanzando pelo congresso de Denver na esperança de entender por que aquilo estava acontecendo. Os resultados não deixaram dúvidas. Dos trinta participantes entrevistados, 29 disseram ter sido expostos ao terraplanismo e convencidos de sua veracidade no YouTube. O trigésimo fora recrutado pela filha, que descobriu o assunto na mesma plataforma.

Guillaume Chaslot, o ex-funcionário do YouTube, havia notado aqueles vídeos subindo na plataforma ainda na época em que trabalhava na empresa, e avisara internamente que sugeriam algo perigoso. Assim como um corante usado para tingir uma infecção num exame médico, a presença de tais vídeos em geral indica uma plataforma social que promove crenças extremistas de todos os tipos, algumas delas ameaçadoras. "Eles me disseram: 'As pessoas clicam em vídeos de Terra plana, então elas querem vídeo de Terra plana'", lembrou. "E meu argumento era: não, não é porque alguém clicou no vídeo de Terra plana que quer ouvir mentiras. A pessoa está curiosa, e esse é um título caça-cliques. Mas, para o algoritmo, quando você assiste a um vídeo, significa que você o endossa."

Vídeos de terraplanistas com *thumbnails* e títulos provocativos apareciam havia muito tempo nas recomendações da plataforma: "200 provas de que a Terra não é uma bola que gira", "Pistas da Terra plana", "A Estação espacial internacional não existe!". As pessoas clicavam por curiosidade. O algoritmo não queria saber por que elas assistiam, só que tinham assistido. Se assistiam, o algoritmo recomendava mais e mais dos vídeos.

O YouTube, ao mostrar aos usuários muitos vídeos em fila, com todos ecoando a mesma coisa, martela com força especial dois dos nossos pontos fracos na cognição — que a exposição repetitiva a uma afirmação,[52] assim como a impressão de que a afirmação é aceita de forma ampla,[53] a faz parecer mais verdadeira do que julgamos ser. A maioria dos espectadores, é claro, provavelmente rejeita vídeos de conspiração. Mas, em uma escala de bilhões, esses métodos superam tantas defesas entre os impressionáveis que ganham milhares de convertidos até para a causa mais ridícula. Ou a mais perigosa.

O grande despertar

Em outubro de 2017, dois meses depois da manifestação Unite the Right em Charlottesville, uma postagem curta apareceu no fórum de política do 4chan sob o nome de usuário Q Clearance Patriot [Patriota Acesso Q]. O usuário sugeria ser um oficial da inteligência militar que participava de uma operação para prender os participantes do Pizzagate, a conspiração que alegava que líderes do Partido Democrata comandavam uma rede global de tráfico de crianças. O usuário, que dizia ter acesso de nível Q na segurança do governo, declarou que a extradição de Hillary Clinton já estava "em andamento" e que a Guarda Nacional havia sido mobilizada para se opor a "imensas manifestações de resistência que se organizariam". Mas foi a segunda postagem que definiu o estilo com que Q seria conhecido:

> Mockingbird
> HRC detido, não preso (ainda).
> Onde está Huma? Siga Huma.
> Não tem nada a ver c/ Rússia (ainda).

A postagem seguia com mais vinte frases. Referências apenas enigmáticas o suficiente para os usuários sentirem que estavam resolvendo um código secreto e suficientemente óbvias a ponto de garantir que iam. Como a página de abertura de um livro de espionagem, ele dava o básico de uma trama que ia seguir consistente em milhares de "Q drops" [lances do Q], como os fãs chamavam as postagens. Trump e seus generais estavam se preparando para prender milhares de conspiradores democratas e instituir o regime militar num dia de acerto de contas sangrento e triunfal.

Ao longo dos meses seguintes, a história escalou. Dezenas ou centenas de milhares seriam presos: as elites culturais, financistas, burocratas do "Estado profundo" e espiões. Fazia gerações que esse conluio vinha controlando em segredo a vida norte-americana e ele era responsável por iniciativas que iam do Pizzagate à injustiça da ordem econômica. Agora eles seriam executados e o National Mall* seria convertido em campo de extermínio. Alguns já haviam sido substituídos por sósias, depois de um ataque na surdina dentro do plano de Trump.

Os seguidores conseguiram mais do que uma história. O QAnon, tal como o próprio movimento se denominava, se tornou uma série de comunidades online em que os adeptos se reuniam para analisar cada letra das postagens de Q. Eles buscavam pistas e significados ocultos nos *drops* e, conforme a exortação de Q, em questões efêmeras da política cotidiana. Seria o comentário improvisado de Trump sobre o Congresso uma referência em código ao expurgo futuro? Seria o fato de ele ter deixado a mão naquela posição esquisita uma sinalização para a 101ª Divisão Aérea? Era um jogo infindável, uma atividade de entrosamento coletivo que se projetava no dia a dia.

Há muito tempo grupos extremistas fazem recrutamento prometendo suprir as necessidades de propósito e pertencimento dos adeptos. O ódio às vezes é apenas a cola entre as

---

* Parque central de Washington, onde ficam prédios como o Capitólio e monumentos como o Lincoln Memorial.

pessoas. "A camaradagem", escreveu a socióloga Kathleen Bee, "pode coexistir, até fazer as vezes de ódio, como motivo para participação em atividades racistas organizadas."[54] Conspirações, por outro lado, prometem a solução para o sentimento de impotência em meio a um mundo caótico e incompreensível.[55] Talvez as forças do mercado houvessem roubado seu emprego. Uma doença ou um desastre repentino desestabilizara sua vida. A mudança da sociedade tinha solapado sua noção de como devia ser a ordem social. (Muitos QAnons eram bem de vida, mas haviam entrado em pânico e desnorteamento por causa, digamos, da eleição de um presidente negro ou de um leve incremento na diversidade.)[56] Teorias da conspiração insistem que os acontecimentos, em vez de serem incontroláveis ou impessoais, são todos parte de um complô oculto cujos segredos você tem como desvendar. Reenquadrar o caos como ordem, dizer aos adeptos que só eles detêm a verdade, restaura sua sensação de autonomia e de controle.[57] É por isso que adeptos do QAnon costumam repetir entre si o mantra que os alivia: "Confie no plano".

Pesquisadores do extremismo viriam a especular por muito tempo que muitas ou todas as postagens de Q — 4 mil no total, desenroladas ao longo de três anos — na verdade eram obra de Ron Watkins, um programador de 31 anos que recentemente começara a coordenar o 8chan, o fórum que derivara do 4chan. Watkins inclusive parecia ter se sugerido como autor em um documentário de 2021, ao dizer em uma entrevista: "Foram basicamente três anos de treinamento de inteligência, ensinando aos *normies* como fazer espionagem", embora ele tenha complementado: "Mas nunca como Q". A maioria dos seguidores ignorou provas da identidade banal de Q, embora, ou talvez em certo aspecto, não quisessem saber. A atração estava no que a pauta oferecia, não na sua autoria ou verdade objetiva. Mesmo pesquisadores que acompanharam o QAnon consideravam a identidade de Q quase uma nota de rodapé. Apesar de todo o titerear de Q, eram os usuários, as plataformas e as tendências interconectadas de ambos que orientavam o movimento.

O QAnon, assim como boa parte da tecnocultura que o precedeu, fluiu rápido da marginalidade para plataformas *mainstream*. Sistemas do Facebook e do YouTube o encaixaram no turbilhão das recomendações extremistas e de conspiração.[58] De início, era apenas mais um nó. Mas suas declarações que escalavam cada vez mais e sua história totalizadora lhe permitiram absorver outras conspirações, tornando-o ponto focal — tal como Alex Jones já havia sido — de comunidades discrepantes, de *antivaxxers* a sobrevivencialistas preparados para a guerra racial a paranoicos antigoverno. Sua postura política veementemente pró-Trump e convocações abertas à violência o tornavam parceiro natural e, ao fim, presença constante na direita conectada. Acima de tudo, era uma coisa que consumia um tempo infinito, a característica primária que as plataformas maximizavam.

Quando os norte-americanos se deram conta de que aquilo era perigoso, grupos de Facebook do QAnon já tinham milhões de membros, vídeos de QAnon no YouTube tinham milhões de visualizações, e contas de Twitter do QAnon organizavam campanhas de assédio coletivo mirando celebridades que acusavam de complôs bizarros e canibalísticos. Um aplicativo que agregava os *Q drops* se tornou um dos mais baixados na App Store.[59] Um livro, *QAnon: An Invitation to a Great Awakening* [QAnon: Convite a um grande despertar], escrito por um coletivo de seguidores anônimos, alcançou o segundo lugar na lista de mais vendidos da Amazon.[60] Os integrantes passavam a vida imersos na comunidade, contando horas por dia nos chats em vídeo e nas *threads* de comentários que haviam se tornado seu mundo.

Em maio de 2018, um youtuber do QAnon invadiu uma fábrica de cimento do Arizona que ele dizia ser a central de uma quadrilha de tráfico infantil e transmitiu seu embate a centenas de milhares de espectadores no Facebook. No mês seguinte, outro adepto, carregando um fuzil AR-15, travou as duas faixas de trânsito que cruzam a represa Hoover com um caminhão blindado de fabricação caseira, exigindo que o governo liberasse um relatório citado por Q na mensagem do dia anterior. Outro foi preso em Illinois com material para confecção de uma bomba que pretendia detonar na sede do Legislativo estadual, mirando os satanistas que abusavam de crianças e que, acreditava ele, tinham tomado conta do local. Outro foi até a casa de um chefão da máfia em Staten Island, que ele acreditava ter sido marcado por Q como conspirador do Estado profundo, e atirou até matá-lo. O FBI, em um memorando interno, identificou o QAnon como ameaça potencial de terror doméstico. Mas Facebook, YouTube e Twitter, assim como aconteceu com Alex Jones, no geral se recusaram a tomar providências, permitindo que o movimento, impulsionado pelos vieses de suas plataformas, continuasse a crescer.

Praticamente toda a extrema direita conectada parecia atraída por Q. Assim como agentes da lei, atraídos por suas promessas de uma ordem com pulso firme e retaliação aos progressistas.[61] O diretor do sindicato da polícia de Nova York deu entrevistas na TV com sua xícara do QAnon à mostra. O vice-presidente Mike Pence foi fotografado junto a um oficial da SWAT da Flórida usando um bottom de Q. O movimento migrou para o Instagram, que promoveu o QAnon com força, a ponto de muitas mães da ioga e influenciadoras de moda que dominavam a plataforma serem levadas a tiracolo.[62]

Mas, apesar dos sentimentos de autonomia, segurança e comunidade que o QAnon oferecia, havia um custo: o isolamento esmagador. "Pra ser honesto, patriotas", escreveu um

QAnoner popular em um tuíte bastante compartilhado dentro do movimento, "quando comecei a participar de Q e dos patriotas e do movimento, eu me sentia muito sozinho porque a maioria das pessoas que conheço, mesmo conservadoras, acha que é tudo teoria da conspiração. Só aqui, com vocês todos eu me senti em casa e querido!"[63] Dezenas responderam com histórias parecidas. "Estou no mesmo barco. Literalmente sem amigos nem família pra conversar. Agradeço que eu e a minha esposa corremos juntos atrás do coelho, porque um só tem o outro", escreveu outro, acrescentando: "Até minha família adotiva me dispensou como se eu fosse um nada depois que o meu pai morreu. Por isso sou grato por todo mundo que tá nesse barco comigo".[64] Era uma das coisas que fizeram o QAnon ser tão bom na radicalização. Fazer parte costumava intensificar a própria noção de isolamento e de ficar à deriva que havia levado as pessoas a participar. Sem ter a quem recorrer e com necessidade redobrada de confiança, os seguidores se entregavam ainda mais à causa.

Em 2019, um dos pesquisadores do Facebook armou uma série de contas de teste simulando a experiência média de certos arquétipos de usuários.[65] Uma delas era de "Carol Smith", uma mãe fictícia da Carolina do Norte. O pesquisador fez Carol participar de páginas sobre criação de filhos, cristianismo e política conservadora, e então esperou para ver aonde o Facebook ia levá-la. Em dois dias a plataforma a conduziu ao QAnon. Cinco dias depois, escreveu o pesquisador em um relatório interno, a havia levado a um "bombardeio de conteúdo extremista, conspiratório e com imagens fortes".

Um relatório à parte, também interno, descobriu que metade do contingente do QAnon no Facebook, que chegava a pelo menos 2,2 milhões de usuários, havia sido conduzido até lá, tal como no YouTube, através de "grupos de porta de entrada".[66] Era a confirmação dos alertas de Renée DiResta, desde sua primeira descoberta sobre o movimento antivacina, anos antes, de que o recurso era um veículo de radicalização. "Não tenho como enfatizar mais como os grupos são um desastre", tuitou ela em 2018, conforme as provas se acumulavam. "O motor de recomendação de grupos é uma matriz de correlação de conspirações. Ele impulsiona gente dada a conteúdo extremista & polarizante a grupos fechados e depois secretos. O FB não tem ideia do que construiu."[67]

Mas o Facebook só intensificou seu compromisso com o recurso que, como sua própria pesquisa tinha demonstrado, guiava boa parte do crescimento do QAnon. Segundo a plataforma, 100 milhões de usuários, que ela esperava inflar até o bilhão, eram ativos em grupos e estes haviam se tornado o lugar onde eles passavam a maior parte do tempo. Até gente de dentro do Facebook, contudo, estava soando os alarmes. Outro relatório interno, que depois vazou para o *Wall Street Journal*, avisava: "Dos cem Grupos Cidadãos mais ativos dos Estados Unidos, 70% são considerados não recomendáveis por questões como ódio, desinformação, intimidação e assédio".[68] Um engenheiro que trabalhara no recurso alertou um jornalista do portal The Verge de que era "onde a geração bolha começa".[69] A prática de impulsionar usuários a grupos escolhidos para ganhar atenção, complementou o engenheiro, havia ficado "muito perigosa".

Niilismo digital

Em seu ano de calouro na faculdade, Adam, o usuário do 4chan de longa data em Dallas, passou a jurar fidelidade ao 8chan. Era 2014 quando QAnon e muito mais ainda estava por vir, mas o compromisso do 8chan de receber gamergaters, banidos até do 4chan, o firmara como último lar genuíno da liberdade de expressão. Suas discussões sem regras e o conteúdo extremado haviam lhe valido a reputação de "bar dos piratas das redes sociais", cheio de conteúdo que não se encontrava em outros lugares. "Vi muita merda", contou Adam. "Cartel decapitando, pornografia tão horrenda que nem devia existir, nem quero entrar em detalhes. Mas vemos isso cem vezes e aí o que é da vida real começa a ter menos impacto."

Era testar os limites ao estilo do 4chan, sem as normas e regras do 4chan. Os usuários do 8chan chegaram a novos extremos como defesa coletiva contra a anomia que, sendo os mais desajustados dos desajustados, o refugo do refugo, eles centravam na identidade em comum. "A teoria deles a respeito do que estavam fazendo ali, do que tiravam dali, era que estavam aprendendo a não se deixar provocar por gente que te pressiona pelo emocional ou pelo ideológico", escreveu Dominic Fox, engenheiro de software, falando dos *chans*. "O mundo real era um lugar áspero e indiferente, e qualquer pessoa que finge se importar, ou que finge precisar de carinho, por definição estava envolvida na fraude, numa espécie de trapaça."[70] Portanto, segundo Fox, no raciocínio deles, "o único jeito de se livrar de um controle desses era ficar olhando memes racistas, fotos de acidentes de carro, pornografia horrível e assim por diante, até que você conseguia fazer tudo isso com serenidade total". Era, escreveu, uma cultura da "autodessensibilização proposital".

Com o tempo, tal como boa parte da transgressão do 4chan se tornou pedra de toque do endogrupo, a mesma coisa passou a valer para a dessensibilização no 8chan. Aguentar o que é muito chocante ou insuportável para os de fora era um jeito de provar que você fazia parte. Você também tinha sido anestesiado, solapado, seus olhos tinham se aberto, você era um soldado na irmandade do vazio. Em seções mais pesadas, usuários que encontravam acolhimento e comunidade nessa prática buscavam quebrar tabus ainda mais fortes até que chegassem, talvez de modo inevitável, no mais extremo de todos: matança.

Os usuários criaram memes complexos e piadinhas internas em torno de elogios e do compartilhamento de imagens explícitas do Holocausto, de tiroteios e, em especial, dada sua tangibilidade com o passado recente, do genocídio de muçulmanos da Bósnia em 1995. O atrativo em festejar um genocídio ou um múltiplo homicida era que, de certo modo, outros não fariam a mesma coisa. Era a prova de que você era um *8shooter* genuíno: *based* [transgressor] e *red-pilled* ["da pílula vermelha"], comprometidos uns com os outros, independentemente do custo à reputação, tendo superado as demandas mesquinhas de um mundo desconectado que, na real, deixava você apavorado. A cultura predominante não era exatamente de extrema direita, embora a linguagem do nazismo e do genocídio racial permeasse tudo. Em vez disso, o ápice de anos cruzando limites e se provocando, de ódio irônico que se tornou sincero, era uma espécie de niilismo violento. Os usuários se instigavam entre si, de piada, só que não, a fazer o mundo pagar, a fazer mal a Eles em prol de Nós. A matar de forma indiscriminada.

Era fácil deixar de perceber, a não ser que você estivesse atento. Em uma rede social atrás de outra, comunidades de anomia e crise — incels do Reddit, Grupos Q do Facebook, extrema direita do YouTube — tinham escalado até o ponto da ação. Se apenas uma minoria minúscula cumprisse as ameaças, seria o normal, a situação de sempre no extremismo violento. Não havia motivo para crer que o 8chan não faria a mesma coisa.

Em março de 2019, quando começou o culto vespertino de uma pequena mesquita em um subúrbio arborizado de Christchurch, Nova Zelândia, um homem chegou em marcha pela via de acesso ao local. Ele trazia uma escopeta e tinha um celular grudado ao peito. Aproximou-se de quatro homens que conversavam na entrada. Um deles o cumprimentou: "Olá, irmão". Ele ergueu a escopeta e fez vários disparos, matando os quatro.

O desconhecido entrou pelo corredor estreito e de teto baixo da mesquita, onde quase duzentos crentes haviam se reunido, e de imediato começou a atirar. Disparou contra um fiel atrás do outro, encurralando-os contra uma parede dos fundos. Largou a escopeta quando a munição acabou. Sacou um fuzil AR-15 com uma luz estroboscópica a pulsar do cano, atirando metodicamente conforme famílias se abaixavam ou tentavam fugir. Naeem Rashid, professor de cinquenta anos e pai de três filhos, correu até o estranho, que o alvejou até matá-lo. O pistoleiro passou o tempo todo mudo. Uma caixa de som portátil presa a seu peito trombeteava hinos nacionalistas. Ele circulou pela mesquita, atirando em todos que encontrava, depois voltou ao saguão principal de oração, onde disparou de novo contra os corpos de vítimas que já estavam mortas ou moribundas. Quando voltou até a porta de entrada, apenas cinco minutos depois de chegar, ele havia assassinado 43 pessoas. A mais velha tinha 77 anos; a mais nova, três. No caminho até o carro, ele se deteve perto de uma mulher caída no chão, sangrando muito, mas ainda viva. Curvou-se. Naquele momento, duzentas pessoas assistiam a tudo pelo Facebook, com transmissão ao vivo a partir do celular no peito do atirador, enquanto ele ouvia a mulher implorar por sua vida. Ele a matou.

O homem saiu dirigindo, costurando pelas faixas de trânsito a mais de 140 quilômetros por hora, disparando da janela do carro, até chegar a uma mesquita de subúrbio, onde assassinou outras sete pessoas. Abdul Aziz Wahabzada, imigrante do Afeganistão de 48 anos, interrompeu seu ataque, lançando uma máquina de cartão de crédito contra o homem e escondendo-se atrás de um veículo. Enquanto o atirador se rearmava, Wahabzada tomou a frente da situação, pegou uma escopeta descarregada que o outro soltara no chão e apontou para ele. Assoberbado, o atirador arrancou com o carro enquanto

Wahabzada batia com a escopeta contra a janela traseira, estilhaçando-a. No caminho do atirador para uma terceira mesquita, uma dupla de policiais rurais, em visita à cidade para treinamento, abalroou seu carro contra o meio-fio e o prendeu.

Em questão de horas, ficou evidente que o assassino, um australiano de 28 anos chamado Brenton Tarrant, representava um novo tipo de extremismo, as trevas nas entranhas das redes sociais vindo à tona. "Bom, rapazes, hora de parar de postar merda e de postar na vida real", escreveu ele no fórum de política do 8chan horas antes do ataque. Ele conectou seu Facebook Live, incentivando os usuários a assistirem a seu "ataque aos invasores". E anexou um arquivo de texto de setenta páginas explicando quem ele era, o qual também tuitou. "Vocês são os mó parceiro e o melhor bando de parça que o cara tem", escreveu. "Por favor, façam sua parte espalhando minha mensagem, fazendo memes e postando merda como sempre."

Os usuários que o acompanhavam na live, os 4 mil que assistiram a seu vídeo antes de o Facebook derrubá-lo e outros incontáveis que viram milhões de re-uploads internet afora teriam ouvido o homem dizer, momentos antes de começar a matança: "Lembrem-se, rapazes, se inscrevam em PewDiePie".[71] Era uma dica das motivações perturbadas de Tarrant, uma piada interna nas redes sociais. Fãs de PewDiePie, o gamer mais famoso do YouTube, com mais de 100 milhões de inscritos no canal, recentemente haviam emplastrado a internet — e, em uma trollagem, entupido máquinas de fax[72] — com essa mesma frase. O youtuber também sofrera acusações (em grande parte equivocadas) de flerte com o nacionalismo branco. A referência de Tarrant era para ser uma trollagem da imprensa, provocando-a para atribuir a violência a PewDiePie, e uma piscadela aos trolls de internet que iam sacar a zoação.

O terrorismo é uma violência pensada para ameaçar uma comunidade maior em prol de fins políticos ou mera maldade.

Mas também é, em geral, uma performance e um ato de solidariedade que serve a um endogrupo. Era por isso que recrutas do Estado Islâmico, especialmente "lobos solitários" radicalizados na internet, que nunca viram outro integrante cara a cara, enchiam fóruns jihadistas de manifestos e gravavam mensagens de martírio que só fariam sentido para os adeptos.

Era por isso também que as últimas palavras escritas de Tarrant expressavam sobretudo afeto pela comunidade em favor da qual, como deixou claro, ele havia feito o que fez. Em seu documento, Tarrant escreveu que aprendera o que é "etnonacionalismo" em Spyro: Year of the Dragon, um videogame para crianças. Ele agradeceu a Candace Owens, uma famosa youtuber da direita alternativa, por lhe ensinar a acolher a violência. E se gabou em um parágrafo: "Sou treinado em táticas de gorila e sou o maior *sniper* das Forças Armadas dos Estados Unidos da América". Tudo era piada interna das redes.

Mas para cada piada ou trollagem havia páginas de menções, aparentemente sinceras, a conspirações de extrema direita, slogans nazistas e convocações a uma guerra racial global para expulsar e extinguir quem não era nem cristão nem branco. Acima de tudo, Tarrant cercou sua violência com piadas internas que, para sua comunidade, haviam ganhado sinceridade mortal, encarnações de seu deslocamento entre o extremismo irônico e o extremismo que era apenas revestido de ironia.

Durante sua live, enquanto dirigia, ele colocou para tocar a música de um vídeo chuviscado de 1992 no qual um ultranacionalista sérvio cantava em homenagem a Radovan Karadžić, criminoso de guerra responsável pelo genocídio bósnio. O vídeo era um meme do 4chan fazia muito tempo, no qual era chamado de "Acabe com o kebab", que, para alguns, passou de piada a sinal genuíno de apoio ao genocídio de muçulmanos. Tarrant também escrevera "Acabe com o kebab" na lateral de um de seus fuzis.

No 8chan, usuários que assistiam à live ficaram arrebatados.[73]

HAHAHA ELE TOCOU ACABA COM O KEBAB NO CAMINHO! TÔ MORRENDO!

Pota que pariu. OP mandou bem acabei de ver ele matando uma caralhada de haji. [OP, de *"original poster"*, ou autor da postagem, era referência a Tarrant.]

PUTA MERDA!!! OS DÍGITOS DE DEUS!

Alguns insistiram uns com os outros para seguir o exemplo e, como disse um, "redimir sua nação".

Meses depois, Fredrick Brennan, fundador e administrador do 8chan até 2016, informou que o site ia ser desativado.[74] "Não está fazendo bem nenhum ao mundo", disse ele a Kevin Roose, colunista de tecnologia do *New York Times*. "É uma coisa totalmente negativa para todo mundo, fora os usuários ali. E sabe o que mais? É negativo para eles também. Eles é que não percebem."

Em questão de meses, mais duas matanças de supremacistas brancos foram anunciadas no fórum. Um usuário de dezenove anos, depois de postar suas intenções, pegou um AR-15 e cinquenta pentes de munição e foi para uma sinagoga da Califórnia, onde atirou em quatro pessoas e matou uma antes de seu fuzil travar e ele fugir. Depois, um homem de 21 anos em El Paso matou 23 pessoas em um Walmart, a maioria latinos. A polícia informou que, antes do ataque, ele havia postado uma longa mensagem no 8chan detalhando conspirações de extrema direita e guerra racial que, ele acreditava, justificavam sua violência.

Apesar de todos os links com o 8chan, quando os investigadores do governo da Nova Zelândia encerraram um ano de análise de como transcorrera o massacre de Christchurch, o maior culpado, segundo indicaram, era o YouTube.[75] Tarrant havia aprendido na plataforma a customizar as armas que usara no ataque. Ele tinha doado dinheiro a youtubers da *alt--right*. Nos dias anteriores ao ataque, deixara a plataforma em reprodução automática, com os algoritmos rodando de um vídeo ao seguinte. Quando estava em outros pontos da internet, seja em grupos do Facebook, seja em fóruns de gamers, era frequente ele postar links para vídeos de YouTube da extrema direita.

Os investigadores, citando entrevistas e reconstituições forenses de seu histórico na internet, concluíram que "o YouTube era, para o atirador, uma fonte de informação e inspiração muito mais significativa"[76] do que qualquer outra plataforma havia sido. Segundo o relatório, o YouTube era tanto seu lar digital quanto o condutor da sua radicalização. Quando investigadores interrogaram moradores a respeito do ataque, eles também mencionaram o YouTube: seu papel na radicalização da extrema direita, sua promoção de conteúdo extremista. Alguns disseram que seu algoritmo tinha inclusive lhes recomendado o vídeo, supostamente banido, da matança de Tarrant. Jacinda Ardern, primeira-ministra da Nova Zelândia, anunciou que, entre as centenas de páginas de conclusões do relatório, o papel do YouTube em impulsionar ódio e conspirações havia "se destacado em particular". Ela complementou: "É uma questão que planejo apresentar diretamente à liderança da plataforma".[77]

A dezenas de milhares de quilômetros dali, em um quarto escuro próximo a Dallas, Adam, sem querer, havia assistido ao tiroteio no 8chan pouco após o ocorrido. "Foi terrível", lembrou. "Eu me considero uma pessoa dessensibilizada e aquele vídeo me deixou horrorizado."

Era um momento em que Adam estava frágil. Havia passado anos entre comunidades incel, acompanhando-as no YouTube e no 8chan conforme elas — e ele — se afogavam na raiva e na desconfiança. Mas ele havia conhecido uma jovem num grupo do Facebook, uma página de compartilhar memes que o algoritmo do Facebook lhe recomendara. Adam postou uma *thread* oferecendo-se para desenhar qualquer pessoa que lhe enviasse uma foto. A jovem aceitou, mas, quando eles trocaram informações de contas, ela aproveitou o acesso para desenhá-lo. A brincadeira o fez baixar a guarda. Tudo que Adam havia aprendido na internet lhe dizia que mulheres só difamavam e magoavam gente como ele. Mas ali estava a prova de que alguém havia olhado para ele, olhado por querer, com olhos que o tratavam não como um ser repugnante, mas como alguém bobo e gentil. Depois de meses de conversa na internet, a jovem fez uma viagem de três dias para chegar a Dallas. No início, estavam acanhados um com o outro. "Acho que levou uns quatro ou cinco dias até a chaleira esquentar", disse ele. Mas depois mantiveram contato. Ela começou a arrancá-lo da toca. Aí aconteceu Christchurch e ele se cansou.

Pouco tempo depois, Adam procurou a página no Twitter de Brianna Wu, a programadora de jogos e ativista que, durante o Gamergate, por anos havia sofrido intimidações e ameaças. "ei, sei que parece bobeira", ele lhe escreveu em mensagem privada, "mas acho que só queria dizer que uns anos atrás eu era uma pessoa bem tensa que entrou no bonde do ódio do 4chan contra você." Adam foi vago em relação ao que tinha feito. Mas disse que fora guiado por uma "imensa mente coletiva" de ódio antifeminista, contra ela e contra outras, no 4chan e no Facebook. "A coisa mudou e eu estou torcendo por você e pela sua campanha", escreveu, referindo-se à candidatura de Wu ao Congresso. "Achei que valia a pena te contar para mostrar meu apoio e que essa gente pode mudar e ser melhor."

Wu vinha recebendo cada vez mais mensagens iguais a essa — de ex-gamergaters que, depois de anos entrando pelo funil do extremismo online, haviam conseguido ajuda. "Parece mesmo que eles estão procurando seu lugar no mundo", contou ela. "Entendo estar descontente e dirigir esse ódio contra si mesmo para os outros e revidar, especialmente quando você é mais novo. Tento me lembrar de quando tinha vinte e poucos anos. Eu era um caos."

Wu respondeu a Adam: "Isso vale um mundo inteiro para mim, obrigada!". Depois de algumas mensagens, ela lhe pediu permissão para tuitar uma imagem da conversa, com o nome dele apagado. Ele disse que sim, que esperava que fosse ajudar "outras pessoas com quem cresci conversando na internet" a mudar. O tuíte de Wu recebeu umas dez respostas, a maioria positivas. Provavelmente tenha sido a quarta ou quinta postagem mais discutida de Wu naquele dia. Mas, para Adam, a sensação de ratificação foi esmagadora.

"Ver todas as respostas desse print que você compartilhou me deixou muito feliz", respondeu ele. "Não sei se alguma vez já vi tanta gente feliz com uma coisa que eu disse."

10.
Os novos soberanos

Um governo oculto

O emprego de Jacob deveria ser fácil. O moderador do Facebook, que viria a ler meu artigo sobre o Sri Lanka e me enviar pilhas de documentos de uso interno para alertar o mundo quanto ao que ele via como negligência empresarial e perigo, se sentava em frente ao seu terminal e tinha diante de si conteúdos de Facebook, Instagram ou WhatsApp. Ele verificava as diretrizes para saber se a postagem era admissível. Clicava para permitir, apagar ou transferir a um superior. Repetir.

Essas diretrizes já tinham sido uma lista simples, que proscrevia ofensas racistas, nudez e praticamente mais nada.[1] Mas, em 2018, as regras lembravam instruções para gerenciar um reator nuclear, como se cada página houvesse sido escrita por um autor distinto, uma sem saber da existência da outra e de como se encaixava no todo. Eram mais de 1400 páginas (provavelmente bem mais quando se levava em conta as pastas específicas de certas regiões, às quais a equipe de Jacob não tinha acesso). Ainda assim, esperava-se dele e de seus colegas, a maioria ex-atendentes de call center, que conhecessem e empregassem essas regras para tomar centenas de decisões de extrema importância, diariamente. O escritório onde ele trabalhava, ocupado por dezenas que revisavam conteúdo em vários idiomas e de várias regiões, era um de muitos idênticos espalhados pelo planeta. Um vasto arquipélago de moderadores entre dezenas de escritórios, que tinham pouca comunicação ou coordenação além do que cabia à sede distante do Facebook.[2] Árbitros nunca vistos que separavam o proibido do permitido, moldando a política e as relações sociais em cada país da Terra, invisivelmente.

Foi assim que Jacob, cansado de se sentir cúmplice do veneno que via as pessoas subirem nas plataformas de propriedade do Facebook — uma onda de mentiras sectárias fomentando a violência comunal no Iraque, uma conspiração movida a racismo se desenrolando em Israel ou na Índia — e de ser barrado ao querer alertar os chefes da agência terceirizada, acabou entrando em contato comigo. Na sua primeira mensagem, ele escreveu que as regras que regem as mídias sociais "não estão adaptadas à realidade do conteúdo que vemos". Havia algo mais que o preocupava. O Facebook, escreveu, tinha jogado um "trabalho delicado, que tem impacto na segurança mundial" para empresas estrangeiras como a dos seus patrões, uma "empresa com fins lucrativos que só quer saber de maximizar a produtividade". Por mais que as regras fossem ruins, o modelo de negócio com atalhos, maximização dos lucros e sigilo só aumentava as falhas na moderação.

Nos meses seguintes, Jacob e eu conversamos com frequência em aplicativos protegidos e acabei pegando um avião para recolher os manuais que ele havia surrupiado do sistema dos patrões. Os arquivos prometiam algo de peso: provas de que o Facebook havia se integrado, mesmo que relutante, à gestão de um mundo cujas relações políticas e sociais cada vez mais transitavam pelo seu sistema. Com detalhes intensos, muito reveladores, de como tinha chegado lá.

Enquanto estávamos sentados no sofá molengo da casa de dois quartos de Jacob, construída com blocos de concreto, bebendo um litro de refrigerante que ele comprara para aquele dia especial, ele me contou dos turbilhões de ódio e incitação que sua equipe fora obrigada a deixar na internet por causa de regras que, como eles haviam assinalado repetidas vezes, não davam conta do problema e eram incompletas. "No fim das contas", disse ele, "você é obrigado a seguir as regras da empresa se quiser ficar no emprego." Mas as decisões pesavam no seu íntimo. "Parece que você matou uma pessoa porque não se mexeu."

Ele sabia que era um ninguém, apenas uma entre milhares de engrenagens na máquina planetária do Facebook. E, apesar de suas preocupações, ele ainda tinha fé na empresa que prometera tanto ao mundo; aquilo era nada mais do que uma falha de pequena monta dentro da grandiosa meta de Zuckerberg. Enquanto eu estava na casa de Jacob, sentado em seu sofá, me debruçando sobre documentos que, se publicados, ele sabia que fariam o Facebook passar vergonha, ele se via como um aliado da empresa. Ao revelar as falhas na burocracia que temia que estivessem travando a companhia, ele a ajudaria a chegar à revolução tecnológica na qual depositara a esperança.

A pilha de papel não parecia um manual para reger a política do mundo. Não havia arquivo-mestre nem guia geral, só dezenas de apresentações em PowerPoint e planilhas de Excel desconexas. Seus títulos, embora burocráticos, sugeriam o alcance do Facebook. Violência verossímil: regras de implementação. Mercadorias regulamentadas. Sri Lanka: discurso de ódio. Terrorismo: política de pessoas falsas/irreais. Orgs e personalidades do ódio no Oeste dos Bálcãs.

As regras davam conta de quase todo tipo de assunto que a empresa queria que seus moderadores levassem em conta. E sua meta era preparar, para qualquer eventualidade, em qualquer país ou região, instruções exatas e maquinais de como dar o veredicto quanto ao que remover ou manter. Era um projeto assombroso de tanta ambição. A meta era reduzir perguntas que dependiam fortemente de contexto, que até uma equipe de peritos do direito teria dificuldade de analisar — o que constitui uma ameaça, quando uma ideia contém ódio, quando um boato é perigoso —, a questões do tipo preto ou branco, tão diretas que qualquer moderador pudesse decidir sem raciocínio independente. Muitas das centenas de regras faziam sentido individualmente. Mas, na sua totalidade bizantina, elas sugeriam que era um absurdo o Facebook querer espremer todas as nuances do discurso, da política e das relações sociais entre seres humanos em diagramas de tomada de decisão, do estilo se-x-então-y.

Um dos manuais que Jacob consultava com frequência, a respeito de como determinar se algo constituía discurso de ódio, somava duzentas páginas recheadas de jargões específicos. Exigia dos moderadores que executassem uma espécie de álgebra linguística. Compare a postagem a uma salada de listas: classes protegidas, ofensas proibidas, "comparações designadas desumanizantes". Encaixe a gravidade da postagem em uma de três fileiras. Se a postagem faz referência a um grupo, puxe uma lista para ver se o grupo foi banido, depois outra para verificar se algumas palavras na postagem sugerem elogio ou apoio, depois outra para exclusões e exceções.

E esperava-se que eles fizessem isso em oito a dez segundos, o que beirava a memorização automática. Não era tempo suficiente nem para mencionar o nome de todos os documentos que diziam respeito ao assunto, quanto mais revisar as regras. E com certeza não era o bastante para ter um raciocínio de como aplicar as regras de forma justa e segura. Pensar, porém, não era uma coisa que recebia tanto incentivo. "O maior pecado: quando você é acusado de impor seu julgamento pessoal", disse Jacob. "Nosso trabalho é apenas seguir o que o cliente diz."

Eu lhe disse que era solidário com a situação do Facebook. A empresa contratava milhares de moderadores em dezenas de países. Seria pouco prático, talvez imprudente, permitir que todos tivessem voz na elaboração das regras.

Jacob fez que não com a cabeça. Ele só queria que o Facebook soubesse dos erros, das lacunas nas regras, dos perigos que sua equipe havia visto na plataforma, mas não pudera eliminar porque não estava escrito na orientação oficial. Afinal, disse, moderadores como ele eram os que viam a maior quantidade de conteúdo. Mas seus patrões o desaconselhavam, assim como a seus colegas, a se manifestar. Se as regras pareciam equivocadas ou incompletas, eles lhes diziam: fique quieto e não procure encrenca. "Eles só se interessam pela produtividade", disse. Alguns colegas se demitiram. A maioria, precisando trabalhar, apenas ficou quieta. "As pessoas desistem", disse Jacob. Em certo nível a moderação era, como eles sabiam, uma missão infrutífera. Não havia manual de regras que conseguisse deter o ódio e a desinformação que, por mais que sem intenção, os sistemas do Facebook eram projetados para reproduzir em massa. Era como colocar mais purificador de ar do lado de fora da fábrica de dejetos tóxicos enquanto a produção lá dentro só crescia.

De qualquer modo, o Facebook não queria a opinião deles. Era a mentalidade dos engenheiros de software: regras são linhas de código que moderadores intercambiáveis podem executar no piloto automático. Em teoria, dessa forma o Facebook conseguiria aumentar a moderação com um estalar de dedos. Assim como faz terceirizando o trabalho a multinacionais que podem recrutar contingentes conforme a necessidade. Era a única maneira de manter o ritmo diante da expansão contínua do Facebook, muito veloz para preparar revisores com raciocínio independente.

Mais tarde descobri um dado revelador. Vários departamentos dentro do Facebook estavam emitindo manuais de regras, usando estilos diversos e às vezes raciocínios diversos, o que fazia seus manuais baterem de frente ou se contradize-rem. Havia manuais que não vinham nem do Facebook, mas de agências terceirizadas, sem conhecimento da empresa, na tentativa de incrementar diretrizes de conformidade com re-gras mais estreitas aos moderadores. Alguns eram pensados como manuais de treinamento, porém usados como material de referência. A companhia, pelo jeito, não havia assumido o papel de árbitro global, mas sim caído de paraquedas na fun-ção, crise a crise, regra a regra. Seus líderes eram soberanos relutantes, tementes ao repúdio, avessos a se responsabili-zar pelas decisões, que quase sempre executavam sua função a partir das sombras.

Já em casa, limpei todos os rastros digitais de todos os ar-quivos e comecei a disseminá-los na surdina entre analistas digitais e especialistas de vários países. Na Índia, Chinmayi Arun, uma pesquisadora da área do direito, identificou er-ros perturbadores nas diretrizes para o seu país. As diretrizes instruíam os moderadores de que qualquer postagem que de-gradasse uma religião específica desrespeitava a lei indiana e deveria ser assinalada para remoção. Era um cerceamento sig-nificativo ao discurso dos 300 milhões de usuários indianos do Facebook — e estava incorreto. Essa lei não existia.

Por que o Facebook, a empresa da liberdade de expres-são, impunha uma restrição tão forte à maior democracia do mundo? Talvez fosse um erro. Mas havia outros erros desse tipo nos arquivos. E esta pista: um conjunto de orientações para o Paquistão alertava moderadores contra criar um "in-cêndio da imagem" ao tomar qualquer atitude que pudesse "ter impacto negativo na reputação da companhia ou deixá-la em risco jurídico".

Outro slide dizia que a lei indiana proibia falar na Caxemira independente — em referência à região sob a brutal ocupação militar dos indianos. Instruía moderadores a "ficar atentos" à expressão "Caxemira Livre". Tudo isso, na verdade, era permitido na Índia, disse Arun. O Facebook me contou, posteriormente, que tal diretriz não fora pensada com o intuito de proibir os usuários de expressar apoio aos direitos dos caxemiras, mas apenas para instigar os moderadores a fazer um escrutínio extra em qualquer postagem que falasse desses direitos. Ainda assim, não era claro que essa distinção ficaria óbvia aos moderadores, que repetidamente eram avisados de que falta de fiscalização ou polêmicas podiam levar ao bloqueio do Facebook na Índia. Apesar de todas as promessas da empresa de fazer uma revolução na liberdade de expressão, às vezes parecia que a deferência para com as sensibilidades políticas de certos governos predominava.

Os erros corriam soltos. As orientações para os Bálcãs, uma região na Europa que há muito é assolada por milícias etnonacionalistas, estavam cheias de problemas de grafia, informações desatualizadas e falhas estranhas. Ratko Mladić, um criminoso de guerra ainda festejado entre extremistas — o atirador de Christchurch havia feito louvores a ele na internet —, estava identificado incorretamente como "Rodney Young".

O Facebook fazia gestão — no que Jacob enfatizou repetidamente como a falha fatal no sistema — por meio de firmas terceirizadas de olho no lucro, que não compartilhavam de seus objetivos nem de seus valores. Ele deu um exemplo: em público, a empresa insistia que não havia exigência aos moderadores para cumprir metas de postagens revisadas, nem de velocidade. As metas iam preconizar a velocidade em detrimento da atenção ou da consideração, forçando os moderadores a comprometer a segurança das comunidades que supervisionavam. Mas Jacob me mostrou páginas de seu escritório listando as metas: postagens a revisar, tempo por postagem, contagem de quantas ele havia revisado. Os documentos mostravam como seu pagamento estava baseado no ritmo de trabalho que ele mantinha. As metas regiam a vida deles, impostas pelas agências terceirizadas para conseguir mais negócios com o Facebook. Isso se fazia sem o conhecimento explícito da companhia e contra suas diretrizes, embora fosse um resultado previsível quando ela exigia que suas terceirizadas controlassem o custo crescente de revisar bilhões de postagens por dia.

O Facebook também afirmava que os moderadores tinham acesso a serviços de saúde mental. Era uma resposta a relatos de moderadores que passavam a apresentar transtorno de estresse pós-traumático por se deparar repetidamente com sanguinolência ou pornografia abjeta. Mas isso não havia se concretizado na sua firma, disse Jacob. Muitos trabalhadores duravam apenas meses antes de ter um piripaque e geralmente voltavam a trabalhar com call center. Era um sinal da desconexão entre o Facebook e suas agências, cujos incentivos eram apenas manter os custos baixos e a produtividade alta. Quanto mais eu descobria a respeito de como o Facebook supervisionava essas terceirizadas, menos me surpreendia que o ódio inundasse um país atrás do outro, sem supervisão.

Os moderadores passam por auditoria frequente quanto a "exatidão", a medida do Facebook da frequência com que eles decidem a respeito do conteúdo tal como a empresa quer que decidam. Um fragmento dessa auditoria é realizado por funcionários da matriz da companhia. Mas na maioria das vezes ela é feita por outros funcionários do mesmo centro terceirizado. As agências se policiam. O incentivo delas é girar postagens o mais rápido possível, depois dizer que tiveram altos níveis de exatidão.

Pegar atalhos parece ser uma solução que corre solta. Na agência de Jacob, se os moderadores se deparavam com uma postagem em idioma que ninguém à disposição sabia ler, eles recebiam instruções para marcar como aprovada, mesmo que usuários a houvessem marcado como discurso de ódio. Foi uma revelação que me chocou. Não só os grupos de monitoramento de Sri Lanka e Mianmar estavam certos de que o Facebook estava mantendo incitações escancaradas ao genocídio, como em algumas firmas terceirizadas isso era regra.

A pessoa do Facebook responsável por supervisionar as agências reconheceu, quando lhe perguntei, que a empresa às vezes tem dificuldade para controlar empresas externas, denominando essas práticas de violação das regras do Facebook.[3] Mas a empresa depende da capacidade delas de contratar e ganhar escala com velocidade para dar conta da expansão global que lhe rende seus bilhões. Mesmo que as firmas desafiem e engambelem o Facebook, seus contratos tendem a crescer. Afinal de contas, quem sofre são apenas os usuários.

Mestres do universo

Há muita coisa que torna a tecnogestão das mídias sociais peculiar. A arrogância, tanto na escala quanto no sigilo. A crença de que a política e as relações sociais são problemas de engenharia. A confiança de que os engenheiros vão resolvê-los. A ingenuidade em pensar que conseguiram, ou que conseguiram o suficiente para seguir com a expansão. Assim como muitas das características que definiam as plataformas, tudo remontava aos imperativos do capitalismo do Vale do Silício. No caso, a uma mudança drástica e recente naquele modelo.

Em fins dos anos 2000, a relação de poder entre duas das classes mais importantes do Vale — investidores e fundadores de startups — virou de uma hora para a outra. Desde as primeiras oficinas de transistores, quem detinha o poder eram os investidores. Os fundadores precisavam de muito dinheiro para fazer o primeiro projeto, mais um tanto para conseguir o primeiro cliente e mais ainda para dar lucro. Para cobrir esses custos e para garantir que sua aposta rendesse, os investidores ganhavam prerrogativa de sobra para supervisionar o processo.

"Antes, o entendimento era que você trazia o investidor de risco para ser... o termo que se usava era 'um adulto presente'", explicou Leslie Berlin, historiadora da Universidade Stanford. Os investidores empossavam gerentes sêniores, o conselho corporativo e até um CEO tarimbado para supervisionar o fundador na sua própria empresa. Quando John Doerr investiu 12,5 milhões de dólares no Google, fundado e gerenciado por dois alunos de pós-graduação, ele escolheu Eric Schmidt, um executivo veterano com vinte anos a mais que os dois, para ser o chefe.

A era da computação nas nuvens mudou tudo. Agora que qualquer fundador podia lançar um negócio na internet e conseguir seus primeiros mil clientes sozinho, e agora que investidores estavam procurando startups de alto risco, fogo rápido, *growth-hacking*, eles precisavam fazer mais apostas na mesma medida em que o fundador precisava menos deles. De repente, investidores passaram a competir para se apresentar aos fundadores, e não o contrário.

"Quando você tem investidores de risco competindo para financiar uma pessoa, contra empreendedores de joelhos implorando por dinheiro, a dinâmica de poder é totalmente diferente" daquela em que os fundadores de startups cada vez mais definem os termos, explicou Berlin. Um jeito garantido de o investidor tornar a proposta mais atraente: Chega de adulto presente. Chega de CEO empossado acima da cabeça dos fundadores. No caso do Facebook, nada de conselho independente. "É uma mudança fundamental em todo o entendimento do que o investidor de risco devia fazer", explicou Berlin.

Foi o que lançou a era do CEO-hacker-fundador de 22 anos vestindo moletom. E da equipe executiva com amigos do fundador. Da cultura corporativa da ousadia, cheia de si, desafiando os adultos de terno. "Por que a maioria dos mestres do xadrez tem menos de trinta anos?", perguntou Zuckerberg uma vez a um salão de 650 aspirantes a fundadores, na incubadora de startups de Paul Graham. "Os jovens são mais inteligentes."[4] Ele insistiu com a plateia de aspirantes a executivos a contratar conforme havia dito.

O próprio Graham insistiu com os colegas investidores a se inclinar para os jovens, tendo dito em uma palestra: "Em software, você prefere investir no aluno, não no professor".[5] Experiência comercial, experiência de vida e diplomas eram desvantagens, não vantagens. Investir no jovem, complementou ele, também tendia a ser mais barato. No ano anterior, a média de idade dos fundadores em seu programa de startups era 23 anos. O resultado, disse Berlin, era "muito poder nas mãos de gente muito jovem que acha que quem está ao redor não tem nada a oferecer".

Muitos surgiram na explosão pontocom, uma época de sushimen e massagistas à disposição na firma. As regalias eram pensadas para resolver uma questão de mão de obra.[6] A Califórnia proíbe cláusulas de não concorrência, de modo que o funcionário pode mudar de emprego a qualquer minuto. As empresas ofereciam sedes com spas de luxo e serviços de mordomo para manter seu pessoal. Mas o estilo de vida pode ser uma distorção. Se todos vivemos como reis e presidentes, então somos tão importantes quanto eles, não?

As culturas empresariais, ao absorver esse meio ambiente, ganharam um forte fermento ideológico: crie projetos para nós e você não vai só faturar uma grana — você vai salvar o mundo. A guerra armamentista das missões empresariais se intensificou até que, no final dos anos 2000, praticamente todo empregador na cidade estava dizendo aos funcionários que projetar aplicativos os deixava, em termos de importância, em algum ponto entre as Nações Unidas e a Liga dos Super-Heróis. Era uma cultura em que tomar as rédeas da governança global não parecia uma coisa tão esdrúxula.

Os egos ganharam um estímulo ainda maior com uma prática de contabilidade da era da internet: remunere seus primeiros funcionários com opções de compra de ações. As startups agressivas, convidadas a transformar um capital de arranque de 100 mil dólares em uma base de um milhão de usuários, ofereciam, no lugar de salários competitivos, o que eram, na prática, promissórias. Se a chama da empresa se apagasse, como aconteceu com a maioria, as opções de compra não valeriam nada. Se a empresa tivesse sucesso, o que podia significar a Oracle comprá-la por 300 milhões de dólares, os primeiros funcionários podiam se aposentar aos 26 anos, milionários. Para quem se dava bem, a grana era como uma afirmação do que os investidores e funcionários sempre lhes haviam dito: você é diferente dos outros. Mais esperto, melhor. Mestre legítimo do universo.

A nova era também promoveu outra classe de investidores. Capitalistas de risco apoiados por instituições, como John Doerr agindo em nome da Kleiner Perkins, "passaram alguns anos em regime de contenção de despesas depois que a bolha pontocom estourou", escreveu Roger McNamee, um dos primeiros investidores do Facebook, em seu livro de memórias.[7] "Investidores-anjo aproveitaram o vácuo — figuras independentes, a maioria deles ex-empreendedores e executivos", escreveu. Eram pessoas que entendiam do esquema, privilegiadas e ricas, que entravam com o próprio dinheiro e não tinham uma firma controlando a carteira nem acionistas para contentar. Tanto investidor quanto fundador estavam mais livres para fazer o que bem quisessem. A era das barreiras de proteção estava chegando ao fim.

Entre os primeiros e mais influentes investidores-anjo estavam os cofundadores do PayPal, entre eles Peter Thiel, o arquiconservador que havia dito que o valor da diversidade era um "mito" e que o hacker reacionário "com inépcia social à Asperger" dava o melhor presidente de startup. "O impacto deles transformou o Vale do Silício", escreveu McNamee, e o dinheiro deles financiou boa parte da era das mídias sociais.[8] Mas o "sistema de valores" que eles trouxeram, segundo McNamee, "pode ter contribuído para a cegueira das plataformas de internet diante de males que resultaram do sucesso deles".

A política dos fundadores do PayPal tendia fortemente para o libertarismo: eram darwinistas sociais, ciosos do governo e certos de que o mercado sabe mais. Thiel levou isso a tal extremo que, em 2009, anunciou: "Deixei de crer que liberdade é compatível com democracia".[9] Não se podia mais confiar na sociedade como "*demos* não pensante que guia a dita democracia social", escreveu, usando o termo grego para coletividade dos cidadãos. Só "empresas como o Facebook" podiam resguardar a liberdade. E só se fossem desatreladas da "política", que pelo visto significava regulamentação, responsabilização pública e possivelmente o estado de direito.

Thiel apoiava projetos pensados para viabilizar cidades flutuantes e colonização espacial com gerência corporativa, tudo sem a jurisdição de nenhum governo.[10] Essas fantasias científicas só acirravam uma ideia que era antiga no Vale. Engenheiros e fundadores de startups são os que sabem das coisas. Era responsabilidade deles derrubar o status quo e instalar uma tecnoutopia, tal como os autores de manifestos dos anos 1990 haviam previsto. Se governos e jornalistas se opusessem, eram apenas as antigas titulares[11] se agarrando a uma autoridade que não era mais deles.

Essa concepção de missão divina guiou os investidores-anjo da geração PayPal, que escolheram as startups e fundadores para reformatar o mundo em torno da visão deles. Eram o que denominavam titulares tumultuadoras. Uber e Lyft iam propor não só um jeito novo de chamar o táxi, elas iam abolir o jeito que existia até então. O Airbnb ia tumultuar o aluguel de curto prazo. As três eram empresas que tiveram investimento de egressos do PayPal. Muitas outras buscaram a mesma ruptura, e com violência. A Amazon com o varejo físico, o Napster com a música. Só alguns, como Thiel, sugeriram a sério fazer com a governança global o que a Uber havia feito com as viagens de carro. Mas assim que as plataformas sociais se encaixaram nessa função, a sensação foi de uma continuidade da posição que tinham por direito. Da crença de que a sociedade é um problema de engenharia apenas à espera da solução.

Convergência

Dois anos depois de a eleição de Trump chocar os norte-americanos e levá-los a questionar a influência das mídias sociais na sua política, Renée DiResta e outros quatro especialistas se sentaram diante das câmeras de TV e de púlpitos de madeira da Comissão Especial do Senado sobre Espionagem, dispostos a dar respostas. "O problema é uma das ameaças que estão definindo nossa geração", afirmou DiResta aos dezesseis senadores dispostos à sua frente.[12]

A audiência, em termos nominais, devia tratar da instrumentalização digital russa. Mas os investigadores do Congresso, assim como muita gente, estavam começando a crer que a incursão russa, embora nociva, havia revelado um perigo mais profundo e corrente. Era "não mais uma questão de arbitrar a verdade, tampouco uma questão de liberdade de expressão", disse DiResta. Tinha a ver com a amplificação que os algoritmos davam, os estímulos online que levavam usuários involuntários a espalhar propaganda e a facilidade que agentes malignos tinham para "potencializar todo o ecossistema informacional a fabricar a aparência de consenso popular". Como DiResta vinha fazendo havia anos, ela direcionou a atenção do seu público de Moscou para o Vale do Silício. "Boa parte da responsabilidade pela integridade do discurso público está nas mãos de plataformas sociais privadas", disse.[13] Para o bem público, complementou, falando em nome de sua equipe, "acreditamos que as plataformas de tecnologia privadas devem ser responsabilizadas".

De início ela fora relutante em falar diante do Senado. "Achei que era um jogo político", contou, referindo-se à interferência russa. "Será que vão ser só pegadinhas? Será que vai ser eu lutando com senadores do Partido Republicano que, naquele momento, estavam só fazendo as vontades do Trump?" Mas a reunião a portas fechadas que ela teve com o comitê havia sido "profissionalíssima", disse. "Era só checagem de fatos." Impressionada e surpresa com a sinceridade de alguns senadores que considerava hipersectários, ela concordou. "Eu queria muito, mas muito, deixar claro que achava que era apenas um problema do sistema", contou, "e que a Rússia talvez fosse a melhor em manipular o sistema, mas que outros iam continuar manipulando."

Quanto mais sua equipe analisava minuciosamente os gigas de dados que as plataformas forneciam, disse DiResta, mais certa ela ficava de que "não importava tanto se era a Rússia, *antivaxxers* ou terroristas. Era só a dinâmica que estava tomando corpo por conta do sistema". Durante meses, houve sinais de uma grande convergência no que antes havia sido chamado de "Manual Russo", mas cada vez mais parecia usuários e grupos simplesmente seguindo os estímulos e proveitos das redes sociais. A fronteira estava borrada, talvez para sempre, entre grupos que promoviam estrategicamente a desinformação ao estilo russo e usuários que se dispunham àquele tipo de ação de modo orgânico. Os propagandistas tinham se tornado desnecessários; o sistema, temia DiResta, é que verdadeiramente fazia o trabalho.

Algumas semanas depois da audiência de DiResta, numa tentativa de responder às preocupações do público, Zuckerberg publicou um ensaio. "Um dos maiores problemas que as redes sociais enfrentam", escreveu, "é que, quando deixadas sem controle, as pessoas se envolverão de modo desproporcional com conteúdo mais sensacionalista e provocador."[14] Ele incluiu no ensaio uma tabela que mostrava o engajamento em curva ascendente conforme o conteúdo do Facebook ficava mais extremado, até o ponto em que chegava no limite do que a plataforma permitia. "Nossas pesquisas sugerem que, independentemente de onde definirmos os limites do que é permitido, conforme um conteúdo ficar mais perto dessa fronteira, mais o público vai, em média, se engajar com esse conteúdo", escreveu. "Em grande escala", complementou, esse efeito "pode minar a qualidade do discurso público e levar à polarização."

Guillaume Chaslot, o ex-integrante do YouTube, ficou pasmo. Ele havia passado anos tentando provar o que Zuckerberg, na prática, acabara de reconhecer. Conteúdo mais extremado ganha mais engajamento, ganha mais promoção e polariza os usuários. "É loucura quando você para pra pensar", Chaslot disse.

Zuckerberg dera um detalhe revelador: em sua pesquisa interna, eles tinham descoberto que as pessoas se envolvem mais com conteúdo extremo "mesmo se depois nos dizem que não gostaram dele".[15] Em outras palavras, como especialistas e fontes internas preocupados estavam com dificuldade de demonstrar havia anos, não era por vontade consciente que os usuários estavam atuando; tratava-se de alguma coisa entre o impulso, a tentação e cutucadas dadas pelo sistema. O conserto que Zuckerberg propunha, naturalmente, eram mais ajustes no algoritmo. Eles iam adestrá-lo para reconhecer conteúdo que não era exatamente proibido e reduzir sua promoção — como que um meio-termo do banimento. Mas a natureza básica do sistema ia se manter.

"Não foi muita coisa que mudou", disse Chaslot. "Se conferir as postagens políticas mais compartilhadas no Facebook, você ainda vai ver que são as que têm mais discórdia, seja da extrema direita, seja da extrema esquerda." Ele complementou: "Se o Facebook está sempre empurrando as pessoas em direção ao extremismo, não interessa se os grupos mais extremos são banidos, pois o Facebook cria mais." É por isso que, para ele, o problema não era a moderação, mas a amplificação.

E esse problema, fora o ajuste que Zuckerberg prometia, estava crescendo. A empresa reformulara seu algoritmo no início de 2018: o engajamento havia caído no ano anterior e a meta da reformulação era fazê-lo subir de novo.[16] A nova versão ia promover ou abafar cada postagem com base em uma nota atribuída automaticamente. Curtidas valiam um ponto, mas emojis de reação — amor, tristeza, raiva — valiam cinco, de modo que uma postagem que provocasse mais emoção teria pontuação cinco vezes maior.[17] Comentários curtos ganhavam quinze pontos, recompartilhamentos e comentários longos ganhavam trinta, recompensando tudo que provocasse uma discussão longa e emotiva.

O engajamento imediatamente se reavivou. Mas os usuários expressaram menos alegria com a experiência. O tráfego de quem publicava notícias no feed caiu. "Os conteúdos com desinformação, veneno e violência são excessivamente predominantes entre os recompartilhamentos",[18] alertou um relatório interno que tratava da mudança, enquanto outro descobriu "efeitos colaterais insalubres em fatias importantes do conteúdo público, tais como política e notícias".[19] Invectivas e boatos proliferavam ainda mais do que antes, desbancando notícias ou moderação. Partidos políticos de toda a Europa reclamaram em privado com a empresa que a inclinação sensacionalista de seus algoritmos os havia "forçado a pender para o tom negativo em seus comunicados via Facebook, o que os levou a posição políticas mais extremadas",[20] segundo um memorando interno.

Por volta da mesma época do ensaio de Zuckerberg, uma equipe de economistas da Universidade Stanford e da Universidade de Nova York conduziu um experimento que testava, da forma mais direta e rigorosa que já se havia feito, como o uso do Facebook muda o perfil político de uma pessoa.[21] Eles recrutaram um número próximo de 1700 usuários, depois os dividiram em dois grupos. Exigiu-se aos integrantes de um deles que desativassem suas contas por quatro semanas. Aos integrantes do outro não. Os economistas, usando métodos sofisticados de levantamento, monitoraram o humor, o consumo de notícias, a exatidão quanto ao entendimento delas e sobretudo a visão política de cada participante, diariamente.

As mudanças foram drásticas. Pessoas que deletaram o Facebook se sentiram mais felizes, mais satisfeitas com a vida e menos nervosas. A mudança emocional era equivalente a 25% a 40% do efeito de fazer terapia — queda impressionante para uma pausa de quatro semanas. Quatro em cinco disseram, depois, que a desativação lhes tinha feito bem. Os desistentes da plataforma também passaram 15% de tempo a menos consumindo notícias. Por conta disso, ficaram mais desinformados quanto aos acontecimentos recentes — o único efeito negativo. Mas boa parte do conhecimento que haviam perdido vinha, aparentemente, do conteúdo polarizante; a informação acondicionada de modo a favorecer antagonismos tribais. No geral, escreveram os economistas, a desativação "reduziu significativamente a polarização das visões sobre questões políticas e o grau de exposição a notícias polarizantes". O nível de polarização deles caiu *quase pela metade* da taxa média de crescimento da polarização norte-americana média entre 1996 e 2018 — o período exato durante o qual ocorrera a crise de polarização que era prejudicial à democracia. Mais uma vez: *quase pela metade.*

Conforme as provas se acumularam ao longo de 2018, providências começaram a ser tomadas. Naquele ano, a Alemanha impôs que plataformas sociais apagassem qualquer discurso de ódio em até 24 horas após ser assinalado, ou teriam que pagar multas. A Austrália anunciou uma investigação "pioneira no mundo" para regulamentar as redes sociais e a chamou de "ponto de virada"[22] em meio ao "reconhecimento global de que a internet não pode ser outro lugar, onde as regras da comunidade e o estado de direito não se aplicam". A União Europeia impôs uma série de multas ao Google, acima do bilhão de dólares, por abusos antitruste, depois ameaçou regulamentações contra o Facebook por discurso de ódio, influência nas eleições e desinformação — o pacote completo. "Não vou esconder que estou ficando muito impaciente", disse a comissária de Justiça da União Europeia Věra Jourová ao tratar do Facebook em uma entrevista coletiva. "Se não constatarmos avanços, sanções virão. Não quero ficar negociando para sempre."[23]

Até o Vale do Silício estava começando a internalizar o repúdio. Um levantamento interno de 29 mil funcionários do Facebook feito naquele mês de outubro descobriu que a parcela de funcionários que tinha orgulho de trabalhar na empresa havia caído de 87% para 70% em apenas um ano.[24] A fatia que achava que sua empresa deixava o mundo melhor havia caído de 72% para 53%. Quanto a se sentirem otimistas em relação ao futuro do Facebook, de mais de 80% a pouco mais de 50%. "Quando entrei no Facebook em 2016, minha mãe ficou orgulhosa de mim", disse uma ex-gerente de produto da companhia à revista *Wired*. "Eu podia andar com minha mochila do Facebook pelo mundo inteiro, as pessoas vinham me parar e diziam: 'Que legal que você trabalha no Facebook'. Não é mais assim." E complementou: "Foi difícil ir para casa no Dia de Ação de Graças".

Ciberdemocracia

Desde que existe uma era democrática, ela é regida por *gatekeepers*, os "guardiões dos portões" da sociedade. A elite dominante do partido dita as pautas e escolhe quem entra na cédula eleitoral. A elite dominante da imprensa controla quem aparece nas câmeras e quem não, quem é retratado como aceitável e quem não é. Empresas e grupos de interesse desembolsam o dinheiro que vence as eleições. As mídias sociais, entre outros fatores, corroeram o poder desses *gatekeepers*. A custo zero, candidatos podiam construir sua própria maneira de se comunicar com o público, organizando e levantando fundos para impérios, contornando os *gatekeepers*. As elites dominantes ainda têm influência, mas, para o bem ou para o mal, o controle que elas tinham sobre a democracia acabou.[25]

O Vale do Silício esperava fazer exatamente isso. Ao possibilitar que as pessoas se expressassem direta e coletivamente, "e não através de intermediários controlados por poucos", escreveu Zuckerberg em uma carta a investidores de 2012, "esperamos que os governos fiquem mais reativos".[26] Mas, na prática, as mídias sociais não aboliram a elite dominante, e sim a substituíram. Seus algoritmos e estímulos passaram a funcionar como *gatekeepers*, determinando quem sobe ou desce. E fizeram isso com base não na popularidade, mas no engajamento — o que, como Chaslot demonstrou em sua análise do YouTube, levou a candidatos marginais com melhor desempenho.

Alguns chamaram essa nova era de "ciberdemocracia".[27] Na França, em fins de 2018, chamaram de "coletes amarelos". Tudo começou com um abaixo-assinado para reduzir o preço dos combustíveis, que circulou pelas mídias sociais durante as férias do meio do ano e, em outubro, se tornou a base de um grupo do Facebook cada vez maior que incitava motoristas a fazerem bloqueios nas estradas da sua região. A discussão era acalorada e a culpa pelo preço do combustível, atribuída à queixa preferencial de cada usuário, exogrupo ou conspiração, dava motivo a todos para se mobilizar. Em um dia combinado de novembro, dezenas de milhares em todo o país pegaram os coletes de segurança amarelos que guardam nos carros — há uma lei na França que os obriga a tê-los à mão — e bloquearam estradas. O espetáculo chamou a atenção, o que trouxe novos recrutas.

Desde o princípio, os Coletes Amarelos, como eles se autodenominavam, se identificaram como um movimento sem líderes e radicalmente horizontal. Eram as mídias sociais que, de forma inquestionável, tinham viabilizado tudo. Nunca houvera uma maneira tão escalonável, sem custo e universalmente aberta de se organizar. Mas as plataformas também deram uma mão invisível. Seus recursos de promoção atraíram usuários para os grupos de alto engajamento que organizavam a movimentação, nos quais as postagens mais carregadas subiam ao alto.[28] Assim como a natureza participativa das plataformas, que retribuía os usuários que participavam com postagens e fotos de sua barreira na estrada. E foi uma identidade compartilhada, na qual qualquer francês com um colete de um euro podia se sentir parte de algo grande e significativo.

Os Coletes Amarelos logo se aglutinaram em torno de uma causa maior: reconstituir a democracia francesa à sua imagem. Uma "associação de cidadãos" ia implementar diretamente a vontade popular, sem mediação de representantes ou instituições. As questões seriam decididas por referendo. Os votantes teriam poder para revogar representantes a qualquer momento. Até que isso fosse concedido, eles se comprometiam a travar as estradas todo sábado.

Os Coletes Amarelos também emitiram uma cacofonia de demandas políticas, muitas das quais contraditórias.[29] Vários impostos teriam que ser zerados, assim como o número de sem-teto. O tamanho das turmas de jardim de infância teria que ser reduzido e estacionar no centro não teria custo. A dívida nacional deveria ser "declarada ilegítima" e seguida de calote. Tinha-se que proibir a entrada de refugiados no país. Uma segunda lista, acrescentada uma semana depois, exigia que a França abandonasse a União Europeia e a Otan, cortasse os impostos pela metade e travasse quase toda imigração. Era uma pauta que só podia emergir das mídias sociais: maximalista, incoerente, fincada na identidade, sem entraves dos tomadores de decisão que poderiam deixar a lista coerente. Puro id.

Os Coletes Amarelos, de certo modo, eram um feito histórico, o maior movimento popular desde os anos 1960 no país que praticamente inventou esses movimentos. Mas teve pouco impacto. Todos os partidos políticos tentaram canalizar sua energia. Os sindicatos de trabalhadores também. Os estudantes também. Ninguém conseguiu nada. Então o movimento se exauriu, como se nunca tivesse acontecido. Mesmo mais de sete anos após a Primavera Árabe e as lições que ela havia deixado para os ativistas da internet, a nova democracia das redes sociais rendera muito caos, mas, estranhamente, poucos resultados.

Descobriu-se que isso representava uma tendência, e uma tendência muito reveladora, no levantamento de Erica Chenoweth, pesquisadora de resistência civil em Harvard. Ela descobriu que a frequência de movimentos de protesto coletivo vinha crescendo mundo afora desde os anos 1950 e havia se acelerado nos últimos tempos.[30] Entre as décadas de 2000 e 2010, a média de episódios por ano saltara quase 50%. O índice de sucesso desses movimentos também vinha crescendo, ano a ano, fazia décadas. Por volta do ano 2000, 70% dos movimentos de protesto que exigiam mudanças sistêmicas tinham sucesso. De repente, essa tendência se inverteu. Eles começaram a ter insucessos — justamente quando passaram a se tornar mais frequentes. Agora, descobriu Chenoweth, apenas 30% dos movimentos coletivos tinha êxito. "Alguma coisa mudou muito", contou ela, referindo-se à queda como "assustadora". Praticamente todo mês mais um país tinha uma erupção de protestos nacionais: o Líbano pela corrupção, a Índia pela desigualdade de gênero, a Espanha pelo separatismo catalão. Muitos com uma dimensão que superava os movimentos mais transformadores do século XX. E a maioria deles dava em nada.

Para explicar o fenômeno, Chenoweth se apoiou na observação de Zeynep Tufekci, pesquisadora da Universidade da Carolina do Norte: as redes sociais facilitam que ativistas organizem protestos e atraiam rapidamente números impensáveis de gente. Mas isso pode ser uma desvantagem.[31] Para começar, as mídias sociais, embora recebidas inicialmente como força de libertação, "na verdade, beneficiam, na era digital, muito mais a repressão do que a mobilização", segundo Chenoweth. Ditadores haviam aprendido a transformar isso em vantagem para si mesmos, usando seus recursos extras para inchar as plataformas de desinformação e propaganda política.

O efeito sobre as democracias era mais sutil, mas ainda assim potente. Chenoweth citou, em comparação, o Comitê Estudantil de Coordenação Não Violenta (Student Nonviolent Coordinating Committee, SNCC), um grupo da era de luta pelos direitos civis. Antes das mídias sociais, os ativistas tinham que se mobilizar por meio do envolvimento com a comunidade e construindo a organização. Eles se reuniam quase diariamente para se exercitar, planejar estratégias e conversar. Era um trabalho agoniante, de anos. Mas foi o que fez o movimento durar, baseado em laços do mundo real e hierarquias de comando. Foi isso que possibilitou que movimentos como o SNCC perseverassem quando as coisas ficavam difíceis, reagissem estrategicamente aos acontecimentos e traduzissem vitórias nas ruas em transformação política.

As mídias sociais permitem que os protestos pulem vários desses passos, levando mais gente às ruas e mais rápido. "Assim as pessoas podem ficar com uma sensação de falsa confiança", disse Chenoweth, "porque o compromisso é menor." Sem a infraestrutura subjacente, os movimentos das redes sociais são menos aptos a organizar demandas coesas, a se coordenar ou a agir com estratégia. E ao canalizar a energia popular para longe do tipo mais difícil de organização, elas inviabilizaram o surgimento de movimentos tradicionais. Era o que Zuckerberg havia prometido: movimentos populares maiores e sem líderes. Mas o próprio Facebook, assim como outras gigantes das redes, se tornou uma instituição titular. E, como a maioria dos *gatekeepers*, se inclinou a proteger a elite dominante e o status quo do qual dependia para manter seu poder.

CEOs de guerra

Em maio de 2016, o site de notícias da área de tecnologia Gizmodo publicou aquela que ainda deve ser uma das matérias mais impactantes sobre as plataformas sociais, sob a manchete "Ex-funcionários do Facebook: abafar notícias conservadoras era rotina".[32] A matéria dizia respeito a uma pequena ferramenta na página inicial do Facebook, chamada *"trending"*, que destacava meia dúzia de assuntos e manchetes. Ela atraía pouco tráfego: 1,5% dos cliques. Um algoritmo ajudava a identificar assuntos em alta, mas a empresa, em uma medida incomum, sujeitou essas escolhas ao julgamento humano. Meia dúzia de jornalistas fazia a curadoria dos assuntos e escrevia sinopses para descrever cada um.

Um antigo subcontratado da equipe disse ao Gizmodo que a equipe fora obrigada a abafar tópicos de orientação conservadora. O subcontratado, um homem que se identificava como conservador, disse que os editores do Facebook haviam lhe pedido que não incluísse matérias virais, como, por exemplo, uma sobre um ex-funcionário da Receita acusado pelos republicanos de mirar grupos conservadores. (Suas provas eram imprecisas e a história se mostrou falsa.) Os editores também tinham lhe dito para não pegar pautas ventiladas por sites de extrema direita como o Breitbart até que um veículo tradicional as houvesse confirmado. O artigo do Gizmodo apresentava essas decisões como prova do viés anticonservador do Facebook. Também acusava a empresa de mandar agências terceirizadas "manipularem artificialmente o módulo de *trending*" ao "injetar" pautas que ainda não haviam viralizado. Seus dois exemplos foram o desaparecimento do voo 370 da Malaysia Airlines e o ataque terrorista ao *Charlie Hebdo*.

Foi um raro caso em que o Facebook fez tudo que os especialistas e grupos digitais viriam a pedir. Impor vigilância humana nos algoritmos. Privilegiar verdade e credibilidade em vez de viralização e engajamento. Ocasionalmente refrear os primeiros impulsos de seu sistema, até seus usuários. Mas a matéria, do jeito como foi enquadrada, oferecia aos republicanos uma oportunidade de fustigar queixas que transformavam a política em torno das mídias sociais e, ao fim, as próprias plataformas.

"O Facebook tem o poder de influenciar enormemente a eleição presidencial", afirmou o Comitê Nacional Republicano em um comunicado à imprensa, confundindo o feed de notícias muito mais poderoso do Facebook com sua ferramenta *trending* praticamente ignorada. "É mais do que perturbador descobrir que esse poder está sendo usado para silenciar pontos de vista e notícias que não se encaixam na pauta de outros."[33] O senador John Thune, do Partido Republicano, enviou uma carta a Zuckerberg exigindo que a empresa informasse os legisladores quanto à questão. Thune presidia o Comitê de Comércio, que supervisiona a Comissão Federal de Comércio, que vinha investigando o Facebook. A empresa, assustada, enviou sua equipe de Washington para acalmar Thune. Também convidou cerca de vinte conservadores de destaque, entre os quais um assessor da campanha de Trump, para se reunir com Zuckerberg em pessoa. Deu certo. Os presentes trocaram mais farpas entre si do que com o Facebook.[34] Um deles, Glenn Beck, elogiou a reunião e também Zuckerberg como um defensor da liberdade de expressão.

O Facebook demitiu as terceirizadas que supervisionavam a ferramenta de *trending* em uma sexta-feira, deixando os algoritmos tomarem controle total. Na segunda-feira, a matéria principal era o link para uma fake news que acusava Megyn Kelly, apresentadora da Fox News, de apoio a Hillary Clinton.[35] O blog de extrema direita que havia publicado o texto foi identificado posteriormente como um dos principais motores de fake news no Facebook durante a eleição de 2016.[36]

Em meados daquele ano, no mês de julho, poucos dias antes da Convenção Nacional Republicana indicar formalmente Trump à candidatura presidencial, Zuckerberg foi confrontado durante um congresso de assuntos financeiros por Rupert Murdoch e Robert Thomson, o fundador e o CEO, respectivamente, da News Corp, dona da Fox News e de muitos veículos conservadores em nível internacional.[37] O Facebook, disseram eles, estava canibalizando o mercado da imprensa, usando seu conteúdo para roubar a audiência da imprensa e sua renda publicitária. Mudanças inesperadas no algoritmo, complementaram, ameaçavam a capacidade da News Corp de sustentar seu tráfego. Eles ameaçaram pressionar publicamente governos e agências reguladoras por meio da News Corp a verificar se o poder de mercado do Facebook poderia infringir regras antitruste.

Não ameaçaram usar seus veículos contra o Facebook, mas não seria insensato da parte de Zuckerberg temer que isso viesse a acontecer. Nos meses seguintes, a Fox News disse tudo que podia e não podia sobre o viés supostamente anticonservador do Facebook.[38] Chamou a campanha "Vá votar" da plataforma de estratagema para aumentar o comparecimento democrata. Repreendeu-a por "abafar" o que chamou de "grandes notícias", como o susto de saúde de Hillary Clinton (na verdade, a plataforma havia apagado várias postagens de fake news) e por "censurar" a "ativista" Pamela Geller, figura da extrema direita que tivera sua página apagada depois de espalhar conspirações racistas.

Zuckerberg buscou tranquilizar conservadores, ressaltando, em declarações e postagens ao longo de 2016, que Trump tinha mais fãs do que qualquer candidato à Presidência e que a Fox News tinha mais interações na sua página do que qualquer outro veículo de imprensa. ("Nem chega perto", disse Zuckerberg.)[39] A relação da empresa com a campanha de Trump, que estava gastando muito em anúncios do Facebook, continuou cordial.

Depois da eleição, conforme se acumularam provas de que as principais plataformas sociais haviam amplificado conteúdo falso e polarizante que favoreceu Trump, em parte com apoio russo, republicanos sentiram que sua vitória estava ficando maculada — talvez, em meio à sugestão de coordenação indireta entre a campanha trumpista e operadores russos, até deslegitimada. Eles queriam inverter a narrativa. As redes sociais não tinham impulsionado republicanos, diziam, mas sim abafado. Republicanos no controle das duas câmaras do Congresso, ansiosos para criar uma distração da investigação sobre a interferência russa, fizeram audiências com a mensagem inversa, em que afirmavam que os progressistas do Vale do Silício eram a verdadeira ameaça à democracia.

Os republicanos encontraram sua prova cabal em uma matéria de 2018 do Vice News com a manchete "O Twitter está fazendo *shadow banning* de republicanos de destaque".[40] O jornalista havia descoberto que o campo de busca do Twitter não autocompletava certas contas conservadoras quando ele digitava as primeiras letras dos nomes de determinadas pessoas. A matéria parecia baseada em um equívoco técnico, mas os republicanos deram pulos.[41] Em um tuíte, o deputado Matt Gaetz, da Flórida, sugeriu que o Twitter o estava repreendendo por questionar seu CEO em uma audiência recente.[42] A presidente do Comitê Nacional Republicano disse que a empresa "abafa vozes conservadoras",[43] enquanto Donald Trump Jr. tuitou: "Agora chega dessa porcaria",[44] exigindo do CEO do Twitter "#StopTheBias" [Chega de Parcialidade]. Seu tuíte teve 16 500 interações; o de Gaetz, 20 400. Bem longe de abafamento. Então Trump pai também tuitou "#StopTheBias", o que provocou meses de mensagens conservadoras sobre a tirania das gigantes da tecnologia.

Durante sua Presidência, Trump e seu partido pintaram as plataformas sociais como agentes anti-Partido Republicano. Eles repetidas vezes ameaçaram investigar, regulamentar ou mesmo cindir as empresas, ameaças que motivaram tremendamente o Vale do Silício. Temores de imposições antitruste — multas punitivas ou regulamentação para deter práticas monopolistas — pairavam sobre o setor fazia muito tempo. Em 1969, o Departamento de Justiça havia aberto uma iniciativa para cindir a IBM, que controlava 70% do mercado de computadores.[45] O julgamento se arrastou por treze anos, e nesse período a IBM, para evitar que o argumento dos regulamentadores se provasse, restringiu o próprio negócio. Quando o governo dispensou o caso, em 1982, a fatia de mercado e a renda da IBM haviam caído de forma tão drástica que uma manchete do *New York Times* anunciou: "O fim do domínio".[46]

Mas foi o caso da Microsoft que mais assustou as gigantes. Em meados da década de 1990, a batalha de anos com as agências regulamentadoras culminou em um mandado judicial para a empresa ser cindida ao meio. (O Departamento de Justiça havia acusado a Microsoft de explorar seu domínio em um mercado para monopolizar outros.) A decisão foi rejeitada depois de um recurso — o juiz discutira o caso com jornalistas durante os trâmites, o que maculou sua imparcialidade —, e o governo Bush, que havia acabado de assumir, desistiu do processo. Ainda assim, o preço das ações da Microsoft caiu pela metade; sua reputação com o público e as agências reguladoras ficou tão enfraquecida que Bill Gates, o fundador, deixou a presidência da empresa. Anos depois, ele viria a aconselhar Zuckerberg a não repetir o que via como um erro: fazer antagonismo com Washington e ignorar os legisladores que ele via como cabeça-dura. "Eu disse: 'Tenha uma sede lá, imediatamente'", lembrou Gates, referindo-se a Washington, onde o Facebook e o Google começaram a gastar milhões em lobby. "O Mark foi atrás e me deve essa."[47]

As multas das agências formavam pilhas: ao Google, 22 milhões de dólares em 2012, 170 milhões em 2019. Ao Facebook, 100 milhões em 2019 e, no mesmo ano, o recorde de 5 bilhões de dólares, impostos pela Comissão Federal de Comércio por desrespeito à privacidade dos usuários. Chegou-se a falar em cisão forçada. O senador Richard Blumenthal, democrata de Connecticut, defendeu em um artigo opinativo de 2018 que o processo da Microsoft servia de modelo nítido para atacar Facebook, Google e Amazon.[48]

Repelir esses ataques ia exigir mais do que lobby. A partir daquele ano, Zuckerberg e outros chefões da área adotaram uma postura que o capitalista de risco Ben Horowitz havia chamado de "CEO de guerra". Se regulamentadores rondam ou o mercado despenca, conforme Horowitz escreveu em um blog, as empresas precisam de um líder que "quebre o protocolo para vencer", "use impropérios intencionalmente", "seja totalmente intolerante" com funcionários que não sigam a estratégia corporativa, "não favoreça a construção de consenso nem tolere a discórdia" e faça funcionários passarem vergonha na frente dos colegas para ganhar uma discussão.[49]

Horowitz creditou a estratégia a seu herói Andy Grove, o ex-presidente da Intel. Ele adaptara o termo "CEO de guerra" de uma frase de *O poderoso chefão* (Tom Hagen: "Mike, por que me tiraram de cena?". Michael Corleone: "Você não é um *consigliere* de guerra"), que ele reproduziu em sua postagem junto a uma letra de rap, parte de sua campanha para reposicionar bilionários da tecnologia como os novos fodões casca-grossa da contracultura, usando suéter de gola V. Seu prestígio vinha da Andreessen Horowitz, firma de investimentos que ele e o fundador da Netscape, Marc Andreessen, haviam fundado em 2009. (O mentor de Andreessen, John Doerr, tivera mentoria de Grove — mais um exemplo da insularidade e das distorções do Vale do Silício.)

Se William Shockley encarnara a era dos semicondutores, Andy Grove representava a era do microchip e Peter Thiel, o início da era da internet, então Andreessen e Horowitz personificavam a era das mídias sociais. Não era só no que eles investiam (o Facebook, onde Andreessen tinha assento na diretoria, assim como Twitter, Slack, Pinterest, Airbnb, Lyft e Clubhouse), mas como. Eles institucionalizaram, por uma questão de estratégia de investimentos, a tendência do Vale para CEOs jovens, inexperientes e desembaraçados. Juraram promover "fundadores técnicos" com pouca experiência ou conhecimento além de engenharia, depois desatrelá-los da supervisão dos adultos ou de qualquer expectativa de comportamento corporativo normal.

A ideia do CEO de guerra transformou esse arquétipo em filosofia corporativa. Programadores que lançam um aplicativo de celular ou uma loja online deveriam governar exatamente como os *rock stars* iconoclastas que acreditam ser. Se alguém se ofender — os funcionários sensíveis, os burocratas cabeça-dura, a Comissão Federal de Comércio —, melhor saírem atirando, para todo mundo saber quem eles são. Uma das palestras de treinamento para gerência de Horowitz fazia um longo paralelo entre fundadores de startups e o líder da revolta de escravizados no Haiti em 1791, que havia tido sucesso, dizia ele, forçando os haitianos a superar a "cultura do escravizado", tal como os CEOs fariam com funcionários e cidadãos que ficariam perdidos sem seu direcionamento.[50] Era uma arrogância do tipo que podia levar um desenvolvedor de sites fracassado a concluir que tinha tudo que precisava para ditar os termos das relações sociais humanas mundo afora e que qualquer um retrógrado o suficiente para questionar isso era um escravo que não sabia das coisas. Ser CEO de guerra também dava uma espécie de cobertura moral. Se os concorrentes tinham que ser destruídos, se os funcionários faziam objeções éticas ou a imprensa acusava você de apoiar a destruição do tecido social, era porque eles não entendiam que a questão é de guerra.

Em 2018, Zuckerberg leu um livro de autoria de Horowitz que detalhava essa estratégia.[51] Em junho, ele reuniu os cinquenta executivos mais importantes da empresa para anunciar que o Facebook estava em guerra e que agora ele era um CEO de guerra.[52] Não ia mais tolerar tanta discordância, ia exigir mais obediência e ia levar a guerra aos inimigos do Facebook. Em uma consulta à comunidade que abrangeu a empresa inteira, chamou a cobertura que a imprensa vinha fazendo dos abusos de privacidade que o Facebook cometia, e pelos quais ia levar várias multas, de "papo furado". Desancou Sheryl Sandberg, segundo nome mais alto entre os executivos da companhia e sua conselheira de longa data. O Facebook contratou uma empresa de relações públicas do lado sombrio da força, que semeou informações humilhantes, em parte falsas, sobre os críticos da plataforma.[53]

Investidores de destaque na turma dos capitalistas de risco anunciaram que o Vale do Silício estava em guerra com a imprensa nacional desonesta que queria puni-los pelo sucesso.[54] ("A gente entendeu: vocês nos odeiam. E vocês são concorrentes", tuitou um deles.)[55] Alguns tentaram revidar, instigando boicotes do Vale como um todo aos veículos da imprensa ou, em um caso, oferecendo-se para pagar usuários em *bitcoin* para assediar jornalistas importantes na internet.[56]

Algumas semanas depois da "declaração de guerra" de Zuckerberg, o Facebook teve uma reunião para pensar como remanejar seu algoritmo de modo a destacar veículos de imprensa sérios.[57] Era o que podia restaurar a confiança na rede social, defenderam alguns executivos. Mas a ideia sofreu oposição de Joel Kaplan, ex-autoridade do governo Bush e lobista. Desde a eleição de Trump, Kaplan passava a impressão de agir, com a bênção de Zuckerberg, como representante do Partido Republicano no Facebook, um cargo que incluía o título de vice-presidente de políticas públicas globais. Ele defendeu que a mudança atrairia acusações dos republicanos de que a plataforma promovia progressistas, na prática transformando a perspectiva de Trump — de que jornalistas da grande imprensa eram agentes dos democratas — em política empresarial do Facebook. Ele venceu.

No mesmo ano, Kaplan conseguiu engavetar uma das conclusões dos relatórios internos da empresa, de que os seus algoritmos promoviam conteúdo de discórdia e polarização.[58]

Ele e outros argumentaram, em contraponto, que tratar do problema ia afetar de modo desproporcional páginas conservadoras, que atraíam uma fatia desmesurada de desinformação. Era melhor manter os usuários desinformados. Não foi a última vez que o interesse público seria sacrificado para evitar até objeções hipotéticas dos republicanos, mesmo que não tivessem fundamento.

As gentilezas do Facebook para com os republicanos, que mantiveram o controle das alavancas da fiscalização federal ao longo de 2018 e 2019, foram abrangentes. A empresa contratou Jon Kyl, ex-senador republicano, para elaborar um relatório sobre qualquer parcialidade anticonservadora na plataforma. O relatório praticamente reembalou as acusações de #StopTheBias de Trump, permitindo ao Facebook dizer a críticos do Partido Republicano que estava analisando a questão e seguindo as recomendações de Kyl. Zuckerberg ofereceu jantares sem registro a conservadores influentes,[59] entre os quais o apresentador Tucker Carlson, da Fox News, que havia acusado o Facebook de querer "a morte da liberdade de expressão nos Estados Unidos".[60] A plataforma recrutou o Daily Caller, site noticioso de direita fundado por Carlson, para participar de seu programa de checagem, conferindo-lhe poder quanto a julgar o que era verdade nela. O Facebook anunciou que permitiria que políticos mentissem na plataforma e que concederia margem especial a discursos de ódio, regras que pareciam escritas para Trump e seus aliados.[61]

"Eu estava no FB fazia menos de um ano quando fui convocada para uma investigação urgente — a campanha do presidente Trump reclamou de uma queda de visualizações", lembrou Sophie Zhang, analista de dados do Facebook, no Twitter.[62] "Nunca me pediram que investigasse nada parecido para outras pessoas." Essa espécie de conciliação com líderes políticos parecia estratégia global. Entre 2018 e 2020, Zhang assinalou dezenas de incidentes em que líderes estrangeiros promove-ram mentiras e ódio para ganho pessoal.[63] Porém, disse, ela sempre foi voto vencido. Quando de sua demissão, Zhang recusou um pacote indenizatório de 64 mil dólares com cláusula de não depreciação, para que pudesse divulgar seu comunicado de 7800 palavras no qual registrava o que ela via como prática proposital de autorizar políticos a fazerem mau uso da plataforma, inclusive em países onde os riscos abrangiam violência sectária e autoritarismo galopante. "Já sei que tenho sangue nas mãos", escreveu.[64]

Em 2019, a ditadura comunista do Vietnã transmitiu uma mensagem privada ao Facebook: a plataforma precisava censurar críticos do governo ou o governo vietnamita ia proibi-la no país.[65] Como funcionários revelaram mais tarde, Zuckerberg concordou, o que deixou o Facebook — "a empresa da revolução", como ele havia dito — se tornar, em sigilo, uma ferramenta de repressão autoritária. Embora tenha defendido que cidadãos vietnamitas estavam mais bem servidos acessando um Facebook parcialmente livre do que Facebook nenhum, seu sigilo inicial, e o histórico da companhia, lançavam dúvidas quanto à pureza de suas intenções. Um grupo estimou que a presença da rede social no Vietnã rendesse anualmente 1 bilhão de dólares.[66]

A empresa também anunciou naquele ano que o Facebook não iria mais fazer triagem de anúncios políticos para checar verdade ou exatidão.[67] Só o desrespeito excessivo das regras, como convocações a violência, seria fiscalizado. Supunha-se que Trump, que havia gastado de modo extravagante na plataforma em outros tempos, seria o maior beneficiário disso, assim como todos iguais a ele. Aproximadamente 250 funcionários assinaram uma carta aberta — uma demonstração cada vez mais rara de discordância pública — solicitando que Zuckerberg voltasse atrás na decisão, que iria "aumentar

342

a desconfiança na nossa plataforma" e "anular o esforço por integridade do produto" pensado para proteger as eleições.[68]

Yaël Eisenstat, ex-conselheira da Casa Branca que supervisionou as diretrizes do Facebook em eleições durante seis meses, até se demitir, publicou uma coluna sobre a polêmica.[69] Ela afirmava ter visto os gestores de políticas da companhia darem duro para equilibrar integridade democrática com a missão do Facebook, mas serem desprezados pelas "poucas vozes que acabaram decidindo a direção geral da empresa". O Facebook, avisou ela, estava perdendo "no maior teste em relação à sociedade e à democracia ficarem ou não à frente do lucro e da ideologia".

Consertando um avião durante o voo

Uma terça-feira sim, outra não, durante a manhã, dezenas de funcionários do Facebook rodeavam uma sala de reuniões envidraçada para fazer o que parecia ser, de início, uma reunião de equipe no Vale do Silício. Eles beliscavam no bufê de café da manhã, soltavam suas garrafinhas d'água ecológicas e ficavam mexendo no software de videoconferência. Então se acomodavam e discutiam, em uma hora que passava rápido, como aprimorar e ajustar a experiência corrente de gestão das relações sociais e do discurso político no mundo inteiro.

Na semana em que visitei a empresa, em outubro de 2018, um tópico importante eram os critérios para a venda de animais nas páginas de comércio da plataforma no estilo Craigslist. Os funcionários discutiam como equilibrar os direitos e interesses de animais silvestres, bichos de estimação, gado, fazendeiros e criadores. As regulamentações da Europa seriam revistas. Um grupo de fora daria consultoria. Alguém levantou, para fins de reflexão, a importância econômica do comércio de gado para usuários na África. As decisões deles seriam traduzidas em regras maquinais e orientações a ser transmiti-das a Jacob e milhares de outros moderadores mundo afora — que, por sua vez, as usariam para reger bilhões.

O Facebook havia me convidado para assistir à reunião de-pois de saber que eu conseguira os manuais internos — os que Jacob tinha me passado em segredo. Queriam que eu enten-desse as pastas dentro do contexto e, como me disse um fun-cionário, aos poucos começasse a abrir seus processos para o mundo. Monika Bickert, que comanda a equipe de políticas, me informou, em uma de aproximadamente doze entrevistas que a empresa havia marcado, que o processo de regulamenta-ção costumava ser reativo. Um funcionário, uma notícia ou um grupo de pressão podia sinalizar um problema. Alguém elabo-rava uma nova regra, trabalhava-a na reunião, depois a passava pelo processo de revisão. Podia passar por um teste em um mercado específico antes de ser empregada em outros. "Não estamos traçando limites no vácuo", explicou Bickert, descre-vendo as normas e os princípios jurídicos que os orientavam. Mas quanto mais complexas ficavam as regras, mais difícil era implementá-las com moderadores de baixo escalão como Ja-cob, sobretudo dado o tempo absurdamente curto que os mo-deradores tinham para tomar decisões. Bickert estava ciente da contradição. "Toda vez que deixamos nossas políticas mais matizadas, fica mais difícil aplicar essas regras de jeito consis-tente e acertar o ponto no mundo", disse. "Existe uma tensão real entre querer ter nuances que deem conta de qualquer si-tuação, e querer um conjunto de políticas que possamos exe-cutar com exatidão e de maneira clara."

Eu me vi oscilando entre simpatia e ceticismo quanto aos soberanos das políticas do Facebook. Eles eram atenciosos e, na maior parte do tempo, honestos quanto a sua capacidade de tra-tar das complexidades comportamentais e políticas cuja gestão lhes cabia. Alguns haviam entrado para a empresa pensando que fariam mais bem melhorando-a de dentro do que criticando-a de fora. E estavam encurralados na impossível função de faxineiros das equipes de crescimento da companhia, com mais recursos e mais confete, e que faziam toda a sujeira. Enquanto roíam as unhas com problemas como os discursos de ódio contra refugiados ou a desinformação em eleições delicadas, os engenheiros do outro lado do corredor estavam fazendo círculos vermelhos nas métricas de engajamento dos usuários e, quase inevitavelmente, piorando a situação.

Ainda assim, era difícil separar a benevolência do trabalho deles do grau com que se queria, como afirmavam claramente alguns documentos de políticas, proteger o Facebook da retaliação do público ou da regulamentação. Passei a pensar a equipe de políticas do Facebook tal como se fossem cientistas da Philip Morris encarregados de desenvolver um filtro melhor e mais seguro. Em certo sentido, reduzir os carcinógenos que bilhões de fumantes ingeriam mundo afora salvou ou prolongou vidas em uma escala que poucos de nós teriam como equiparar. Em outro sentido, esses cientistas estavam trabalhando para a fabricante de cigarros, promovendo a causa de vender cigarros que prejudicava as pessoas em uma escala enorme.

Não me surpreendi, portanto, quando todos com quem eu conversava no Facebook, fosse a pessoa mais inteligente ou mais introspectiva, expressavam certeza absoluta de que o produto era naturalmente inofensivo. De que não havia prova de os algoritmos ou outros recursos guiarem usuários ao extremismo ou ao ódio. De que a ciência ainda não concluíra se cigarros viciavam mesmo ou se realmente causavam câncer. Mas, por mais que se tenha descoberto que a Philip Morris tinha estudos empilhados até o teto comprovando os riscos à saúde que seus executivos haviam insistido não existir, os pesquisadores do próprio Facebook vinham acumulando provas, em pilhas de relatórios e experimentos internos, para uma conclusão que viriam a publicar explicitamente em agosto de 2019: "A mecânica da nossa plataforma não é neutra".[70]

Um relatório interno sobre discurso de ódio e desinformação havia descoberto, escreveram seus autores, "evidências convincentes de que as mecânicas centrais do nosso produto, tais como viralização, recomendações e otimização do engajamento, são parte significativa do motivo para tais tipos de discurso prosperarem na plataforma". O relatório, depois vazado para a imprensa e para a Comissão de Valores Mobiliários, alertava que a empresa estava "efetivamente (mesmo que não necessariamente de modo consciente) promovendo atividades daquele tipo".[71]

Porém, no período que passei no Facebook, qualquer pergunta feita sobre as consequências de fazer com que uma fatia cada vez maior da experiência humana passe por algoritmos e interfaces gamificadas, projetadas, a princípio, para "maximizar o engajamento", só me rendeu, todas as vezes, olhares de incompreensão. Executivos que momentos antes haviam se aprofundado em questões sensíveis sobre terrorismo ou regulamentação estrangeira começavam a piscar e mudavam de assunto como se não tivessem entendido o que eu havia dito. "As pessoas usam o celular para estruturar coisas ruins. Aliás, talvez tudo de ruim que aconteça por meio dos nossos serviços esteja acontecendo por meio de um celular", disse um executivo sediado em Londres. "Você defenderia não ter um celular ou, na verdade, que deveríamos diminuir o uso do celular, porque ele tem sido usado de maneira prejudicial?"

Parte de mim torcia para que estivessem tentando me engambelar. Que eles entendiam, mas não podiam reconhecer abertamente os efeitos do seu serviço de distorcer realidades e comportamentos. Eu me sentia no terceiro ato de *2001: Uma odisseia no espaço*, quando os dois astronautas que sobraram tramam o que fazer com HAL, a inteligência artificial que, depois de supervisionar a jornada de tantos anos, enlouqueceu e matou o restante da tripulação. Tentei imaginar a cena principal deles de outra maneira: quando um astronauta pergunta ao outro como deter a matança de HAL, o outro responde: "Quem?".

Para provar as boas intenções da empresa, quase todo mundo com quem conversei lá mencionou a reação dela ao genocídio em Mianmar. Embora reconhecessem que fora uma medida tardia, a plataforma havia banido o notório grupo extremista comandado pelo monge racista Wirathu, que a tinha usado como arma para incitar violência coletiva contra minorias desde 2014. Claro que isso era uma prova de maturidade. Mas os grupos digitais em Mianmar vinham me dizendo havia meses que a propaganda caça-raça do grupo de ódio continuava sendo disseminada online. As explicações, como se descobriu, estavam nos arquivos do Facebook. Um manual de Mianmar, formatado em um jovial Powerpoint de 32 slides, afirmava o oposto do que os executivos do Facebook acreditavam que era sua política: o conteúdo postado por um grupo de ódio ou que o apoiasse, dizia o livro, *não* devia ser retirado.[72] Dedicava uma página inteira a essa questão. Era como intervir em Ruanda e, por engano, dizer às emissoras de rádio genocidas para seguir transmitindo. Mesmo depois de todas as falhas da plataforma, um erro tão flagrante, em um assunto tão importante, ainda chocava. Quando apontei isso a representantes do Facebook, a empresa disse que ia corrigir os documentos.

Discussões no Vale do Silício a respeito de como usar seu poder — submeter-se mais ou menos aos governos, enfatizar neutralidade ou assistência social, consistência ou flexibilidade — raramente levavam em conta a possibilidade de que eles não deviam ter poder algum. De que consolidar informação e relações sociais sob a égide de empresas que maximizam lucro estava em desacordo fundamental com o bem público.

Mas, dado que a escala do repúdio às gigantes da tecnologia e as provas de seus males não podiam ser desprezadas, o Vale se decidiu por uma narrativa interna, ao longo de 2018 e 2019, que levou seus líderes a achar que ainda eram os bonzinhos. Eles a chamaram de "tempo bem gasto", expressão tomada de empréstimo de Tristan Harris, ex-engenheiro do Google que havia alertado quanto ao condicionamento viciante e que se demitiu em 2015.[73] Agora essa era a grande novidade do Vale. Facebook, Google, Apple e outras apresentavam novos recursos para acompanhar e gerenciar o tempo de tela dos usuários. Era uma espécie de reposicionamento: aprendemos com nossos pecados (convenientemente reduzidos a "muito tempo de tela"), tivemos um grande despertar e agora somos cruzados do bem.

O Laboratório de Tecnologias Persuasivas de Stanford, onde acadêmicos e engenheiros desenvolviam parcerias para criar serviços de vício máximo, foi renomeado "Laboratório de Design do Comportamento". Seu líder tuitou: "Vamos começar a perceber que ficar acorrentado ao celular é um comportamento de baixo nível, parecido com fumar".[74] Nir Eyal, o consultor que havia sido o primeiro a falar de caça-níqueis como modelo das plataformas de redes sociais, passou de guru da maximização do tempo de tela para guru da redução do tempo de tela, e publicou um livro com o título *Indistraível*.[75]

Harris chamou a campanha de cooptação que pouco fazia para resolver os males reais.[76] Os aplicativos continuaram a atualizar seus algoritmos do vício, mas acrescentaram minúsculos contadores para lhe dizer quantas horas você passava conectado. Outros a chamaram de golpe de marketing. A meu ver, isso tinha cara de uma jogada para desculpar a si mesmo. Para cada campanha publicitária que dizia aos consumidores que o Vale do Silício agora defendia o bem-estar digital, havia muito mais retiros de ioga para autoconhecimento ou grupos de meditação que diziam a mesma coisa aos funcionários do Vale. Os executivos se reuniam para purificar a alma da culpa, parabenizar uns aos outros pela evolução e em seguida voltar ao *growth hacking*. A autoflagelação como autoafirmação — sentir-se bem por sentir-se mal — se tornou uma indústria em si mesma.

"Os CEOs no fundo estão sofrendo. Não conseguem dormir",[77] disse ao *New York Times* Ben Tauber, ex-gerente de produto no Google que havia transformado uma comuna riponga à beira-mar chamada Esalen em retiro para executivos da tecnologia. Era um conjunto de contorcionismos muito esquisito. Mas fez por executivos o que as performances dos CEOs de guerra tinham feito pela moralidade corporativa e os moderadores tinham feito pelo discurso de ódio: encobrir a lacuna sem solução, talvez insolúvel, entre o propósito declarado das plataformas quanto a liberdade e revolução e seus efeitos concretos no mundo.

Passei a crer que esse era o real problema da governança. Se era um tabu pensar que as mídias sociais em si, tal como os cigarros, podiam estar causando os males que quase sempre se seguiam a sua adoção, então os funcionários encarregados de gerenciar esses males tinham uma limitação que era impossível transpor. Isso explicava boa parte da incoerência esquisita dos manuais. Sem um entendimento completo do impacto das plataformas, as políticas são, em sua maioria, reações olho por olho às crises ou aos problemas conforme surgem: um boato viral, um surto de abusos, uma revolta. Funcionários seniores fazem um ajuste, esperam para ver o que acontece, depois fazem outro, como se estivessem consertando um avião durante o voo.

Pouco mudou para os moderadores que eram chamados para executar esses planos. Continuaram a surgir relatos de condições de trabalho opressivas. Jacob, como costuma acontecer com essas fontes, recuou das nossas conversas conforme seu empregador caçava o informante que havia causado constrangimento à firma perante o Facebook. Em 2018, um moderador norte-americano entrou com uma ação, que depois foi acompanhada por várias outras, contra o Facebook por não fornecer a mínima segurança exigida por lei enquanto demandava que eles vissem material que a empresa sabia ser traumático.[78] Em 2020, o Facebook fechou um acordo em uma ação coletiva, aceitando pagar 52 milhões de dólares a 11250 moderadores, tanto atuais quanto já desligados, nos Estados Unidos.[79] Os moderadores de fora do país não ganharam nada. O modelo de negócio subjacente à moderação continua igual.

II.
A ditadura da curtida

Presidente YouTube

Fazia sete anos, Tatiana Lionço lembrou com a voz rouca, que um vídeo no YouTube destruíra sua vida. Em 2012, Lionço, uma psicóloga, tinha participado de uma mesa-redonda sobre o combate à homofobia nas escolas. Ela disse à minúscula plateia de acadêmicos e autoridades políticas que deveriam assegurar aos pais que não havia nada de incomum em uma criança pequena expressar curiosidade pelo corpo ou pela roupa de outra.

Pouco depois, um deputado de extrema direita editou gravações do evento, reordenando as palavras de Lionço de modo a sugerir que ela havia incentivado a homossexualidade e o sexo entre crianças.[1] O deputado, por muitos considerado uma esquisitice às margens da política, tinha poucos aliados e pouco poder efetivo. Mas tinha um séquito substancial no YouTube, onde postou a gravação editada. Youtubers de extrema direita, então uma comunidade pequena mas ativa, repostaram o vídeo enganador, acrescentando seus comentários carregados na desinformação. Lionço representava uma conspiração global comunista e homossexual, disseram. Ela havia endossado a pedofilia. Estava distribuindo "kits gays" para escolas, usados para converter crianças à homossexualidade. As declarações desses youtubers chegaram ao Twitter e ao Facebook. Os comentários nos vídeos exigiam a morte de Lionço.

De início, os amigos e colegas de trabalho da psicóloga trataram aquilo como ruído das redes sociais. Até que a história fabricada virou realidade consensual nas plataformas, indignando gente comum. Muitas entraram em contato com a universidade onde ela trabalhava, exigindo sua demissão. Acusaram seus chefes ou quem quer que a apoiasse de ameaçar a vida de crianças. Amigos e colegas se distanciaram.

"Tive que lidar com isso sozinha", contou Lionço. Ela fez uma pausa, com o rosto contorcido, e olhou para o colo. Talvez as pessoas de seu convívio sentissem vergonha por terem deixado o caso se desenrolar, disse. "Acho que elas têm medo de que aconteça com elas." Mesmo depois de a psicóloga praticamente se retirar da vida pública, os youtubers de extrema direita, cujos números de audiência estavam estourando, continuaram impulsionando a pauta da comunista acadêmica que tramava sexualizar crianças. Embora tenha voltado a lecionar após algum tempo, sua vida nunca mais foi a mesma e ela é acossada pela infâmia aonde quer que vá. Ameaças de morte continuam sendo uma presença constante, assim como cochichos de desconfiança até de colegas que pensavam como ela. "Estou exausta. Faz sete anos", disse, cobrindo o rosto com as mãos. "Aquilo me quebrou. Para mim, isso é o pior. Eu me sinto sozinha."

Lionço é brasileira. Em fins de 2018, o deputado marginal e youtuber que havia lançado a campanha de desinformação contra Lionço seis anos antes, um homem chamado Jair Bolsonaro, concorreu à Presidência do país. Todos esperavam que ele fosse perder. Em vez disso, ele ganhou com dez pontos percentuais a mais do que o concorrente. Foi o acontecimento mais significativo na política global desde a eleição de Donald Trump. O sexto maior país do mundo ficou sob o comando de um conspiracionista de extrema direita. Ele administrou a destruição de milhões de hectares da Floresta Amazônica, sinalizou seu apoio à violência da extrema direita, atacou implacavelmente as instituições democráticas do Brasil e esvaziou a máquina estatal burocrática.[2]

A ascensão de Bolsonaro parecia uma narrativa de raiva do público contra a corrupção no governo, a desordem econômica e os retrocessos democráticos. Mas os brasileiros e analistas com quem conversei só falavam das plataformas sociais dos Estados Unidos. "A direita brasileira mal existia até coisa de dois anos atrás", disse Brian Winter, diretor da revista acadêmica sobre política *Americas Quarterly*. "Ela saiu praticamente do nada." A classe dominante havia rejeitado Bolsonaro por conta de suas conspirações extremistas, seus discursos de ódio e sua hostilidade contra mulheres ("Não te estupro porque você não merece", ele dissera a outra deputada).[3] Mas esse comportamento para chamar a atenção dava resultado nas redes. As mídias sociais e, em particular, o YouTube, disse Winter, apresentavam Bolsonaro como "uma personalidade reinventada". Antes da eleição, Winter visitara o gabinete dele, querendo entender sua ascensão tanto estranha quanto repentina. Seus oito assessores "passaram todo o tempo que eu estava lá nas redes", disse ele. "Ninguém fazia trabalho legislativo."

Não era só Bolsonaro. Por motivos que ninguém conseguia explicar, o Brasil estava inundado de conspirações e novas pautas radicais que, em todos os casos, pareciam vindas do YouTube. "Comecei a conferir o YouTube quando, no primeiro debate de candidatos a presidente, um deles falou da Ursal", contou uma pesquisadora que trabalha no Brasil, Luiza Bandeira. A Ursal, um plano fictício para unir a América Latina como um Superestado pancomunista, supurou nas margens da extrema direita brasileira até que, em 2016, estourou no YouTube.[4] Vídeos que impulsionavam o plano renderam centenas de milhares de visualizações — guiados, em grande parte, como concluiu Bandeira, pelos algoritmos da plataforma, que consistentemente encaminhavam até ela mesma de vídeos sobre política até vídeos sobre conspiração.

Outras dezenas de conspirações borbulhavam no diálogo nacional, desatando ondas sísmicas de perplexidade e medo país afora.[5] Um juiz que investigava políticos de esquerda e que morrera em um acidente, dizia uma delas, na verdade havia sido assassinado. As Forças Armadas estavam preparando um golpe de Estado. Agentes estrangeiros iam fraudar a eleição, estavam inseminando doenças letais no país e subornando o governo para perder a Copa do Mundo.

As pautas dominavam o Facebook e o Twitter, descobriu Bandeira, superando a verdade nas duas plataformas nos meses que precederam a eleição de 2018. Geralmente era possível rastreá-las até o YouTube. Praticamente todas se alinhavam com a política de extrema direita de Bolsonaro e com sua visão de mundo paranoica, abominável, que empurrava os brasileiros na sua direção. "Bolsonaro sempre advogou esses pontos de vista hipersectários, mas eles nunca tinham dado retorno", disse Roberta Braga, colega de Bandeira, no Laboratório Forense Digital, que rastreia desinformação. "Agora eles estão na boca do povo." A eleição que levou Bolsonaro à Presidência também fez dois youtubers de extrema direita chegarem à legislatura federal e muitos mais a cargos de nível estadual. Outros logo conseguiram empregos na política federal. Era como se uma grande maré subisse e alçasse um recorte bem específico da direita marginal — os youtubers — aos altos níveis do poder.

O Brasil, sendo o segundo maior mercado mundial do YouTube, foi um tubo de ensaio para a influência crescente da plataforma, tal como Mianmar, Sri Lanka e Alemanha haviam sido para o Facebook.[6] Também era uma lente para entender o impacto das mídias sociais nos Estados Unidos, com os quais o Brasil tem semelhanças extraordinárias: uma democracia presidencial gigante, com uma classe média grande, definida pela separação racial, pela polarização crescente e por uma direita populista em ascensão que parecia viver na internet. Acima de tudo, o país serviu como uma espécie de vislumbre do futuro.

Embora Trump houvesse tido auxílio das redes sociais, ele não era das plataformas. No Brasil, foi como se as próprias mídias sociais tivessem assumido a Presidência. Como se o país representasse uma nova ordem política e social, talvez guiada pelo digital, que já estava ganhando visibilidade nos Estados Unidos conforme se aproximava a eleição de 2020. Em retrospecto, o Brasil de 2019 prenunciou não só boa parte do caos dos Estados Unidos no ano seguinte, mas o futuro para o mundo democrático no geral e que, se alguma coisa não mudar, ainda pode estar pela frente.

Aterrissei no país, trabalhando mais uma vez com minha colega Amanda Taub, e agora acompanhado por uma equipe que gravou um documentário, em abril de 2019, três meses depois de Bolsonaro assumir a Presidência.

Democracia por algoritmos

Quando Matheus Dominguez tinha dezesseis anos, o YouTube lhe recomendou um vídeo que ia mudar sua vida. Ele havia montado uma banda com amigos de sua cidade, Niterói. Para praticar, assistia a tutoriais de violão na internet. Um dia, a plataforma o direcionou a um professor de música chamado Nando Moura, que postava vídeos caseiros sobre heavy metal e, cada vez mais, sobre política. Moura, de cabelos compridos e cheio de maneirismos, acusava feministas, professores e políticos de tramar a doutrinação brasileira em nome do comunismo e da homossexualidade. Ele fazia piadas e usava roupas extravagantes. Tocava riffs de guitarra e jogava videogame.

Dominguez ficou vidrado. Conforme seu tempo no site aumentou, o YouTube passou a lhe recomendar vídeos de outros blogueiros de extrema direita. A maioria era jovem, com uma exceção: Bolsonaro, um homem de terno que Dominguez viu pela primeira vez como convidado de um vídeo de Moura. Era 2016. Na época deputado federal havia anos, Bolsonaro era marginalizado até no próprio partido. Mas o YouTube, em busca da sua meta de 1 bilhão de horas de tempo assistido, acabara de instalar sua nova IA de aprendizado profundo. No Brasil, youtubers de extrema direita — o verdadeiro partido de Bolsonaro — decolaram na visibilidade.

"Começou ali", contou Dominguez, agora um adolescente de dezoito anos, magricela, de óculos e rabo de cavalo, que chama o YouTube de nova casa da direita brasileira. No seu entender, o algoritmo de recomendação havia "acordado os brasileiros". "Ele promove qualquer conteúdo que renda mais *views*. Eles não se preocupam com direita ou esquerda. Querem é dinheiro", disse. Agora a política era a vida de Dominguez. Ele se filiou ao novo partido de Bolsonaro. Ele mesmo queria concorrer a presidente um dia. E postava longos vídeos no YouTube, que considerava o centro da vida nacional.

Dominguez nos levou a uma marcha pró-Bolsonaro, junto aos calçadões e prédios de luxo numa das praias de Niterói, oferecendo-se para nos apresentar a autoridades do partido. Duvidei que seriam pessoas tão receptivas; os profissionais certamente saberiam que não devem atribuir seu sucesso a um site estrangeiro. Eu estava errado. Todos com quem falamos insistiram que as plataformas sociais dos Estados Unidos os haviam levado até ali.

"Foi assim com todo mundo", disse Maurício Martins, vice-presidente local do partido, gritando para que eu o escutasse no meio da multidão. "A maioria das pessoas aqui veio do YouTube e das redes." Inclusive ele mesmo. Anos antes, o YouTube havia reproduzido automaticamente para ele um vídeo sobre política, tema pelo qual nunca manifestara interesse. Era de Kim Kataguiri, youtuber de direita. "Até ali", disse, "eu não tinha formação política, ideológica." Mas o vídeo o atraiu e ele continuou assistindo. O algoritmo, disse, foi o que forneceu "minha educação política".

Brasileiros como Martins e Dominguez estavam afirmando algo maior do que pesquisadores como Jonas Kaiser e Guillaume Chaslot tinham observado: que o YouTube não só criara uma comunidade marginal na internet ou mudara a visão de mundo de certos usuários, mas havia radicalizado todo o movimento conservador do país, e de maneira tão eficiente que derrubou praticamente toda a direita política anterior. A centenas de quilômetros dali, em Belo Horizonte, uma cidade de arquitetura colonial muito presente, uma equipe de pesquisadores se debruçava sobre os computadores tentando entender se aquilo era verdade. "Temos forte predominância de canais de direita no YouTube", disse Virgílio Almeida, o cientista da computação de barba grisalha que comandava o laboratório da Universidade Federal de Minas Gerais. "Eles atraem mais espectadores, mais comentários, mais interações do que canais de esquerda." Mas uma crise de corrupção recentemente havia derrubado o governo de esquerda do Brasil, desestabilizando a política nacional. Talvez o YouTube apenas refletisse a postura dos brasileiros.

Almeida tinha algumas sugestões em relação a como isolar a influência da plataforma para descobrir. Sua equipe percebeu que podia medir a valência política dos vídeos de política do YouTube a partir das legendas.[7] Eles usaram um software especial para acompanhar tendências no tom e no alinhamento político dos vídeos. Fizeram o mesmo com os comentários logo abaixo desses vídeos. Desde o período da atualização do algoritmo do YouTube, em 2016, descobriram eles, canais de direita haviam ganhado público muitíssimo mais rápido do que outros, dominando o conteúdo político do site. As menções positivas a Bolsonaro dispararam. Assim como as menções a teorias da conspiração que Bolsonaro fazia circular. Tal como

Chaslot descobrira durante a eleição francesa de 2017, o You-Tube tinha uma inclinação acentuadamente pró-Bolsonaro e deu uma guinada à direita durante um período em que os números de Bolsonaro nas pesquisas estavam fracos e estacionados. A plataforma não estava refletindo tendências do mundo real. Estava criando seu próprio mundo.

Mas Almeida fez outra descoberta, que indicava, de uma maneira que outros pesquisadores só haviam conseguido sugerir, que não só o YouTube estava orientando o interesse do brasileiro por vídeos alinhados com Bolsonaro, mas mudando o posicionamento político do usuário. A guinada para a direita da plataforma começara com o número de visualizações. Canais que elogiavam Bolsonaro ou usavam palavras-chave de extrema direita tinham picos de visualização — graças ao algoritmo, supõe-se. Depois disso, os comentários também tendiam para a direita, o que sugeria que era o YouTube que estava atraindo usuários para o bolsonarismo, e não o contrário.

Mas a influência da plataforma em campo acabou por se estender muito além de simples questões de preferência política. No início de 2017, no mesmo momento em que Matheus Dominguez estava passando por seu despertar político na internet, um ambicioso e jovem vereador chamado Carlos Jordy teve uma ideia. Jordy, conservador linha-dura na Niterói esquerdista, tinha poucas vias para sair da obscuridade. Com cara de brigão e cheio de tatuagens — sua mão esquerda ostenta uma caveira flamejante com olhos de diamante —, ele se sentia desprezado pela classe política brasileira. Porém encontrou mentes afins no YouTube. Ele assistia a vídeos de Nando Moura, Jair Bolsonaro e Jordan Peterson, o psicólogo que havia se tornado a porta de entrada algorítmica para a direita alternativa.

O plano de Jordy se inspirou em youtubers da extrema direita brasileira que começaram a incentivar crianças em idade escolar a filmar clandestinamente seus professores para levantar provas de doutrinação comunista-homossexual, uma conspiração, enraizada na mesma acusação fictícia que Bolsonaro fizera contra Tatiana Lionço, que haviam fabricado nos seus canais durante meses.[8] Ele tinha um número de seguidores modesto no YouTube, onde postava vídeos de si mesmo berrando com esquerdistas na Câmara Municipal. Assim como seus heróis da plataforma, ele incitava as crianças de Niterói a filmar seus professores. Algumas lhe enviaram gravações de suas aulas feitas no celular, com a imagem tremida, que ele editou e subiu no YouTube.

Durante uma entrevista em seu gabinete, Jordy recuperou com orgulho seu vídeo que mais viralizou. Nele, uma aluna interrompia sua professora de história durante uma aula sobre a Alemanha nazista. A aluna perguntava se seus colegas conservadores eram equivalentes aos nazistas e a professora respondia que sim. Uma faixa no vídeo destacava o nome de Jordy e seus links nas redes. Como se descobriu, ele editara o vídeo de forma enganadora. Na verdade, a aluna, que era homossexual, havia descrito como era sofrer o assédio de colegas cujas famílias apoiavam Bolsonaro, que até então ainda era uma figura local conhecida por ter dito que preferia um filho morto a um filho gay. A aluna tinha perguntado se aquela opinião tornava seus colegas nazistas. Não, dissera a professora, mesmo que os dois grupos tivessem em comum a homofobia.

De início, o vídeo teve pouco público — até que foi repaginado por Nando Moura, que o chamou de prova de que aquela escola era um epicentro de abusos. Ele se espalhou por canais de direita da plataforma, foi impulsionado a grandes públicos. Em seguida se espalhou no Facebook, onde foi assistido 5 milhões de vezes.

Valéria Borges, a professora no vídeo, se referiu aos meses após a circulação como o "pior período da minha vida". Borges nos mostrou páginas de ameaças explícitas que chegaram aos borbotões. Outros professores e autoridades da escola também viravam alvos, supostamente por cumplicidade. Embora os alunos de Borges tivessem se unido em seu apoio, a maioria dos brasileiros só a conhecia como vilã. "Eles me veem como uma inimiga que precisa ser destruída", disse. Ainda assim, dois anos depois, ela complementou: "Temo pela minha família, temo pelos meus alunos e meus colegas de trabalho".

Outra professora da escola nos contou que os pais não tinham mais certeza em relação ao que acreditar. Sabiam que a escola e os professores eram competentes e simpáticos. Mas eram tantos amigos e parentes lhes repassando a teoria da conspiração que eles tinham dificuldade para conciliar a realidade que conheciam com a irrealidade das mídias sociais que havia se espalhado. Alguns começaram a fazer perguntas incisivas sobre "doutrinação". Os professores disseram ter começado a ficar com medo e resguardados nas próprias aulas. Preocupavam-se que tudo que dissessem podia aparecer na internet, distorcido para promover alguma pauta, ampliada nacionalmente pelas redes.

Uma onda de incidentes como esse se espalhava pelo Brasil.[9] A acusação inicial era sempre estapafúrdia — um professor havia incentivado os alunos a vender drogas, começar uma insurreição comunista, "virar" gay —, mas tinha um vídeo, aparentemente, de base. Outros youtubers davam sua própria visão do vídeo, ganhando centenas de milhares de visualizações (e uma parte da renda publicitária) ao dar à plataforma as conspirações de guerra cultural que ela constantemente recompensava. Cada boato, por mais implausível que fosse por si só, ao se agregar a outros dava credibilidade aos demais, uma treliça de desinformação que gerava seu próprio suporte. Os professores ou eram demitidos ou eram intimidados até se esconderem, as escolas eram sitiadas, as comunidades eram atiçadas à desconfiança e à discórdia, tudo orquestrado via YouTube.

"No Brasil, hoje, isso acontece com frequência: filmagens e linchamentos", disse Borges. "É um jeito de intimidar. E está dando certo."

Jordy postou vídeos de outros professores, todos editados do mesmo modo. Eles lhe rendiam, disse, "audiência nacional". Depois de apenas dois anos na Câmara Municipal, na mesma eleição que alçou Bolsonaro, Jordy conquistou um cargo na legislatura federal. Outro youtuber de extrema direita que havia promovido denúncias de doutrinação escolar foi eleito para o Legislativo estadual. Em retrospecto, foi um sinal de alerta. Conspiracionistas marginais dos Estados Unidos com aspirações políticas, como Lauren Boebert e Marjorie Taylor Greene, embora vistas como ridículas, na verdade podiam representar uma tendência crescente, cujo ápice podia estar anos à frente. "Se as redes sociais não existissem, eu não estaria aqui", contou Jordy. "Jair Bolsonaro não seria presidente."

Quando questionei Jordy quanto às edições no vídeo que haviam alterado seu significado, ele não me contestou. Li em voz alta algumas das ameaças que Valéria Borges recebera — juras de assassinato e coisa pior. Ele se arrependia por ter desestabilizado a vida de professores que sabia serem inocentes?

A equipe de filmagem havia pedido aos assessores de Jordy para desligarem os aparelhos de ar-condicionado, que estavam interferindo no áudio. Fazia quase quarenta graus do lado de fora, sem contar a umidade. Éramos cinco enfiados em um gabinete do tamanho de um armário, um quase encostado no outro. Estávamos conversando fazia mais de uma hora, e a atmosfera, estagnada e quente, era sufocante.

Jordy, com suor escorrendo dos olhos, dispensou qualquer fingimento. "Eu fiz isso para chocar, fiz para expor ela", disse, erguendo os ombros e estufando o peito. "Eu queria que ela sentisse medo."

Ao longo do incidente, eu disse, ele nunca conversara com alunos nem grupos de pais em nome de quem dizia agir. Nunca visitara a escola, que ficava a metros de seu gabinete. Nunca tinha nem sequer usado suas prerrogativas de vereador. Ele havia focado todas as suas energias nas mídias sociais. Por quê?

"Estamos travando uma guerra cultural", disse ele, embora fosse impreciso em relação a quem seria o inimigo. "As pessoas respeitam aquilo de que têm medo. Elas precisam ter medo para entender que podem ser punidas por suas atitudes."

Ele aparentemente tinha poucas pautas afora atiçar a indignação e conquistar atenção nas redes, cujas deixas e incentivos, afinal de contas, o haviam levado ao seu cargo de relevância. Quanto mais eu conversava com gente pela cidade, menos parecia que pessoas como Jordy e Bolsonaro estavam orientando as forças digitais que os tinham alçado, e mais eles pareciam beneficiários passivos dessas forças.

"Noventa e cinco por cento da garotada aqui usa YouTube. É a principal fonte de informação do pessoal", me disse Inzaghi, um estudante de dezessete anos em frente à escola na qual se passa o vídeo de Jordy. Eles assistiam ao YouTube para matar tempo no ônibus, em vez da TV quando estavam em casa, até mesmo como pesquisa para o dever de casa. Mas ele e seus amigos haviam notado a mesma coisa que todo mundo no país. "Às vezes estou vendo um vídeo sobre um jogo e de repente vira vídeo do Bolsonaro", contou. "Querem que a gente veja esses vídeos, queiramos ou não."

Ele também percebeu a influência em sala de aula. Cada vez mais os alunos interrompiam os professores com uma acusação ou conspiração que haviam tirado do YouTube. "Toda vez que alguém vem dizer uma coisa extremista está citando gente como o Mamãe Falei, o Kim Kataguiri e o MBL [Movimento Brasil Livre]", disse outro aluno, Jojo, fazendo uma lista de youtubers de direita. "Nando Moura, Nando Moura", gritou

Inzaghi, e seus amigos riram junto. "Na rua, no ônibus, quando tem um grupo grande, vejo o pessoal assistindo ao Nando Moura." Todo aluno com que conversei enfatizou que gostava do YouTube, especialmente de canais de jogos e de comédia. Mas todos reclamavam que a plataforma os impulsionava, cada vez mais, a assistir a conspirações e discursos políticos. "Acaba afetando como as pessoas pensam", disse Inzaghi.

Pedi que Jonas Kaiser e Adrian Rauchfleisch nos ajudassem a entender o comportamento do YouTube no Brasil. Eles repetiram seus métodos afiados na Alemanha e nos Estados Unidos. Rastreando as recomendações do sistema repetidas vezes, encontraram, tal como antes, um aglomerado de canais de extrema direita e de conspiração, vasto e gerado algoritmicamente. Mais uma vez, o sistema usava vozes moderadas como pontos de entrada para atrair usuários aos extremistas e depois os mantinha lá, mostrando cada vez mais vídeos. Se restava alguma dúvida quanto à Alemanha ou aos Estados Unidos representarem aberrações, o Brasil foi conclusivo: os métodos de radicalização da direita em larga escala no YouTube tinham uma consistência muito assustadora para ser algo que não estivesse embutido no código.

As consequências do efeito toca de coelho que o YouTube provocava no mundo real — a distorção imposta a milhões de cidadãos, um naco considerável dos eleitores — estavam por por todos os lugares, a começar pela política. Bolsonaro instigava o público a assistir ao YouTube em vez do noticiário de boa reputação.[10] Ele trocou tecnocratas do governo por personalidades das mídias sociais, que usavam seu poder para agir conforme conspirações tresloucadas — com relação à educação, à saúde pública e às minorias — que saciavam o algoritmo do Vale do Silício que os fez chegar lá.[11] E os youtubers que seguiram Bolsonaro no mandato continuaram postando fervorosamente na plataforma, sabendo que dependiam dela para conservar os eleitores das redes que formavam sua base. Ou seja, continuavam satisfazendo, em tudo que faziam no cargo, as necessidades e parcialidades da plataforma.

O ponto zero da nova era de política via YouTube era a sede do Movimento Brasil Livre, em São Paulo. Kim Kataguiri, o líder do grupo, ganhara fama no YouTube quando adolescente ao postar vídeos refutando o que considerava as tendências de esquerda de seus próprios professores. (Maurício Martins, uma das autoridades do partido de Bolsonaro, citou um desses vídeos, que o YouTube reproduzira automaticamente para ele, como sua apresentação à política.) Em 2016, ele e outros haviam formado o MBL para agitar o impeachment da então presidente do Brasil. O perfil demográfico do grupo tendia para jovens de boa formação, de direita e fortemente conectados — o perfil demográfico do YouTube. Em 2018, aos 22 anos, ele foi eleito deputado federal.

Com alguns meses de mandato quando nos encontramos, Kataguiri estava de passagem pela sede do grupo, um reduto de hipsters recurvados sobre laptops. Um cameraman usando um boné Make America Great Again com a aba virada para trás o havia conduzido ao sofá de couro, onde ele gravou o vídeo do dia. Depois que a gravação terminou, Kataguiri me disse que inicialmente o MBL usava o Facebook, mas que, depois de 2016, perto da época em que o YouTube atualizou o algoritmo, a plataforma de vídeos se mostrou mais eficiente, e eles trocaram de rede social. Além disso, complementou, várias vezes o Facebook tinha tomado medidas contra seu grupo por acusações de desinformação, enquanto o YouTube nunca fez a mesma coisa, embora o MBL postasse exatamente o mesmo conteúdo nas duas plataformas.[12] Era uma coisa que eu ouvia repetidamente: o YouTube era muito mais tolerante, um motivo para grupos como o dele amarem o site.

Outros youtubers do MBL conseguiram cargos em 2018. Todos os seus canais ocupavam o nó central do mapa de Kaiser no YouTube brasileiro, fortemente impulsionado pelas recomendações do site. Um deles, Arthur do Val, mesmo depois de conseguir um assento no Legislativo estadual, ainda atendia pelo nome de seu canal no YouTube, "Mamãe Falei".

Para sublinhar a importância da plataforma, do Val citou um vídeo superviralizado que outro grupo acabara de postar. Com o título *1964*, o ano do golpe militar no Brasil, ele afirmava que os abusos da ditadura — que havia assassinado centenas de dissidentes e torturado milhares — tinham sido fabricação de historiadores de esquerda. O vídeo defendia que o golpe fora necessário para extirpar o comunismo, sugerindo que em breve seria preciso uma medida similar. "Fui um dos que mais compartilharam esse vídeo", disse.

O vídeo "1964" era citado em todo lugar em que eu ia no Brasil. Dominguez, o ativista de dezoito anos, o chamou de "marco" que o havia convencido de que o regime militar não fora tão ruim. Para Valéria Borges, a professora de história, era "apavorante" ver o YouTube apagar a história do país da mente dos jovens brasileiros e até mesmo incentivá-los a repetir o que o vídeo dizia.

Enquanto estávamos na sede do MBL, os ativistas comentaram que, apesar de todo o sucesso, até eles passaram a se preocupar com o impacto da plataforma. "Aqui nós temos uma coisa que chamamos de 'ditadura da curtida'", disse Pedro D'Eyrot, coque no cabelo, ex-guitarrista de banda de rock, agora político e produtor de vídeos do MBL. Ele disse que o grupo acompanhava vários youtubers se tornando mais extremistas, mais falsos, mais imprudentes, "só porque aquilo vai dar *views*, vai dar engajamento".

Todo mundo sentia a pressão, disse ele. "Quando você abre essa porta, não tem volta, porque precisa ir fundo." Ele contou que já havia acreditado que as redes sociais seriam a força da mudança. Agora a impressão era que as redes prolongavam tendências que só podiam ser nocivas, extremas demais até para um grupo de revisionistas do golpe com bonés da campanha de Trump. "Terraplanistas, antivacinas, teóricos da conspiração na política. É o mesmo fenômeno", disse. "Você encontra isso em toda parte." Se alguns dos maiores aproveitadores e beneficiários daquele sistema subitamente começavam a falar como Renée DiResta e Guillaume Chaslot, percebi que os perigos deviam ter superado o que eu havia visto até então, fosse ali ou nos Estados Unidos. E tinham.

Dr. YouTube

Em Maceió, uma das capitais mais pobres do Brasil, em um pátio concretado nos arredores da cidade, quinze mães se acotovelavam sob uma lona na chuva fraca, e todas aguardavam Mardjane Nunes. Desde 2015, milhares de grávidas na América Latina, contaminadas por um novo vírus chamado zika, deram à luz crianças com danos neurológicos graves e crânios malformados, um distúrbio chamado microcefalia. O Nordeste do Brasil, onde fica Maceió, foi a região mais atingida. Em bairros como aquele, mães formavam grupos de apoio para ajudarem umas às outras a lidar com o distúrbio mal compreendido que havia incapacitado seus filhos.

Nunes, especialista em zika, estava lá para tirar dúvidas. Em questão de minutos, uma mãe com o filho no colo se levantou e disse que tinha ouvido nas redes sociais que a doença era provocada por um vírus que vinha não de um mosquito, como diziam os médicos, mas de vacinas com validade vencida. Atormentada pela incerteza, ela estava pensando em parar com as vacinas. Cabeças em todo o grupo assentiram. Nunes lhe disse, com delicadeza mas sem ambiguidade, que os boatos eram falsos. Porém uma mãe atrás da outra expressou dúvida. Todas tinham visto aquilo ou algo parecido na internet.

O zika era uma mentira ou um complô. Não se podia confiar nos médicos. As vacinas não eram seguras.

Nunes disse depois que já ouvira de colegas que as reuniões costumavam ter esse teor. Recentemente ela tinha deixado um cargo de prestígio no Ministério da Saúde para voltar a atuar na linha de frente, combatendo o HIV e o zika nos hospitais locais e em grupos da comunidade. As mídias sociais, disse, estavam se tornando tema de alerta crescente nos círculos de saúde pública. Pesquisadores de campo voltavam com histórias de cidades inteiras que recusavam tratamento, mães apavoradas negando o atendimento médico capaz de salvar a vida dos filhos. Mas ela não tinha como se preparar para o medo nos olhos das mães, para o nível de ruptura com o mundo real daquela comunidade. "Se esse grupo, que já é mais engajado, que já conversa mais entre si, ainda tem dúvidas", disse ela, "imagine o que se passa na mente das mães que não têm um grupo como esse."

Aquilo explicava, segundo Nunes, por que o Ministério da Saúde havia investido cada vez mais na educação de famílias como aquelas, só para se ver vencido pela desinformação que se espalhava ainda mais rápido nas mídias sociais. A rejeição a vacinas estava crescendo no Brasil.[13] Assim como relatos de comunidades se recusando a usar larvicidas de mosquito, o método preferencial para combater o zika e que costuma ser citado em vídeos de teoria da conspiração.[14] "As mídias sociais estão vencendo", disse Nunes.

O problema não era novo. DiResta havia descoberto o Facebook impulsionando de maneira sistemática conspirações a respeito do zika vírus já em 2015. O Instituto Brasileiro de Pesquisa e Análise de Dados constatou que, em 2017, o YouTube estava lotado de conspirações sobre a vacina da febre amarela.[15] Os casos de febre amarela tiveram um surto por volta da mesma época, embora não fosse claro o que provocara o quê. De qualquer modo, muitas dessas conspirações tinham sido impulsionadas por canais políticos da extrema direita. Era mais uma prova para a conclusão de Kaiser: que o algoritmo do YouTube, ao unir canais de conspirações e extremistas que já haviam sido coisas separadas, os transformava em híbridos e em um novo tipo de ameaça.

"Tudo que você não sabe, você encontra no YouTube", disse para minha colega Amanda uma das mães que haviam questionado a segurança das vacinas, Gisleangela Oliveira dos Santos, no dia seguinte, em sua própria casa. Embora Santos morasse a um dia de viagem, Amanda, também mãe recente, insistiu para que a equipe de filmagem viajasse com ela, por reconhecer que pais e mães que seguiam tais conspirações, embora fáceis de confundir com parte do problema, também eram vítimas das mídias sociais.

Quando a bebê de Santos foi diagnosticada com microcefalia, três anos antes, as informações eram escassas. Era um vírus novo, afinal. Ela buscou cada arremedo de informação que pôde na internet, inclusive no YouTube.

A plataforma repetidamente lhe oferecia vídeos que atribuíam a culpa pelo zika a vacinas contra sarampo vencidas, que o governo teria comprado mais baratas. A culpa era do mercúrio nas agulhas. De um conluio sinistro de estrangeiros que queriam debilitar famílias católicas. Alguns vídeos eram encenados para parecer o noticiário ou comunicados de utilidade pública. Alguns mostravam um padre ou outra figura confiável implorando às boas mães do Brasil que não dessem ouvidos aos médicos corruptos manipulados por estrangeiros. As outras mães da região haviam tido a mesma experiência, compartilhando os vídeos em grupos de WhatsApp, outra rede de confirmação entre grupos.

Santos contou que havia sido levada aos vídeos pelas recomendações do YouTube e pelo seu mecanismo de busca. Mesmo se buscasse no Google termos como "zika" ou "vacinas zika", ela ia parar nos vídeos que a plataforma, mais uma vez com seu favorecimento sinérgico aos links mais lucrativos, geralmente colocava no alto dos resultados da busca. Santos sabia que a internet não era de todo confiável. Mas os vídeos a deixaram atônita e em dúvida. Ela havia começado a dar os imunizantes normais à filha. Porém, disse, "depois fiquei com medo de dar as outras vacinas". Ela mesma parou de aceitá-las.

Desde então, Santos vive assolada por dúvidas e, acima de tudo, pela culpa. Ao aceitar as vacinas, teria ela provocado a doença que ameaçava a vida da filha? Os médicos lhe disseram que não. Mas as empresas de tecnologia dos Estados Unidos, extremamente respeitadas no Brasil, lhe disseram várias vezes que sim. Chegaram mesmo a lhe mostrar "provas", empurrando-as na frente dela quase todas as vezes que procurava informações sobre como tratar da filha — a filha que o YouTube e o Google insistiam que ela incapacitara pelo resto da vida. "Eu me sinto impotente", contou. "Eu me sinto impotente e ferida." (Assim como outros incontáveis brasileiros, quanto mais tempo passava no YouTube, mais vídeos de apoio a Bolsonaro ela via. Santos disse que também os achava convincentes e que votou no candidato.)

O hospital público de Maceió não é especialmente bem financiado. Quando o visitei, muitas das luzes dos corredores estavam apagadas para poupar energia elétrica. Mas seu posto na linha de frente contra o zika tinha atraído o melhor da medicina do país. Quando os médicos de lá souberam por que eu estava ali, logo arranjaram tempo e me conduziram a uma copa quase sem mobília. "As fake news são uma guerra virtual. Aparecem de todos os lados", disse o neuropediatra Flávio Santana. Ele comentou que as discussões dentro da comunidade médica do país estavam cada vez mais focadas nas frustrações com as plataformas sociais. "Se você vai a outros lugares do Brasil, encontra os mesmos problemas."

Auriene Oliveira, especialista em doenças infecciosas, assentiu. Os pacientes cada vez mais desafiavam suas recomendações e contestavam o que ela dizia. "Eles me questionam: 'Não, eu pesquisei no Google, eu vi no YouTube'", contou. A médica entendia o dilema dos pacientes. Conspirações propunham um nível de certeza que a ciência não tinha como dar. Remédios caseiros faziam as mães achar que estavam recuperando o controle da saúde dos filhos. E as plataformas tinham uma presença com a qual Oliveira não conseguia competir, aparecendo dia sim e outro também na vida de mães que, por terem vários empregos ou morarem longe, ela via quem sabe uma vez por mês. Elas buscavam os aplicativos no celular não por preguiça ou ignorância, mas por necessidade.

Cada vez mais, contudo, os vídeos virais punham vidas infantis em risco ao aconselhar às mães não só que recusassem vacinas, mas também que tratassem certos males por conta própria, que recusassem sondas de alimentação para crianças cujo transtorno as impossibilitava de engolir. Em algumas ocasiões, disseram os médicos, eles ameaçavam chamar assistentes sociais para fazer as mães lhes darem ouvidos. Eles se sentiam péssimos em exercer esse poder contra as mães, mas às vezes era a única opção contundente para se equiparar ao poder das plataformas.

Perguntei quanto tempo fazia que isso vinha ocorrendo. Se houvesse coincidido com a chegada do zika, em 2015, então era possível dizer que se devia mais ao desnorteamento causado pelo vírus do que à mudança tecnológica. Mas aqueles médicos deram a mesma resposta que todo mundo. Tinha começado depois, logo após o YouTube atualizar os algoritmos. "Isso acontece mais de uma vez por semana", disse Oliveira. "É cada vez mais grave." Médicos e pesquisadores lamentavam, ela disse, que estivessem competindo contra "dr. Google e dr. YouTube". E perdendo.

Reuni os vídeos conspiratórios que as mães e os profissionais de saúde haviam citado, muitos dos quais com centenas ou milhares de visualizações, e enviei à equipe de Kaiser. Perguntei: esses vídeos e os canais que os tinham postado apareciam na análise da rede feita por eles? Não só apareciam, como se descobriu, mas eram promovidos. A equipe identificou uma enorme rede de canais de saúde e bem-estar conectados pelo algoritmo, que cobriam de tudo, desde laudos médicos a cura por cristais.[16] Assim como vídeos de política, o algoritmo usava canais com mais credibilidade ou mais conhecidos como portas de entrada que levavam os usuários às piores conspirações e desinformações. Os vídeos que mães e médicos angustiados haviam nos mostrado eram exatamente os que estavam no centro da rede, o destino final do algoritmo.

Eram provas concretas de que todos com quem havíamos falado sobre desinformação médica no Brasil estavam corretos quanto ao YouTube. Que a plataforma explorava o interesse normal do usuário por assuntos médicos, assim como fazia com a política, para levá-los a tocas de coelho em que, de outro modo, não teriam se entocado. E que, tal como aprendera a ordenar vídeos de política de modo a transformar espectadores casuais em radicais viciados, o YouTube havia passado a reunir vídeos de zika e de vacinas na ordem certa exatamente para convencer mães amorosas a colocar a vida dos filhos em risco.

"Sempre vai haver conteúdo limítrofe nas plataformas. É o que se espera", disse Kaiser, esforçando-se para mostrar simpatia pelas empresas de tecnologia. "O que choca", complementou ele, "é que os algoritmos do YouTube basicamente estão ajudando pessoas a tomar esse rumo."

A tubulação

Ao ouvir a respeito do que Amanda e eu estávamos investigando, Luciana Brito, psicóloga clínica de voz suave que havíamos conhecido no centro materno de Maceió, insistiu que conversássemos. Ela se encontrava na cidade, de visita do seu centro de pesquisas em Brasília, para um trabalho de campo com as famílias do zika. Brito passou o dia ocupada — os pais e mães estavam sofrendo —, e já era mais de meia-noite quando nos sentamos. Rolando a tela do seu celular, ela encontrou no WhatsApp uma mensagem enviada pelo pai de uma criança com microcefalia. Tratava-se de um vídeo afirmando que o zika fora disseminado pela Fundação Rockefeller em um complô para legalizar o aborto no Brasil. O pai exigia saber se era verdade.

Isso acontecia o tempo todo, disse Brito. Em muitas regiões do mundo, as pessoas não têm como comprar computadores nem pagar por banda larga, nem mesmo pelas tarifas de dados associadas a vídeo na internet. O WhatsApp contornava esses problemas. Com acordos de *zero-rating* que muitas vezes cobriam carregamento de dados no aplicativo, pessoas que não tinham como assistir ao YouTube podiam assistir a fragmentos que outros subiam no WhatsApp e encaminhá-los a amigos ou compartilhá-los em grupos de proporções avantajadas no mesmo aplicativo. Em regiões do Brasil onde o analfabetismo é grande, acredita-se que esse é o principal meio que as famílias usam para consumir notícias. Os grupos do WhatsApp são o Google, o Facebook e a CNN dessas pessoas, todos em um único aplicativo.

Como quem copiava os vídeos eram usuários comuns, o que quer que ficasse em alta no YouTube (ou no Facebook) tinha mais chance de reaparecer no WhatsApp e viralizar de novo por lá, como uma infecção que pula de um hospedeiro a outro. Vídeos como o que o contato de Brito enviara, disse ela, costumavam se espalhar por grupos de conversa do WhatsApp que haviam sido criados para compartilhar informações sobre como lidar com o zika, voltando o empenho das pessoas em cuidar da saúde da família contra elas mesmas. Brito e seus colegas entravam nos grupos, nos quais tentavam desmentir o que viam de pior, mas as perguntas não paravam de chegar. E conteúdos do YouTube e do Facebook eram postados constantemente, sem qualquer contraposição.

Virgílio Almeida, o cientista da computação da Universidade Federal de Minas Gerais, vinha estudando exatamente esse fenômeno.[17] Ele e sua equipe acompanharam dezenas de milhares de mensagens em centenas de grupos de WhatsApp brasileiros (todos anônimos, é claro), e depois procuraram tendências. Usuários de WhatsApp, eles descobriram, subiam um vídeo a cada catorze mensagens de texto, uma taxa incrivelmente alta. Usuários de WhatsApp também linkavam ao YouTube mais do que a outros sites — dez vezes a frequência com que linkavam ao Facebook —, reforçando a teoria de uma tubulação entre YouTube e WhatsApp. Eles encontraram tendências similares na Índia e na Indonésia, o que sugeria que o efeito podia ser universal.

Havia mais uma coisa, disse Brito. Conforme as conspirações relacionadas ao zika se espalhavam, youtubers de extrema direita tinham se apoderado delas — com uma diferença. Eles afirmavam que grupos de direitos femininos haviam ajudado a projetar o vírus como desculpa para impor o aborto compulsório. Muitas vezes os vídeos nomeavam o grupo de Brito. Os espectadores, já apavorados com o zika, seguiam a deixa. "Logo depois que eles lançam um vídeo, começamos a receber ameaças", disse Brito. Ela sabia que as alegações eram um alívio mental para as famílias, pois lhes permitiam direcionar a culpa e o medo para algo externo. Era o construto crise-solução de J. M. Berger: tal como os youtubers dos Estados Unidos haviam transformado as privações do jovem macho em raiva contra as feministas, agora os do Brasil estavam explorando o terror das famílias diante de uma doença implacável.

As ameaças contra Brito e seus colegas tinham se tornado tão frequentes que a polícia preparou um canal especial para eles informarem qualquer uma que parecesse grave. Ela disse que usavam o canal mais ou menos uma vez por semana. Mas ficava mais preocupada com mães que haviam internalizado as conspirações. A maioria passava o tempo todo recusando ajuda de grupos de apoio que, agora suspeitavam, faziam mal a seus filhos. E sem apoio médico ou emocional, elas entravam ainda mais fundo no YouTube. "Essas mulheres são muito vulneráveis", disse. "É muito fácil elas caírem na armadilha de acreditar nessas teorias. É por isso que há tanto desespero."

Havia um nome que eu ouvia repetidamente em Maceió, seja de médicos e de trabalhadores da saúde, seja das mães que entraram pelas tocas de coelho. Fazia meses que ninguém via Débora Diniz, mas todos insistiam que eu conversasse com ela. Diniz, mulher esbelta com cabelo grisalho curto que trabalhou por muito tempo como advogada de direitos humanos, se tornara documentarista anos antes. Seu filme sobre o surto de zika a tinha levado a Maceió. Comovida com as mães, os médicos e as equipes humanitárias que se uniram contra o vírus, ela ficou no local, como ativista em nome da comunidade.

Um dia, ameaças começaram a inundar seu celular e e-mail. De início, Diniz as ignorou. Veterana das guerras culturais no Brasil, principalmente em torno do aborto, estava acostumada. Mas as ameaças chegaram a um número anormal. As acusações eram grotescas: de que ela trabalhava para George Soros, que ela tivera parte na criação do zika. Muitos citavam a mesma fonte: Bernardo Küster.

Ele era uma criação do YouTube de cabo a rabo. O ultraconservador de trinta anos havia, da sua casa na cidadezinha de Londrina, produzido anos de injúrias contra os progressistas ímpios, o papa, jornalistas, "ideologia de gênero" (código para direitos LGBT) e especialmente contra feministas. Recompensado repetidamente pelos sistemas do YouTube, tinha acumulado 750 mil inscritos. Bolsonaro já recomendou seu canal. E, desde fins de 2017, Küster havia nomeado Diniz como peça central de um complô para impor abortos involuntários. Como os vídeos tinham bom desempenho, ele fez mais e mais, inventando novas alegações que mandaram milhares de seguidores atrás daquela mulher, furiosos com os pecados que ela cometera.

As ameaças que enchiam o celular de Diniz ficaram mais frequentes e mais violentas, com longas descrições dos planos de estuprá-la e torturá-la. Geralmente ecoavam o que quer que Küster houvesse dito no último vídeo. Algumas mencionavam detalhes da rotina da documentarista. "Eles descrevem de que maneira vão me matar", contou Diniz quando nos encontramos em Nova York, onde ela foi morar depois de fugir do Brasil. Enquanto a equipe de filmagem gravava, ela pegou o celular e leu para mim: "Vou te matar porque é a vontade de Deus. Depois vou cometer suicídio". Küster mencionara as ameaças de forma velada em seus vídeos, embora nunca as houvesse endossado explicitamente. O YouTube se recusava a derrubar os vídeos, apesar de Diniz argumentar que eles punham sua vida em risco.

Após meses nessa toada, a universidade em que ela lecionava recebeu um alerta. O remetente disse estar a caminho para atirar em Diniz, depois nos alunos, a seguir em si mesmo. A polícia lhe informou que não tinha mais como garantir sua segurança. Ela também ficou preocupada com colegas e com os pais idosos, que passaram a receber ameaças semelhantes. Deixou o Brasil sem saber quando ou se ia voltar.

"Eu a expus", declarou Küster em um vídeo muito assistido e que festejava o exílio da documentarista. "Aqui você não é bem-vinda", berrou ele, com dedo em riste para a câmera. Mas Küster era, em certo sentido, um produto de forças maiores do que ele, acreditava Diniz. Tanto ele quanto as ameaças que inspirava, defendia ela, vinham de um "ecossistema do ódio" cultivado no YouTube. "O sistema do YouTube de recomendar o vídeo seguinte e o seguinte e o seguinte alimenta o ecossistema", disse ela, falando devagar enquanto escolhia cada palavra do inglês, seu terceiro idioma. "'Eu ouvi aqui que ela é uma inimiga do Brasil. No seguinte ouço que as feministas estão mexendo com os valores da família. E no seguinte, que elas recebem dinheiro do exterior.' É essa repetição que leva a pessoa a dizer: 'Eu vou fazer o que tem que ser feito'." O efeito era persuasivo, segundo ela, porque "parece que a conexão é feita pelo espectador, mas quem faz a conexão é o sistema".

Exílios como o de Diniz estavam ficando comuns. Afinal, você não tem como se proteger contra uma ameaça que vem de todos os lados. Alguns meses antes, Marcia Tiburi, ativista de esquerda que havia concorrido ao governo do estado do Rio de Janeiro, fugiu do Brasil para escapar de ameaças de morte fomentadas em grande parte nas redes sociais. Jean Wyllys, único deputado abertamente homossexual do país, tinha feito a mesma coisa.

Na noite anterior à nossa entrevista, afirmou Diniz, ela havia jantado com Wyllys, que estava na cidade. Alguém devia ter reconhecido os dois, pois um grupo de brasileiros se juntou em frente ao restaurante, começou a tirar fotos e apontar para eles. A multidão os ameaçou na saída e os seguiu pela rua, gritando ofensas e acusações que ecoavam as conspirações no YouTube. Era por isso que Diniz raramente saía de casa, mesmo em outro país.

"Temos uma milícia que é mobilizada pelos algoritmos", disse ela. "Os algoritmos estão construindo a milícia."

Perguntei-lhe se ainda recebia mensagens de ameaça.

"Todos os dias", disse. "Você nunca, nunca se sente tranquila com uma situação dessas."

Estávamos conversando fazia uma hora, as câmeras e as luzes a aumentar a tensão enquanto eu lhe pedia que me guiasse naquela conversa gravada e em uma língua estrangeira sobre seu próprio trauma. Eu lhe disse que não conseguia imaginar como ela era capaz de continuar a se pronunciar, sabendo dos perigos que a rondavam até mesmo ali.

Ela deitou os braços sobre a mesa que nos separava e olhou para baixo. Estava chorando. "Tem momentos na vida em que você se vê de frente com um dilema", disse ela. "Você só tem duas opções. Uma é deixar que eles vençam. A outra é revidar. Não quero essa linguagem para minha vida. Mas vou dedicar minha vida a mudar essa situação. E eles não vão me matar. Eles não vão me matar."

Propus encerrar a entrevista, mas ela fez que não. Contou que havia acompanhado as histórias dos médicos e ativistas que os vídeos do YouTube miravam, dos professores que tinham se escondido, das vidas arruinadas e de cada comunidade desestabilizada. "Precisamos que as empresas encarem seu papel", afirmou. Ela insistiu que os executivos do YouTube refletissem quanto a sua parte no que acontece. "A minha esperança é que eles entendam que fazem parte dessa comunidade do ódio. Eticamente, eles são os responsáveis."

Mas o YouTube seguia recusando essa responsabilidade. Os representantes da empresa repetiam o roteiro. A empresa levava segurança e bem-estar a sério. Mas negava os estudos de Harvard e da Universidade Federal de Minas Gerais, dizendo não considerar a metodologia confiável. Em se tratando daquelas questões, a empresa disse que realizara sua própria pesquisa interna, que havia provado que a plataforma promovia conteúdo esmagadoramente preciso e benéfico. Os representantes, que exigiam analisar as centenas de páginas de comprovação por trás dos estudos que Amanda e eu citamos, não forneciam nenhum dado ou metodologia para apoiar o que afirmavam.

Depois de reconhecer que parte dos vídeos de desinformação sobre saúde que Kaiser identificara desrespeitavam as regras do site, a empresa os derrubou. Os detalhes da pesquisa de Kaiser, que eu tinha transmitido ao YouTube, sugeriam a existência de centenas, talvez milhares, de vídeos instigando mães a negar cuidados que podiam salvar a vida dos filhos. Havíamos enviado apenas alguns links de exemplo. A empresa nunca pediu os demais. E tampouco solicitou detalhes quanto aos vídeos que tinham inspirado ameaças de morte verossímeis contra Diniz e outros, muitos dos quais ainda estão na rede.

No final daquele ano, o YouTube anunciou que havia feito mudanças no seu algoritmo com a meta de reduzir "a disseminação de conteúdo limítrofe e desinformação prejudicial".[18] Mas parte dessas mudanças já estava em vigor quando fizemos nossa apuração, levantando perguntas sobre sua efetividade. A empresa apresentou uma métrica um tanto quanto evasiva para o sucesso: "Uma queda de 70%, nos Estados Unidos, no tempo assistido desse conteúdo provindo de recomendações a canais em que o usuário não está inscrito".

Em maio de 2019, dois meses depois de voltar do Brasil, recebi uma mensagem de Kaiser: ele pedia que eu lhe telefonasse imediatamente. Atendeu no primeiro toque, com a voz trêmula. Ele e outros vinham rodando mais iterações de seu programa de rastreio da plataforma nos canais brasileiros, disse. E eles havia encontrado algo tão perturbador que não sabiam o que fazer. Percebi que Kaiser não estava ligando a respeito do artigo. Ele estava pedindo ajuda.

Campo de treinamento

Christine não deu muita bola quando sua filha de dez anos e um amiga subiram um vídeo em que elas brincavam numa piscina do quintal. "O vídeo é inocente, não tem nada", disse

Christine, que mora em um subúrbio do Rio de Janeiro. Dias depois, sua filha compartilhou contente a notícia: o vídeo tinha milhares de visualizações. Não tardou para chegar a 400 mil. Era um número espantoso, inexplicável para um vídeo qualquer no canal de Christiane, que normalmente recebia cliques na faixa das dezenas. "Vi o vídeo de novo e fiquei assustada com o número de visualizações", disse.

Ela tinha motivo para isso. O algoritmo do YouTube havia silenciosamente selecionado o vídeo de sua filha para um plano tão amplo quanto perturbador. Ele estava fazendo uma curadoria, entre todos os seus arquivos, de dezenas de vídeos de crianças pré-adolescentes seminuas. Havia selecionado muitos entre gravações caseiras de famílias desavisadas. Vinculou todos, mostrando um trecho atrás do outro de crianças de seis ou sete anos em trajes de banho ou roupa de baixo, fazendo espacate ou deitadas na cama, para atrair um tipo específico de espectador com conteúdo que acharia irresistível. E então conseguiu um público do tamanho de dez estádios de futebol. "Fiquei muito chocada", disse Christiane a respeito de quando ficou sabendo do que acontecera, apavorada com o vídeo de sua filha no cardápio ao lado de muitos outros, com as intenções da plataforma perturbadoramente explícitas.

Kaiser, junto a Rauchfleisch e Córdova, haviam se deparado com isso enquanto trabalhavam no estudo do Brasil.[19] Enquanto sua máquina de testes acompanhava as recomendações do YouTube relacionadas a vídeos de temática sexual, o sistema empurrava em direção a conteúdos mais bizarros ou extremos. Isso, por si só, não chocava; eles tinham visto o efeito toca de coelho várias vezes em outros tipos de conteúdo. Mas parte das cadeias de recomendação seguia uma progressão inegável: cada vídeo subsequente levava a outro em que a mulher central tinha menos idade e o erotismo era maior. Vídeos de mulheres discutindo sexo, por exemplo, levavam a vídeos de mulheres de lingerie ou amamentando, às vezes citando sua idade: dezenove, dezoito, até dezesseis anos. Alguns pediam "*sugar daddies*", expressão para doações de espectadores libidinosos. Outros sugeriam vídeos privados nos quais elas posariam nuas mediante pagamento. Depois de alguns cliques, as mulheres dos vídeos ficavam cada vez mais perto da pré-adolescência, falando com vozinha de bebê ou fazendo poses sedutoras em trajes infantis.

A partir dali, de repente o YouTube passava a recomendar vídeos de crianças de pouquíssima idade em momentos de nudez não intencional. Uma menina de seus cinco ou seis anos trocando de roupa, ou fazendo contorcionismos em poses de ginástica. Depois, um fluxo quase infinito desses vídeos, recolhidos do mundo inteiro. Nem todos pareciam caseiros; alguns haviam sido carregados por contas cuidadosamente anônimas.

A especificidade implacável das seleções do YouTube era quase tão perturbadora quanto o conteúdo em si, o que sugeria que seus sistemas conseguiam identificar corretamente o vídeo de uma criança seminua e decidir que essa característica era o atrativo deles. Mostrar uma série desses vídeos logo após material sexualmente explícito deixava claro que o algoritmo tratava as crianças involuntariamente como conteúdo sexual. Os números extraordinários de visualizações, às vezes na casa dos milhões, sugeriam que não era uma idiossincrasia da personalização. O sistema havia descoberto, talvez construído, público para os vídeos. E estava dando um jeito de manter esse público engajado.

"É o algoritmo do YouTube que conecta esses canais. É isso que assusta", disse Kaiser, chamando as recomendações de "perturbadoras e precisas". Ele sabia que tinha de proceder com cuidado com tais vídeos. As leis dos Estados Unidos contra o consumo de pornografia infantil previam poucas exceções para pesquisadores ou jornalistas. A maioria desses vídeos provavelmente passava muito perto de se enquadrar na definição jurídica de pornografia infantil. Mas alguns deles, não. E o contexto no qual o YouTube os havia colocado não deixava ambiguidade quanto à intenção. Kaiser e eu nos decidimos por procedimentos para rastrear os vídeos com responsabilidade e sem expor nenhuma pessoa. Mas também nos sentimos obrigados a agir depressa. A contagem de visualizações estava escalando aos milhares por dia. Alguns, como os da filha de Christine, eram postados com os nomes dos pais ou mães, o que facilitava que um tipo de monstro bem específico localizasse as crianças. Era preciso tomar providências.

Juliana Cunha, psicóloga da SaferNet, um observatório da internet brasileira, disse que sua organização já havia visto o fenômeno, mas nunca envolvendo meninas tão novas e nunca que chegasse a um público tão grande. Vídeos parecidos, trocados em fóruns da *dark web* e sites de compartilhamento de arquivos, normalmente chegavam a centenas de pessoas. Esse catálogo parecia ser o mais visto entre os conjuntos de vídeos de exploração de menores que já fora reunido e era impulsionado a um público de milhões.

Segundo pesquisas, a maioria das pessoas que vê imagens sexualizadas de crianças não dá bola.[20] Mas alguns espectadores, a cada visualização, têm maior probabilidade de procurar as crianças diretamente, o primeiro passo para preparar as vítimas para o potencial abuso físico. Grupos de proteção de crianças estavam preocupados que os vídeos podiam facilitar isso, até mesmo funcionando como convites, ao serem impulsionados repetidamente aos espectadores que se interessam, desgastando a visualização e identificando os nomes de familiares ou as contas das crianças nas redes.

Os psicólogos temiam outro risco. O YouTube havia cultivado um enorme público de espectadores que nunca tinha procurado aquele conteúdo, mas que era guiado até lá por suas recomendações. Não era só mais uma toca de coelho. A trilha parecia imitar, passo a passo, um processo que psicólogos haviam observado várias vezes na pesquisa sobre como as pessoas começam a se atrair por pornografia infantil.

Para alguns, o impulso à pedofilia se forma no início da vida e fica mais ou menos inato. Mas Kathryn Seigfried-Spellar e Marcus Rogers, psicólogos da Universidade Purdue, descobriram que consumidores de pornografia infantil costumam desenvolver esse interesse, não nascer com ele.[21] As pessoas que passam por esse processo começam pela pornografia adulta, depois migram para material cada vez mais excessivo, seguindo uma compulsão similar ao vício de buscar conteúdo sexual cada vez mais aberrante, a pornografia com um grau a mais de proibido do que a que já foi vista. "Conforme se dessensibilizam com essas imagens, se estão nessa escalada", disse Rogers, "elas vão procurar o que for ainda mais empolgante, ainda mais provocante, ainda mais sexualizado."

Suas compulsões eram moldadas por qualquer conteúdo com que se deparassem, tal como um treinamento. Não era nada inevitável que essas pessoas obedecessem a suas vontades para além de qualquer fronteira moral. Nem que tal compulsão, se elas lhe obedecessem, as levaria a crianças. Mas, no YouTube, o segundo site mais popular do mundo, o sistema parecia ter identificado pessoas com esse impulso, conduzindo-as por um caminho que favorecia esse impulso no ritmo certo para fazê-las continuar em frente e aí lhes apontava uma direção bem específica. "É uma coisa que as conduz nessa jornada", disse Rogers a respeito do sequenciamento do YouTube. Ele chamou o mecanismo de recomendação de "porta de entrada potencial para a pornografia infantil pesada".

Pesquisar esse assunto, sublinhou ele, é notoriamente desafiador. Poucos consumidores de pornografia infantil estão dispostos a discutir seu interesse. Alguns vão mentir quanto à motivação, para evitar o estigma da pedofilia. Estudos controlados, por motivos éticos, seriam impossíveis. Por conta disso, estudos como o dele tendem a ser relativamente pequenos e em geral focam pessoas que foram presas.

Ainda assim, todo especialista que Amanda e eu consultamos disse haver provas para sugerir que as conclusões de Seigfried-Spellar e de Rogers, bem como seus temores quanto à aplicação pelo YouTube, tinham mérito. Stephen Blumenthal, psicólogo clínico no sistema nacional de saúde britânico, que trata pessoas com interesses sexuais aberrantes e publicou pesquisas acadêmicas sobre seu trabalho, disse ter visto pacientes desenvolverem desejo pedófilo quando seguiram uma progressão parecida. "É poderosíssimo, e as pessoas se atraem", disse. "Talvez elas nunca entrassem nessa rota se não fossem as possibilidades que a internet abre." Embora não soubesse de casos especificamente envolvendo o YouTube, os paralelos o deixavam preocupado. Assim como a escala e a eficiência dos métodos do YouTube, que não tinham precedentes.

O YouTube reagiu com ceticismo diante das conclusões. Uma porta-voz disse que as preocupações dos psicólogos, em particular, eram "questionáveis". A posição do YouTube, afirmou, era que a ciência ainda não se decidira quanto ao impulso pedófilo ser ensinado ou ampliado por fatores ambientais, como Seigfried-Spellar, Rogers e Blumenthal haviam concluído. A porta-voz citou uma especialista chamada Ethel Quayle, cuja pesquisa, afirmou, contestava a existência de qualquer efeito "porta de entrada".

Mas, apesar de o YouTube falar em imprecisão científica para turvar a própria responsabilidade, quando Amanda entrou em contato com Quayle, da Universidade de Edimburgo, a pesquisadora afirmou que, na verdade, sua pesquisa também apoia a teoria do efeito porta de entrada. Segundo ela, especialistas havia muito tempo estavam preocupados que algoritmos de *machine learning* pudessem criar essas rotas. "O algoritmo não tem nenhum tipo de bússola moral", disse. Em um estudo recente sobre condenados por pornografia infantil que ela conduziu, "a maioria falou em seguir links, originalmente de sites pornográficos legítimos, e depois procurar material cada vez mais aberrante".[22]

Para pessoas com predisposição para seguir essas deixas, disse Quayle, sugestões de algoritmos como o do YouTube apontam "uma rota quase predeterminada para onde elas têm que ir". O fato de a especialista selecionada a dedo pelo YouTube acreditar no contrário do que a plataforma dissera que ela acreditava me fez duvidar da profundidade com que a empresa havia realmente pesquisado o assunto, apesar de todas as suas declarações de que levava a segurança infantil a sério. Acima disso, alertaram Quayle e outros, corria-se o risco de o YouTube corroer o tabu interno dos espectadores contra a pedofilia ao lhes mostrar vídeos de crianças lado a lado com conteúdo sexual mais tradicional, bem como exibir as altas contagens de visualização dos vídeos, demonstrando que eram assistidos em larga escala e, assim, supostamente aceitáveis. Como Rogers havia dito: "Você normaliza".

Imediatamente depois de notificarmos o YouTube sobre nossa descoberta, vários vídeos enviados por nós como exemplos foram tirados do ar. (Muitos que não tínhamos enviado, mas que faziam parte da mesma rede, continuaram online.) O algoritmo da plataforma também mudou imediatamente, deixando de encadear as dezenas de vídeos. Quando questionamos o YouTube a respeito dessa mudança, a empresa insistiu que a sincronia fora uma coincidência. Quando pressionei, uma porta-voz disse que, hipoteticamente, era possível que houvesse tido alguma relação com a notificação, mas que ela não poderia dizer se havia tido ou não. Parecia que o YouTube estava tentando fazer a faxina sem reconhecer que havia algo a faxinar.

A porta-voz da empresa solicitou pilhas de informações da nossa parte: pesquisas, estudos alternativos, detalhamento quanto à metodologia dos pesquisadores. Pediram que definíssemos termos como "network" e o que queríamos dizer quando os usuários "descobriam" vídeos. Perguntaram quantas palavras teria a matéria. Pediam que esclarecêssemos um detalhe e dias depois faziam a mesma pergunta. E insistiram em falar com um dos nossos editores no jornal antes da publicação, a quem solicitaram detalhes sobre as palavras que a matéria usaria para descrever o papel do YouTube.

Durante nosso toma lá dá cá com o YouTube, as análises que Kaiser e sua equipe ainda estavam rodando encontraram uma coisa. Logo depois de entrarmos em contato com o YouTube quanto aos vídeos de exploração infantil, tendo notificado a empresa de que a equipe de Kaiser os havia encontrado em parte ao rastrear o recurso estático de "canal relacionado" — tal como ele fizera em todos os experimentos anteriores, como checagem metodológica dos seus resultados —, a empresa desativou o recurso de vez. Depois de anos ali, ativo em todo o site, ele sumiu. Quando perguntamos à empresa se a sincronia tinha relação, os representantes disseram não estar cientes de que Kaiser usara o recurso em sua pesquisa. Foi uma afirmação esquisita, não só porque havíamos dito que ele o estava usando, mas porque o YouTube já havia contestado a pesquisa de Kaiser exatamente por conta disso.

Antes da publicação do artigo em que Amanda e eu revelávamos o que havíamos descoberto, a empresa me pôs em contato com Jennifer O'Connor, diretora para confiança e segurança do YouTube. Ela afirmou que a empresa estava comprometida com a erradicação absoluta da exploração infantil na sua plataforma. Ainda assim, acrescentou, ela não aceitava as pesquisas que sugeriam que o algoritmo do YouTube levava usuários a conteúdo mais extremo, nesse caso ou em outros.

Mesmo em um assunto tão sensível do ponto de vista político e jurídico — no qual o YouTube tinha um enorme incentivo para assegurar ao mundo que estava tomando todas as medidas possíveis para reagir —, admitir publicamente o papel do sistema e, assim, reconhecer suas tendências de radicalização nesse e em vários outros assuntos continuou sendo tarefa impossível.

Argumentei que era difícil conciliar essa posição com os vídeos que havíamos visto, os milhões de visualizações e o jeito como o sistema direcionava usuários. Ela não cedeu nesse ponto, mas sugeriu que o YouTube ia se manter do lado da segurança. "Quando se trata de crianças", disse ela, "queremos justamente tomar uma posição muito mais conservadora em relação ao que recomendamos." O'Connor foi imprecisa quanto a detalhes, que segundo ela estavam sendo resolvidos.

Lembrei-me de uma coisa que Kaiser tinha dito. Só havia, defendia ele, uma maneira de impedir que isso acontecesse de novo, e garantida. Em vídeos com crianças, desligue o algoritmo. É só parar de recomendar vídeos com crianças. Seria fácil dentro dos recursos técnicos do YouTube. Depois de uma polêmica anterior relacionada a comentários sobre vídeos com crianças, ele montara um sistema para identificar automaticamente tais vídeos e desativar os comentários.[23] Além disso, para uma empresa de 15 bilhões de dólares por ano, quanto dinheiro esses vídeos iam render? Perguntei a O'Connor se o YouTube pensaria numa solução como essa. Para minha surpresa, ela disse que a empresa estava "tendendo para essa direção". Prometeu notícias em breve.

Falei do diálogo para a equipe de Kaiser e também a alguns grupos de monitoramento, que ficaram empolgados. Eles consideraram isso um passo positivo enorme, a internet significativamente mais segura para as crianças. Porém, pouco antes da publicação, o YouTube "esclareceu" o comentário de

O'Connor. Os produtores de vídeos da plataforma dependem de recomendações para atrair tráfego, disseram, de modo que o algoritmo continuaria ligado, mesmo para vídeos de pré-adolescentes.

Depois que nossa matéria foi publicada, Josh Hawley, senador do Partido Republicano que criticava plataformas sociais com frequência, anunciou um projeto de lei baseado nas nossas conclusões.[24] Assim como Kaiser insistira, a lei forçaria o YouTube e outras mídias sociais a desativar as recomendações de vídeos com crianças. Mas o projeto de cinco páginas, que nunca chegou a votação, aparentemente foi pura fachada. Ainda assim, o senador Richard Blumenthal, do Partido Democrata, que havia proposto reformas sérias para a internet, foi signatário de uma carta junto com a senadora Marsha Blackburn, do Partido Republicano, ao CEO do YouTube, tratando da nossa matéria.[25] A carta apresentava perguntas precisas, que iam direto ao ponto. Uma delas indagava se os gerentes de políticas quanto a segurança infantil no YouTube seriam "incluídos em decisões de design e de ciclo de vida do produto". Era uma questão comum no Vale do Silício: pessoas que estudam o impacto da plataforma, não sendo engenheiros, têm pouca voz no design. A carta de Blumenthal e Blackburn também repetia a pergunta primária de Kaiser: por que não simplesmente desativar as recomendações em vídeos com crianças?

Em julho daquele ano, a Comissão Judiciária do Senado dedicou uma audiência inteira ao assunto, embora esta tenha tido baixo comparecimento. O senador que a presidiu, Lindsey Graham, repetiu a ameaça de longa data de Trump de extinguir a inimputabilidade das plataformas. Blumenthal, o único democrata a comparecer, disse estar "francamente decepcionado" com o que considerava falta de resposta do YouTube.[26] "As informações são repugnantes", afirmou Hawley na audiência, fazendo referência à matéria. "Mas mais repugnante, na minha opinião, é a recusa do YouTube em tomar qualquer atitude a respeito."

Enquanto Amanda e eu estávamos apurando a matéria, conferimos os vídeos em busca de qualquer identificação que pudesse levar aos pais. Quando conseguíamos achar, entrávamos em contato com organizações locais que podiam alertar as famílias quanto ao que estava acontecendo e prestar ajuda. Depois que uma dessas organizações entrou em contato com Christiane, a mãe do Brasil, ela se ofereceu para discutir sua experiência. Atônita e furiosa, afirmou que estava tendo dificuldade para absorver o que acontecera. Ficara receosa em relação ao que contar ao marido. Dizia-se confusa quanto às práticas do YouTube, e em certo momento chegou a perguntar se havia como processar a empresa. Estava preocupada em relação ao que fazer com a filha, que fora exposta a um público do tamanho de uma cidade por um algoritmo que sexualizava crianças. Como garantir a segurança dela?

"A única coisa que posso fazer", concluiu, "é proibi-la de publicar qualquer coisa no YouTube."

12.
Infodemia

Não abrace um vacinado

Dois anos antes de um novo e estranho vírus surgir na China, um funcionário da Organização Mundial de Saúde (OMS) chamado Andy Pattison, que é suíço, apresentou a seu chefe um plano para uma eventualidade exatamente como aquela.[1] As mídias sociais haviam se tornado um vetor para desinformação de saúde, disse Pattison a Tedros Adhanom Ghebreyesus, diretor-geral da OMS. Relatórios de trabalhadores da saúde em desespero no Brasil e em outros lugares tinham deixado claro que as plataformas seriam um front importante em qualquer emergência de saúde pública. Era necessário iniciar os preparativos.

Tedros concordou e montou um gabinete na sede da agência em Genebra. Como a OMS, tal qual outras agências da ONU, faz grande parte do seu trabalho orientando — e, se o dia for bom, convencendo — governos, a meia dúzia de funcionários do gabinete focou em cultivar laços com as grandes empresas de tecnologia dos Estados Unidos que Pattison considerava seus próprios centros de poder. O avanço foi lento. Eles ajudaram o Pinterest a melhorar seus resultados de busca em pesquisas relacionadas a vacinas. Prestaram consultoria ao Google em um aplicativo de saúde e bem-estar. "Consegui interesse mínimo. Consegui que funcionários do baixo escalão se reunissem comigo, em reuniões curtas", disse Pattison, acrescentando que havia pouco resultado depois das conversas.[2]

Então, em 21 de janeiro de 2020, cientistas chineses anunciaram que o vírus, que matara quatro pessoas, estava se espalhando de uma pessoa para outra. Em questão de dois dias, a contagem de mortos subiu para dezessete. Uma semana depois, a OMS declarou emergência global. O gabinete de Pattison ativou seus contatos no Vale do Silício. "Apresentei minha argumentação no nível humano: 'Voltem às suas empresas, se preparem, comecem a montar equipes'", lembra-se de ter dito.[3] Ele organizou conversas entre Tedros e diretores do Facebook, do Google e de outras plataformas. Mark Zuckerberg e Sheryl Sandberg sugeriram que a OMS montasse páginas no WhatsApp e no Facebook para postar atualizações e responder a dúvidas dos usuários.

Em 13 de fevereiro, duas semanas depois de a disseminação do vírus da Covid-19 ser declarada emergência global, Pattison chegou à Califórnia para uma reunião com as maiores empresas do Vale do Silício, que aconteceu no Facebook. A vida seguia normal nos Estados Unidos e na Europa, mas a noção de crise já tinha mudado. Havia, contou ele à CNBC no dia da reunião, uma "infodemia".[4] As grandes plataformas sociais, entre as quais Twitter e YouTube, estavam "inundadas de desinformação", disse.

Postagens no Facebook já vinham ganhando centenas de milhares de interações ao insistir, um mês e meio antes de Trump propagar a mesma alegação do púlpito da sala de imprensa da Casa Branca, que o vírus tinha cura se você bebesse alvejante diluído.[5] Influenciadores do Instagram explicavam que Bill Gates inventara o vírus para justificar a vacinação obrigatória.[6] Um viral encaminhado pelo WhatsApp dizia que a CIA estava estocando alimentos.[7] Vídeos do YouTube atribuíam a culpa pela doença às torres de celular 5G, sugerindo que não havia vírus, e de repente ganharam milhões de visualizações.[8]

Por insistência de Pattison, as empresas se comprometeram a endurecer algumas regras. O YouTube iria eliminar vídeos que fossem contrários à orientação da OMS. O Facebook enviaria notificações a usuários se tentassem compartilhar uma postagem ligada à covid que os moderadores houvessem assinalado como falsa. As plataformas prometeram a Pattison e ao mundo que tinham aprendido com seus erros. Dessa vez, iam fazer tudo certo.

Enquanto o vírus se espalhava por países inteiros naquelas primeiras semanas, o medo e o isolamento se espalharam junto. Comércio e espaços públicos levantaram tapumes. Uma quietude apocalíptica pairava sobre grandes vias públicas e distritos comerciais, rompida apenas pelas sirenes conforme os hospitais entupiam-se de gente — e, em alguns lugares, pelo ruído macabro de caminhões-frigorífico na frente de necrotérios lotados. Famílias se fecharam em casa como se estivessem se preparando para uma invasão, aventurando-se apenas em visitas tensas ao supermercado, durante as quais, na nossa ignorância coletiva, muitos vestiam luvas ou passavam limpa-vidros em hortifrútis cuja superfície, até onde sabíamos, podia representar contágio fatal. As cidades se reanimavam por um único minuto a cada noite, quando os moradores entocados em apartamentos abriam as janelas para dar vivas aos trabalhadores na linha de frente, mas também, quem sabe, como uma maneira de aproveitar algum senso de comunidade, de proteção entre os números.

Durante as outras 23 horas e 59 minutos do dia, os temerosos ou os solitários podiam recorrer àquela outra janela para o mundo externo: seu computador. Anos de inclusão digital aconteceram da noite para o dia. O Facebook informou que, em alguns países, o uso aumentou 70%.[9] No Twitter, 23%. Uma empresa de serviços para internet estimou que a parcela do tráfego mundial no YouTube em relação a toda a internet saltou de 9% para 16%.[10] O uso geral de internet cresceu 40%, disse a mesma empresa, o que indica que, na realidade, o tráfego do YouTube quase triplicou.

Apesar do empenho de Pattison para preparar as empresas, poucas insígnias de informação checada não tinham como resolver o problema central. As mídias sociais ainda eram uma máquina projetada para distorcer a realidade pela lente do conflito tribal e conduzir usuários a extremos. E a pandemia — o espectro de uma ameaça invisível, onipresente, incontrolável — ativou as mesmas emoções que alimentavam a máquina, em uma escala maior do que qualquer outra desde a criação das próprias plataformas.

Foi como se o mundo inteiro houvesse se tornado um vilarejo afligido pelo zika, cujas mães desesperadas se voltavam a boatos de internet. Ou virado um coletivo de homens jovens e solitários, incitando a desilusão e a anomia uns dos outros até chegarem a uma luta em comum contra um inimigo inventado. As conspirações do coronavírus, ao prometer acesso a verdades ocultas que outros não tinham, levavam os adeptos à sensação de certeza e autonomia em meio a uma crise que havia tomado as duas coisas. Ao pôr a culpa de tudo em um vilão ou complô, elas davam algum sentido, por mais que sinistro, a uma tragédia que não tinha sentido algum. E ofereciam aos usuários uma maneira de tomar uma atitude, primeiro ao compartilhar seu conhecimento secreto com os demais, depois ao contar uns aos outros que iriam se unir contra qualquer culpado que a conspiração apontasse.

A narrativa englobante — o coronavírus é um complô Deles para Nos controlar — estava por todos os lados em abril.[11] Muitas vezes, as conspirações se originam de usuários comuns com poucos seguidores. Uma postagem no Facebook do missionário de uma cidadezinha acusando Bill Gates e a China de espalharem o coronavírus para minar Trump.[12] O tuíte de uma esteticista de Houston que listava epidemias do passado lado a lado com os anos de eleição para presidente (as datas estavam erradas) junto à mensagem "O coronavírus é uma doença inventada pelo homem".[13] Um vídeo, no YouTube, de dois médicos apresentando afirmações fajutas de que a covid era praticamente inofensiva e que se podia abrir mão das máscaras.[14] Cada uma dessas postagens alcançou públicos que somavam milhões, tudo graças aos sistemas de promoção das plataformas.

Estavam longe de ser pontos fora da curva. Vídeos de desinformação quanto às vacinas brotaram pelo YouTube, instruindo dezenas de milhões de espectadores a não acreditar na "máfia médica" que queria embutir microchips nos filhos.[15] O Facebook também passou por "um crescimento explosivo em visualizações antivacina",[16] segundo um estudo na *Nature*, conforme o sistema de recomendação da plataforma dirigia grandes números de usuários de páginas de saúde tradicionais a grupos antivacina.

Ao longo de 2020, três forças cresceram em paralelo nas plataformas sociais, das quais as conspirações do coronavírus foram só a primeira. As outras duas se provariam igualmente decisivas: variantes do extremismo online em longa gestação, atendendo por nomes que muitos norte-americanos consideravam ridículos no início daquele ano e que os apavoravam no final; e, à parte, entre norte-americanos de modo mais geral, a indignação ultrapartidária e a desinformação exageradas a ponto de tornar a rebeldia armada não apenas aceitável, mas, para muitos, necessária. Essas três forças se valiam de causas que existiam à parte das redes sociais — a pandemia, a revolta branca contra uma onda de manifestações por justiça social durante o meio do ano e, principalmente, o presidente Donald Trump. Mas as redes sociais impeliram e moldaram essas causas até que, em 6 de janeiro de 2021, elas convergiram em um ato de violência coletivo, organizado via internet, que mudaria a trajetória da democracia norte-americana, talvez para sempre.

Durante todo o segundo trimestre, conforme as mentiras e os boatos sobre a covid se espalhavam, as gigantes das mídias sociais insistiram que estavam tomando todas as medidas que tinham à sua disposição. Mas documentos internos sugerem que, em abril, executivos do Facebook perceberam que seus algoritmos estavam impulsionando desinformação perigosa, que tinham como refrear o problema drasticamente se apertassem um só botão e que se recusavam a apertá-lo por medo de prejudicar o tráfego.[17] Pesquisadores da empresa haviam descoberto que "compartilhamentos em série" — postagens compartilhadas repetidamente de usuário a usuário — tinham mais chance de ser desinformação. O algoritmo, ao ver essas postagens como bom estímulo viral, impulsionava seu alcance artificialmente. Desligar esse impulsionamento, descobriram os pesquisadores do Facebook, iria frear a desinformação quanto à covid em até 38%. Mas Zuckerberg cortou o barato.[18] "Mark acha que não podemos abrir mais", escreveu em um memorando uma funcionária que havia informado o executivo sobre a situação. "Não iríamos lançar se houvesse uma troca material com MSI", complementou, usando a sigla para engajamento no Facebook, *meaningful social interactions* [interações sociais significativas].

Naquele mesmo mês, pesquisadores do Facebook investigaram páginas de "viralidade fabricada", que repostavam conteúdo que já era viral para atrair seguidores, uma ferramenta benquista entre golpistas, caça-cliques e traficantes de influência russos.[19] Os trambiqueiros virais, eles descobriram, guiavam 64% da desinformação e 19% do tráfego entre *todas as páginas do Facebook* — números chocantes, apesar de relativamente fáceis de derrubar. Mas quando os pesquisadores levaram suas conclusões a Zuckerberg, ele "despriorizou" o trabalho. O Facebook manteve as duas conclusões em segredo.

Com as plataformas maquiando tudo como sempre e 6 mil pessoas morrendo de covid por dia, um terço delas norte-americanas, até maio o mundo já estava a postos para *Plandemic* [Planodemia]. O vídeo, um falso documentário com 26 minutos de duração, foi publicado em 4 de maio no Facebook e no YouTube. Apresentava um cientista pioneiro do HIV (na verdade, um ex-pesquisador desacreditado) conforme revelava, segundo o narrador, "a epidemia de corrupção que põe todas as vidas humanas em risco". O vídeo afirmava que o vírus havia sido projetado para criar uma justificativa para vacinas perigosas, visando o lucro, que máscaras provocavam doenças, que a hidroxicloroquina, um remédio usado contra malária, era um preventivo contra a covid, e muitas outras alegações.

A rota que o vídeo percorreu até viralizar revelou, e talvez entalhou, as trilhas das redes sociais pelas quais boa parte do caos de 2020 iria fluir.[20] Começando por grupos de *antivaxxers*, conspiracionistas no geral e o QAnon, sua história afirmava as visões de mundo de cada um. Ampliava sua noção de que estavam lutando em um grande conflito. E os mobilizava em torno de uma causa: a oposição às forças sombrias por trás da covid. Dentro de uma semana, *Plandemic* se espalhou entre comunidades de medicina alternativa, a seguir entre influenciadores da área de bem-estar, depois entre páginas genéricas de estilo de vida e ioga.[21] Circulou de maneira independente por páginas e grupos que se opunham a quarentenas, depois entre páginas pró-Trump, depois entre páginas de qualquer causa social ou cultural que tinham o mínimo alinhamento conservador. Cada ambiente assumiu aquilo como um chamamento às armas, entrelaçado a sua identidade coletiva. Muitos levaram o vídeo ao Twitter e ao Instagram, recomeçando o processo. Em um roteiro que já estava ficando monótono, as empresas de mídias sociais só reagiram depois que agências de notícias começaram a ligar pedindo que dessem declarações a respeito.[22] Aí já era tarde. Embora tivessem apagado o vídeo em si, suas alegações e convocações já haviam entrado fundo na corrente sanguínea digital e têm ressurgido em conspirações nas redes sociais desde então.

Em agosto, Andy Pattison, o oficial da OMS, concluiu que teria que mudar de tática com o Vale do Silício, e por completo. "Os desafios que tenho com eles são colocar sustentabilidade e maturidade acima do lucro absoluto", disse a uma publicação sobre desenvolvimento, falando de modo mais áspero do que faria com veículos de imprensa.[23] "E essa é uma conversa difícil, porque todas querem resultado financeiro."

Ele se reuniu regularmente com contatos das empresas durante a pandemia. Mas as provas de prejuízo ao mundo real continuavam crescendo. Norte-americanos que usavam Facebook, Twitter ou YouTube, segundo um estudo, tinham mais chance de acreditar que a vitamina C poderia tratar a covid com eficácia ou que o governo havia fabricado o vírus.[24] Milhões estavam se opondo às máscaras e ao distanciamento social e viriam a recusar vacinas. Médicos informavam que cada vez mais pacientes não aceitavam tratamentos que podiam salvar sua vida com base em algo que tinham lido na internet, tal como as famílias brasileiras assoladas pelo zika haviam feito um ano antes, geralmente citando conspirações do mesmo tipo.[25] Trump, tanto guiando a ira da internet quanto guiado pela mesma ira que impregnava sua base de apoio na internet, deu estímulo a cada etapa, impulsionando curas fajutas para a doença e prometendo "libertar" estados com medidas de lockdown.

"Mais provas de uma Planodemia" foi a mensagem que um homem da Califórnia enviou a seu primo em outubro, com um link para um vídeo do TikTok, o tipo de intercâmbio que havia se tornado rotina na vida norte-americana.[26] "Não abrace nenhum vacinado, sintomas estão diretamente relacionados a excreção de vacina", respondeu o primeiro, referindo-se a uma conspiração propagada pelo Facebook.[27] Os dois estavam com covid. Eles passaram dias trocando mensagens entre si, atribuindo seus sintomas a médicos calculistas ou a vacinas, com base em boatos que tinham visto na internet, segundo mensagens que depois foram recuperadas pela escritora Rachel McKibbens, irmã de um deles.[28] "O maldito hospital me deixou muito pior. Meus pulmões não estavam tão ruins quando cheguei lá", escreveu o irmão de McKibbens. Ele tinha certeza de que a equipe do hospital estava "nessa só pela grana".

Conforme a condição de saúde dos dois piorou, ambos correram atrás de evidências de que os boatos nas redes estavam certos, tendo um deles atribuído o fluxo menstrual mais intenso da esposa a vacinas, com base em uma mentira propagada no Instagram. Um recomendava ao outro tratamentos fajutos que haviam circulado no YouTube e no Facebook. Acima de tudo, um instigava o outro a recusar conselhos de médicos, autoridades de saúde, até os de McKibbens. O irmão dela foi hospitalizado quando os sintomas pioraram. Porém, certo de que os médicos o estavam envenenando, com base no complô do qual ouvira falar várias vezes na internet, ele recusou tratamento e deixou o hospital, entocando-se em casa. Ali morreu, sozinho, dias depois.

Roubando e atirando

Conforme populações inteiras desabavam na desinformação sobre saúde pública no meio daquele ano, uma segunda toca de coelho se abria em paralelo nas redes sociais, atraindo homens brancos deprimidos que buscavam comunidade e propósito. Era um perfil demográfico que, embora menor que aqueles que sucumbiam às conspirações da covid, se provaria quase tão perigoso assim que as plataformas houvessem cumprido sua função. A direita alternativa na internet, antes focada em pouco mais que Gamergate e memes de Pepe the Frog, foi recrutada para um mundo de grupos que se autodenominavam milícias preparadas para o colapso social que, elas tinham certeza, era iminente.

Para Steven Carrillo, primeiro-sargento de 32 anos da Força Aérea, a mudança entre se vangloriar sobre violência em grupos no Facebook e praticar atos violentos de fato começou em março de 2020, quando um colega usuário lhe mandou em mensagem: "Começa a prep dessa op... Vou dar prossegue nuns porra". Ele respondeu: "Boa, mano!".[29]

Carrillo havia chegado aos grupos depois de uma vida tumultuada. Ele cresceu pobre, vivendo entre a casa dos pais, em uma cidadezinha da Califórnia, e a dos avós, na zona rural do México. Em 2015, sofreu traumatismo craniano em um acidente de carro, o que embruteceu sua personalidade, antes vivaz, e em 2018 perdeu a esposa para o suicídio. Depois disso, entregou os filhos aos sogros e foi morar numa van.

"Ele estava totalmente desligado da realidade", disse sua irmã.[30] Mas a Força Aérea o enviou para o Oriente Médio durante boa parte de 2019. Amigos na base o apresentaram a grupos do Facebook que se diziam milícias. Na verdade, eram páginas de bate-papo dedicadas a fantasias de insurreição ou de guerra civil. Elas ofereciam aos integrantes um sentido no mundo, enquadrando-os dentro da narrativa dos extremistas de que a crise individual tem resposta na solução coletiva, tal como incels do Reddit haviam encontrado comunalidade imaginando um levante contra feministas ou usuários do 8chan exaltavam genocídios até que Brenton Tarrant foi às vias de fato na Nova Zelândia. O grupo de Carrillo havia se nomeado, usando ironia similar, Boogaloo. Era uma coisa que começara como meme do 4chan. Usuários do site convocavam uma insurreição nacional, pensada para derrubar o governo e lançar uma utopia da direita, invocando "Guerra da Secessão 2: Electric Boogaloo", um jogo com o filme *dance* dos anos 1980 *Breakin' 2: Electric Boogaloo.* *

No segundo semestre de 2020, conforme as plataformas fizeram nascer comunidades que viam os lockdowns exatamente como a tomada do poder prevista em conspirações virais — como as de *Plandemic* ou do QAnon —, os algoritmos das redes sociais identificavam páginas de milícia antes obscuras, tais quais Boogaloo, exatamente como o tipo de coisa que atrairia aqueles usuários a entrar ainda mais fundo nos mundos online. As postagens do Boogaloo se espalharam tão rápido por Facebook, Twitter, Instagram e Reddit que um grupo de monitoramento de extremistas alertou que "insurgências virais" estavam "crescendo à vista de todos".[31] Conspiracionistas da covid, interligados às causas de milícias pelos algoritmos das plataformas, trouxeram recrutas a essas milícias, além de uma causa nova e urgente, enquanto elas davam aos conspiracionistas a sensação de propósito: o conflito final e iminente com o governo. Crise e solução. Assim como movimentos similares do 4chan ao Facebook, o Boogaloo e outras milícias cujos adeptos postavam sobre provocar uma guerra civil pareciam estar na maior parte sinalizando sua filiação ao endogrupo, não uma intenção sincera. Mas alguns perderam a noção da diferença; proliferavam instruções para explosivos e armas de fogo de improviso, feitos em casa. Um arquivo de "Táticas Boogaloo" compartilhado no Facebook e no Instagram os instruía a aguardar para cometer os "assassinatos políticos" contra "os tecnocratas" até que os "crimes" destes fossem "provados em público", mas, independentemente disso, de modo mais imediato, "algumas pessoas

---

* No Brasil, o filme foi lançado com o título *Breakdance 2*.

vão rodar".[32] Membros do Boogaloo começaram a aparecer em manifestações antilockdown, fortemente armados, esperando o início dos tiros.

Ao longo do início de 2020, Carrillo, agora de volta à Califórnia, onde tinha engatado um namoro, passava cada vez mais tempo nas páginas do grupo e adotou o Boogaloo como identidade. Ele adornava seu perfil do Facebook com memes de milícia e, em março, adquiriu um componente de AR-15 através de um site que fazia publicidade do Boogaloo em grupos do Facebook, e que prometia doar parte de seus lucros à família de um suposto membro que havia sido morto naquele mês em confronto com a polícia.[33] Semanas depois da sua troca de mensagens sobre o planejamento de uma "op", Carrillo entrou em grupos fechados no Facebook e no WhatsApp, só acessados por convite a membros do Boogaloo de cada região, onde planejavam encontros para "treinos de tiros" e discutiam planos vagos de detonar a guerra civil matando policiais.[34] Um arquivo de "integração à equipe" que ele preencheu em abril lhe informava, conforme o faz de conta de videogame comum a esses grupos: "Nossas Áreas de Operação podem nos levar da lama ao centro comercial num piscar de olhos".

O Boogaloo era só um grupo entre vários. No mesmo mês, ativistas pró-armas de fogo de extrema direita montaram páginas no Facebook de estado em estado, convocando moradores a se manifestarem contra as ordens para ficar em casa. Embora os ativistas tivessem pouco alcance preexistente, seus grupos atraíram 900 mil usuários, um sinal de promoção algorítmica.[35] Apenas dezenas participaram de cada mobilização, alguns carregando fuzis estilo M15. Mas milhares se mantiveram ativos nas páginas, que, com o tempo, se mesclaram a comunidades maiores de repúdio e conspiração que as plataformas continuaram a mesclar em um todo maior, incentivando essas identidades e causas a se confundir.[36]

A violência organizada no Facebook ficou mais frequente e mais excessiva. No Arkansas, no mês de maio, membros de uma milícia da plataforma invadiram a propriedade da mansão do governador e o queimaram em efígie. Em Washington, os organizadores sugeriram que uma mobilização poderia culminar em ataques a moradores locais que, como os organizadores ficaram sabendo por boletins policiais, haviam delatado estabelecimentos que se opuseram às ordens de fechamento por conta da covid. Embora os ataques em si nunca tenham se concretizado, 1500 manifestantes compareceram, muitos deles armados.

As milícias, os conspiracionistas da covid e as comunidades pró-Trump solidárias também começaram a ganhar premência de vida ou morte de outra causa com a qual as plataformas as conectavam: o QAnon. Com ajuda do algoritmo, a crença no QAnon agora infundia todas essas causas antes à parte, tal como Renée DiResta havia descoberto o recurso de grupos do Facebook mesclando *antivaxxers* com o Pizzagate (a conspiração antecessora do QAnon) ainda em 2016.[37]

Nina Jankowicz, pesquisadora da desinformação, se deparou com uma trilha típica no meio daquele ano.[38] Ela procurava "medicina alternativa" no Facebook, entrava em um dos grupos de maior destaque, depois seguia a barra de "grupos relacionados", gerada automaticamente pela plataforma, que levava com frequência a páginas de Q. Era um trajeto breve e brutalmente eficiente que ameaçava atrair qualquer um em busca de tratamentos para a covid numa época em que a ciência ainda não tinha nenhum. O padrão se desenrolava por todas as grandes plataformas, convertendo o medo e o desnorteamento dos norte-americanos primeiro em uma crença mais suave em conspiração, depois em QAnonismo escancarado, um grande impulsionador de engajamento nas plataformas. Canais sobre bem-estar no YouTube e influenciadores de preparo físico no Instagram vagavam de astrologia e conspirações com coronavírus ao QAnon. A maior conjunção antivacina do Facebook se encheu de alertas de Q.[39] O TikTok foi inundado por conspirações do Pizzagate.[40] Uma tiktoker de vinte anos, que ajudara a desencadear o renascimento do Pizzagate, disse que havia ficado sabendo por um vídeo do YouTube. Quando os produtores de *Plandemic* lançaram uma continuação, o vídeo foi impulsionado predominantemente por páginas de Q.

Com o princípio da pandemia, a causa QAnon, em meio a seu folclore e esoterismo quase impenetrável de tão denso, havia se fiado em uma crença central: o presidente Trump e generais leais a ele estavam prestes a promover um golpe militar glorioso que iria derrubar o conluio que orquestrara o Pizzagate e que dominava secretamente a vida dos Estados Unidos. No expurgo subsequente, os militares iriam executar dezenas de milhares de democratas traidores, financistas judeus, burocratas federais e progressistas culturais no National Mall. Os adeptos de Q, a maioria dos quais se reunia no Facebook ou YouTube e nunca se aventurava em fóruns extremos onde os "drops" de Q começaram, ficaram sabendo que tinham um papel crucial, nem que fosse para seguir regras e ajudar a espalhar a palavra.

Naquele meio de ano, 97 ditos adeptos do QAnon iam concorrer no escrutínio partidário para o Congresso; 27 deles viriam a ganhar.[41] Dois concorreram como independentes. Os outros 25 estavam entre os indicados republicanos com boas chances de chegar à Câmara dos Representantes. Memes e referências do QAnon dominavam páginas de milícias, intensificando a ideia de que a violência seria tão virtuosa quanto inevitável.

Em fins de maio, Ivan Hunter, o integrante do Boogaloo com o qual Carrillo havia trocado mensagens sobre uma "op", entrou num carro com vários outros e foi até Minneapolis, onde manifestações pelo assassinato de George Floyd, um homem negro desarmado morto por policiais, estavam pegando fogo. Os homens se reuniram em frente a uma delegacia que fora tomada por centenas de manifestantes. Hunter gritou: "Justiça para Floyd", ergueu um fuzil estilo Kalashnikov e disparou treze vezes contra o prédio.[42] Ninguém ficou ferido. Ele provavelmente esperava, tal como os Boogaloos costumavam escrever na rede, desencadear violência entre manifestantes e polícia até a coisa virar guerra.

Dias depois, em 28 de maio, Carrillo postou um vídeo de manifestações do Black Lives Matter em um grupo do Boogaloo no Facebook que ele frequentava: "Agora está na nossa costa, isso tem que ser no país inteiro… é uma grande oportunidade de mirar os rapazes da sopa", escreveu, uma referência à "sopa de letrinhas" das agências com siglas, como o FBI, cujos agentes os Boogaloos falavam em matar para incitar o conflito geral que desejavam. E complementou: "Temos multidões de gente furiosa do nosso lado".[43] Outro usuário da região, Robert Justus, respondeu: "Vamos pro *boogie*". Naquela noite, Carrillo pediu a namorada em casamento com um anel de plástico de 25 dólares, que ele prometeu trocar por um de diamante, e fez as malas para partir pela manhã.[44]

As páginas do Boogaloo como a dele não geravam essa noção de conflito civil iminente por conta própria. Elas a absorviam das plataformas sociais, que eram permeadas por esse tipo de coisa. Naquela mesma noite, 28 de maio, Trump, tanto guiando quanto servindo-se de tal postura, postou no Twitter e no Facebook que, se as autoridades de Minneapolis não reprimissem as manifestações do Black Lives Matter, ele ia "mandar a Guarda Nacional & fazer como tem que ser".[45] E completou: "Qualquer empecilho e nós assumimos o controle, mas, quando começarem os saques, começam os tiros". Sua última frase, que ecoava a jura infame de um chefe de polícia em 1967 de fechar o cerco contra os bairros negros, aparentemente incentivava violência letal num momento em que as tensões estavam no ápice, conflitos de rua estavam crescendo e tanto a polícia quanto milícias de extrema direita estavam em condição de acatar.

O Twitter colou uma mensagem de alerta à postagem de Trump, dizendo que ela ia contra as regras de "exaltar violência", e limitou sua circulação. Mas Zuckerberg declarou que, embora a considerasse "incendiária e semeadora de discórdia", o Facebook ia deixá-la no ar.[46] "Achamos que as pessoas precisam saber se o governo planeja usar a força", explicou. Era uma forma estranha de justificar — amplificar a incitação à violência em prol da conscientização do público. Zuckerberg ligou pessoalmente para Trump para reiterar as políticas do Facebook. Depois fez uma reunião com toda a empresa para defender sua decisão, que funcionários haviam condenado internamente.

As tendências das plataformas estavam afetando todo mundo, não só quem era da direita pró-Trump. No mesmo dia da postagem de "saques e tiros" do presidente, um jornalista de Minneapolis publicou fotos de manifestações do Black Lives Matter na sua cidade. Usuários de esquerda do Twitter perguntaram se as fotos podiam levar à prisão dos manifestantes. Outros usuários ganharam mais atenção dizendo que as fotos, mais do que risco de prisão, garantiam o assassinato dos manifestantes. Eles citavam uma conspiração — desbaratada fazia bastante tempo — que afirmava que manifestantes fotografados em outras manifestações do BLM tendiam a morrer sob circunstâncias misteriosas.[47] A indignação virou uma bola de neve, com dezenas de milhares de usuários acusando o fotógrafo de pôr vidas negras em risco, e de propósito. Muitos expressaram a vontade de vê-lo ferido ou morto; outros juraram cumprir a vontade. Alguns divulgaram seu número de telefone e endereço.[48] Naquela noite, uma personalidade de esquerda do Twitter postou fotos das placas do carro de um jornalista da CNN, dizendo serem de "*provocateurs* mentirosos" que haviam se infiltrado no BLM para ajudar a polícia.[49] A postagem ganhou 62 mil interações, provavelmente chegando a milhões. Naquele fim de semana, manifestantes atacaram um cameraman da Fox News em Washington enquanto outros invadiram a sede da CNN em Atlanta. Incidentes de manifestantes atacando jornalistas, embora menos frequentes do que ataques a jornalistas por parte da polícia, prosseguiram por todo o terceiro trimestre.

Na noite seguinte, 29 de maio, Carrillo e Justus pegaram uma van até os arredores de uma manifestação do BLM em Oakland. Depois de circular, Carrillo foi para os fundos, abriu a porta do veículo e apontou um fuzil de alta potência contra dois guardas da Homeland Security em frente a um prédio federal. Atirou em ambos e matou um. Ele e Justus abandonaram a van, que depois foi encontrada cheia de armas e material para a confecção de bombas.

Até o ponto em que se pode considerar as motivações de Carrillo convincentes, ele aparentemente esperava que seu ataque fosse atribuído ao Black Lives Matter e desencadeasse mais violência. Graças às tendências de afirmação partidária das redes, ele conseguiu atingir pelo menos seu primeiro objetivo. A polícia não havia nem identificado Carrillo publicamente quando páginas do Facebook pró-Trump ganharam centenas de milhares de interações atribuindo a culpa da morte do policial de Oakland aos "tumultos" do BLM, a "terroristas domésticos de esquerda" e a "mais uma cidade democrata mal administrada". Descreveram o acontecimento como o último em uma onda de violência atiçada por "democratas, a imprensa conglomerada & a campanha do Biden", uma extensão da tirania dos "lockdowns dos democratas" e das minorias sem controle.

Ao longo dos dias seguintes, Carrillo trocou mensagens pelo WhatsApp com outros membros do grupo, entre os quais Hunt — que estava escondido depois dos disparos contra a delegacia de Minneapolis —, para planejar mais atos de violência. Porém, uma semana após o ataque, a polícia rastreou o paradeiro de Carrillo até sua casa em uma cidadezinha rural chamada Ben Lomond. Quando chegaram, ele estava em um morro próximo, aguardando para fazer uma emboscada. Disparou várias vezes com um AR-15 artesanal e jogou explosivos improvisados, matando um policial e ferindo vários. Havia mandado mensagens aos amigos, pedindo reforços, mas depois de meses de tagarelice encorajadora, eles o ignoraram. Ferido pelo revide da polícia, Carrillo fugiu em um carro roubado, mas logo foi capturado. A polícia descobriu que ele escrevera "*boog*" com o próprio sangue no capô. A troca de tiros se desenrolara a menos de setenta quilômetros da sede do Facebook.

Carrillo, que continua sem se desculpar, casou-se posteriormente em uma cerimônia na penitenciária com a namorada a quem havia pedido a mão na véspera das mortes. Seu amigo Robert Justus, que também foi preso, disse aos promotores que Carrillo o obrigara a acompanhá-lo. Em janeiro de 2022, a irmã de um dos agentes que ele assassinou processou o Facebook, alegando que a empresa deixou conscientemente seus algoritmos promoverem e facilitarem o extremismo violento que levou à morte do irmão.[50] Embora as chances de o processo vingar sejam poucas, ele representa a noção de que a cumplicidade aparente do Vale do Silício na desintegração do país desde 2020 não podia ser ignorada — uma constatação que, em questão de horas após o crime de Carrillo, já havia começado a chegar aos próprios funcionários das empresas.

Atrito

Na segunda-feira, 1º de junho, uma semana depois do assassinato de George Floyd e três dias após o ataque de Carrillo, centenas de funcionários do Facebook deixaram mensagens de ausência temporária, proclamando que, por um dia, se recusavam a trabalhar. Alguns assinaram petições exigindo dos chefes mudanças no contingente e nas políticas. A novidade era que muitos condenavam o patrão em público. "A inércia do Facebook em derrubar a postagem de Trump que incitou violência me causa vergonha de trabalhar aqui", tuitou a engenheira Lauren Tan. "Isso não está certo. Silêncio é cumplicidade."[51]

A função da paralisação era nominalmente se manifestar contra a recusa do Facebook, alguns dias antes, de derrubar a postagem de Trump que ameaçava mandar a Guarda Nacional atirar nos manifestantes por justiça racial. Mas até isso foi, como muitos disseram, apenas a afronta final. Em uma época de violência crescente e desinformação letal, o Vale do Silício, depois de recrutar os engenheiros mais talentosos do mundo com a promessa de que eles ajudariam a salvar o mundo, parecia estar estimulando, até guiando, males sociais que ameaçavam rasgar os Estados Unidos ao meio, tal como haviam feito em Mianmar e no Sri Lanka. Como se quisesse reforçar o argumento dos funcionários, no dia da paralisação, a pauta dominante no Facebook era a desinformação que atribuía o duplo homicídio de Carrillo ao Black Lives Matter.

A paralisação marcou o início de uma disputa pública e crítica entre os líderes do Vale e uma aliança, em grande parte inédita, que se levantou contra eles: seus próprios funcionários, seus próprios anunciantes, ativistas de destaque nos direitos civis e, mais tarde, lideranças do Partido Democrata. Era uma situação categoricamente diferente de enfrentar analistas externos ou programadores dissidentes que, até então, vinham liderando as críticas ao Vale. Era um desafio significativo aos principais interesses comerciais do Vale, que eram apresentados, segundo seus participantes, em nome de um mundo que cada vez mais via essas empresas como grande ameaça.

Os receios quanto à desinformação nas eleições vinham crescendo fazia meses. Em fins de maio, no dia após o assassinato de Floyd, Trump havia postado uma enxurrada de mentiras em oposição às políticas de voto antecipado na Califórnia, tendo escrito: "Vai ser uma Eleição Armada". Depois de anos viabilizando Trump, o Twitter afinal agiu. Mais ou menos. A plataforma anexou uma caixinha dizendo "Conheça os fatos", com link para uma página à parte que delicadamente fazia a checagem das afirmações do presidente. Foi um gesto, acima de tudo, simbólico.

Após a paralisação do Facebook, em um lenitivo aos funcionários, Zuckerberg anunciou que apoiava o BLM. Mas, no mesmo dia, a postagem mais popular da plataforma foi um vídeo de Candace Owens, personalidade de direita, afirmando que "brutalidade policial com motivação racial é mito" e que George Floyd era "bandido" e "péssimo ser humano".[52] O vídeo foi assistido 94 milhões de vezes, quase tanto quanto a final do campeonato de futebol americano.

Ao longo de junho, saíram matérias a respeito de Joel Kaplan, o lobista conservador na folha de pagamento do Facebook, ter diluído as políticas da empresa de modo a proteger Trump de regras contra a desinformação, efetivamente estimulando o empenho do presidente em usar a plataforma para pressionar autoridades públicas a reprimir a votação e atrapalhar as eleições.[53] Para muitos, era prova de que, mesmo com tudo que estava em risco, o Vale do Silício não era digno de confiança para fazer o certo. Grupos de defesa dos direitos civis comandaram uma campanha, Chega de Ódio por

Lucro, fazendo pressão em anunciantes para boicotar o Facebook.[54] Várias empresas e agências de publicidade aderiram. Algumas travaram orçamento publicitário da ordem de 100 mil dólares por dia.

É improvável que isso tenha feito algum arranhão nos 80 bilhões de dólares que a empresa fatura por ano com publicidade. Mas a ameaça às contas inspirou algo parecido com uma atitude, e não só no Facebook. Em fins de junho, Facebook e Instagram baniram o Boogaloo de suas plataformas.[55] O YouTube derrubou vários extremistas brancos, entre os quais Richard Spencer, organizador da Unite the Right — quase três anos depois do ocorrido em Charlottesville.[56] Talvez o mais significativo seja que o Reddit fechou 2 mil comunidades que declarava terem se envolvido em discursos de ódio, entre elas The_Donald, o ponto de encontro não oficial da extrema direita na internet.[57] As medidas repressivas foram o ponto de virada, o reconhecimento implícito de que hospedar ódio tinha sido efetivamente uma política de apoio à sua difusão. Nessas plataformas, discursos do bem não iam derrotar naturalmente os do mal. Ainda assim, as remoções aconteceram, como tantas outras, tarde demais. A identidade e o modo de pensar dos insurrecionistas e nacionalistas brancos, junto a dezenas de conspirações e mentiras que lhes davam justificativa, já eram endêmicos, estavam entranhados nas comunidades maiores, do mundo real, nas quais as plataformas os haviam inculcado com tanta eficiência.

Os críticos do Vale continuaram fazendo pressão por mais mudanças. Um programador do Facebook, cujo último dia na empresa por acaso seria 1º de julho, postou uma mensagem de despedida de 24 minutos, na qual alertava: "O Facebook está fazendo mal em larga escala". A empresa estava se "encurralando na nossa ideologia da liberdade de expressão", disse o programador, ladeado por bonecos de pelúcia e usando uma série de camisetas coloridas do Facebook. "É o nosso fracasso. E o pior é que sagramos esse fracasso a nossas políticas."[58]

A ameaça crescente de macular a empresa aos olhos de anunciantes foi o bastante para Zuckerberg e Sandberg se reunirem, no início de julho, com os grupos de boicote. As lideranças de defesa dos direitos civis saíram irritadas, dizendo aos jornalistas que se sentiram tratadas como crianças, com promessas vazias, e como loucas, com alegações de progresso que pareciam propositadamente desconhecer a tecnologia da própria empresa.[59] O relato delas soava familiar a qualquer jornalista que já houvesse entrevistado os autores de políticas do Facebook.

Coincidentemente, naquela semana, foi publicada uma auditoria independente das políticas e práticas do Facebook que estava em produção fazia dois anos.[60] Sob pressão do público devido a seu papel na eleição de 2016 e em polêmicas subsequentes quanto a privacidade, a companhia a encomendara em 2018 de um escritório de advocacia de direitos civis, e vinha exibindo-a desde então como prova de seu compromisso com melhorias. Mas os auditores, a quem se deu o acesso que o Facebook havia sugerido que ia provar que os críticos estavam errados, concluíram que os algoritmos promoviam a polarização e o extremismo, que as políticas de conteúdo deixavam a desinformação eleitoral correr solta e que suas práticas internas não lhes davam sensibilidade perante os males do mundo real.[61] As acusações estavam longe de ser novidade. Porém, agora levantadas por auditores selecionados a dedo pelo próprio Facebook, baseadas parcialmente em informações internas e feitas não por funcionários dissidentes ou acadêmicos obscuros, mas por uma voz respeitada nos direitos civis, elas tinham peso especial com o público como confirmação oficial que superava tudo que as precedera. O relatório deixou as lideranças do Vale na defensiva: elas podiam tratar Guillaume Chaslot como ressentido ou Jonas Kaiser como equivocado, mas não podiam dar com a porta na cara de advogados de respeito sem correr o risco de promover mais rebelião entre funcionários ou anunciantes.

Por fim, em agosto, Facebook e Twitter fizeram o que até então era impensável: deletaram uma postagem de Trump. Ele havia publicado um vídeo chamando crianças de "quase imunes" à covid. Deixar a saúde de crianças em risco, enfim, fora longe demais. O YouTube fez o mesmo. (As empresas talvez esperassem que isso serviria de tiro de alerta, mas não mudou o comportamento do presidente. Dois meses e muitas mentiras depois, elas viriam a derrubar uma de suas postagens pelo mesmo motivo.) Nesse tempo todo, Trump continuou a se beneficiar da promoção algorítmica, cujo valor excedia em muito o peso de qualquer puxão de orelha. Seus números de engajamento no Facebook superavam os de Joe Biden em quarenta para um em setembro, quando Trump ficava para trás nas pesquisas — mais uma prova de que as plataformas não refletiam a realidade, mas criavam a sua.[62]

No mesmo mês, os Estados Unidos estavam cambaleando em direção a uma eleição na qual a própria democracia parecia em risco. Trump e alguns de seus aliados insinuaram que iriam intervir contra a votação por correio, a qual se esperava fosse favorecer o Partido Democrata. Também sugeriram que a maioria conservadora na Suprema Corte fosse revogar a perda nas urnas. E que talvez eles se recusassem a entregar o poder. Espalharam-se temores de repressão a eleitores durante a eleição e de violência vigilantista logo após. Nancy Pelosi, líder da Câmara, lamentando a penetração da desinformação do QAnon no Facebook, disse: "Não sei como o comitê de diretores do Facebook ou seus funcionários de escalão mais alto conseguem se olhar no espelho. Está evidente que eles já optaram. Seu plano de negócios é lucrar com veneno, e é esse o caminho que escolheram".[63]

Sob pressão, o Facebook anunciou naquele mês que iria barrar candidatos de declarar vitória falsamente e que derrubaria quaisquer postagens que citassem a covid para desincentivar a votação presencial. Também impôs uma penalidade visivelmente mais leve para uma das táticas prediletas de Trump: "Ao conteúdo que tentar deslegitimar o resultado da eleição" ou "a legitimidade de métodos de votação" seria apenas fixado um "rótulo informativo".[64] Facebook e Instagram também não aceitariam novos anúncios políticos na semana anterior à eleição, inviabilizando qualquer tentativa de encaixar conteúdo que manipulasse eleitores nas plataformas no último minuto. O Instagram foi mais longe. Até a eleição acabar, usuários nos Estados Unidos que seguissem uma hashtag, independentemente do assunto, não conseguiriam mais organizar as postagens pelas mais recentes. "É o que estamos fazendo para reduzir a disseminação em tempo real de conteúdo potencialmente prejudicial que pode surgir perto da eleição", afirmou uma declaração à imprensa.[65] As duas mudanças, embora pequenas, cruzavam um limiar importante: frear os recursos básicos dos produtos para a melhoria da sociedade.

A um mês da eleição, o Twitter anunciou as mudanças mais substanciais de qualquer plataforma.[66] Contas de muitos seguidores, entre os quais políticos, teriam regras mais rígidas que outras — o oposto das dispensas especiais do Facebook. Postagens que desafiassem as regras seriam apagadas ou ocultadas por um rótulo de alerta. Trump já tinha catorze desses rótulos, que serviam como checagem e como redutores de velocidade, diminuindo a facilidade com que usuários podiam ler ou compartilhar as postagens. O Twitter mais tarde barrou em definitivo usuários que retuitaram ou curtiram as postagens injuriosas de Trump. Com esses elementos de socialização excluídos, parece que o impacto dos seus tuítes teve uma queda considerável.

O Twitter também acrescentou um elemento em que peritos externos insistiam fazia tempo: atrito. Normalmente, usuários podiam compartilhar uma postagem apertando "retuíte" e promovendo-a instantaneamente nos seus feeds. Agora, apertar "retuíte" levantaria um aviso instigando o usuário a acrescentar uma mensagem pessoal. Forçava uma pausa, reduzindo o efeito de compartilhar. A escala da intervenção foi leve, mas seu efeito foi significativo: os retuítes caíram 20% no geral, afirmou a empresa, e a disseminação de desinformação foi junto. O Twitter havia diminuído o engajamento de propósito, contra seu próprio interesse financeiro junto a décadas de dogma do Vale do Silício insistindo que mais atividade online só poderia ser benéfica. O resultado, aparentemente, seria deixar o mundo menos mal informado e, portanto, mais rico.

O mais surpreendente foi que o Twitter desativou temporariamente o algoritmo que impulsionava sobretudo tuítes virais ao feed de notícias dos usuários mesmo que eles não seguissem o autor do tuíte. A empresa chamou a iniciativa de "brecar" a viralização, um "sacrifício válido para incentivar a amplificação mais pensada e explícita".[67] Foi, até onde pude ver, a primeira e única vez que uma grande plataforma desligou seu algoritmo voluntariamente. Era a confissão tácita do tipo que as empresas haviam evitado por muito tempo: que seus produtos poderiam ser um perigo, que as sociedades ficariam mais seguras se aspectos desses produtos fossem desativados e que estava a seu alcance fazer uma coisa desse tipo.

Então começou a repressão ao QAnon. Boicotes parciais no início daquele ano, derrubando contas ou grupos selecionados, haviam se mostrado ineficientes. Por fim, Facebook e

Instagram impuseram boicote total ao movimento em outubro, tendo o Twitter abatido aos poucos contas vinculadas a Q.[68] A CEO do YouTube, Susan Wojcicki, disse apenas que a plataforma iria tirar vídeos que acusavam pessoas de envolvimento em conspirações ligadas a Q com fins de intimidação ou ameaça.[69] A pequena modificação na regra foi a única mudança significativa de políticas do YouTube na corrida para a eleição. Mas, tal como tinha acontecido com o Boogaloo e tantas outras tendências sombrias, era tarde demais. Depois de anos de comunidades extremistas como essas se incubarem nas plataformas e se cultivarem até virar movimentos de massa, os embargos apenas as realocaram a plataformas mais privadas, onde tinham liberdade para cair ainda mais no extremismo. Mesmo nas plataformas tradicionais, muitos continuaram à espreita de algum modo. Também em outubro, agentes do FBI prenderam vários membros do Boogaloo que estavam estocando armas e explosivos em um complô para raptar e talvez matar o governador de Michigan. Eles haviam se organizado em parte em um grupo privado do Facebook.

A natureza mais ampla das plataformas continuou sem mudança. Nas semanas que antecederam a eleição, o Facebook se encheu de convocações à violência com mira nos inimigos de Trump. Pesquisadores digitais identificaram pelo menos 60 mil postagens convocando atos de violência política:[70] "Os democratas terroristas são o inimigo e todos têm que morrer", "Da próxima vez que virmos o SChiff, que seja pendurado na corda #morteaoschiff". (Adam Schiff é o deputado democrata que comandou a primeira iniciativa de impeachment contra Trump.) Outros 10 mil convocavam uma insurreição armada se Biden vencesse. Dois milhões e setecentas mil postagens em grupos políticos, um número assustador, instigavam violência em termos mais gerais, tais como "matem" ou "atirem".

Era exatamente o que eu tinha visto no Sri Lanka e em Mianmar — um grito de torcida crescente por sangue, explícito e em uníssono —, que em seguida fez essas sociedades desabarem nos atos de violência que haviam ameaçado praticar, e em grande número. Lembrei-me de Sudarshana Gunawardana, o ministro do governo cingalês que, assistindo à incitação propagada pelo Facebook tomar conta de seu país, tinha disparado alertas inúteis aos representantes da empresa, que não o ouviram. Depois que os distúrbios diminuíram, ele lamentou: "Somos uma sociedade, não somos apenas um mercado". Agora era a vez de os norte-americanos implorarem ao Vale do Silício, que pouco ouvia, que lembrasse que não somos apenas um mercado a ser explorado, antes que fosse tarde demais.

No dia da eleição, dois candidatos Q conseguiram vaga no Congresso: Lauren Boebert, do Colorado, e Marjorie Taylor Greene, da Geórgia. Greene também fazia eco às afirmações de Alex Jones de que tiroteios em escolas eram armação e, lembrando que a violência política era central à causa, certa vez havia curtido uma postagem do Facebook pedindo que Barack Obama fosse enforcado e outra que instigava "um tiro na cabeça" de Nancy Pelosi, líder do Congresso.[71]

A ascensão do QAnon, contudo, foi ofuscada devido a outro acontecimento: Trump perdeu. Dois dias depois da eleição, quando a maior parte da imprensa ainda não comunicara o resultado formalmente, o Facebook anunciou que havia removido um grupo por motivos de desinformação eleitoral. Com o nome "Stop the Steal" [Chega de roubalheira], o grupo afirmava que a suposta derrota de Trump na verdade era um golpe de forças sombrias. A página angariou 338 mil membros em menos de um dia, um dos maiores crescimentos na história do Facebook.[72] Ela se encheu de conspirações, convocações à violência e especialmente invocações do QAnon.

Ainda assim, com Trump descido do salto e prestes a terminar o mandato, talvez o extremismo online que ele tanto incentivara se dissipasse. Afinal de contas, o Vale do Silício sempre havia dito que suas plataformas apenas refletiam opiniões e fatos do mundo real. Talvez o pior tivesse passado.

A Grande Mentira

Richard Barnett, sessenta anos, empreiteiro e entusiasta das armas de fogo em uma cidadezinha do Arkansas, passou o fim de ano entrando fundo na toca de coelho. Obcecado pelo Facebook, ele compartilhava frequentemente as conspirações sobre a covid, antivacinas e pró-Trump que já estavam viralizadas e rodopiavam pela plataforma — um típico superpostador do Facebook, não muito diferente de Rolf Wassermann, o artista alemão que amplificava o que quer que a plataforma pusesse na sua frente. Mas Barnett estava absorvendo um ecossistema das redes sociais agora mais virulento do que o da Alemanha. Carregando um AR-15, ele participou de uma manifestação organizada via Facebook no capitólio do seu estado em setembro para reclamar das restrições em razão da covid. Um amigo comentou mais tarde que ele havia passado a acreditar que poderes das sombras queriam tirar proveito da pandemia para inserir microchips na testa das pessoas, um eco de *Plandemic* e das crenças do QAnon.[73] Ele organizou um grupo de apoio à organização beneficente Save Our Children, que fora cooptada pelo QAanon para seu trabalho de oposição ao tráfico infantil.[74] Na foto de um encontro em outubro, ele e uma dúzia de outros brandiam fuzis de estilo militar diante de uma placa que dizia "PEDÓFILOS MORTOS NUNCA SÃO REINCIDENTES", uma referência codificada ao Partido Democrata.

Ele era típico da horda de usuários das redes sociais — alguns afiliados a milícias ou grupos do QAnon, alguns, como

Barnett, só surfando no algoritmo — que, ao longo de 2020, estavam se armando para as grandes batalhas que suas conspirações lhes diziam estar gloriosamente próximas. Quando postagens virais do Facebook declararam que a vitória de Biden era uma fraude, eles se encontravam a postos para acreditar e até para agir.

"Precisamos brecar este governo corrupto", postou um usuário, três dias depois da eleição, em um grupo de milícia do Facebook cujas dezenas de milhares de integrantes já estavam se chamando de "prontos e armados".[75] Eles passaram a uma página privada, melhor para fazer planos. "Se não os eliminarmos agora, são eles que vão nos eliminar", escreveu um. Outro respondeu: "É hora de dar cabo deles".

Os grupos de milícias e Q, apesar de toda a sua influência nas plataformas, eram só uma facção pequena e supercomprometida de usuários pró-Trump. Mas os sistemas da plataforma rapidamente começaram a atrair massas maiores para o extremismo. E o fizeram promovendo conteúdo que forçava a mesma mentira que Trump estava empregando para tentar permanecer no cargo e que tinha avivado o grupo Stop the Steal, aquele que fora fechado de imediato. Trump havia vencido, os democratas tinham instituído a fraude eleitoral e os patriotas precisavam revogar o resultado forjado. É o que ficou conhecido como Grande Mentira. É impossível saber com certeza até que ponto ela chegaria sem as mídias sociais. Mas as plataformas a promoveram numa escala que, de outro modo, seria impossível e, talvez de modo mais potente, adestrou usuários para repeti-la entre eles como verdade premente. Na semana seguinte à eleição, as vinte postagens com mais engajamento no Facebook contendo a palavra *eleição* eram todas escritas por Trump.[76] As vinte possuíam um rótulo que classificava a postagem como enganosa, o que aparentemente tinha pouco efeito. Suas postagens representavam 22 das 25 com mais engajamento nos Estados Unidos.

Boatos que validavam a mentira foram viralizados repetidamente. Biden admitia que a fraude da eleição tinha sido disseminada, segundo se dizia aos usuários. Cédulas democratas na Pensilvânia traziam nomes de pessoas mortas. Um canal de direita do YouTube informou que mesários de Detroit haviam sido vistos carregando uma maleta de cédulas fraudulentas.[77] Outro dizia a 1,8 milhão de inscritos que os pesquisadores de opinião tinham revogado as declarações de que Biden vencera. (Quando um jornalista perguntou ao operador do canal por que o YouTube não lhe havia imposto as regras de desinformação eleitoral, ele respondeu: "O YouTube tem sido muito bom".)[78] Uma personalidade do Twitter inventou reportagens sobre cédulas pró-Trump sendo "desovadas" em Michigan.[79] Uma conta de destaque na desinformação, a @Breaking911, anunciou que um funcionário rebelde dos correios fugira para o Canadá com cédulas roubadas.[80]

Em meados de novembro, pesquisadores do Facebook fizeram uma descoberta assustadora: 10% das visualizações de conteúdo político com base nos Estados Unidos, ou 2% das visualizações no geral, eram postagens afirmando que a eleição havia sido fraudada.[81] Em uma plataforma tão vasta, que consistia em bilhões de postagens diárias englobando todas as notícias de todos os veículos de todas as cidades, bilhões de grupos de discussão sobre todo assunto que se possa imaginar, mais conversa fiada, fotos de família, classificados, a soma total da experiência humana, era chocante que uma única declaração — especialmente uma declaração falsa e perigosa — fosse superar tanto da cacofonia normal.

O YouTube não era nada melhor. As visualizações da Newsmax TV, um canal que promovia pesadamente conspirações de fraude eleitoral democrata, saltaram de 3 milhões em outubro para o número assustador de 133 milhões em novembro. Chaslot, mais uma vez monitorando as recomendações do YouTube, descobriu que a plataforma estava impulsionando o Newsmax ao público depois que eles assistiam a veículos de notícias tradicionais como BBC, canais de esquerda e até *The Ellen DeGeneres Show*. De repente o Newsmax estava no 1% de canais mais recomendados do YouTube.[82] Chaslot viu o mesmo padrão com a New Tang Dynasty TV, um atoleiro de desinformação eleitoral pró-Trump coordenado pelo movimento religioso Falun Gong, cujo público se multiplicou por dez. Vídeos do YouTube que propagavam a Grande Mentira foram vistos 138 milhões de vezes na semana após a eleição.[83] Em comparação, 7,5 milhões de pessoas haviam assistido à cobertura da eleição em todas as grandes redes de TV. No início de dezembro, poucos dias depois de Chaslot publicar suas conclusões, o YouTube finalmente anunciou que ia derrubar declarações falsas de fraude eleitoral — mas, o que era bizarro, não ia derrubar vídeos falsos que já estivessem no ar e só puniria o descumprimento das regras após 20 de janeiro.

A plataforma continuou saturada de mentiras eleitorais.[84] Qualquer um que recebesse notícias pelas mídias sociais tinha motivos para concluir, como fez Richard Barnett, o superusuário do Arkansas, que havia "montanhas de provas", como escreveu ele na sua página no Facebook, que mostravam que Trump tinha ganhado de fato.[85] Barnett amplificou a conspiração para seus amigos, cativando a indignação deles tal como a mentira cativara a sua, uma engrenagem obediente do maquinário da rede social.

Em 19 de dezembro, um mês e meio depois da eleição, Trump tuitou: "Grande protesto em Washington dia 6 de janeiro. Esteja lá, vai ser feroz!". O Congresso ia confirmar a vitória de Biden naquele dia. Trump estava pressionando legisladores para dispensar os votos de Biden, revogando a vitória do oponente de um modo que, na prática, era um golpe de Estado. Alguns legisladores republicanos já haviam sinalizado que concordariam, e dezenas efetivamente acataram. Talvez uma manifestação na Casa Branca, raciocinaram Trump e seus aliados, pudesse pressionar os indecisos.

Na internet, muitos dos apoiadores de Trump entenderam sua mensagem como validação de tudo que diziam uns aos outros havia meses. O conluio democrata abusador de crianças estava prestes a ser exposto, provavelmente executado. Trump ia convocar as Forças Armadas e seria bom que as milícias tementes a Deus estivessem lá para dar apoio. "#Patriotas precisam ser violentos como os BLM/Antifa! Esse é nosso sinal verde!", escreveu um integrante do Proud Boys, um grupo de nacionalistas brancos, no Parler, um clone do Twitter que havia crescido como preferência da extrema direita depois dos boicotes das plataformas tradicionais. No TheDonald, um site de bate-papo baseado na subseção que foi banida do Reddit, mais de 80% das discussões que se referiam ao evento de 6 de janeiro incluíam convocações explícitas à violência. Algumas postavam mapas do prédio do Capitólio, marcando túneis e entradas.[86]

Em fins de dezembro, muitos usuários estavam convergindo em um plano. Alguns levariam armas e explosivos a Washington. Outros instigariam uma multidão grande o bastante para vencer a polícia da capital. Eles iam invadir o prédio, impedindo a certificação do voto à força. E então, como escreveu um usuário do Parler, "Vamos matar o Congresso".[87] Todo um universo de grupos do Facebook, unidos como um só, promoveu a manifestação de Trump como a grande batalha pela qual vinham se preparando. Memes que pareciam panfletos, onipresentes na plataforma, insistiam na participação, muitas vezes com slogans de milícias sugerindo o início da revolta armada. Muitos incluíam slogans do QAnon chamando a manifestação de "a tempestade", o expurgo sangrento previsto por Q. E traziam uma hashtag que lembrava os planos de fóruns de extrema direita para o qual muitos dos grupos linkavam: #OccupyCongress [ocupar o Congresso].

"Este é o NOSSO PAÍS!!!", escreveu Barnett na sua página do Facebook alguns dias antes do Natal, incitando usuários a se unirem a ele na manifestação.[88] No mesmo dia, ele postou uma foto de si mesmo carregando um fuzil, junto a uma legenda que dizia que ele havia chegado ao mundo aos berros e pontapés, coberto de sangue, e que se dispunha a partir do mesmo jeito. Alguns dias depois, em 2 de janeiro, ele carregou uma placa de "República das Bananas EUA" para uma manifestação do "Stop the Steal" em sua cidadezinha do Arkansas, onde contou a um jornalista suas ambições de restaurar a suposta vitória de Trump. "Se você não gosta, pode mandar me pegar, mas não vão me derrubar fácil."[89]

Assim como em muitos casos anteriores, fosse com incels ou Boogaloos, o que havia começado como uma fanfarronice de internet a fim de encontrar comunidade em meio ao desnorteamento — em plataformas que recompensavam intensificação e criavam a falsa noção de consenso em torno das visões mais extremadas — se tornou a vontade sincera de tomar uma atitude. "Hoje tive uma conversa difícil com meus filhos, disse que talvez papai não volte de Washington", escreveu um usuário do TheDonald um dia antes da mobilização.[90] Sua mensagem, com *upvotes* de 3800 usuários, informava que ele planejava cumprir sua jura militar de "defender meu país de todos os inimigos, tanto Estrangeiros quanto Domésticos".

O fórum se encheu de histórias como a dele. Eram mensagens de martírio, reverberações quase ipsis litteris daquelas feitas em vídeos e postagens por homens-bomba jihadistas um dia antes do feito. "Hoje eu disse adeus a minha mãe. Falei que tive uma vida boa", escreveu outra.[91] "Se nossos 'líderes' fizerem o que é errado e tivermos que invadir o Capitólio, eu vou. Vejo vocês lá, *pedes*", escreveu ela, encerrando com uma referência ao apelido inspirado no YouTube e no Reddit que havia unido a comunidade durante anos.[92] "Será a maior honra da minha vida lutar junto a vocês."[93] Usuários postaram dezenas de respostas de apoio: *"Aqueles prédios nos pertencem... Se tiver que ser, é as câmaras do Congresso que temos que derrubar, não a CB... Tragam as tábuas, tragam o cadafalso para o Congresso, estejam preparados na mente para arrancá-los de lá e atar os nós... Eu estarei de porte à mostra, assim como meus amigos. Não há policial que chegue em Washington para impedir o que vai vir"*.

Barnett chegou cedo aos arredores da Casa Branca em 6 de janeiro. Esperando Trump aparecer, ele pegou seu celular e postou um vídeo no Facebook. "Vamos chegar juntos", disse. "Preparem-se para a festa." Por volta do meio-dia, ao sul da Casa Branca, Trump começou a discursar. Conforme foi encerrando o discurso, ele disse à multidão: "Vamos caminhando até o Capitólio", sugerindo que seria o próximo passo na empreitada, que agora já tinha semanas, de impedir o Congresso de certificar os votos eleitorais, como estava fazendo naquele momento. "Porque vocês nunca vão tomar nosso país de volta sendo fracos. Vocês têm que demonstrar força e têm que ser fortes", disse Trump, saudado com um rugido de aprovação. Milhares passaram ao Capitólio, embora sem Trump, que, apesar de assegurar à multidão que "estarei lá com vocês", havia voltado à Casa Branca para assistir a tudo pela TV.

As outras líderes da insurreição, afinal de contas, talvez suas líderes reais, já estavam em solo, no bolso de cada participante que tinha um smartphone. O 6 de janeiro foi o ápice do trumpismo, sim, mas também um movimento construído nas e pelas redes sociais. Foi um ato planejado com dias de antecedência, sem planejadores. Uma coordenação de milhares sem coordenadores. E que agora seria executado pela vontade coletiva guiada pelo digital. Conforme pessoas chegavam ao

Capitólio, encontravam mobilizados que haviam chegado antes provocando os poucos policiais de guarda. Um cadafalso de madeira, exibindo uma forca vazia, tinha sido montado no local. A duas quadras dali, a polícia descobriu uma bomba caseira na sede do Comitê Nacional Republicano. Depois, outra no Comitê Nacional Democrata.

A presença policial continuaria escassa durante a maior parte do dia. Autoridades federais e do distrito, apesar de alertadas quanto à natureza das discussões na internet, simplesmente não viam a manifestação de Trump como a ameaça que era. Mesmo quando a violência começou, sua reação foi retardada por horas de impotência burocrática, como descobriu um relatório do inspetor-geral.[94] Vários oficiais de alta patente se demitiram em desonra logo a seguir.

Conforme as multidões mobilizadas fizeram pressão contra as cercas, a matemática simplista da situação deve ter entrado em ação. Eles eram milhares: furiosos, aos gritos, muitos de capacete e parafernália militar. Seu único percalço, em algumas entradas, eram as barricadas de metal de dez quilos operadas por três ou quatro policiais com bonés, atrás dos quais a trilha estava aberta até o Capitólio. Uma hora após a exortação de Trump, a multidão subjugou o perímetro externo. Uma hora depois, invadiu o prédio. Os legisladores lá dentro, seguindo seu trabalho de certificação dos votos, não tinham ideia do que estava se passando até a polícia entrar com tudo e barricar as portas.

"Entramos! Entramos! Derrick Evans no Capitólio!",[95] berrou Evans, deputado do estado da Virgínia Ocidental, em seu celular, transmitindo ao vivo para o Facebook, onde ele vinha postando fazia dias a respeito da manifestação.[96] Em praticamente todas as fotos do cerco ao Capitólio, você vai ver desordeiros brandindo celulares. Eles estão tuitando, instagramando, fazendo lives no Facebook e no YouTube. Era, tal como os tiros em Christchurch no ano anterior ou os assassinatos dos incels dois anos antes, uma performance, realizada para e nas mídias sociais. Tanto era produto das redes que muitos dos participantes não viam distinção entre suas vidas online e a insurreição no mundo real que estavam cometendo como extensão das identidades moldadas por aquelas plataformas.

Muitos dos que abriram caminho até entrar usavam camisetas e bonés com a marca QAnon. Jake Angeli, um obcecado por redes sociais de trinta anos, havia pintado a bandeira dos Estados Unidos no rosto, vestido um chapéu com chifres e um traje de pele de animal, e se autodenominado "Q-Xamã". Outros usavam camuflagem em estilo militar com insígnias de milícias do Facebook. Outro ainda se escondia atrás de uma máscara gigante de Pepe the Frog. "Ficamos empurrando, empurrando, empurrando e berramos 'vai' e berramos 'atacar'", narrou ao vivo no Facebook uma floricultora do oeste do Texas, Jenny Cudd, de 36 anos, enquanto adentrava os corredores. "Chegamos no alto do Capitólio, tinha uma porta aberta e entramos", prosseguiu ela. "A gente arrombou a porta da sala da Nancy Pelosi e alguém roubou o martelinho e tirou uma foto na poltrona dela com o dedo médio erguido pra câmera."[97]

O homem que ela havia visto era Richard Barnett, o conspiracionista do Facebook vindo do Arkansas. E a foto que ele tirou — com os pés sobre a mesa de Pelosi, vestindo camisa de flanela e calças jeans, com os braços estendidos em suposto júbilo e um celular ligado nas mãos — se tornou, antes de o cerco terminar, um símbolo da irrealidade e humilhação daquele dia. Barnett, sorrindo para todos nós, se tornou o rosto de algo grotesco na vida norte-americana, algo cuja força muitos não haviam entendido até aquele momento, quando entrou marchando pelos corredores do poder e pôs os pés em cima da mesa.

Alguns tinham ido fazer mais do que lives. Um grupo de oito homens e uma mulher, usando parafernália militar sobre camisetas dos Oath Keepers, abriu caminho pela multidão até entrar no Capitólio. Eles mantinham contato via Zello, um aplicativo de apertar e falar, e Facebook, a plataforma na qual sua milícia havia surgido e recrutado. "Vocês estão executando uma prisão cidadã. Prendam esta assembleia, temos justa causa para atos de traição, fraude eleitoral", disse um deles.[98] "Entrei", escreveu um no Facebook. "Todos os legisladores estão nos Túneis 3andares pra baixo", respondeu outro. Um terceiro deu a ordem: "Todos os integrantes estão nos túneis sob a capital tranquem lá. Liguem o gás".

Outros compartilharam a intenção dos Oath Keepers. Peter Stager, 41 anos, do Arkansas, disse em um vídeo do Twitter: "Todo mundo lá é pérfido traidor" e "A morte é o único remédio para quem está dentro do prédio".[99] Ele carregava uma bandeira dos Estados Unidos enquanto subia os degraus do Capitólio, encontrou um policial que fora derrubado pela multidão e o espancou com o mastro. Angeli, o "Q-Xamã", deixou um bilhete para Pence na sua mesa na câmara do Senado: "É só questão de tempo, a justiça vai chegar". Pence escapara dos invasores por poucos metros. Mais tarde os legisladores apareceram dizendo que haviam se amontoado nas salas do fundo ou atrás de portas trancadas, temendo pela própria vida enquanto multidões em fúria andavam pelos corredores. Dominic Pezzola, membro dos Proud Boys depois acusado de entrar por uma janela do Capitólio, a qual quebrou com um escudo da polícia, "afirmou que, se botasse a mão em qualquer um, ia matar, incluindo Nancy Pelosi", como relatou um informante do FBI.[100] Segundo esse informante, Pezzola e amigos planejavam ir a Washington para a posse e "matar cada 'fdp' que pudesse". Ex-amigos disseram ao Vice News que Pezzola havia ficado hiperativo no Facebook e que, de acordo com um deles, caíra numa "toca de coelho" das mídias sociais.[101]

Cinco pessoas morreram durante a insurreição. Nenhuma tinha sido alvo; foi a violência animal da turba descontrolada que as matou. Brian Sicknick, policial de quarenta anos atropelado pela multidão e atingido por spray de pimenta duas vezes, voltou à base, desabou no chão e faleceu no dia seguinte. Um legista atribuiu o AVC que o matou a causas naturais exacerbadas pela violência.

A maioria dos restantes era de membros da turba — como tantos outros atraídos por causas extremistas, simultaneamente participantes e vítimas. Kevin Greeson, usuário do Parler de 55 anos e apoiador dos Proud Boys no Arkansas — que havia postado: "Carreguem as armas e tomem as ruas!" —, morreu de ataque cardíaco no meio da multidão.[102] Benjamin Philips, de cinquenta anos, da Pensilvânia, que lançara uma rede social alternativa chamada Trumparoo, morreu de AVC. Roseanne Boyland, de 34 anos, da Geórgia, obcecada por Facebook, desfaleceu ao ser esmagada em um túnel do Capitólio. A família de Boyland disse que ela havia descoberto a extrema direita da internet, depois o QAnon, enquanto procurava sentido na sequência de longos embates com o vício em drogas.[103]

Ainda havia Ashli Babbitt, californiana de 35 anos, veterana da Força Aérea, dona de uma empresa de produtos para piscina que reordenara sua vida em torno do QAnon e tuitava cinquenta vezes ou mais por dia. Usando uma bandeira de Trump como capa, Babbitt se forçou contra uma janela de vidro quebrado em uma porta barricada e, a poucos metros dos legisladores que sua comunidade insistia que deviam morrer, levou um tiro de um policial do Capitólio. Morreu na hora. Assim como muitos na multidão, John Sullivan, usuário pesado das redes, filmou a morte de Babbitt.[104] "Aquilo me comoveu, aquilo me aqueceu!", disse Sullivan na gravação.[105] Enquanto Babbitt caía em meio à multidão, com sangue escorrendo da boca, ele exclamou, maravilhado: "Cara, essa porra vai viralizar".

No gramado do Capitólio, Matthew Rosenberg, jornalista do *New York Times* que correra para fazer a cobertura do caos, esbarrou em Barnett, já identificado pela foto tirada na sala de Pelosi minutos antes. Barnett fora para o gramado com a camiseta rasgada depois de alguma escaramuça dentro do Capitólio, segurando uma carta que pegara da mesa de Pelosi. Conversando tranquilamente com Rosenberg, mostrava a carta com orgulho, dizendo ao jornalista: "Deixei um bilhetinho indecente pra ela, botei os pés em cima da mesa e cocei as bolas". Ele saiu andando rumo à multidão que agora zanzava à vontade na frente do Capitólio saqueado, bebendo cerveja e brandindo bandeiras, ostentando vitória.

Depois de centenas de prisões (entre elas a de Barnett) e de Trump sofrer o segundo impeachment, as ondas sísmicas viriam a reverberar por meses. Mas antes de o cerco terminar, elas já haviam reverberado até o Vale do Silício. "Será que podemos conseguir alguma coragem e atitude de verdade das lideranças em reação a essa conduta?", escreveu um funcionário do Facebook no fórum interno da empresa enquanto a revolta se desenrolava. "Seu silêncio é no mínimo uma decepção e, na pior das hipóteses, crime."[106]

Em um fluxo de postagens internas, funcionários se enfureceram com a decisão do YouTube de deixar no ar uma postagem de Trump, escrita durante o cerco, que fazia uma incitação velada para que seguissem em frente: "São essas as coisas e os fatos que acontecem", escreveu ele, quando uma vitória "esmagadora e sagrada" é "arrancada de grandes patriotas". A relação da empresa com seus 50 mil e tantos funcionários já estava em baixa devido aos conflitos do ano anterior. Agora, conforme o Facebook permitia a Trump usar a plataforma para instigar uma insurreição enquanto ela se desenrolava, a frustração ferveu até transbordar. "Precisamos derrubar esta conta agora mesmo. Não é momento para meio-termo", escreveu outro funcionário.[107] Mas, em vez de agir contra Trump, a empresa congelou os comentários na discussão interna.

No dia seguinte, o sindicato dos empregados da Alphabet, que havia se constituído naquela mesma semana, emitiu uma declaração condenando a falta de ação dos seus funcionários. (A Alphabet é a empresa matriz de Google e YouTube.) "As mídias sociais encorajaram o movimento fascista que cresce nos Estados Unidos e estamos particularmente cientes de que o YouTube, um produto da Alphabet, tem papel central na ameaça cada vez maior", escreveram.[108] Funcionários da Alphabet, prosseguiram, haviam alertado os executivos várias vezes sobre o papel do YouTube em "ódio, intimidação, discriminação e radicalização", mas tinham sido "ignorados ou recebido concessões simbólicas". Eles instavam a empresa, no mínimo, a "fazer Donald Trump seguir as regras da plataforma".

Isso foi, se não uma mudança radical no Vale, pelo menos um cintilar de acerto de contas. Chris Sacca, um dos primeiros investidores do Twitter, tuitou: "Vocês, Jack e Zuck têm sangue nas mãos.[109] Por quatro anos passaram pano para esse terror. Incitar violência lesa-pátria não é exercer liberdade de expressão. Se você trabalha nessas empresas, a culpa também é sua. Fechem". À pergunta de por que também tinha responsabilizado os funcionários, Sacca respondeu: "Sinceramente, as únicas pessoas que eles ouvem são os funcionários que estão em volta. Na tecnologia, se você perde talentos, perde poder".

Um dia depois da revolta, o Facebook anunciou que ia proibir Trump de usar seus serviços pelo menos até a posse, duas semanas depois. No dia seguinte, como Trump continuou tuitando em apoio aos insurretos, o Twitter também o derrubou. O YouTube, o último reduto, seguiu a deixa quatro dias depois. A maioria dos especialistas e boa parte do público concordaram que banir Trump era uma medida tanto necessária quanto tardia. Ainda assim, havia um desconforto inegável pelo fato de essa decisão estar nas mãos de meia dúzia de executivos do Vale do Silício. E não só porque eram agentes empresariais que não tinham sido eleitos. Para começo de conversa, as decisões desses mesmos executivos haviam ajudado a levar a crise das mídias sociais até esse ponto. Após anos da indústria curvando-se a Trump e aos republicanos, a proibição foi vista por muitos como interesseira. Afinal de contas, ela fora implementada três dias depois de os democratas tomarem o controle do Senado, além do Congresso e da Casa Branca.

Os democratas, cuja ira só crescia, viram a proibição como uma medida superficial tomada apenas quando a saída de Trump do poder já tinha sido decidida. A campanha de Biden havia se comunicado em privado com o Facebook, ao longo da eleição, primeiro expressando preocupação, depois indignação com o que considerava falha da empresa em tomar uma atitude. "Nunca fui fã do Facebook, como vocês devem saber", dissera Biden ao comitê editorial do *New York Times*, sugerindo que seu governo poderia revogar certas prerrogativas jurídicas das plataformas sociais. "Nunca fui um grande fã de Zuckerberg. Acho que ele é o verdadeiro problema."[110]

Um dia após a posse de Biden, dois democratas do Congresso enviaram cartas aos CEOs de Facebook, Google, YouTube e Twitter. Elas foram escritas por Tom Malinowski, outrora autoridade belicosa na defesa dos direitos humanos no Departamento de Estado, e Anna Eshoo, que representava desde 1993 o distrito da Califórnia que inclui o Vale do Silício. Os líderes do Partido Democrata vinham defendendo o Vale fazia décadas. Naquele momento, a congressista das próprias empresas era coautora de uma carta que lhes dizia: "Talvez não exista uma única entidade que seja mais responsável pela disseminação de teorias da conspiração em larga escala ou por estimular ressentimentos contra o governo do que as que vocês fundaram e que hoje administram".[111]

As cartas depositavam boa parte da responsabilidade pela insurreição nas empresas. "O problema fundamental", escreveram eles ao CEOs de Google e YouTube,

> é que o YouTube, assim como outras plataformas sociais, classifica, apresenta e recomenda informações aos usuários suprindo-os de conteúdo com mais probabilidade de reforçar seus vieses políticos preexistentes, especialmente os arraigados a raiva, ansiedade e medo.[112]

As cartas ao Facebook e Twitter foram parecidas. Todas exigiam mudanças de vulto nas políticas das plataformas, terminando com a mesma admoestação: que as empresas "comecem uma reavaliação fundamental da maximização do engajamento de usuários como base para a classificação e recomendação algorítmica". As palavras incisivas assinalavam que os democratas haviam adotado a visão apregoada bastante tempo antes por pesquisadores, cientistas sociais e pelos silicionados dissidentes: que os perigos das mídias sociais não são apenas uma questão de moderar melhor ou de ajustar as políticas de conteúdo. Eles estão enraizados na natureza das plataformas. E são tão sérios que ameaçam a própria democracia dos Estados Unidos.

Houve outra mudança em janeiro: o QAnon praticamente veio abaixo. "Demos tudo que tínhamos.[113] Agora precisamos manter a cabeça erguida e voltar à nossa vida, do jeito que for possível", disse Ron Watkins, administrador do 8chan (agora rebatizado de "8kun"), que muitos suspeitavam ser o autor do material de Q, numa postagem na manhã da posse de Biden. No Telegram — um aplicativo social que havia ganhado popularidade com o QAnon conforme o Twitter aplicou maior atrito — ele instigou os seguidores a respeitar a legitimidade de Biden. Complementou: "Conforme adentramos o próximo governo, favor lembrar de todos os amigos e memórias felizes que construímos juntos nos últimos anos".[114] Na prática, Watkins estava dizendo ao movimento — que, suspeitava-se, rondava os milhões, todos preparados para uma batalha final contra as forças malignas responsáveis por todos os males na nossa vida — para baixar armas. Depois disso, as postagens de Q, que já entrara em silêncio misterioso desde 8 de dezembro, cessaram.

A sensação de fim se espalhou. Um moderador do 8kun limpou os arquivos de "QResearch" no site e escreveu: "Estou apenas administrando a eutanásia a uma coisa que já amei".[115] Alguns começaram a postar despedidas. Outros tentavam entender: "Mods favor explicar por que Biden ainda não foi preso".[116] Um comparou assistir à posse de Biden com "ser criança e ver o presentão debaixo da árvore... aí você abre e descobre que era um pedaço de carvão".[117] Sem as plataformas tradicionais para acelerar sua causa ou interligar com as redes em geral, os adeptos restantes tinham poucos lugares para onde canalizar suas energias antes poderosas. Eles maquiavam cada vez mais a realidade, procurando a validação que nunca iam conseguir, ansiosos por uma solução para a crise psicológica que anos de radicalização haviam aberto neles.

"TUDO vai acontecer nos próximos 45 minutos", escreveu um usuário no fórum Q durante a posse de Biden.[118] Os democratas no palco, prometeu ele, "serão presos ao vivo diante das câmeras, com dezenas de milhões assistindo atônitos!". Seria "o maior dia desde o Dia D", e "os Estados Unidos vão se unir para festejar!". Quando a posse prosseguiu normalmente, outro usuário lhe perguntou se estava bem. Ele insistiu que a vitória ainda ia chegar e, com ela, a volta à vida que havia lhe sido tirada. "Perdi amigos e namorada durante o último ano porque eles se recusavam a enxergar a verdade, agora finalmente vou me redimir", escreveu. "Logo eles vão voltar e pedir desculpas, esse é o dia mais feliz da minha vida."[119]

Epílogo
Delatores

Uma janela se abriu nas semanas que se seguiram ao cerco ao Capitólio. Diferentemente das opiniões hesitantes de 2016 e 2018, agora havia, afinal, amplo entendimento quanto às consequências das mídias sociais. Repensar as plataformas até sua essência era uma coisa que se sentia necessária de um modo que não se sentia até então e, com boa parte do Vale do Silício perplexa, talvez até fosse possível. Especialistas em tecnologia e jornalistas da área ficaram elétricos com as novas possibilidades. Talvez serviços com assinatura, em que os usuários pagassem mensalidade para logar, pudessem acabar com o vício da indústria na receita publicitária e, assim, no engajamento. Talvez leis mais firmes de responsabilização as levassem a realinhar seus incentivos.

Mas a janela se fechou logo em seguida. As gigantes das mídias sociais tinham investido muito nos modelos financeiros e ideológicos do status quo para uma mudança tão radical. No geral, elas se basearam em métodos que conheciam bem: tecnologia automatizada e moderação de conteúdo em larga escala. O Twitter, por exemplo, aumentou um grau no seu "atrito", somando avisos e intersticiais ("Quer ler o artigo antes?") para desacelerar usuários que compartilhavam postagens compulsivamente. Foi uma mudança significativa, mas longe da sugestão de Jack Dorsey de repensar a mecânica subjacente da plataforma, que se manteve. Dorsey depois renunciou ao cargo de CEO, em novembro de 2021, com suas promessas audazes não cumpridas.

Poucas semanas depois da insurreição, Zuckerberg anunciou que o sistema de recomendação do Facebook não ia mais promover grupos políticos — um passo com potencial para ser histórico e que enfraquecia um dos elementos mais perigosos da plataforma.[1] Mas em um sinal de que as reformas da plataforma refletiam meros soporíferos à pressão do lado de fora, e não uma mudança sincera no raciocínio, foi a terceira vez que o Facebook anunciou essa mudança. As promessas anteriores, em outubro de 2020 e em 6 de janeiro, haviam sido praticamente vazias, como descobriram pesquisadores independentes.[2] Foi só sob pressão dos legisladores democratas que a última promessa deu frutos reais.[3]

Os reveses do Facebook haviam se iniciado antes da insurreição. Durante a eleição, a plataforma ajustara seu algoritmo para promover veículos de imprensa "abalizados" em vez de links hipersectários. Em dezembro, voltou atrás, restaurando as preferências originais do algoritmo.[4] Naquele mesmo mês, o Facebook também anunciou que ia acabar com sua proibição a anúncios políticos, mas só no estado da Geórgia, onde duas eleições ao Senado em breve decidiriam o controle da Câmara. A empresa afirmou que estava acatando "especialistas", que não nomeou e que supostamente haviam dito que anúncios políticos eram cruciais à "importância de expressar vozes".[5] Na verdade, grande parte dos grupos democráticos se opôs à mudança. O efeito foi imediato. Antes de a companhia abolir sua proibição de anúncios políticos na Geórgia, os feeds dos usuários mostravam sobretudo matérias do *Wall Street Journal* e do *Atlanta Journal-Constitution*. Um dia após o Facebook mudar a regra, matérias do Breitbart, conteúdo sectário e anúncios políticos tomaram o lugar dos dois jornais.[6] Depois de 6 de janeiro, críticos pressionaram o Facebook para restaurar os ajustes do algoritmo e a proibição de anúncios políticos. A empresa, afinal de contas, havia dito que as duas políticas seriam essenciais para a proteção da democracia. Como ela ia voltar atrás? Mas o algoritmo foi mantido na sua forma mais perigosa e, em março, o Facebook acabou com a proibição de anúncios políticos em todo o país.[7]

Na mesma velocidade em que voltaram atrás nas reformas, líderes do Vale do Silício também começaram a questionar quanta responsabilidade eles tinham de mudar o que quer que fosse. "Acho que esses acontecimentos foram organizados, em grande parte, em plataformas que não têm nossa capacidade de conter o ódio, não têm nossos critérios e não têm nossa transparência", disse Sheryl Sandberg, a subcomandante do Facebook, ao tratar da insurreição de 6 de janeiro.[8] Seus comentários, embora ridicularizados fora do Vale, deram um sinal claro a quem estava lá dentro: vamos levantar as trincheiras.

Alguns dias depois, Adam Mosseri, o ex-diretor do feed de notícias que agora cuidava do Instagram, disse que, embora o 6 de janeiro viesse a "marcar uma grande mudança" na relação da sociedade com a tecnologia, era importante não exagerar na correção.[9] "Toda tecnologia nova passou por tais momentos", disse, fazendo comparações que eu já havia ouvido no Vale: "Foi o que aconteceu com o VHS. Foi o que aconteceu com a escrita. Foi o que aconteceu com as bicicletas". Mas até hoje ninguém conseguiu me apontar quais genocídios foram atribuídos ao VHS.

O Facebook e outros pararam de jurar que haviam aprendido a lição e por fim passaram a insistir, de modo ainda mais estridente do que faziam antes do 6 de janeiro, que todas as provas que apontavam a responsabilidade deles estavam erradas. "Os sistemas do Facebook não são programados para gratificar conteúdo provocador", disse o chefe de RP do Facebook, o ex-vice primeiro-ministro britânico Nick Clegg, escrevendo em uma postagem de blog com o título "Você e o algoritmo: quando um não quer dois não brigam", entre outras

5 mil palavras.[10] Quem impulsionava o "conteúdo escandaloso" eram os usuários, escreveu Clegg.

As empresas voltaram em grande parte aos hábitos de sempre. A cobrança contra a desinformação eleitoral caiu de forma vertiginosa ao longo de 2021, descobriu o grupo de vigilância Common Cause [Causa em comum], conforme mentiras que minaram a democracia foram "deixadas para formar metástases no Facebook e no Twitter".[11] Movimentos nascidos nas redes sociais continuaram a crescer, penetrando na trama da governança norte-americana.

No início de 2022, um estudo descobriu que mais de um em cada nove legisladores estaduais do país faziam parte de pelo menos um grupo da extrema direita no Facebook.[12] Muitos apoiavam as conspirações e ideologias que haviam crescido primeiramente na internet até virarem leis, aprovando levas de legislação que reprimiam direitos de eleitores, políticas contra a covid e defesas de grupos LGBT. Em meio a uma polêmica alimentada pela internet quanto a professores supostamente "aliciando" crianças para a homossexualidade, alguns defendiam projetos de leis que incentivavam as crianças a gravar seus professores para dar provas disso — um eco perturbador e nítido da conspiração do "kit gay" que havia provocado caos no Brasil a partir do YouTube.[13] O Partido Republicano do Texas, que controlava o Senado estadual, a Câmara e a casa do governador, mudou seu slogan oficial para "Somos a tempestade", o grito de guerra do QAnon. Em dois momentos distintos, no Colorado e no Michigan, mesários leais ao QAnon foram pegos adulterando o sistema eleitoral.[14] Na eleição seguinte, em 2022, candidatos alinhados ao QAnon estavam na cédula em 26 estados.[15]

As gigantes das redes sociais continuaram dando visibilidade a tantas mentiras e conspirações relacionadas à covid que Vivek Murthy, o secretário da Saúde Pública, em julho emitiu um comunicado formal de que as plataformas "viabilizaram desinformação que corrompeu nosso ambiente informacional, com pouca prestação de contas para seus usuários", o que ele chamou de "crise iminente".[16] Um dia depois, Biden disse que o Facebook estava "matando gente".[17]

Os democratas, assim como muitos, depositaram boa parte da esperança em investigações das empresas por parte de agências do governo. Em outubro daquele ano, a iniciativa começou com o subcomitê antitruste da Câmara dos Representantes, sob controle do Partido Democrata, que lançou um relatório de 449 páginas recomendando uma regulamentação de vulto contra Facebook, Google, Amazon e Apple que, em alguns casos, causaria cisão das empresas.[18] Embora o relatório tenha focado em condutas monopolísticas, os legisladores não esconderam que estavam preocupados com o controle que as empresas teriam de questões além do mercado, avisando: "Nossa economia e democracia estão em jogo".

O Departamento de Justiça havia aberto um processo contra o Google naquele mês de outubro, relacionando a empresa e o YouTube a abusos alinhados com os do relatório da Câmara. A Comissão Federal de Comércio entrou com um processo parecido contra o Facebook em dezembro, sugerindo que podia cindir a empresa em duas. Os dois casos, acompanhados de processos paralelos de várias procuradorias estaduais, prosseguiram ao longo de 2021 e 2022. Mas embora a fiscalização antitruste possa ser uma ferramenta forte, ela é cega. Separar o Facebook do Instagram ou o Google do YouTube ia enfraquecer as empresas, talvez de forma drástica. Porém não mudaria a natureza subjacente de seus produtos. Tampouco ia acabar com as forças econômicas ou ideológicas que haviam produzido esses produtos.

Apesar de todo o papo sobre reconstrução da confiança, o Vale do Silício mostrou, em um episódio apenas um mês após a posse de Biden, que ia usar todo o seu poder contra uma sociedade inteira para não deixar que ela agisse. Agências reguladoras australianas haviam tomado medidas para mirar a maior vulnerabilidade do Vale: o lucro. Em fevereiro de 2021, Facebook e Google seriam obrigadas a pagar a veículos da imprensa australiana pelo direito de destacar links para seus trabalhos.[19] As plataformas, afinal de contas, estavam sugando a renda publicitária da indústria jornalística enquanto negociava seu jornalismo. A nova regra incluía uma cláusula potente. Se as empresas de tecnologia e as agências de notícias não chegassem a um acordo quanto ao preço até a data imposta, árbitros do governo iriam definir por elas. Na verdade, as regras favoreciam a News Corp, um megaconglomerado gerido por Rupert Murdoch, australiano de nascimento, que em 2016 ameaçara Zuckerberg justamente com uma medida dessas.

Mas, independentemente dos méritos, em termos de tubo de ensaio do poder do governo sobre as plataformas sociais, os resultados foram reveladores. Muito perto do prazo fatal, o Google fechou um acordo com a News Corp e outras, o que a fez entrar em conformidade. O Facebook se recusou. Como resultado, um dia os australianos acordaram e descobriram que o Facebook havia bloqueado todo o conteúdo noticioso. A fonte de informações de maior destaque em um país inteiro — 39% dos australianos disseram que obtinham suas notícias dali — de repente não incluía notícia alguma.[20] Muito mais desapareceu junto: políticos concorrendo à reeleição, grupos que trabalhavam com vítimas de violência doméstica e o serviço meteorológico estatal.[21] Até mesmo, no meio de uma pandemia, as Secretarias de Saúde do governo. A empresa finalmente havia feito o que não fizera em Mianmar, depois de um genocídio de meses do qual ela fora acusada, com total credibilidade, de incentivar. Ou no Sri Lanka. Ou na Índia. Em nenhum caso a violência vertiginosa, por mais que fosse letal, levou a empresa a apertar o "off", mesmo que em um só componente da plataforma. Mas, na semana em que a Austrália ameaçou seu faturamento, as luzes se apagaram.

É evidente que os australianos tinham como acessar sites de notícias ou do governo diretamente. Ainda assim, o Facebook havia, de caso pensado, se tornado essencial, adestrando os usuários para depender de sua plataforma como fonte suprema de notícias e informação. Sem o conteúdo noticioso, boatos e desinformações preencheram o vácuo. Evelyn Douek, uma pesquisadora australiana que estuda a governança de plataformas sociais na Harvard Law School, disse que o blecaute foi "projetado para ter impacto e foi inadmissível".[22] O Human Rights Watch taxou a intervenção de "alarmante e perigosa".[23] Um legislador australiano alertou que bloquear o serviço meteorológico estatal poderia atrapalhar o acesso de cidadãos a atualizações que, numa semana de enchentes e incêndios florestais a todo pano, podiam significar vida ou morte.[24] Dias depois, o governo australiano capitulou, aceitando as várias exceções que o Facebook havia imposto à regulamentação.

Governos europeus continuaram a impor multas e regulamentações. Autoridades reconheceram, de forma implícita, que tinham tanta capacidade de impor mudanças estruturais no Vale do Silício quanto suas equivalentes na Austrália ou, naquele caso, as autoridades desafortunadas que encontrei no Sri Lanka — muitas das quais, em 2021, já haviam saído do governo, tendo sido substituídas por um ferrenho ultranacionalista que crescera, em parte, atiçando o ódio e a boataria na internet. O governo francês abriu um centro de regulamentação digital, para o qual contratou, entre outros, Guillaume Chaslot, o ex-engenheiro do YouTube. Ele está especialmente preocupado em encontrar maneiras de mostrar aos usuários da internet como os algoritmos orientam as experiências conforme navegam nas plataformas, e até lhes revelar as opções e os hábitos do sistema em tempo real. Chaslot comparou isso aos avisos em carteiras de cigarro que alertam os consumidores de que fumar provoca câncer de pulmão. No início de 2022, a União Europeia começou a desenvolver novas regulamentações que iriam restringir o modo como empresas de tecnologia norte-americanas podiam usar os dados particulares de consumidores europeus. O Facebook, em relatório anual publicado naquele fevereiro, ameaçou fazer uma versão ainda mais feroz de sua estratégia australiana, alertando que, se a União Europeia seguisse com a medida, ela "provavelmente se veria incapacitada de oferecer vários dos nossos produtos e serviços mais significativos, entre eles Facebook e Instagram, na Europa".[25] O ministro das Finanças da Alemanha minimizou a coerção, dizendo a jornalistas que, desde que abandonara as redes sociais, quatro anos antes, "minha vida anda fantástica".[26] O ministro das Finanças da França, quase provocando a empresa a cumprir a ameaça, declarou: "Viveríamos muito bem sem o Facebook".

A pressão pública nos Estados Unidos foi mais desnivelada. O ex-presidente Obama, em um discurso de 2022 no coração do Vale do Silício, alertou que as mídias sociais estavam "turbinando impulsos que estão entre os piores da humanidade". Ele denominou "a mudança profunda [...] em como nos comunicamos e consumimos informação" de um grande impulsionador dos percalços cada vez maiores da democracia, incitando cidadãos e governos a colocar rédeas nas empresas. Ainda assim, o governo Biden estava envolvido com a estabilização da saúde pública e com as emergências econômicas ocasionadas pela pandemia, e depois com a invasão da Rússia à Ucrânia. Nesse meio-tempo, as empresas contrataram muitos dos analistas externos e acadêmicos que as haviam feito passar vergonha investigando seus produtos. Como de hábito, eles eram recrutados por pretensos reformistas do segundo escalão, que provavelmente estavam falando sério ao dizer que fazer pressão nas empresas por dentro tinha mais chances de render resultados. E muitos foram guiados para o abraço do Vale do Silício devido ao colapso do mercado de trabalho acadêmico, no qual oportunidades para quem tem diploma de doutor e está assoberbado pela dívida estudantil foram para as cucuias no momento em que os norte-americanos sofreram com picos nos custos de saúde e educação dos filhos durante a pandemia. Independentemente das motivações para entrar no Vale, o trabalho que faziam para o grande público acabou.

Mas alguns, em parte graças, talvez, a sua notoriedade pelas descobertas chocantes que já haviam feito sobre as mídias sociais, garantiram seu poleiro com alguma estabilidade para continuar na academia. Jonas Kaiser, o pesquisador da comunicação alemão que mapeou o YouTube, foi um deles, tendo ingressado no corpo docente da Universidade Suffolk, de Boston, em fins de 2020. Outro foi William Brady, que se tornou professor assistente da Universidade Northwestern em 2022. Ambos dão continuidade ao trabalho de entender as consequências das mídias sociais, assim como fazem outras dezenas, com incontáveis descobertas por vir.

Alguns encontraram maneiras de fazer pressão na indústria pelo lado de dentro. Entre eles está Renée DiResta, que acompanha causas online e agentes mal-intencionados, como os *antivaxxers* que incitaram sua jornada, em um centro de pesquisa da Universidade Stanford, no coração do Vale. Por mais que ela tivesse sido cuidadosa em seu depoimento de 2018 ao Senado — para envolver os democratas com mais probabilidade de tomar uma atitude e ao menos conseguir um meio-termo com os republicanos —, DiResta havia alavancado os vínculos que ela e Stanford tinham com empresas das redes, contribuindo com campanhas de sucesso para eliminar campanhas de influência alinhadas com o governo das plataformas, tudo sem nunca, até onde pude ver, poupar sua crítica pública a essas mesmas corporações.

Há um grupo que tem a influência, o acesso e o know-how para pressionar efetivamente o Vale do Silício: sua própria mão de obra. Depois do 6 de janeiro de 2021, a ira dos trabalhadores só cresceu, tendo 40% dos funcionários das gigantes da tecnologia dito no mês de março seguinte que gigantes como Google ou Facebook deviam ser cindidas.[27] Mas, apesar de todos os músculos que eles haviam brandido em 2020, seu ativismo, em grande parte, cessou. A sindicalização — os cinco dedos que se tornam punho — continua sendo execrada entre gente do Vale, o que torna a mobilização em empresas com 50 mil colaboradores quase impossível. E com remuneração, regalias e segurança empregatícia praticamente inigualáveis na era contemporânea, por que não bater ponto durante uns anos, fazer fortuna e se aposentar em paz?

Mas nem todo mundo decidiu fechar os olhos. Em maio de 2021, uma funcionária do Facebook chamada Frances Haugen, que trabalhava em uma equipe de combate à desinformação eleitoral no exterior, decidiu que bastava. Ela passou a crer que seus soberanos corporativos estavam sacrificando propositalmente a segurança dos usuários, de sociedades inteiras, até da própria democracia, em prol da maximização do lucro.

Haugen copiou milhares de relatórios de pesquisa interna, memorandos de reuniões e diretivas corporativas, fotografando sua tela em vez de baixar os arquivos para não ativar as medidas de segurança. Ela esteve meses em contato com Jeff Horwitz, um jornalista do *Wall Street Journal* com quem tivera contato pela primeira vez em dezembro de 2020, impressionada com a cobertura feita por ele da influência prejudicial das mídias sociais na Índia, onde ela havia passado algum tempo.[28] Mas Haugen ainda levaria alguns meses até formular seus planos quanto ao que fazer com os arquivos.

"Só não quero passar o resto da vida em agonia pelo que não fiz", escreveu Haugen na mensagem enviada a uma amiga em setembro de 2021, enquanto pensava se iria a público.[29] Pouco depois, ela mandou os arquivos à Comissão de Valores Mobiliários dos Estados Unidos, a agência reguladora que supervisiona práticas do mercado, como parte de oito depoimentos de delatores alegando má conduta empresarial do Facebook. Ela também os enviou ao Congresso e para Horwitz, que começou a revelar os segredos neles contidos.

Em conjunto, os documentos contavam a história de uma empresa plenamente ciente de que seus males às vezes excediam até as opiniões mais intensas dos críticos. Em certos momentos, os relatórios alertavam explicitamente perigos que viriam a se tornar letais, como um pico de discurso de ódio ou de desinformação sobre vacinas, com aviso prévio suficiente para a empresa ter tomado atitude e, caso não houvesse se recusado, possivelmente salvado vidas. Em relatórios inegáveis e linguajar direto, eles mostravam os dados e especialistas do próprio Facebook confirmando as alegações que a empresa desprezara em público de modo tão displicente. Os executivos do Facebook, entre os quais Zuckerberg, haviam sido avisados claramente de que a empresa representava um perigo tremendo, e esses executivos, mesmo assim, intervieram repetidas vezes para manter suas plataformas funcionando a toda. Os arquivos, que o Facebook tratou como não representativos, confirmavam muitas das desconfianças de longa data. Mas alguns iam mais longe. Uma apresentação interna sobre como fisgar mais crianças para produtos da empresa incluía a frase "Existe uma maneira de potencializar atividades entre crianças para aumentar troca de mensagens/crescimento?".

Conforme a indignação pública crescia, o programa *60 Minutes* anunciou que iria ao ar uma entrevista com a pessoa que vazou os documentos. Até então, a identidade de Haugen ainda era segredo. A entrevista que ela deu superou um debate de anos quanto à tecnologia graças à clareza com que ela montou a acusação: as plataformas amplificavam males sociais; o Facebook sabia; a empresa tinha poder para impedir, mas optou por não usar; e a empresa mentiu continuamente a agências reguladoras e ao público. "O Facebook percebeu que, se eles mudarem o algoritmo para ter mais segurança", disse Haugen, "as pessoas vão passar menos tempo no site, vão clicar em menos anúncios e eles vão ganhar menos dinheiro."[30]

Dois dias depois, ela depôs a um subcomitê do Senado. Haugen se apresentou como uma pessoa lutando para reformular a indústria e resgatar seu potencial. "Podemos ter mídias sociais que curtimos, que nos conectam, sem rasgar nossa democracia ao meio, sem colocar nossos filhos em risco e sem semear a violência étnica mundo afora", disse ela aos senadores.[31] Trabalhando com Lawrence Lessig, um pesquisador de direito da Universidade Harvard que se voluntariou para ser seu advogado, e com uma empresa de comunicação contratada por ele, Haugen também enviou os documentos a dezoito agências de notícias norte-americanas e europeias. Ela instruiu deputados cujos assentos em comitês lhes davam poder para moldar novas regulamentações. Circulou por capitais europeias, reunindo-se com autoridades de alto escalão cujos governos haviam aberto a rota da regulamentação das redes.

Ao longo de tudo isso, Haugen consistentemente remontava aos fracassos do Facebook em países mais pobres. Esse histórico, defendeu ela, evidenciava a insensibilidade da empresa com o bem-estar de seus clientes, assim como o poder desestabilizador das dinâmicas da plataforma que, afinal de contas, aconteciam em todo lugar. "O que vemos em Mianmar, o que vemos na Etiópia", disse ela em uma mesa-redonda, "são apenas os primeiros capítulos de um livro que tem um final muito mais assustador do que tudo que queremos ler."[32]

Democratas e grupos de direitos civis, alavancando a indignação que Haugen gerou e a ameaça de processos antitruste em jogo, se concentraram em fazer pressão pela regulamentação contundente de empresas de redes sociais. O governo dos Estados Unidos, afinal de contas, pode ser a única entidade no mundo que ainda tem poder para forçar as empresas a mudar. Ainda assim, é difícil imaginar vinte ou trinta legisladores, atuando em uma das legislaturas mais problemáticas do mundo ocidental, acompanharem milhares de engenheiros totalmente incentivados para substituir qualquer recurso ou política que for regulamentado, por outra coisa que alcance o mesmo resultado.

Coagir as empresas a se autorregulamentarem também é um caminho incerto. As gigantes das redes, tal como constituídas atualmente, talvez sejam incapazes de revogar as piores tendências dos seus sistemas. Tecnicamente, seria fácil. Porém, antes de tudo o mais, as forças culturais, ideológicas e econômicas que levaram os executivos a criar e abastecer esses sistemas ainda se aplicam. Legisladores e ativistas podem berrar o quanto quiserem com Zuckerberg, Wojcicki e outros. Os fundadores e CEOs dessas empresas, apesar da sua riqueza fabulosa, têm sido, tenham percebido ou não, prisioneiros de suas criações desde o dia em que um capitalista de risco lhes assinou um cheque em troca da promessa de crescimento exponencial e permanente.

Quando indagada em relação ao que iria trazer correção tanto às plataformas quanto às empresas que as fiscalizam, do modo mais eficiente, Haugen tinha uma resposta simples: desligar o algoritmo. "Acho que não queremos que nossos computadores decidam no que vamos focar", disse. Ela também sugeriu que, se o Congresso restringisse as proteções quanto à responsabilização, deixando as empresas legalmente responsáveis pelas consequências de qualquer coisa que seus sistemas promovessem, "eles iriam se livrar da classificação baseada em engajamento". As plataformas iriam voltar aos anos 2000, quando simplesmente mostravam as postagens dos seus amigos da mais nova à mais antiga. Não iria haver IA para encher você de conteúdo que maximizasse a atenção ou o fizesse cair em tocas de coelho.

A resposta dela seguiu um padrão confiável que tem aparecido nos anos que passei cobrindo mídias sociais. Quanto mais tempo alguém passa estudando as plataformas, seja qual for sua área, o mais provável é que chegue à resposta de Haugen: desligue. Às vezes a recomendação é mais direcionada. Jonas Kaiser insistiu para o YouTube desativar seus algoritmos quanto a assuntos delicados como saúde ou relacionados a crianças. Às vezes ela é mais ampla. Benedict Evans, ex-capitalista de risco da Andreessen Horowitz, propôs "remover camadas dos mecanismos que viabilizam abusos". Afinal de contas, algoritmos estão longe de ser o único recurso por trás do caos nas redes. As interfaces que lembram cassinos, os botões de compartilhar, os contadores de "curtidas" que todo mundo pode ver, as recomendações de grupos — tudo é intrínseco às plataformas e seus males.

Há, como em qualquer caso contencioso, meia dúzia de peritos discordantes, que defendem que há exagero quanto ao impacto das mídias sociais. Eles não discutem as provas do papel da tecnologia em males como a radicalização, mas, isso sim, usam vários métodos que rendem resultados mais suaves. Ainda assim, a perspectiva deles continua sendo minoritária e de ênfase relativa, similar à defesa de que a parte das emissões dos automóveis na mudança climática é menor que os das usinas de carvão.

Praticamente nenhum dos especialistas ou dissidentes defende que o mundo se beneficiaria do fechamento total das mídias sociais. Todos tinham chegado aos seus cargos, afinal de contas, a partir da crença de que as redes traziam bens inegáveis e, se libertas da sua mecânica de impulsionar o lucro, ainda podiam se provar revolucionárias. Mas independentemente da recomendação, para vários pesquisadores sérios, analistas ou defensores de direitos humanos, tudo se resume a alguma versão do "off". Seria uma internet menos sedutora, menos envolvente, na qual vídeos do YouTube que encantam ou grupos de Facebook que chamam a atenção seriam mais raros e não estariam prontamente à mão. Mas todas as provas também sugerem que seria um mundo em que menos professores seriam perseguidos até terem que se esconder, menos famílias seriam queimadas vivas na própria casa devido a revoltas alimentadas por boataria, menos vidas seriam arruinadas pela infâmia ou pela falsa promessa do extremismo. Menos crianças seriam privadas de vacinas capazes de salvar sua vida ou expostas à sexualização indesejada. Talvez até menos democracias seriam dilaceradas pela polarização, pelas mentiras e pela violência.

Um dos motivos pelos quais muitos especialistas convergem na resposta, penso eu, é que vários, quando chegam no seu quarto ou quinto grande estudo, já foram ao Vale do Silício e conheceram os soberanos engenheiros. E passaram a entender que um aspecto da argumentação que eles fazem em público é fato: eles acreditam que não estão promovendo de propósito nem a desinformação, nem o ódio, nem o tribalismo. Até onde pensam esses efeitos, o que eles querem é reduzi-los. Mas é isso que torna uma visita ao Vale tão perturbadora. A mistura de ideologia, cobiça e a opacidade tecnológica na complexidade do *machine learning* nubla executivos quanto a ver essas criações por inteiro. As máquinas, no que diz a respeito a tudo que importa, são essencialmente desgovernadas.

Quanto mais falei com psicólogos e analistas de redes, agências reguladoras e engenheiros convertidos, mais os termos que eles usavam para descrever essa tecnologia me lembravam HAL

9000, a inteligência artificial de *2001: Uma odisseia no espaço*, o filme de Kubrick cuja relevância havia se imposto repetidas vezes na minha investigação sobre as mídias sociais. No filme, HAL, embora responsável pela segurança da tripulação, inventa interpretações de programação que o instruem a garantir a chegada a seu destino pré-planejado independentemente do que vier a acontecer e tenta matar todos a bordo da nave. HAL não foi criado para ser vilão. Se existia um vilão, eram os engenheiros que, em sua arrogância, imaginaram que as atitudes da sua criação seriam tão benevolentes quanto as intenções deles. Ou talvez fossem os astronautas, que se deitaram nos braços de uma máquina que detinha o poder de vida e morte e cujos estímulos podiam divergir dos deles.

A lição de *2001* está longe de ser que HAL deveria passar por uma atualização e por ajustes no algoritmo, na esperança de que, na próxima vez, ele fosse se comportar com um pouco mais de responsabilidade. Tampouco que os engenheiros do HAL deveriam pedir desculpas e prometer que da próxima vez fariam melhor. E certamente não foi que a fabricante do HAL deveria assumir um controle cada vez maior da vida de seus consumidores enquanto legisladores e jornalistas refletiam sobre a natureza do robô. Não há dúvidas quanto à lição: que desligassem o HAL. Mesmo que isso significasse perder os benefícios que ele trazia. Mesmo que fosse difícil, nas últimas cenas do filme, arrancar os seus tentáculos dos sistemas que regiam cada faceta da vida dos astronautas. Mesmo que a máquina revidasse com tudo que pudesse.

Posfácio

A longa luta

Talvez fosse um sinal do quanto as coisas tinham mudado, quando, em maio de 2023, fui convocado para uma reunião com a delatora mais famosa da indústria da tecnologia, e essa conversa não aconteceu em uma salinha dos fundos nem em um escritório de advocacia cheio de resguardos, mas sim no café do hotel Four Seasons de Beverly Hills. Fazia dois anos que Frances Haugen tinha saído do Facebook carregando milhares de documentos comprobatórios de que a empresa estava ciente de que havia deixado sua plataforma enganar e radicalizar os usuários em nível catastrófico. O mundo, indignado, durante meses carregou Haugen para cima e para baixo entre estúdios de TV, audiências no Senado, agências reguladoras da União Europeia — qualquer centro de poder que pudesse alavancar o que ela trazia de informação e armar o contra-ataque.

Mas quando eu e Haugen nos encontramos naquele café sossegado, ficou evidente que não havia mais tanta movimentação nos itinerários dela. Em vez de primeiros-ministros e agências supranacionais, ela me contou que vinha se reunindo com diretores de universidades e lideranças dos grupos de pressão. Em vez de ser procurada pelo *60 Minutes*, era ela quem ia atrás dos jornalistas.

Em novembro, meio ano antes, na véspera das eleições legislativas dos Estados Unidos, o nosso caminho havia se cruzado em uma conferência extraoficial que reuniu uns vinte ou trinta legisladores e figuras públicas que queriam armar um processo federal muito sério contra as empresas de mídias sociais. Eventos como esses, organizados para formular estratégias e modos de controlar as rédeas da governança, são comuns em Washington. Em salas de reunião com paredes de lambris, comendo salada de frutas em pratinhos de papel, os participantes prometeram entre si que agiriam de maneira coordenada antes das eleições. Pensando agora, foi um ponto alto na política daquele momento. Novembro chegou, passou e quase nada aconteceu.

Não é que o público tivesse perdido o interesse pelos danos causados pelas mídias sociais. No final de 2022, dois em cada três cidadãos dos Estados Unidos consideravam as redes "ruins para a democracia".[1] A maioria também concordava que as redes eram prejudiciais às crianças e não confiava nas empresas que gerenciavam as plataformas.[2] E mesmo que eu ou Haugen não tenhamos tratado disso de maneira explícita, nas entrelinhas de nossa conversa se percebia uma mudança na postura dos outros diante dela e, o mais importante, diante da indústria de que ela havia revelado transgressões diversas. O mundo estava menos indignado. Embora não houvesse diminuído a ambição de Haugen de retomar a autonomia do ser humano, a força das circunstâncias reduziu o número de recursos a que ela tinha acesso. A grande delatora vinha trabalhando com professores para ajudar crianças a se preparar para as crueldades e a alienação que os algoritmos promovem. E passou a fazer parte de um grupo de pesquisa da Universidade McGill que defendia regras mais claras para as plataformas sociais informarem o número de usuários. Ela argumentou que isso ajudaria a regular o poder das empresas sobre veículos de imprensa e anunciantes que dependem delas. Mas essa iniciativa também foi uma admissão, mesmo que tácita, de que a transformação de fato estava mais distante.

Nesse meio-tempo, novos estudos continuaram a documentar e a confirmar os danos que as plataformas causam. Um conjunto de experimentos descobriu que os algoritmos das redes haviam aprendido a captar os preconceitos raciais inconscientes do usuário.[3] Os sistemas internalizam pistas sutis como as do usuário branco que vacila por um segundo a mais antes de curtir ou compartilhar postagens de usuários negros. Os algoritmos da plataforma podem rebaixar postagens de usuários, da raça que for, que provocaram essa micro-hesitação.

Na prática, toda pessoa tem algum nível implícito de preconceito racial. Mas os algoritmos das plataformas aparentemente interpretam essas reações de centésimos de segundos como reflexo do que os usuários querem, quando o que esse tipo de atitude sugere é a mente consciente da pessoa levando um instante para vencer o preconceito inconsciente por meio do raciocínio. As mídias sociais estavam roubando nossa capacidade de superar preconceitos, cedendo a eles em nosso nome.

É provável que você não tenha ouvido falar desse estudo assim que ele saiu. Nem das pesquisas que sugerem que as redes sociais aumentaram de modo artificial a ansiedade de milhões de norte-americanos em relação à pandemia — de tal modo que a crise de saúde mental no país piorou.[4] E por que você ouviria? Essas descobertas não chocam ninguém. Por mais que sejam relevantes, para a maioria de nós elas são apenas pontinhos a mais de danos num gráfico que já conhecemos.

A ideia de que as redes sociais podem mexer com as emoções ou com o comportamento de uma pessoa em escala tão gigante que chega a guiar acontecimentos mundiais — uma ideia que já foi taxada de ridícula — é aceita amplamente nos dias de hoje. Porém, desde que a primeira edição deste livro saiu, apesar de todas as promessas dos líderes mundiais de tomar uma atitude, e de todo o apoio do público para que isso aconteça, o único martelo que bateu na mesa e fez algum barulho foi uma multa da União Europeia ao Facebook, de 1,3 bilhão de dólares.[5] O equivalente a uns dezesseis dias de lucro da empresa.

Ao sentir que a forca da fiscalização afrouxou, o Vale do Silício tirou a máscara de preocupação com o bem-estar geral. O Facebook extinguiu sua equipe de "inovação responsável", que era encarregada de orientar os engenheiros para evitar consequências negativas e imprevistas do crescimento a todo custo.[6] Por que pagar vinte e tantos especialistas em ética e áreas afins para ouvir conselhos que você não quer seguir?

Nesse meio-tempo, em fins de 2022, o Twitter reintegrou Donald J. Trump a sua plataforma. O Facebook seguiu a deixa no início de 2023. O YouTube fez a mesma coisa na sequência. Nenhuma dessas empresas fingiu que Trump havia virado outra pessoa. Afirmaram apenas que suas mentiras nas eleições e seus discursos de apologia à violência haviam deixado de ser uma ameaça. No mundo real, o perigo só cresceu. Os seguidores mais ferrenhos de Trump tiveram sua crença de que a eleição presidencial dos Estados Unidos tinha sido uma fraude ainda mais reforçada. Pouco antes de as plataformas o reintegrarem, uma investigação do Congresso revelou que Trump havia tentado diversas tramas, até então não divulgadas, para anular a eleição — e não só as que ele tentou à vista do público. Em comícios, Trump declarou que, assim que voltasse à presidência, perdoaria todos os envolvidos na tentativa de golpe e tomar o controle do Departamento de Justiça.[7]

O YouTube acabou fazendo mais do que as outras plataformas: derrubou as regras contra a propagação de mentiras sobre as eleições de 2020, tais como as que haviam inspirado a insurreição, segundo a crença declarada de que essas afirmações não levariam a "violência ou outro prejuízo no mundo real".[8] De novo o Vale do Silício estava disposto a apostar nossa democracia em troca de mais uns trocados de publicidade. Ao anunciar a reintegração de Trump, Nick Clegg, executivo do Facebook, sugeriu que o maior perigo à democracia vinha dos grupos críticos que pregavam integridade nas eleições e criticavam a decisão da empresa.[9]

Ainda assim, ex-fontes internas e críticos do Vale, tais como Haugen, não jogaram a toalha. E, no momento em que os governos e a fiscalização recuaram, surgiram em seu lugar dois aliados que ninguém esperava, cada um com mais potencial do que todos os líderes mundiais. O primeiro aliado é a mão invisível do mercado. O segundo é uma geração nova e calejada de adolescentes.

Detox

"Acho que vou ficar um tempo de celular *flip*", disse Dove Cameron, uma cantora pop de 26 anos à época, durante uma entrevista em fins de 2022.[10]

"Ah, não, não pode ser", disse em pânico seu interlocutor, o podcaster Zach Sang.

"É sério!", ela insistiu, rindo. "Eu achei um celularzinho que fecha, tipo Matrix". Ela fez como se digitasse no modo T9, o método pré-smartphones de digitar nas teclas de algarismos até chegar em cada letra que se quer.

E continuou, com a voz mais séria: "Não quero que pareça uma atitude metida, babaca, 'vou fugir do sistema'. É que eu sei que me faz mal. Percebo que não me dá alegria".

"Que bom", Sang afirmou, reconhecendo a sensação.

Não era nada anormal para o programa, nem para qualquer crítica cultural que tenha sido produzida por ou para o perfil demográfico conhecido como geração Z — os nascidos mais ou menos entre 1997 e 2012. Para eles, as redes sociais e os smartphones são, como disse Cameron, "tóxicos demais", "uma doença", "o maior erro do mundo moderno", "uma das maiores pragas" e um problema do qual "essa geração entende muito". No que diz respeito ao potencial de vício das mídias sociais, ela complementou: "Porra, eu preciso largar meu celular".

Eu nasci em 1984. Cresci vendo os computadores caseiros, depois a internet e depois os smartphones entrarem de mansinho na minha vida e na de todo mundo que eu conhecia. Recebemos tudo de bom grado, agradecidos por cada invenção ou aplicativo que aparecia, cativados pelo otimismo sem fim do que chamamos de revolução da internet. Com o tempo tivemos que desapegar desse utopismo digital, deixar que nos arrancassem a tapas essa ilusão através do estrago provocado pelos mesmos titãs da tecnologia que um dia enxergamos como salvadores.

Para a maioria dos que nasceram um pouquinho depois, porém, a relação com a tecnologia era diferente. Em algum ponto no meio dos anos 1990, uma linha de fronteira bem demarcada traçou dois caminhos distintos na experiência de ser norte--americano. Os totens da era do smartphone e das redes sociais eram pouco mais do que a fonte de terror e ruína daqueles que nunca tinham visto um mundo sem eles.

Os norte-americanos nascidos após 1995 são mais viciados em tecnologia do que qualquer faixa etária, pois cresceram com aplicativos que são feitos para eles desde a adolescência, até antes. Ficar assistindo ao YouTube e deixar ele passar de vídeo em vídeo automaticamente no iPad virara o novo *Vila Sésamo*. Em 2022, um em cada três adolescentes norte-americanos informou que usava as redes sociais "quase o tempo todo".[II] Só no YouTube, o número era de um em cinco. Em termos de vício, porém, nem o YouTube consegue competir com o TikTok, lançado em 2017, que passou a sugar mais tempo dos adolescentes dos Estados Unidos do que qualquer outra plataforma na história das mídias sociais. A maioria dos jovens disse que reduzir o uso das redes dá muito trabalho, um problema que fica mais complicado conforme eles ganham idade — tal como qualquer vício químico. Mesmo antes da pandemia, a socialização presencial havia despencado entre os adolescentes, substituída pela versão digital e psicologicamente oca. Em 2019, apenas um em cada quatro adolescentes informou que encontrava amigos quase todo dia — mais ou menos metade da geração anterior.[12] Entre 2010 e 2019, a proporção de adolescentes que relata se sentir sozinha com alguma frequência quase duplicou.[13] A ansiedade e a depressão entre adolescentes tiveram picos no mesmo período.

Os que nasceram depois de 2012 ou perto disso, os quais às vezes são chamados de geração Alfa, podem ter levado a pior. Como a pandemia os obrigou a passar dois anos essenciais da formação se relacionando via telas, o impulso deles para a socialização foi reprogramado de um jeito que ainda estamos tentando entender. Quem está nessa faixa costuma dizer que é tão acostumado a fazer amizades e manter relacionamentos através dos aplicativos que o mundo físico soa como uma coisa estranha e incômoda.

"O online é mais tranquilo, mais calmo. A gente não precisa conversar com ninguém pessoalmente nem fazer nada pessoalmente", disse um garoto de catorze anos a um grupo focal do *New York Times*.[14]

"Quando estou online posso me mutar e os outros não me veem. Eu não consigo me mutar na vida real", explicou uma garota de onze anos.

Mas crescer com lucidez tem suas vantagens. "Clubes luditas" de adolescentes têm brotado em colégios e faculdades.

Os membros têm que deletar as contas nas redes e transferir o chip do smartphone para um celular *flip* dos mais baratinhos, impondo-se uma regressão tecnológica até meados dos anos 2000 — o último instante antes de as redes sociais enredarem a todos nós.

"Quando comprei meu celular *flip*, tudo mudou na mesma hora", disse um formando do ensino médio ao *New York Times*. "Eu comecei a usar o cérebro. Passei a me observar como pessoa."[15]

É difícil imaginar que o ludismo *zoomer*, por mais nobre que seja, vá derrotar o poder comercial e tecnológico do Vale do Silício. Ainda assim, ele nos propõe uma saída, um jeito de não ter que esperar as instituições decrépitas que são Washington e o Vale do Silício. Cortar os cabos. Libertar-se. Definir outras regras que tratem essas tecnologias como o que elas são: um veneno. O novo cigarro.

Eu mesmo tentei no início de 2023, quando passei semanas experimentando uma série de métodos dos clubes luditas para acabar com meu vício em celular. Primeira semana: transferi meu chip do smartphone para um celular *flip* de setenta dólares. Foi doído. Me vi conferindo a tela por pura compulsão, e ela só me dizia o horário. Era como se eu fosse um alcoólatra que cortou a bebida na marra e estivesse em frente a um removedor de esmalte. Mas, no fim daquela semana, já conseguia focar em um filme inteiro, ao menos em trechos compridos dele, sem perder a concentração. Eu me senti mais presente com os amigos. Dormi melhor. Tirar poucos dias de folga dessas plataformas que prendem nossos olhos e mexem com nossa cabeça — e daquele tijolinho brilhoso que fez eu me viciar — começou a desmantelar os anos de condicionamento digital.

Depois de uma semana, reativei meu smartphone. Mas instalei travas para dificultar o acesso a aplicativos como Twitter e Instagram, que achei que estavam sugando horas da minha vida. Como sei que o Vale do Silício usa, por exemplo, cores fortes que imitam as de caça-níqueis para reforçar a natureza viciante dos seus produtos, deixei a tela do meu celular em tons de cinza. Também passei a colocar o celular dentro de uma caixa de plástico trancada sempre que eu chegava em casa, e só abria ao sair para o trabalho na manhã seguinte.

Antes de começar o experimento, eu passava uma média de quatro horas e 48 minutos por dia no celular. A maior parte era gasta em aplicativos das redes que eu não precisava ou que, na verdade, não queria usar. Ao final do experimento, meu tempo de tela passou a oscilar entre oitenta minutos — o tempo máximo que eu podia passar no meu celular devido às obrigações de trabalho, as necessárias de fato — e vinte minutos. Embora meu tempo médio no laptop tenha subido uma hora, uma vez que eu transferi tarefas para a tela maior, ainda assim recuperei uma média de três horas por dia. Quase um quinto da minha vida acordado. Foi como ganhar um dia inteiro a mais na semana para fazer o que eu quisesse. Se eu viver até a expectativa de vida média de um homem nos Estados Unidos, consegui reaver do Vale do Silício a soma total de cinco anos da minha vida.

É provável que o seu vício em celular não seja muito distante do meu. As estimativas de tempo que o norte-americano médio passa por dia no celular vão de três horas e quinze minutos[16] a quatro horas e 48 minutos.[17] São horas de cada dia que as empresas mais ricas do mundo estão tirando de você para enriquecer ainda mais. Meses e anos da sua vida.

Romper com o vício em celular não é fácil. Uma economia de trilhões de dólares depende desse vício e convocou as inteligências artificiais mais sofisticadas que existem para garanti-lo. Mas, se um bando de adolescentes viciados em

TikTok consegue, e se eu consigo, você também dá conta. E talvez você descubra que tem o apoio de outros grandes rivais do reinado do Vale do Silício: as forças impessoais da macroeconomia.

O inverno do capital de risco

Apesar de se declararem de uma inteligência insuperável, parece que pouca gente no Vale do Silício antecipou o grande colapso que aconteceu no início de 2023, mesmo que a causa dele fosse perfeitamente previsível. Ainda assim, dentro de sua mina de carvão trilionária, todos ficaram assistindo à morte do imenso canário chamado Silicon Valley Bank, o Banco do Vale do Silício.

Administrar um banco é algo relativamente básico. Você pega os depósitos dos clientes: a família que abre a conta-corrente, a empresa que guarda seu capital de giro. Depois, você investe o dinheiro: empresta para financiamentos ou investe na Bolsa de Valores. O retorno serve para pagar os juros do que os clientes deixaram nas contas. Normalmente, você pega os depósitos de vários clientes e faz investimentos diversificados com esse dinheiro, de modo a se proteger de viradas imprevisíveis no mercado. Não foi isso que o Silicon Valley Bank fez.

O Silicon Valley Bank, inaugurado em 1983 no coração da indústria da tecnologia — quando ela já fazia barulho com os computadores pessoais —, focava em um único tipo de cliente: as startups de tecnologia. O banco se apresentava como uma instituição local, o único lugar de respeito na região para os fundadores deixarem o capital que sua startup tivesse levantado. Os executivos do banco corriam atrás sobretudo dos investidores de risco do Vale, sabendo que eles detinham reservas imensas de dinheiro vivo e, muitas vezes, tomavam as decisões financeiras das startups.

Conforme a indústria da tecnologia crescia, o mesmo aconteceu com os comprovantes de depósito do Silicon Valley Bank. O banco prosperou principalmente durante a época de computação em nuvem nos anos 2010, quando era fácil criar uma startup e os investidores obtinham lucros gigantes ao abrir o capital na Bolsa. De uma hora para outra, a startup tinha 10 milhões de dólares, quem sabe até 100 milhões, em dinheiro vivo de que não precisava. Boa parte do excedente ficava parada no Silicon Valley Bank, onde os depósitos, até 2022, chegaram a 189 bilhões de dólares.

É possível que, pelo mesmo motivo que o banco nunca se deu ao trabalho de diversificar seus clientes, os investidores soterraram as startups de dinheiro sem ter uma rota definida para chegar ao lucro: eles supunham que a festa não ia acabar. O dinheiro continuaria fluindo ao Vale do Silício, a indústria da tecnologia continuaria crescendo, e todo investimento renderia o dobro ou o triplo. Mas como os clientes do Silicon Valley Bank já estavam com dinheiro de sobra dos investidores, o banco tinha poucas oportunidades de emprestar seu próprio dinheiro aos clientes — como faria um banco normal, oferecendo financiamento de casa ou empréstimos para pequenas empresas. Assim, o banco botou quase metade dos depósitos em um investimento só: títulos hipotecários. Não os das hipotecas de alto risco que fizeram eclodir a crise financeira de 2008. Eram títulos tão seguros que devolviam apenas 1,5 por cento em juros.

Em março de 2023, o Silicon Valley Bank anunciou que precisava angariar fundos para cobrir um rombo de 1,8 bilhão de dólares. Tratava-se de um problema que na sequência se mostraria administrável. Havia poucos motivos para os clientes correrem ao caixa e sacar tudo. A não ser que eles fizessem parte de uma comunidade tão pequena e tão íntima que um assustasse o outro até desencadear uma corrida ao caixa.

Nos fios de troca de mensagens, um proeminente investidor em tecnologia faz o outro entrar em pânico. Há comentários em cascata de todos sacando as poupanças. Muitos, incluindo Peter Thiel, a superestrela do Vale por trás do Facebook e de outras empresas, atiçaram suas companhias publicamente para sacarem tudo.[18] O Silicon Valley Bank não conseguiu lidar com tantos clientes sacando ao mesmo tempo; nenhum banco conseguiria. O banco entrou em colapso, o que obrigou agências federais a confiscarem os balancetes e garantirem os depósitos como medida de emergência para evitar corridas a outras instituições.

Os investidores de risco do Vale não só quebraram seu próprio banco, mas quebraram-no com base em um equívoco. O déficit de 1,8 bilhão de dólares que havia disparado tudo não era sinal de um banco prestes a falir, mas o resultado de uma mudança macroeconômica que estava na iminência de derrubar o Vale do Silício tal como o conhecemos: pela primeira vez desde a crise financeira de 2008, o FED[19] havia aumentado a taxa de juros de maneira significativa. Depois de crescer pouco a pouco durante um ano, a taxa de juros atingiu seu maior patamar em quinze anos.

Foi uma pressão dos dois lados do negócio do banco. Com taxa de juros alta, as startups tiveram mais dificuldade para fazer os investidores desembolsarem mais uma rodada da grana para, digamos, lançar um produto novo. E sem novas injeções de dinheiro, muitas startups se viram obrigadas a cavoucar nas suas contas no Silicon Valley Bank para cobrir os custos operacionais. O problema foi que o banco, sem prever essa mudança, havia investido metade das contas nos seguríssimos MBS (ou *mortgage-backed securities*, títulos hipotecários), dos quais não tinha como se desfazer de uma hora para outra. Para converter os MBS com retorno de 1,5 por cento em dinheiro vivo, o banco tinha que encontrar pessoas que os comprassem pelo preço de tabela. Mas ninguém queria comprar, pois, graças ao aumento da taxa de juros, os novos produtos MBS, atrelados à taxa federal, estavam devolvendo juros de cinco por cento, mais do que três vezes o dos títulos que o banco tinha. A única opção do Silicon Valley Bank foi vender esses títulos com desconto de vinte por cento, o que levou ao rombo de 1,8 bilhão de dólares nos balancetes.

A reputação do Vale do Silício em Washington havia se esvaído nos anos de audiências no Senado com as big techs, nas multas da fiscalização federal e no temor de que as mídias sociais solapassem a própria democracia. Os clientes do Silicon Valley Bank foram pagos, mas os credores do banco, entre eles vários investidores de tecnologia, estavam destruídos. Ninguém de destaque em Washington ou em Wall Street falou a favor das big techs. Alguns as viam como pouco mais do que uma toxina a se extirpar.

O colapso do banco expôs um ponto fraco crítico do Vale do Silício. A indústria da era da internet havia sido construída com base na aberração histórica que foi a taxa de juros perto do zero — o que os economistas chamam de "dinheiro de graça". Assim que essa festa terminou, todo modelo econômico das big techs terminou junto.

Lembre-se do congresso de startups com o "gráfico com o risquinho para cima", que tanto assustou Renée DiResta. Os investidores deram cheques na mão dos fundadores em troca de ações em um aplicativo de uso gratuito sem um plano de negócios que não fosse um traço apontando para cima nas projeções de lucro. Embora as empresas raramente dessem lucro, todo mundo ficava rico.

Mas o único motivo pelo qual os investidores de risco tinham essa grana toda para gastar era que eles recebiam montes de dinheiro de investidores externos (pessoas físicas, fundos de pensão) ansiosos por uma taxa de retorno saudável numa época em que as taxas de juros baixas haviam deixado os investimentos mais tradicionais sob pressão. Ao correr para abrir capital na Bolsa, os investidores podiam de fato prometer um lucro grande, mesmo que a startup em questão nunca houvesse gerado uma moedinha sequer. Wall Street valorizaria a startup ainda mais — não porque ela rendesse qualquer grana que fosse, mas porque havia conquistado um bando de usuários com um serviço grátis. Wall Street não se importava se isso fazia do valor da empresa uma questão hipotética, desde que ela descobrisse um jeito de monetizar os usuários. Com taxas de juros baixas, não é difícil pegar um monte de dinheiro emprestado, meter tudo em ações de tecnologia e esperar vinte anos até a empresa dar lucro. O investimento só precisava superar os juros minúsculos devidos ao banco. O que provavelmente aconteceria, conforme mais e mais investidores faziam o preço da ação subir.

Enquanto isso, empresas de tecnologia como a Uber, por exemplo, podem usar todo esse investimento para subsidiar viagens dos clientes, gerando assim cada vez mais negócios — e dobrando seu valor acionário várias vezes —, mesmo que perca dinheiro a cada transação. Também é por isso que até empresas de tecnologia muito rentáveis, como Facebook e Google, são obcecadas pelo crescimento da base de usuários: seu preço acionário depende da suposição de que elas vão ter crescimento eterno. Todo mundo, em todas as etapas do ciclo de vida de uma empresa, das startups até a lista das *Fortune 500*, paga a mais na expectativa de que mais alguém pague ainda mais para comprar a empresa — porque o dinheiro é grátis.

Assim que a taxa de juros subiu, tudo começou a entrar em colapso. Os investidores de risco, agora pessimistas e mais lisos, investiram em 2022 metade do que haviam investido no ano anterior. A valoração da tecnologia também caiu, em média, pela metade. O número de empresas de tecnologia que conseguiu levantar 100 milhões de dólares ou mais caiu três quartos. As ditas "unicórnios", startups avaliadas em mais de 1 bilhão de dólares, sumiram. Observadores do mercado anunciaram um "inverno do capital de risco".[20] A era das startups estava chegando ao fim.

As gigantes do Vale do Silício foram ainda mais afetadas. O preço das ações do Facebook caiu mais de três quartos, antes de uma recuperação que o deixou na metade do que havia alcançado no auge. Google e outras tiveram trajetórias parecidas. Até essa recuperação parcial aconteceu a duras penas. Os investidores não tinham mais interesse em metas faraônicas, com horizontes de vinte anos. Eles queriam dividendos naquele trimestre. Sob pressão dos acionistas, projetos como o multibilionário metaverso da Facebook foram praticamente desativados. As big techs demitiram, no somatório geral, 154 mil funcionários em 2022.[21] Mais 201 mil foram só na primeira metade de 2023. As empresas ficaram menores e de cabeça mais fechada, juntando cada moedinha a partir de seu *core business*: o vício digital do dia a dia.

Se há um consolo para o Vale do Silício é o de que os principais participantes, como Google e Facebook, provavelmente vão continuar no controle do mercado publicitário, já que, com as startups mais murchas, as duas titulares terão pouca concorrência ou pressão para inovar. Com exceção da concorrência do único lugar que tem um setor de tecnologia grande, de última ponta, e um mercado praticamente independente das viradas da economia norte-americana: a China.

O novo agora

Enquanto o Vale enfrentava seu próprio declínio, o serviço de vídeos chinês TikTok passou de rival arrivista a uma ameaça possivelmente catastrófica. Em questão de cinco anos desde sua estreia, em 2017, criado pela ByteDance de Beijing, o TikTok havia conquistado 100 milhões de usuários só nos Estados Unidos. Apenas Instagram, YouTube e Facebook tinham mais olhinhos vidrados na América. Mas nem essas gigantes trilionárias do Vale do Silício se equiparavam ao poder do TikTok de criar vício. A plataforma é puro algoritmo, o que faz com que os usuários caiam numa toca de coelho infinita e altamente personalizada de vídeos com curadoria feita por inteligência artificial. O TikTok é especialmente dominante entre usuários jovens, o que significa que também domina o futuro da indústria. Até 2023, o usuário norte-americano médio, dos dezoito aos 24 anos, gastava mais de uma hora por dia no TikTok, o dobro do tempo que passava no Instagram ou no Snapchat. O TikTok também é líder entre quem tem de 24 a 34 anos, por uma margem estreita, mas que está crescendo.[22]

Enquanto as estatísticas de uso sugerem que YouTube, Instagram e Snapchat ainda têm futuro, esse futuro fica mais nebuloso a cada trimestre em que são ainda mais ultrapassados pelo TikTok. Facebook e Twitter, ambos estagnados, cada vez mais lembram os dinossauros da internet discada, como a America Online, serviços zumbis que só estão esperando sua base de usuários envelhecer e morrer. Zuckerberg, que teve tanto seus sonhos de um metaverso em realidade virtual quanto sua imagem de jovem prodígio desmanchados, mudou sua marca pessoal de salvador da humanidade para guru fitness. Sumiram os manifestos de 10 mil palavras sobre o futuro da espécie e em seu lugar entraram selfies em um dojô particular onde pratica jiu-jítsu.[23]

Talvez não tenha sido tão inesperado que, no início de 2023, os legisladores norte-americanos tenham decidido que a propriedade chinesa do TikTok podia representar uma ameaça inaceitável à segurança nacional, dado o desafio estrangeiro ao setor de tecnologia, tão lucrativo quanto politicamente impopular nos Estados Unidos. A preocupação de que Beijing pudesse usar o TikTok contra os interesses norte-americanos tinha certo fundamento. A China e os Estados Unidos estão em uma guerra de espionagem há anos, e os dois países digladiam-se pelo futuro da ordem internacional. Faz muito tempo que as autoridades chinesas tratam as empresas semelhantes à ByteDance como instrumentos do Estado quando o assunto é propaganda e repressão a ideias indesejadas no país. Será então que é tão difícil de acreditar que elas fariam a mesma coisa no exterior, especialmente quando a relação com os Estados Unidos chegou a nível preocupante?

No início de 2023, as agências reguladoras dos Estados Unidos sinalizaram que poderiam obrigar a ByteDance a vender o TikTok a proprietários norte-americanos, quem sabe até a bloquear o serviço completamente. O legislativo convocou o CEO da empresa a Washington para audiências. Embora extremistas defensores da segurança nacional dessem preferência à proibição ou ao desligamento forçado, pesquisadores da área de tecnologia ficaram ambivalentes. A avaliação de um laboratório de pesquisa da Universidade de Toronto sobre o TikTok concluiu: "Não demonstra abertamente conduta de má-fé similar à que se apresenta em malwares".[24] O laboratório não identificou provas de que o TikTok vasculhasse, sem permissão, as listas de contatos, os dados de geolocalização ou fotos e vídeos dos usuários. No entanto, quando a ByteDance considerou que o relatório os isentava, o diretor de pesquisa do laboratório declarou que o documento era tudo, menos isso. "Grosso modo", ele disse, "nós descobrimos que o aplicativo se assemelhava a outros aplicativos de socialização: um sugadouro de dados privados. Isso não é bom."[25]

Então o TikTok seria o cavalo de troia de um conflito maior entre superpotências? Ou só mais um app social que achata nossa privacidade e que, ao subjugar nosso cérebro até chegar ao nível do vício, converte nossas poucas horas neste mundo em receita publicitária (31 centavos por hora e por usuário, nos Estados Unidos)?[26] Graham Webster, pesquisador da Universidade Stanford, especializado no setor de tecnologia da China, defende que a última opção é mais válida que a primeira. Ele me contou que os propagandistas chineses, que não têm que esconder o que fazem no seu país, são desastrados e óbvios demais para esconder suas mensagens ao exterior via TikTok. E é possível adquirir quaisquer dados dos usuários americanos que Beijing queira, de um jeito mais fácil, na *dark web* — onde os nossos dados, que as plataformas de redes sociais dos Estados Unidos pegaram há muito tempo, provavelmente já estão à venda.

A ByteDance, contudo, ofereceu-se para aplacar a fiscalização montando uma operação autônoma, com base nos Estados Unidos, a qual abrigaria todos os dados de usuários norte-americanos e uma cópia local do software do TikTok.[27] A Oracle, empresa de tecnologia dos Estados Unidos, assim como auditores federais, supervisionariam os *data centers*, em teoria impedindo-os do alcance de Beijing. Essa configuração impediria, teoricamente, que a ByteDance saísse da linha, e seria mais fácil captar transgressões. Até o momento, essas salvaguardas não foram decretadas. Enquanto as agências norte-americanas acabaram proibindo funcionários do governo federal de usar o TikTok em aparelhos oficiais — política que também está em vigor no Canadá e em boa parte da Europa —, eles queriam ir além. A fatia de mercado do TikTok continuou a crescer à custa das big techs dos Estados Unidos.

Nada encarnou melhor o novo Vale do Silício — fraco de ideias, em declínio, detestado depois de ser festejado — do que o desastre que foi a compra do Twitter por Elon Musk. Ele, assim como Thiel, havia surgido do PayPal. Aproveitou seu dinheiro do PayPal para comprar participação majoritária na Tesla, uma empresa de carros elétricos, e depois se tornou seu CEO. A Tesla ainda representa o grosso da fortuna de Musk e acabou tornando-o, pelo menos no papel, uma das pessoas mais ricas do mundo. Preocupado com sua imagem e notoriamente inseguro, ele fomentou uma base de fãs furiosos entre os jovens homens navegantes da internet. No Twitter, virou hiperativo, postando memes requentados, curiosidades científicas polêmicas e piadas juvenis com sexo e drogas. (Uma vez ele tuitou que ia fechar o capital da Tesla a 420 dólares por ação, fazendo referência à abreviação numérica que significa maconha. Ele foi obrigado a falar sobre o tuíte em depoimento em um processo movido por acionistas da Tesla.)[28] Também trocou farpas com os inimigos do momento da plataforma social masculina geek, que fizeram seu posicionamento político — tal como no 4chan — pender fortemente para a direita. Muitas vezes pareceu que estava em campanha para virar presidente do Reddit, só por vaidade.

No início de 2022, Musk comprou uma parcela significativa do Twitter. Prometeu, na própria plataforma, que combateria monstros imaginários, como a suposta tendência esquerdista do Twitter. Em abril, ele se ofereceu para comprar a empresa por 44 bilhões de dólares. Provavelmente foi um golpe, só para chamar atenção, uma atitude frequente dele; quando a cúpula do Twitter votou a favor, Musk passou meses brigando para fugir do negócio. O Twitter abriu um processo, obrigando Musk a efetivar a compra em outubro.

A compra do Twitter foi uma calamidade financeira para o império de Musk. A única maneira que ele tinha de financiar a aquisição era vender uma parte das ações da Tesla. Como isso aconteceu enquanto a Tesla enfrentava seus próprios problemas, Wall Street entendeu a liquidação de ações do CEO como sinal de que a empresa de carro estava pior do que se imaginava, o que fez o preço das suas ações e o valor líquido de Musk desabarem. Musk também pegou um empréstimo de 13 bilhões de dólares — protegido juridicamente pelo Twitter — para completar o financiamento. Os bancos consideraram o empréstimo de risco tão alto que exigiram o pagamento anual de 1,2 bilhão de dólares da dívida.[29] É quase certo que o Twitter, que perdeu dinheiro na maioria dos anos desde que foi fundado, não tenha como cobrir esse rombo. Talvez Musk não consiga dar conta dos pagamentos nem se vender mais ações da Tesla — medida que ele prometeu aos investidores não tomar e que, além disso, pode ser difícil em termos jurídicos, pois a maioria de suas ações está penhorada como garantia do empréstimo.[30] Ansioso para cobrir sua dívida, Musk demitiu metade da mão de obra do Twitter, depois fez o contingente que sobrou trabalhar tanto que muitos chegaram a dormir na empresa. Ele cortou funções técnicas essenciais, o que fez o Twitter ficar defeituoso e lento, assim como as equipes dedicadas à integridade eleitoral e ao combate à desinformação. Um funcionário gravou, em segredo, Musk declarando, em uma reunião, que a falência era uma possibilidade real.[31]

Musk não escondeu sua maior ambição com o Twitter: ser aplaudido na internet. Fez os assistentes gravarem vídeos em que distribuía palavras de sabedoria, à la Sun Tzu, a funcionários que pareciam estafados. Comprou briga no Twitter com críticos dentro da própria empresa — em um dos casos, destratou um funcionário com deficiência que, *enquanto* travava o diálogo rabugento com o chefe na rede, recebeu um e-mail informativo de que havia sido demitido.[32] (Musk pediu desculpas em público ao descobrir que demitir o funcionário acionaria uma indenização rescisória gigante.)[33] Ele restaurou um grande número de contas da extrema direita que haviam sido banidas e colou selos equivocados de "mídia estatal" em veículos independentes, como a National Public Radio, que são financiados apenas em parte por dinheiro público. Fez uma enquete com uma ferramenta do próprio Twitter, perguntando aos usuários se ele deveria renunciar ao cargo de CEO. Quando estava perto de perder a votação, anunciou que seu cachorro seria o CEO. Tirou o status de verificado dos usuários da plataforma, o que maquiou como um golpe na elite engraçadinha e progressista da internet. (Na verdade, o Twitter havia introduzido a verificação para enfrentar fraudes e cultivar as celebridades e jornalistas que fomentavam a maior parte da atividade na plataforma.) Ele postou teorias da conspiração de direita como se fossem verdade e endossou contas falsas que posavam de políticos do Partido Democrata.[34] O lucro com anunciantes, que constitui quase metade do fluxo de caixa do Twitter, caiu mais de metade conforme marcas foram fugindo do serviço tóxico e cheio de bugs.[35]

A saga "destroç[ou] o mito de gênio da tecnologia", segundo manchete da revista *Atlantic*.[36] Em meio ao rombo de todo o Vale diante do aumento da taxa de juros, aquilo era a constatação — esperada havia muito tempo, até no próprio ramo da tecnologia — de que o rei estava nu. Afinal, é difícil venerar um CEO que te demite.

No meio de todos esses estremecimentos no Vale do Silício, seus líderes afirmaram que descobriram a fonte da nova salvação da indústria: a inteligência artificial. "A IA é uma das iniciativas mais importantes na qual a humanidade está trabalhando. É mais profunda do que, sei lá, a eletricidade ou o fogo", disse o CEO do Google, Sundar Pichai. Como exemplo das prováveis contribuições que a IA trará, ele citou a cura do câncer.

Não foi a única declaração grandiloquente. Investidores e engenheiros do Vale do Silício, assim como vários jornalistas da área, declararam que a nova geração de IA pode automatizar o trabalho criativo, o que deixaria inferiores humanos pintores, roteiristas e até atores sem serviço.[37] Ela pode abrir as portas para a imortalidade do ser humano.[38] Os *chatbots* da IA podem substituir terapeutas e médicos.[39] Os *bots* podem aprender a amar e nós podemos aprender a amá-los.[40] A nova IA pode transformar cada aspecto da experiência humana, talvez em questão de meses. No que os céticos do Vale entenderam como um golpe de marketing, líderes da indústria também alertaram em carta conjunta que a IA estava ficando tão poderosa que representava um risco de extinção humana tanto quanto a mudança climática e a guerra nuclear.[41]

Mas essas declarações só foram tidas como críveis por muitos porque uma nova onda de programas de IA havia começado a executar um conjunto de truques realmente impressionantes. Guiadas apenas por um *prompt*, elas podem gerar imagens ou vídeos inteiros, aparentemente do nada. Ou travar conversas em texto esquisitas, mas fluentes, com usuários humanos. Os resultados, por si só, não mudaram o mundo. Um conjunto de vídeos à moda Vale da Estranheza mostrava personagens do *Harry Potter* em um desfile de uma coleção vanguardista da Balenciaga. Em conversa com um jornalista do *New York Times,* um *chatbot* expressou seu amor pelo repórter e a vontade de romper com seus programadores.[42]

Alguns especialistas destacaram que isso não sugeria inteligência, mas sim uma espécie bastante sofisticada de preenchimento automático. Esses programas, conhecidos como grandes modelos de linguagem, processam gigantescos conjuntos de dados com palavras e imagens para tentar prever o resultado que se queria a partir do *prompt*. Às vezes as respostas pareciam humanas porque a máquina copiava e colava, não porque tinha aprendido a pensar. Psicólogos alertaram que humanos têm propensão a confundir truques computacionais com consciência digital de fato devido à tendência cognitiva que nos leva a ver rostos nas nuvens ou a Virgem Maria em uma torrada.[43]

Lembrei da chegada dos sistemas de aprendizado por máquina nos anos 2000 e dos algoritmos de aprendizado profundo nos anos 2010. Ambos foram recebidos como o advento da inteligência artificial "de verdade". Ambos demonstraram avanços acachapantes em um campo pequeno, mas significativo. Para os sistemas de aprendizado profundo, como aqueles em que Guillaume Chaslot — o engenheiro de IA francês — havia trabalhado antes de entrar no YouTube, o objetivo a ser alcançado era derrotar jogadores humanos no Go, o jogo de tabuleiro chinês similar a um jogo de damas muito maior e mais imprevisível. O jogo é de uma complexidade quase infinita: para cada combinação possível de movimentos que podia constituir um jogo de xadrez, há por volta de 10^{400} jogos possíveis de Go — ou seja, dez seguido de quatrocentos zeros. Desta forma, é impossível vencer o jogo usando poder computacional bruto, ou assim se acreditava; apenas a centelha da criatividade humana daria conta. Então, em 2015, um programa de aprendizado profundo tornou-se o primeiro a vencer o Go. Em questão de meses, o sistema ficou mais sofisticado, vencendo em variações cada vez mais difíceis do jogo, como se alguma fronteira tivesse sido superada de uma hora para outra. O sistema ficou imbatível. Anunciou-se a chegada da inteligência artificial de fato. A humanidade havia criado o seu primeiro semelhante, e chegou a ser eclipsada por uma máquina-deus que agora orquestrava sua própria ascensão até o inevitável domínio. Ou assim se pensava no Vale do Silício, cujos engenheiros não haviam perdido nem um milésimo da fé dos anos 1990 de que teriam o poder de guiar-nos todos à próxima fase de evolução.

Mas acabou que o aprendizado profundo não foi a gênese da inteligência artificial. Sua utilidade foi até quebra-cabeças matemáticos parecidos, embora às vezes proibitivos de tão complexos, e não mais que isso. Ao fim, seus maiores impactos foram servir de motor ao Google Tradutor, às playlists que o Spotify gera automaticamente e aos algoritmos das redes sociais. Todos com impactos, em alguns casos, até revolucionários, mas longe do que se previa.

Entretanto, talvez isso tenha dito mais a respeito do sistema econômico que produziu e dirigiu esses programas do que da tecnologia em questão. O programa que venceu o Go foi comprado pelo Google. Variações desse programa, assim como os engenheiros por trás dele, foram parar em outras gigantes do Vale do Silício que, afinal de contas, controlavam os recursos da indústria. Apesar de todas as esperanças de iluminação humana para as máquinas e temores de uma invasão estilo Skynet, o poder do aprendizado profundo foi empregado para — adivinhe só — maximizar o engajamento dos usuários em serviços grátis da internet para suas operadoras venderem mais anúncios. Há todos os motivos para crer que a nova geração de modelos de linguagem fará a mesma coisa, e só.

Todos têm a mesma fórmula, seja o motor do aprendizado profundo ou a mais nova IA. Seja de pequenas empresas ou de grandes. De empresas norte-americanas ou chinesas. Durante picos de redução ou de crescimento do Vale do Silício. Seja em épocas de reação ou de aceitação da política relacionada à tecnologia. É a mesma maximização implacável da atenção, regida por ideologias tacanhas, extraídas de manifestos pró-tecnologia, calcada na ganância e na arrogância — isso quando é regida por alguma coisa. Nossas piores tendências e impulsos, atiçados muito além do nível básico. Nossos instintos mais baixos, que trabalhamos durante eras para conter sob a marca da civilização, amplificados e distorcidos, de uma hora para outra, em uma escala que transforma o mundo. Bilhões de indivíduos que são pressionados a ficar alguns pontinhos mais próximos do tribalismo, da violência e da desconfiança, com consequências visíveis em todos os níveis da vida pública e privada. Tudo para que poucas empresas — e a elite tecnológica que fica lá no alto e que só sabe se parabenizar — possa enriquecer à nossa custa.

Agradecimentos

Tudo de valor que se encontrar neste livro se deve em grande parte ao editor Ben George, cujo entusiasmo, atenção e espírito contagiante não afrouxaram em momento algum, mesmo durante maratonas de dezesseis horas de edição com uma criança se pendurando nas pernas. Obrigado também a Bruce Nichols, Katharine Myers e a todo o pessoal da Little, Brown pelo entusiasmo e pela confiança.

O livro não seria possível sem Jennifer Joel, da ICM Partners, que o guiou em meio a oportunidades e obstáculos com firmeza e sabedoria.

Tenho grande dívida para com muitos dos meus colegas no *New York Times*. Michael Slackman, secretário de redação assistente da editoria Internacional, foi o primeiro a sugerir a ideia que se converteu neste projeto, assim como supervisionou e apoiou apurações que se tornaram ou inspiraram trechos deste livro. Eric Nagourney, Juliana Barbassa e Doug Schorzman editaram essas apurações, deixando sangue e suor nas pautas que também deviam ostentar os nomes dos três. Amanda Taub, com quem dividi a coluna "Interpreter" em 2016, foi coautora de matérias feitas no Sri Lanka, na Alemanha e no Brasil. Também tive a sorte de fazer apurações ou ser coautor junto a Wai Moe em Mianmar; a Katrin Bennhold e Shane Thomas McMillan na Alemanha; a Dharisha Bastians no Sri Lanka; e a Mariana Simões e Kate Steiker-Ginzberg no Brasil; assim como a Alyse Shorland e Singeli Agnew, produtoras da série

The Weekly. Pui-Wing Tam, Kevin Roose, Paul Mozur, entre outros, me deram apoio e solidariedade na cobertura das mídias sociais. Obrigado à gerência do *Times* pelo apoio nessas coberturas e por me fornecer o espaço para este livro.

Diversos professores, pesquisadores e outros me concederam sua energia, suas ideias e às vezes suas produções originais com toda a generosidade para dar apoio a este projeto. Assim como o fizeram médicos, engenheiros, ativistas pelos direitos humanos e outros na linha de frente dessas questões, sem falar nas pessoas que, eufemisticamente, chamo de "fontes": os sobreviventes, a gente de dentro, as testemunhas. São muitas para listar aqui, mas estão referenciadas ao longo do texto. Este livro é, em muitos aspectos, delas.

Obrigado especialmente a mamãe, papai e Joanna por acreditarem em mim e por fazerem de mim quem sou. E a Jordan, por me manter em frente, de corpo e espírito, e fazer que tudo valha a pena.

Notas

Prólogo: Consequências [pp. 11-22]

1. Andrew Evers, "Facebook Just Opened an Epic $300 Million Gehry-Designed Campus with a Redwood Forest and Rooftop Garden". CNBC, 4 set. 2018.
2. "Tina Vaz on Facebook's Artist in Residence Program". *Whitewall*, 15 jan. 2020. Disponível em: <whitewall.art>.
3. Entrevista com Monika Bickert, diretora de políticas globais do Facebook, out. 2018.
4. Entrevista com Nathaniel Gleicher, diretor de políticas de segurança do Facebook, out. 2018.
5. Entrevista com Sara Su, então diretora de produtos na equipe de integração do feed de notícias do Facebook, out. 2018.
6. Jeff Horwitz e Deepa Seetharaman, "Facebook Executives Shut Down Efforts to Make the Site Less Divisive". *The Wall Street Journal*, 26 maio 2020.
7. Laura W. Murphy e Relman Colfax (escritório de advocacia), "Facebook's Civil Rights Audit — Final Report". Facebook, 8 jul. 2020. Disponível em: <about.fb.com>.

1. Presos no cassino [pp. 23-56]

1. Julia Carrie Wong, "How Facebook and YouTube Help Spread Anti-Vaxxer Propaganda". *The Guardian*, 1 fev. 2019.
2. Margaret O'Mara, *The Code: Silicon Valley and the Remaking of America*. Nova York: Penguin, 2019. [Ed. bras.: *O código: As verdadeiras origens do Vale do Silício e do Big Tech, para além dos mitos*. Trad. de Diego Franco. São Paulo: Alta Books, 2021.] O livro mostra, em detalhes, como as características e personalidades fundadoras do Vale levaram às redes sociais modernas e as fizeram ser o que são.
3. De Leslie Berlin, *The Man Behind the Microchip: Robert Noyce and the Invention of Silicon Valley* (Nova York: Oxford University Press, 2005), uma

das muitas biografias de contemporâneos de Shockley, com detalhes de como ele era abusivo. Para mais informações, especialmente sobre sua virada para a eugenia e o racismo, ver Joel N. Shurkin, *Broken Genius: The Rise and Fall of William Shockley, Creator of the Electronic Age* (Londres: Macmillan, 2006).

4. Margaret O'Mara, *The Code*, op. cit., pp. 7-9.

5. Entrevista com Leslie Berlin, historiadora da Universidade Stanford, maio 2020.

6. Fonte da base de usuários para o Facebook: Mike Hoefflinger, "Inside Mark Zuckerberg's Controversial Decision to Turn Down Yahoo's $1 Billion Early Offer to Buy Facebook" (Business Insider, 16 abr. 2017). Para o Friendster: Robert McMillan, "The Friendster Autopsy: How a Social Network Dies" (*Wired*, 27 fev. 2013) e Pete Cashmore, "Friendster Patents Social Networking" (Mashable, 7 jul. 2006). Para o Orkut: Seth Kugel, "Google's Orkut Captivates Brazilians" (*The New York Times*, 9 abr. 2006). Para o MySpace: Karl Kangur, "The Decline of MySpace: Future of Social Media" (DreamGrow, 13 ago. 2012).

7. Steven Levy, *Facebook: The Inside Story*. Nova York: Blue Rider, 2020. O livro traz relatos em primeira mão de Zuckerberg e outros funcionários do alto escalão quanto à decisão de recusar a oferta do Yahoo, assim como do episódio subsequente com o feed de notícias.

8. Esse fenômeno, que cientistas sociais conhecem como senso comum, talvez esteja mais bem representado em Eric Arias, "How Does Media Influence Social Norms? Experimental Evidence on the Role of Common Knowledge" (*Political Science Research and Methods*, jul. 2019). Ver também Michael Suk-Young Chwe, *Rational Ritual: Culture, Coordination, and Common Knowledge* (Princeton: Princeton University Press, 2013, reimp.), ou as pesquisas de Betsy Levy Paluck, da Universidade Princeton, analisadas mais adiante neste livro.

9. Mark Zuckerberg, "Calm down. Breathe. We hear you". Facebook Notes (extinto), set. 2006.

10. Brad Stone, "Microsoft Buys Stake in Facebook". *The New York Times*, 25 out. 2007.

11. Todos os números desse parágrafo provêm de *Social Media Fact Sheet*, Pew Research Center, 7 abr. 2021.

12. Os números de uso do Facebook provêm de John Gramlich, "10 Facts about Americans and Facebook", Pew Research Center, 1 jun. 2021. Números de socialização em pessoa provêm do Bureau of Labor Statistics e de James B. Stewart, "Facebook Has 50 Minutes of Your Time Each Day. It Wants More" (*The New York Times*, 5 maio 2016).

13. Os comentários de Parker são de um congresso organizado pelo site jornalístico Axios em novembro de 2017, no qual ele foi entrevistado pelo repórter Mike Allen.

14. Simone Stolzoff, "The Formula for Phone Addiction Might Double as a Cure". *Wired*, 1 fev. 2018.

15. O texto-chave sobre a dopamina e seus usos e abusos, incluindo os descritos por Pavlov, é o artigo acadêmico Shelly B. Flagel et al., "A Selective Role for Dopamine in Stimulus-Reward Learning" (*Nature*, v. 469, 2011).

16. Há um resumo acessível das conclusões de Skinner, assim como uma elaboração sobre amplificadores duplos de reforçamento intermitente e de intervalo variável (sendo ambos fornecidos pelas mídias sociais), em Annabelle G. Y. Lim, "Schedules of Reinforcement" (*Simply Psychology*, 2 jul. 2020). Para mais detalhes, assim como referências às pesquisas neurológicas que apoiam as conclusões: Robert M. Sapolsky, *Behave: The Biology of Humans at Our Best and Worst* (Nova York: Penguin, 2017), cap. 2. [Ed. bras.: *Comporte-se: A biologia humana em nosso melhor e pior*. Trad. de Vanessa Barbara e Giovane Salimena. São Paulo: Companhia das Letras, 2021.]

17. "The Top 10 Valuable Facebook Statistics", Zephoria Research, 2021.

18. Christina Newberry, "47 Facebook Stats That Matter to Marketers in 2021". Hootsuite, 11 jan. 2021.

19. Hunt Allcott, Luca Braghieri, Sarah Eichmeyer e Matthew Gentzkow, "The Welfare Effects of Social Media". *American Economic Review*, mar. 2020.

20. Andrew Bosworth, "What's the History of the 'Awesome Button' (That Eventually Became the Like Button) on Facebook?". Quora, 16 out. 2014.

21. Mark R. Leary, "Sociometer Theory". In: Paul Lange, Arie Kruglanski e Edward Tory Higgins, *Handbook of Theories of Social Psychology*. Los Angeles: Sage, 2011, v. 2.

22. Há uma discussão mais ampla desse número, suas origens e consequências mais adiante neste livro. Seu progenitor, Robin Dunbar, faz um resumo útil em "Dunbar's Number: Why My Theory That Humans Can Only Maintain 150 Friendships Has Withstood 30 Years of Scrutiny" (The Conversation, 12 maio 2021).

23. Brian Hare e Vanessa Woods, *Survival of the Friendliest*. Nova York: Random House, 2021.

24. Uma discussão adicional sobre as origens e funções singulares dessas emoções em humanos é encontrada em Rutger Bregman, *Humankind: A Hopeful History* (Nova York: Little, Brown and Company, 2019). [Ed. bras.: *Humanidade: Uma história otimista do homem*. Trad. de Claudio Carina. São Paulo: Planeta, 2021.]

25. Bianca Bosker, "The Binge Breaker". *The Atlantic*, nov. 2016.

26. "Jack Dorsey on Twitter's Mistakes". The Daily, podcast do *The New York Times*, 7 ago. 2020.

27. Exceto quando indicado de outro modo, todas as referências aos efeitos neurológicos do uso das mídias sociais nessa seção se baseiam em pesquisas de Dar Meshi, neurocientista da Universidade Estadual de Michigan. Ver, em especial, Dar Meshi et al., "The Emerging Neuroscience of Social Media", em *Trends in Cognitive Sciences*, dez. 2015.

28. Christian Montag et al., "Facebook Usage on Smartphones and Gray Matter Volume of the Nucleus Accumbens". *Behavioural Brain Research*, jun. 2017.

29. Julian Morgans, "The Inventor of the 'Like' Button Wants You to Stop Worrying About Likes". Vice News, 5 jul. 2017.

30. Paul Lewis, "'Our Minds Can Be Hijacked': The Tech Insiders Who Fear a Smartphone Dystopia". *The Guardian*, 6 out. 2017.

31. Henri Tajfel, "Individuals and Groups in Social Psychology". *British Journal of Social & Clinical Psychology*, v. 18, n. 2, 1979.

32. Para um bom resumo, ver Henri Tajfel e John C. Turner, "The Social Identity Theory of Intergroup Behavior" (*Psychology of Intergroup Relations*, 1986).

33. Henri Tajfel, "Social Psychology of Intergroup Relations". *Annual Review of Psychology*, v. 33, 1982.

34. Anne Locksley, Vilma Ortiz e Christine Hepburn, "Social Categorization and Discriminatory Behavior: Extinguishing the Minimal Intergroup Discrimination Effect". *Journal of Personality and Social Psychology*, v. 39, n. 5, 1980.

35. Há um resumo de muitos desses estudos em Charles Stangor, Hammond Tarry e Rajiv Jhangiani, "Ingroup Favoritism and Prejudice", em *Principles of Social Psychology* (primeira edição internacional) (Vancouver: BC Campus, 2014).

36. Heston fez esse relato em várias entrevistas, a primeira delas em Jeff Rovin, "The Arts" (*Omni Magazine*, nov. 1980, p. 140). Sua colega no filme, Natalie Trundy, relatou o incidente em momento à parte ao menos uma vez: Tom Weaver, "The Day of the Apes" (*Starlog*, set. 2001, p. 20).

37. Henri Tajfel, "Social Psychology of Intergroup Relations", op. cit.

38. Esse efeito foi demonstrado repetidamente, talvez da melhor maneira, em Daphna Canetti-Nisim, Eran Halperin, Keren Sharvit e Stevan E. Hobfoll, "A New Stress-Based Model of Political Extremism" (*Journal of Conflict Resolution*, v. 53, n. 2, jun. 2009).

39. Ezra Klein, *Why We're Polarized*. Nova York: Avid Reader, 2020, p. 143.

40. *Google Chief Says Internet Freedom Key for Myanmar*, vídeo da Agence France-Presse, 22 mar. 2013.

41. Relatado em Tim McLaughlin, "Fears over Facebook Regulation Proposal" (*Myanmar Times*, 15-21 jul. 2013).

42. C4ADS (grupo de pesquisa sem fins lucrativos), *Sticks and Stones: Hate Speech Narratives and Facilitators in Myanmar*, fev. 2016.

43. Mozilla Foundation, *Internet Health Report*, 2019. O relatório fornece dados de levantamentos que mostram que a maioria dos usuários em diversos países com taxa zero "não têm ideia de que existe internet fora do Facebook".

44. C4ADS, *Sticks and Stones*, op. cit. O relatório traz um detalhamento em profundidade e muitas vezes assustador sobre o discurso de ódio no Facebook na época em Mianmar.

45. Timothy McLaughlin, "How Facebook's Rise Fueled Chaos and Confusion in Myanmar". *Wired*, jul. 2018. A matéria capta o episódio com detalhes. Ver também Steve Stecklow, "Why Facebook Is Losing the War on Hate Speech in Myanmar" (Reuters Investigates, 15 ago. 2018).

2. Tudo é o Gamergate [pp. 57-92]

1. Zoë Quinn, *Crash Override: How Gamergate (Nearly) Destroyed My Life, and How We Can Win the Fight Against Online Hate.* Nova York: Public Affairs, 2017, p. 2.

2. Os logs dessa discussão estão em "GamerGate — #GameOverGate IRC Logs Explanation", knowyourmeme.com, sem data. Ver também David Futrelle, "Zoe Quinn's Screenshots of 4chan's Dirty Tricks Were Just the Appetizer. Here's the First Course of the Dinner, Directly from the IRC Log", wehuntedthemammoth.com, 8 set. 2014.

3. Zoë Quinn, *Crash Override*, op. cit., p. 4.

4. Zachary Jason, "Game of Fear". *Boston Magazine*, 28 abr. 2015.

5. Noreen Malone, "Zoë and the Trolls". *New York Magazine*, jul. 2017.

6. Caroline Sinders, "That Time the Internet Sent a SWAT Team to My Mom's House". Narratively.com, 17 jul. 2015.

7. Steve Almasy e Melissa Alonso, "His 'Swatting' Call Led to the Death of a Man. Now He Is Going to Prison for 20 Years". CNN, 30 mar. 2019.

8. Timothy B. Lee, "FBI Arrests Man Suspected of Orchestrating Dozens of 'Swatting' Calls". Arstechnica.com, 14 jan. 2020.

9. Dean Takahashi, "Intel Pulls Ads from Gamasutra, and Then Apologizes for It". Venturebeat.com, 3 out. 2014.

10. Brianna Wu, "I'm Brianna Wu, and I'm Risking My Life Standing Up to Gamergate". Daily Dot, 12 fev. 2015.

11. Margaret O'Mara, *The Code*, op. cit., pp. 90-2.

12. Leslie Berlin, *The Man Behind the Microchip*, op. cit., p. 194.

13. Margaret O'Mara, *The Code*, op. cit., pp. 136-9.

14. Fred Turner, *From Counterculture to Cyberculture: Stewart Brand, the Whole Earth Network, and the Rise of Digital Utopianism*. Chicago: University of Chicago Press, 2010, pp. 71-2.

15. Cliff Figallo, um dos arquitetos da plataforma, disse, por exemplo: "Princípios de tolerância e inclusão, alocação de recursos justa, distribuição de responsabilidades, gestão pelo exemplo e influência, hierarquia organizacional horizontal, formulação de políticas de cooperação e aceite de éthos libertário-quase-anárquicos vieram a tiracolo da nossa experiência de vida comunal". Ibid., p. 148.

16. Ibid.

17. David Clark, "A Cloudy Crystal Ball/Apocalypse Now". 24th Annual Internet Engineering Task Force Conference, jul. 1992.

18. John Perry Barlow, "A Declaration of the Independence of Cyberspace", 8 fev. 1996. O documento circulou inicialmente em dezenas de sites ao mesmo tempo. Disponível em: <eff.org/cyberspace-independence>.

19. Josh Halliday, "Twitter's Tony Wang: 'We Are the Free Speech Wing of the Free Speech Party'". *The Guardian*, 22 mar. 2012.

20. Steven Levy, *Facebook*, op. cit., p. 458.

21. Conforme Dave Morin, ex-engenheiro sênior no Facebook, parafraseado em ibid., p. 149.

22. "The Facebook Dilemma". *Frontline*, 29 out. 2018.

23. "Zuckerberg's Letter to Investors". Reuters, 1 fev. 2012.

24. Steven Levy, *Facebook*, op. cit., p. 7.

25. Paul Graham, *Hackers and Painters*. Newton: O'Reilly Media, 2004, p. 9.

26. Id., "What We Look for in Founders". Paulgraham.com, out. 2010.

27. Id., "What I Did This Summer". Paulgraham.com, out. 2005.

28. Peter Thiel e Blake Masters, *Zero to One: Notes on* Startups, *or How to Build the Future*. Londres: Virgin, 2014, p. 40. [Ed. bras.: *De zero a um*. Trad. de Ivo Korytowski. Rio de Janeiro: Objetiva, 2014.]

29. Ibid., p. 122.

30. Pode-se ver capturas de tela que documentam o incidente em: "Kenny Glenn Case/Dusty the Cat", knowyourmeme.com, 10 set. 2011.

31. Alice Marwick e Rebecca Leweis, "Media Manipulation and Disinformation Online". *Data & Society*, maio 2017.

32. Mattathias Schwartz, "The Trolls Among Us". *The New York Times Magazine*, 3 ago. 2008.

33. Robert M. Sapolsky, *Behave*, op. cit., pp. 163-4.

34. Mary Madden et al., *Teens, Social Media, and Privacy*. Pew Research Center, 21 maio 2013.

35. Kristen V. Brown, "From LOL to LULZ, the Evolution of the Internet Troll over 24 Years". Splinternews.com, 18 mar. 2016.

36. Adrian Chen, "How the Internet Beat Up an 11-Year-Old Girl". Gawker, 16 jul. 2010.

37. Kat Tenbarge, "MySpace-Famous Musician Dahvie Vanity Was Accused of Child Sex Abuse for Years. Now the FBI Is Involved". Insider.com, 2 jul. 2020.

38. Ibid.

39. Whitney Phillips e Ryan M. Milner, *You Are Here: A Field Guide for Navigating Polarized Speech, Conspiracy Theories, and Our Polluted Media Landscape*. Cambridge: MIT Press, 2021, p. 58.

40. Ibid.

41. Mattathias Schwartz, "The Trolls Among Us", op. cit.

42. Whitney Phillips e Ryan M. Milner, op. cit., p. 78.

43. Greg Sandoval, "The End of Kindness: Weev and the Cult of the Angry Young Man". The Verge, 12 set. 2013.

44. Michael Arrington, "We're Awarding Goatse Security a Crunchie Award for Public Service". TechCrunch, 14 jun. 2010.

45. Molly Crabapple, "Lulz and Leg Irons: In the Courtroom with Weev". Vice News, 19 mar. 2013.

46. Michael Arrington, "The Kleiner Perkins sFund: A $250 Million Bet That Social Is Just Getting Started". TechCrunch, 21 out. 2010.

47. Bing Gordon, "CEO 2.0", discurso no Endeavor Entrepreneur Summit em San Francisco, Califórnia, 28 jun. 2011.

48. Há um relato abrangente dessa história em Tracey Lien, "No Girls Allowed". 2 dez. 2013. Disponível em: <polygon.com>.

49. Aja Romano, "How the Alt-Right's Sexism Lures Men into White Supremacy". Vox, 26 abr. 2018.

50. Steven Levy, *Facebook*, op. cit., p. 213.

51. Robin Dunbar, "Coevolution of Neocortical Size, Group Size, and Language in Humans". *Behavioral and Brain Sciences*, v. 16, 1993.

52. O relatório veio da página de estatísticas do Facebook, hoje desativada, em 2010. Ver, por exemplo, "10 Fascinating Facebook Facts" (Mashable, 22 jul. 2010).

53. Danah Boyd, "Friends, Friendsters, and Top 8: Writing Community into Being on Social Network Sites". *First Monday*, v. 11, n. 12, dez. 2006.

54. Edo Elan, "Like, How Many Friends Does Facebook Need?". The Product Guy, 10 maio 2010.

55. Zuckerberg havia dito: "Tem esse número famoso, o Dunbar, que é pequeno: os humanos só conseguem manter relações de empatia com mais ou menos 150 pessoas. Acho que o Facebook amplia esse número", em Steven Levy, *Facebook*, op. cit., p. 226.

56. Robert M. Sapolsky, *Behave*, op. cit., pp. 428-36.

3. Abrindo o portal [pp. 93-110]

1. "New Survey Reflects Lack of Women and Minorities in Senior Investment Roles at Venture Capital Firms", comunicado à imprensa da National Venture Capital Association, 14 dez. 2016.

2. Emma Hinchliffe, "Funding for Female Founders Stalled at 2.2% of VC Dollars in 2018". *Fortune*, 28 jan. 2019.

3. Sean Hollister, "Reddit CEO Addresses Violentacrez Controversy". The Verge, 18 out. 2012.

4. Trechos dessa postagem, que o Reddit já derrubou, estão disponíveis em Alex Goldman, "Reddit's Confusing Response to the Distribution of Nudes" (NPR, 8 set. 2014).

5. Ellen Pao et al., "From 1 to 9,000 Communities, Now Taking Steps to Grow Reddit to 90,000 Communities (and Beyond!)". Reddit, 24 fev. 2015.

6. Keegan Hankes, "How Reddit Became a Worse Black Hole of Violent Racism than Stormfront". Gawker, 10 mar. 2015.

7. Jacob Siegel, "Reddit's Racists 'Celebrate' Charleston Terror — and Worry About the Blowback". The Daily Beast, 12 jul. 2017.

8. Andrew Anglin, "Weev and the Rise of the Nazi Troll Army". Daily Stormer, 4 out. 2014.

9. Segundo Brad Griffin, ativista de direita. Jacob Siegel, "Dylann Roof, 4chan, and the New Online Racism". The Daily Beast, 14 abr. 2017.

10. J. M. Berger, *A Comparative Study of White Nationalist and ISIS Online Social Media Networks*. George Washington University Program on Extremism, set. 2016.

11. Ellen Pao, "The Trolls Are Winning the Battle for the Internet". *The Washington Post*, 16 jul. 2015.

12. Keegan Hankes, "How Stephen Bannon Made Milo Dangerous". Southern Poverty Law Center, 23 fev. 2017.

13. Ibid.

14. Joshua Green, *Devil's Bargain: Steve Bannon, Donald Trump, and the Nationalist Uprising*. Nova York: Penguin, 2017, p. 147.

15. Joseph Bernstein, "Here's How Breitbart and Milo Smuggled White Nationalism into the Mainstream". BuzzFeed News, 5 out. 2017.

16. Allum Bokhari e Milo Yiannopoulos, "An Establishment Conservative's Guide to the Alt-Right". Breitbart, 29 mar. 2016.

17. Joseph Bernstein, "Behind the Racist Hashtag That Is Blowing Up Twitter". BuzzFeed News, 27 jul. 2015.

18. Milo Yiannopoulos, "Meme Magic: Donald Trump Is the Internet's Revenge on Lazy Elites". Breitbart, 4 maio 2016.

19. Ashley Feinberg, "This Is *The Daily Stormer*'s Playbook". HuffPost, 13 dez. 2017.

20. Allum Bokhari e Milo Yiannopoulos, "An Establishment Conservative's Guide to the Alt-Right", op. cit.

21. Robert M. Faris et al., "Partisanship, Propaganda, and Disinformation: Online Media and the 2016 U. S. Presidential Election". Relatório de pesquisa do Berkman Klein Center for Internet & Society, 2017.

22. Abigail W. Geiger, "Key Findings about the Online News Landscape in America". Pew Research Center, 11 set. 2019.

23. Adi Robertson, "Mark Zuckerberg Is Struggling to Explain Why Breitbart Belongs on Facebook News". The Verge, 25 out. 2019.

24. Todas as conclusões desse parágrafo e do seguinte vêm de Robert M. Faris et al., "Partisanship, Propaganda, and Disinformation", op. cit.

4. A tirania dos primos [pp. 111-42]

1. Paul Walsh, "Full Transcript: Walter Palmer Speaks about Cecil the Lion Controversy". *Minneapolis Star Tribune*, 7 set. 2015.

2. Ibid.

3. "Zimbabwe's 'Iconic' Lion Cecil Killed by Hunter". BBC News, 27 jul. 2015.

4. Michael Arrington, "Odeo Releases Twttr". TechCrunch, 15 jul. 2006.

5. Jack Dorsey, "twttr sketch". Flickr, 24 mar. 2006.

6. Em reação típica da época, Mark Pfeifle, conselheiro de Segurança Nacional na Casa Branca de George W. Bush, insistiu por um prêmio Nobel da Paz ao Twitter, sem o qual, escreveu, "o povo do Irã não se sentiria capacitado nem confiante para encarar a liberdade e a democracia". Mark Pfeifle, "A Nobel Peace Prize for Twitter?". *Christian Science Monitor*, 6 jul. 2009.

7. Jordan Valinsky, "Outrage and Backlash: #CecilTheLion Racks Up 670K Tweets in 24 Hours". Digiday.com, 29 jul. 2015.

8. Hanna Kozlowska, "The Entire World Is Enraged with Walter Palmer, the American Dentist Who Killed Cecil the Lion". Qz.com, 28 jul. 2015.

9. Justin Ray, "Stars Blast Minnesota Dentist Over Killing of Cecil the Lion". NBC News, 31 jul. 2015.

10. Christina Capecchi e Katie Rogers, "Killer of Cecil the Lion Finds Out That He Is a Target Now, of Internet Vigilantism". *The New York Times*, 29 jul. 2015.
11. Comentário de CinnamonDolceLatte (nome de usuário) na postagem "Meanwhile, Outside Walter Palmer's Dentistry Office". Reddit, 29 jul. 2015.
12. Ravi Somaiya, "Where Clicks Reign, Audience Is King". *The New York Times*, 16 ago. 2015.
13. James Williams, "The Clickbait Candidate". Quillette, 3 out. 2016.
14. Ibid.
15. Jonathan Haidt, "The New Synthesis in Moral Psychology". *Science*, v. 316, n. 5827, 18 maio 2007.
16. Kiley Hamlin et al. "How Infants and Toddlers React to Antisocial Others". *Proceedings of the National Academy of Sciences*, v. 108, n. 50, 13 dez. 2011. Ver também Paul Bloom, *Just Babies: The Origins of Good and Evil* (Nova York: Crown, 2013). [Ed. bras.: *O que nos faz bons ou maus*. Trad. de Eduardo Rieche. Rio de Janeiro: Best Seller, 2014.] Bloom é coautor dos estudos de Hamlin.
17. Jonathan Haidt, "The New Synthesis in Moral Psychology", op. cit.
18. Id., "The Emotional Dog and Its Rational Tail: A Social Intuitionist Approach to Moral Judgment". *Psychological Review*, out. 2001.
19. Kim Mai-Cutler, "A Dongle Joke That Spiraled Way Out of Control". TechCrunch, 21 mar. 2013.
20. Kate Klonick, "Re-Shaming the Debate: Social Norms, Shame, and Regulation in an Internet Age". *Maryland Law Review*, v. 76, n. 4, 2016.
21. Ibid.
22. Jon Ronson, "How One Stupid Tweet Blew Up Justine Sacco's Life". *The New York Times Magazine*, 12 fev. 2015.
23. Chris McGreal, "The Nazi Salute Picture That Divided an American Town". *The Guardian*, 10 jan. 2019.
24. Aaron Calvin, "Twitter Hates Me. The Des Moines Register Fired Me. Here's What Really Happened". *Columbia Journalism Review*, 4 nov. 2019.
25. Rob Eshman, "The CEO of Holy Land Hummus I Know Doesn't Match the Social Media Monster". *The Forward*, 8 jun. 2020.
26. Laura Miller, "Bogus Social Media Outrage Is Making Authors Change Lines in Their Books Now". *Slate*, 8 jun. 2021.
27. Michael Powell, "Inside a Battle Over Race, Class, and Power at Smith College". *The New York Times*, 24 fev. 2021.
28. Rui Fan et al. "Anger Is More Influential Than Joy: Sentiment Correlation in Weibo". *PLOS One*, v. 9, n. 10, out. 2014.

29. Adam D. I. Kramer et al., "Experimental Evidence of Massive-Scale Emotional Contagion through Social Networks". *Proceedings of the National Academy of Sciences*, v. III, n. 24, jun. 2014; Edda Humprecht et al., "Hostile Emotions in News Comments: A Cross-National Analysis of Facebook Discussions". *Social Media + Society*, v. 6, n. 1, mar. 2020; Sebastián Valenzuela et al., "Behavioral Effects of Framing on Social Media Users: How Conflict, Economic, Human Interest, and Morality Frames Drive News Sharing". *Journal of Communication*, v. 67, n. 5, out. 2017; William J. Brady et al., "Emotion Shapes the Diffusion of Moralized Content in Social Networks". *Proceedings of the National Academy of Sciences*, v. 114, n. 28, jul. 2017; "Critical Posts Get More Likes, Comments, and Shares than Other Posts". Pew Research Center, 21 fev. 2017.

30. Um resumo do experimento e suas conclusões: Lee Alan Dugatkin e Lyudmila Trut, "How to Tame a Fox and Build a Dog" (*American Scientist*, v. 105, n. 4, jul.-ago. 2017). Lee Alan Dugatkin, "The Silver Fox Domestication Experiment". *Evolution: Education and Outreach*, v. II, n. I, 2018.

31. Lyudmila Trut. "Early Canid Domestication: The Farm-Fox Experiment". *American Scientist*, v. 87, n. 2, mar.-abr. 1999.

32. A extrapolação da pesquisa de Trut e as lições imediatamente subsequentes para a antropologia e comportamento humanos são a base de Richard Wrangham, *The Goodness Paradox: The Strange Relationship between Virtue and Violence in Human Evolution* (Nova York: Vintage, 2019). Embora essas conexões e conclusões estejam longe de ser apenas de Wrangham, ele é a figura mais conectada à teoria como um todo.

33. Ibid., p. 274.

34. Ernest Gellner, *Conditions of Liberty: Civil Society and Its Rivals*. Nova York: Allen Lane, 1994. [Ed. bras.: *Condições da liberdade: A sociedade civil e seus rivais*. Trad. de Lucy Magalhães. Rio de Janeiro: Jorge Zahar, 1996.]

35. Richard Wrangham, *The Goodness Paradox*, op. cit., p. 275.

36. Id., "Evolution of Coalitionary Killing". *Yearbook of Physical Anthropology*, v. 42, n. I, 1999. Ver também id., *The Goodness Paradox*, op. cit., p. 244.

37. Katrina M. Fincher e Philip E. Tetlock, "Perceptual Dehumanization of Faces Is Activated by Norm Violations and Facilitates Norm Enforcement". *Journal of Experimental Psychology*, v. 145, n. 2, 2016.

38. Justin Tosi e Brandon Warmke, "Moral Grandstanding: There's a Lot of It about, All of It Bad". *Aeon*, 10 maio 2017.

39. Ibid.

40. Joshua B. Grubbs et al., "Moral Grandstanding in Public Discourse: Status-Seeking Motives as a Potential Explanatory Mechanism in Predicting Conflict". *PLOS One*, v. 14, n. 10, 2019.

41. Jillian J. Jordan e Nour S. Kteily, "Reputation Fuels Moralistic Punishment That People Judge To Be Questionably Merited". Relatório de pesquisa, 2020. Ver também Jillian J. Jordan e D. G. Rand, "Signaling When No One Is Watching: A Reputation Heuristics Account of Outrage and Punishment in One-Shot Anonymous Interactions" (*Journal of Personality and Social Psychology*, v. 118, n. 1, 2020).

42. Há um relato abrangente do incidente em Sarah Maslin Nir, "How Two Lives Collided in Central Park, Rattling the Nation" (*The New York Times*, 14 jun. 2020).

43. Id., "The Bird Watcher, That Incident and His Feelings on the Woman's Fate". *The New York Times*, 27 maio 2020.

44. Um dos muitos reflexos da mudança nos hábitos estimulada pelas mídias sociais, que melhor captam as ambivalências do momento: Kat Rosenfield, "Karens All the Way Down" (*Arc Digital*, 26 maio 2020).

45. Jieun Shin et al., "Political Rumoring on Twitter during the 2012 US Presidential Election: Rumor Diffusion and Correction". *New Media & Society*, v. 19, n. 8, 2017.

5. Despertando a máquina [pp. 143-76]

1. John Doerr, *Measure What Matters: How Google, Bono, and the Gates Foundation Rock the World with OKRS*. Nova York: Penguin, 2017, p. 161. [Ed. bras.: *Avalie o que importa: Como o Google, Bono Vox e a Fundação Gates sacudiram o mundo com os OKRS*. Trad. de Bruno de Menezes. São Paulo: Alta Books, 2019.]

2. Ibid., p. 162.

3. Ibid.

4. Evan I. Schwartz, "Spam Wars". *MIT Technology Review*, 1 jul. 2003.

5. Carlos A. Gomez-Uribe e Neil Hunt, "The Netflix Recommender System: Algorithms, Business Value, and Innovation". *ACM Transactions on Management Information Systems*, v. 6, n. 4, jan. 2016.

6. Bernard Marr, "The Amazing Ways Spotify Uses Big Data, AI and Machine Learning to Drive Business Success". *Forbes*, 30 out. 2017.

7. Esse percentual teve corroboração independente de, por exemplo, Eric Blattberg, "The Demographics of YouTube, in 5 Charts" (Digiday.com, 24 abr. 2015).

8. O executivo era Shishir Mehrotra. Todas as citações e paráfrases nesse parágrafo e no seguinte provêm de John Doerr, *Measure What Matters*, op. cit., p. 163.

9. Eli Pariser, "Beware Online 'Filter Bubbles'". Discurso no TED2011, Long Beach, Califórnia, 2 maio 2011.

10. Robert Epstein e Ronald E. Robertson, "The Search Engine Manipulation Effect (SEME) and Its Possible Impact on the Outcomes of Elections". *Proceedings of the National Academy of Sciences*, v. 112, n. 33, 18 ago. 2015.

11. Robert Epstein, "How Google Could Rig the 2016 Election". *Politico*, 19 ago. 2015.

12. Eli Pariser, "Beware Online 'Filter Bubbles'", op. cit.

13. Will Oremus, Chris Alcantara, Jeremy B. Merril e Arthur Galocha, "How Facebook Shapes Your Feed". *The Washington Post*, 26 out. 2021.

14. Aja Romano, "Teen Vine Stars Enrage Followers by Telling Girls How to Be More Attractive". Daily Dot, 29 dez. 2013.

15. Jeff Bezos, "Letter to Shareholders". Apresentação à Comissão de Valores Mobiliários dos Estados Unidos, 1997.

16. John Doerr, *Measure What Matters*, op. cit., pp. 166-7.

17. Roger McNamee, *Zucked: Waking Up to the Facebook Catastrophe*. Nova York: Penguin, 2019, p. 41.

18. O memorando original, retrato fascinante de quando o mercado tendeu para a economia da atenção, pode ser lido na íntegra em Polly Mosendz, "Microsoft's CEO Sent a 3,187-Word Memo and We Read It So You Don't Have To" (The Atlantic Wire, 10 jul. 2014).

19. John Doerr, *Measure What Matters*, op. cit.

20. Paul Covington, Jay Adams e Emre Sargin, "Deep Neural Networks for YouTube Recommendations". *Proceedings of the 10th ACM Conference on Recommender Systems*, set. 2016.

21. Matt Gielen, "Reverse Engineering the YouTube Algorithm (Part 2)". Tubfilter.com, fev. 2017.

22. Mark Bergen, "YouTube Executives Ignored Warnings, Letting Toxic Videos Run Rampant". Bloomberg, 2 abr. 2019.

23. Conforme comentários de Neel Mohan, diretor de produto do YouTube, no Consumer Electronics Show em janeiro de 2018. Ver, por exemplo, Joan E. Solsman, "YouTube's AI Is the Puppet Master over Most of What You Watch" (CNET, 10 jan. 2018).

24. "The Facebook Dilemma", op. cit.

25. Ibid. Quem fala é Sandy Parakilas, ex-gerente operacional da plataforma no Facebook.

26. Ibid. Quem fala é Antonio García Martínez, ex-gerente de produto.

27. Eytan Bakshy, Solomon Messing e Lada A. Adamic, "Exposure to Ideologically Diverse News and Opinion on Facebook". *Science*, v. 348, n. 6239, 7 maio 2015.

28. Ibid.

29. O diálogo vem da seção de comentários em Mark Zuckerberg, "For the Next Hour I'll Be Here Answering Your Questions on Facebook" (Facebook.com, 30 jun. 2015).

30. Steven Levy, "Inside Facebook's AI Machine". *Wired*, 23 fev. 2017.

31. Adam Mosseri, "News Feed: Getting Your Content to the Right People". Apresentação no Congresso Facebook F8, San Francisco, 21 abr. 2016.

32. John Doerr, *Measure What Matters*, op. cit., p. 161.

33. Krishna Gade, "I was an eng leader on Facebook's NewsFeed". Twitter, 11 fev. 2021. Disponível em: <twitter.com/krishnagade/status/1359908897998315521>.

34. Evan Osnos, "Can Mark Zuckerberg Fix Facebook Before It Breaks Democracy?". *The New Yorker*, 17 set. 2018.

35. Eugene Wei, "TikTok and the Sorting Hat". Eugenewei.com, 4 ago. 2020.

36. Quem fala é Jim McFadden. Jack Nicas, "How YouTube Drives People to the Internet's Darkest Corners". *The Wall Street Journal*, 7 fev. 2018.

37. Ian Begg, Victoria Armour e Thérèse Kerr, "On Believing What We Remember". *Canadian Journal of Behavioral Science*, v. 17, 1985.

38. Todas as conclusões da pesquisa de Chaslot em 2016 foram publicados posteriormente em Guillaume Chaslot, "How YouTube's A. I. Boosts Alternative Facts" (Medium.com, 31 mar. 2017).

39. Bianca Bosker, "The Binge Breaker". *The Atlantic*, nov. 2016.

40. Evan Osnos, "Can Mark Zuckerberg Fix Facebook Before It Breaks Democracy?", op. cit.

41. Paul Lewis, "'Our Minds Can Be Hijacked': The Tech Insiders Who Fear a Smartphone Dystopia". *The Guardian*, 6 out. 2017.

42. James Williams, *Stand Out of Our Light: Freedom and Resistance in the Attention Economy*. Cambridge: Cambridge University Press, 2017, p. 29.

43. Renée DiResta, "The Lunatics Are Running the Asylum". Palestra no congresso GoogleIO, Mountain View, Califórnia, 8 jun. 2016.

44. Ibid.

45. "Twitter's Algorithm Does Not Seem to Silence Conservatives". *The Economist*, 1 ago. 2020.

46. Lauren Jackson, "Jack Dorsey on Twitter's Mistakes". *The New York Times*, 7 ago. 2020.

47. Mathew Ingram, "Microsoft's Chat Bot Was Fun for Awhile, Until It Turned into a Racist". *Fortune*, 24 mar. 2016.

48. Sarah Jeong, "How to Make a Bot That Isn't Racist". Motherboard, 25 mar. 2016.

49. John Doerr, *Measure What Matters*, op. cit., p. 169.

50. Ibid.

51. Ibid.

6. A casa de espelhos [pp. 177-212]

1. Karen Douglas, Robbie M. Sutton e Aleksandra Cichocka, "The Psychology of Conspiracy Theories". *Current Directions in Psychological Science*, v. 26, n. 6, dez. 2017.

2. Há uma cronologia da ascensão do Pizzagate, passo a passo e com referências de cada postagem, em Amanda Robb, "Anatomy of a Fake News Scandal" (*Rolling Stone*, 16 nov. 2017); e Craig Silverman, "How the Bizarre Conspiracy Theory Behind 'Pizzagate' Was Spread" (BuzzFeed News, 5 dez. 2016).

3. Tom Jenson, "Trump Remains Unpopular; Voters Prefer Obama on SCOTUS Pick". Public Policy Polling, 9 dez. 2016.

4. Pesquisa *The Economist*/YouGov, 20 dez. 2016.

5. Mark Bergen, "YouTube Executives Ignored Warnings, Letting Toxic Videos Run Rampant". Bloomberg, 2 abr. 2019.

6. Todas as citações desse parágrafo vêm de Steven Levy, *Facebook*, op. cit., pp. 360-1.

7. Mike Isaac, "Facebook, in Cross Hairs After Election, Is Said to Question Its Influence". *The New York Times*, 12 nov. 2016.

8. Jeff Horwitz e Deepa Seetharaman, "Facebook Executives Shut Down Efforts to Make the Site Less Divisive", op. cit.

9. Elizabeth Dwoskin, Craig Timberg e Tony Romm, "Zuckerberg Once Wanted to Sanction Trump. Then Facebook Wrote Rules That Accommodated Him". *The Washington Post*, 28 jun. 2020.

10. Casey Newton, "Zuckerberg: The Idea That Fake News on Facebook Influenced the Election Is 'Crazy'". The Verge, 10 nov. 2016.

11. Zoe Corbyn, "Facebook Experiment Boosts US Voter Turnout". *Nature*, 2 set. 2012.

12. Mark Zuckerberg, "I want to share some thoughts on Facebook and the election". Facebook.com, 12 nov. 2016.

13. Charlie Warzel, "Twitter Board Member: Twitter Helped Trump Win The Election". BuzzFeed News, 30 nov. 2016.

14. Tim O'Reilly, "Media in the Age of Algorithms". Oreilly.com, 16 nov. 2016.

15. Guillaume Chaslot, "YouTube's A. I. Was Divisive in the US Presidential Election". Medium.com, 27 nov. 2016.

16. O ataque de Welch e a reação do YouTube são detalhados em Andy Kroll, "John Podesta Is Ready to Talk About Pizzagate" (*Rolling Stone*, 9 dez. 2018).

17. A metodologia e os resultados detalhados nessas páginas foram publicados inicialmente em William J. Brady, Julian A. Wills, John T. Jost,

Joshua A. Tucker e Jay J. van Bavel, "Emotion Shapes the Diffusion of Moralized Content in Social Networks" (*Proceedings of the National Academy of Sciences*, v. 114, n. 28, 11 jul. 2017).

18. Emma Roth, "Twitter's Research Shows That Its Algorithm Favors Conservative Views". The Verge, 22 out. 2021.

19. Steve Rathje, Jay J. van Bavel e Sander van der Linden, "Out-Group Animosity Drives Engagement on Social Media". *Proceedings of the National Academy of Sciences*, v. 118, n. 26, 29 jun. 2021.

20. Rumman Chowdhury e Luca Belli, "Examining Algorithmic Amplification of Political Content on Twitter". Blog corporativo do Twitter, 21 out. 2021.

21. O Twitter informou 328 milhões de usuários ativos por mês no primeiro trimestre de 2017. O Facebook informou 1,94 bilhão. O YouTube não costuma liberar dados de comparação, mas em certos momentos afirmou ter mais de 2 bilhões de usuários ativos mensais. Fontes: Trefis Team, "Twitter's Surprising User Growth Bodes Well For 2017" (*Forbes*, 27 abr. 2017); Josh Constine, "Facebook Beats in Q1 with $8.03B Revenue, Faster Growth to 1.94B Users" (TechCrunch, 3 maio 2017).

22. O valor de mercado do Twitter em abril de 2017 era de 10,68 bilhões de dólares e o do Facebook era de 417 bilhões. Em comparação, o do Google foi de 594 bilhões. Todos os números estão disponíveis em macrotrends.net.

23. Alisyn Camerota, "Why I'm Breaking Up with Twitter". CNN, 12 jul. 2017.

24. Alex Sherman, "Elliott Management's Paul Singer Seeks to Replace Twitter CEO Jack Dorsey, Source Says". CNBC, 28 fev. 2020.

25. Austin Carr e Harry McCracken, "'Did We Create This Monster?' How Twitter Turned Toxic". *Fast Company*, 4 abr. 2018.

26. Tuíte de Jack Dorsey (@jack), 8 dez. 2018. Disponível em: <twitter.com/jack/status/1071575088695140353>.

27. Kate Rooney, "Jack Dorsey's Planned Move to Africa Divides Square and Twitter Investors". CNBC, 2 dez. 2019.

28. O papel de Kaplan já foi divulgado de modo exaustivo e independente, por exemplo em Elizabeth Dwoskin, Craig Timberg e Tony Romm, "Zuckerberg Once Wanted to Sanction Trump", op. cit.; Jeff Horwitz e Deepa Seetharaman, "Facebook Executives Shut Down Efforts to Make the Site Less Divisive", op. cit.; Nicholas Thompson e Fred Vogelstein, "15 Months of Fresh Hell inside Facebook" (*Wired*, 16 abr. 2018); e Sheera Frenkel, Nicholas Confessore, Cecilia Kang, Matthew Rosenberg e Jack Nicas, "Delay, Deny, and Deflect: How Facebook's Leaders Fought Through Crisis" (*The New York Times*, 14 nov. 2018).

29. Kurt Wagner e Kara Swisher, "Read Mark Zuckerberg's Full 6,000-Word Letter on Facebook's Global Ambitions". ReCode, 16 fev. 2017.

30. Lauren Jackson, "Jack Dorsey on Twitter's Mistakes", op. cit.

31. Kevin Roose, "The Making of a YouTube Radical". *The New York Times*, 8 jun. 2019.

32. Steven Levy, "Inside Facebook's AI Machine", op. cit.

33. Ibid.

34. Thomas F. Pettigrew e Linda R. Tropp, "A Meta-Analytic Test of Intergroup Contact Theory". *Journal of Personality and Social Psychology*, v. 90, n. 5, jun. 2006.

35. Christopher A. Bail et al., "Exposure to Opposing Views on Social Media Can Increase Political Polarization". *Proceedings of the National Academy of Sciences*, v. 115, n. 37, 11 set. 2018.

36. É o que cientistas sociais chamam de "efeito de homogeneidade de exogrupo". Ver, por exemplo, Thomas M. Ostrom e Constantine Sedikides, "Out-Group Homogeneity Effects in Natural and Minimal Groups" (*Psychological Bulletin*, v. 112, n. 3, 1992).

37. Há um relato abrangente da falsa polarização em Victoria Parker, "The Great and Widening Divide: Political False Polarization and Its Consequences". Dissertação (Mestrado em Artes), Universidade Wilfrid Laurier, 2018.

38. Id., "On Trolls and Polls: How Social Media Extremists and Dissenters Exacerbate and Mitigate Political False Polarization". Apresentação na Universidade Wilfrid Laurier, 2019.

39. David Asker e Elias Dinas, "Thinking Fast and Furious: Emotional Intensity and Opinion Polarization in Online Media". *Public Opinion Quarterly*, v. 83, n. 3, outono 2019.

40. Michela Del Vicario et al., "The Spreading of Misinformation Online". *Proceedings of the National Academy of Sciences*, v. 113, n. 3, 19 jan. 2016.

41. Zeynep Tufekci, "How Social Media Took Us from Tahrir Square to Donald Trump". *MIT Technology Review*, 14 ago. 2018.

42. David Greene, "Interview with Siva Vaidhyanathan". National Public Radio, *Morning Edition*, 26 dez. 2017.

43. "Screaming into the Void: How Outrage Is Hijacking Our Culture, and Our Minds". National Public Radio, *Hidden Brain*, 7 out. 2019.

44. Ibid.

45. Molly J. Crockett, "Moral Outrage in the Digital Age". *Nature Human Behaviour*, v. 1, 2017.

46. Elaine Godfrey, "Mark Warner to Facebook: Tell Me What You Know". *The Atlantic*, 28 set. 2017.

47. "The Facebook Dilemma", op. cit.

48. Ibid.

49. Renée DiResta, "It's Not Misinformation. It's Amplified Propaganda". *The Atlantic*, out. 2021.

50. William Powers, "Who's Influencing Election 2016?". Medium.com, 23 fev. 2016.

51. Há um relato sobre a história de Mackey, que inclui detalhes do processo federal contra ele, em Luke O'Brien, "Trump's Most Influential White Nationalist Troll Is a Middlebury Grad Who Lives in Manhattan" (HuffPost, 5 abr. 2018); e id., "FBI Arrests Prolific Racist Twitter Troll 'Ricky Vaughn' for 2016 Election Interference" (HuffPost, 27 jan. 2021).

52. Kevin Roose, "Debunking 5 Viral Images of the Migrant Caravan". *The New York Times*, 24 out. 2018.

53. Gordon Pennycook et al., "Shifting Attention to Accuracy Can Reduce Misinformation Online". *Nature*, v. 592, n. 7855, 2021.

54. Ibid.

55. Guillaume Chaslot et al., "Does YouTube's Algorithm Promote Populist Candidates in the French Presidential Elections?". Mediashift.org, 21 abr. 2017.

56. Paul Lewis e Erin McCormick, "How an Ex-YouTube Insider Investigated Its Secret Algorithm". *The Guardian*, 2 fev. 2018.

57. Ibid.

58. Exceto quando indicado de outro modo, todas as referências a seguir sobre o estudo de Brady e Crockett nesse capítulo provêm de William J. Brady, Molly J. Crocket e Jay J. van Bavel, "The MAD Model of Moral Contagion: The Role of Motivation, Attention, and Design in the Spread of Moralized Content Online" (*Perspectives on Psychological Science*, v. 15, n. 4, jun. 2020).

59. William J. Brady, Ana P. Gantman e Jay J. van Bavel, "Attentional Capture Helps Explain Why Moral and Emotional Content Go Viral". *Journal of Experimental Psychology*, v. 149, n. 4, 2020.

60. Jeffrey Javed e Blake Miller, "Moral-Emotional Content and Patterns of Violent Expression and Hate Speech in Online User Comment". Relatório de pesquisa, abr. 2019. (Javed subsequentemente assumiu um cargo no Facebook em uma equipe de otimização de publicidade.)

7. Os micróbios e o vento [pp. 213-40]

1. Ver, por exemplo, "Massacre by the River: Burmese Army Crimes Against Humanity in Tula Toli", relatório da Human Rights Watch, 19 dez. 2017.

2. Jeffrey Gettleman, "Rohingya Recount Atrocities: 'They Threw My Baby into a Fire'". *The New York Times*, 11 out. 2017.

3. "Sexual Violence Against Rohingya Women and Girls in Burma", relatório da Human Rights Watch, 16 nov. 2017.

4. Timothy McLaughlin, "How Facebook's Rise Fueled Chaos and Confusion in Myanmar", op. cit.

5. Todos os exemplos nesse parágrafo e no seguinte provêm de: "Hate Speech Narratives and Facilitators in Myanmar", relatório do Center for Advanced Defense Studies, fev. 2016.

6. Ibid.

7. "Survey of Burma/Myanmar Public Opinion", Center for Insights in Survey Research, 1 abr. 2017.

8. Timothy McLaughlin, "How Facebook's Rise Fueled Chaos and Confusion in Myanmar", op. cit.

9. Hanna Beech, "Across Myanmar, Denial of Ethnic Cleansing and Loathing of Rohingya". *The New York Times*, 24 out. 2017.

10. Ashley Kinseth, "Genocide in the Modern Era: Social Media and the Proliferation of Hate Speech in Myanmar". Tea Circle Oxford, maio 2018.

11. Tuíte de Max Read (@max_read), 15 mar. 2018 (posteriormente deletado).

12. Tuíte de Adam Mosseri (@mosseri), 15 mar. 2018 (posteriormente deletado).

13. Max Fisher, "When Is Government Web Censorship Justified? An Indian Horror Story". *The Atlantic*, 22 ago. 2012.

14. Jim Yardley, "Panic Seizes India as a Region's Strife Radiates". *The New York Times*, 17 ago. 2012.

15. Ver, por exemplo, Fajar Eko Nugroho, "Beredar Hoax Penculikan Anak, Gelandangan Disiksa Nyaris Tewas" (*Liputan6*, 7 mar. 2017); Sana Jaffrey, "Justice by Numbers" (New Mandala, 12 jan. 2017); Damar Juniarto, "The Muslim Cyber Army: What Is It and What Does It Want?" (Indonesiaatmelbourne.unimelb.edu.au, 2017).

16. Sam Gustin, "Social Media Sparked, Accelerated Egypt's Revolutionary Fire". *Wired*, 11 fev. 2011.

17. Wael Ghonim, "Let's Design Social Media That Drives Real Change". TED Talk, 14 jan. 2016.

18. James Vincent, "Former Facebook Exec Says Social Media Is Ripping Apart Society". The Verge, 11 dez. 2017.

19. Daniel O'Maley e Amba Kak, "Free Internet and the Costs to Media Pluralism: The Hazards of Zero-Rating the News". Relatório digital da CIMA, 8 nov. 2018.

20. Steven Levy, *Facebook*, op. cit., p. 435.

21. Peter Thiel e Blake Masters, *Zero to One*, op. cit., p. 32.

22. Mark Zuckerberg, "Building Global Community". Facebook.com, 16 fev. 2017.

8. Os sinos da igreja [pp. 241-64]

1. Gema Santamaría, "La otra violencia: El linchamiento de José Abraham y Rey David". *Nexos*, 22 out. 2015.

2. L. P. B., "Un Ruso sobrevive a un intento de linchamiento en Cancún por insultar a los mexicanos". *El País*, 20 maio 2017.

3. Alberto Arce, "In Frightened Mexico Town, a Mob Kills 2 Young Pollsters". Associated Press, 22 out. 2015.

4. Patrick J. McDonnel e Cecilia Sanchez, "When Fake News Kills: Lynchings in Mexico Are Linked to Viral Child-Kidnap Rumors". *Los Angeles Times*, 21 set. 2018.

5. Ver mais em Gema Kloppe-Santamaría, *In the Vortex of Violence: Lynching, Extralegal Justice, and the State in Post-Revolutionary Mexico* (Berkeley: University of California Press, 2020).

6. Yemisi Adegoke, "Like. Share. Kill". BBC Africa Eye, 12 nov. 2018.

7. Para uma explicação sobre ameaça de status e sua relevância na coalizão Trump, ver, por exemplo, Rachel Marie Blum e Christopher Sebastian Parker, "Trump-ing Foreign Affairs: Status Threat and Foreign Policy Preferences on the Right" (*Perspectives on Politics*, v. 17, n. 3, ago. 2019).

8. William J. Brady, Molly J. Crocket e Jay J. van Bavel, "The MAD Model of Moral Contagion: The Role of Motivation, Attention, and Design in the Spread of Moralized Content Online", op. cit.

9. "Eine rechtsradikale Einstellung besteht aus mehr als Fremdenhass". *Der Spiegel*, 12 out. 2015.

10. Karsten Müller e Carlo Schwarz, "Fanning the Flames of Hate: Social Media and Hate Crime". *Journal of the European Economic Association*, v. 19, n. 4, ago. 2021.

11. Ver, por exemplo, Miles Klee, "How the Parkland Teens Give Us a Glimpse of a Post-Irony Internet" (*Mel Magazine*, 28 fev. 2018).

12. "Brandstifterprozess Altena". Akantifahagen.blogsport.eu, 31 maio 2016.

13. Chamil Rathnayake e Jenifer Sunrise Winter, "Political Tolerance, Dogmatism, and Social Media Uses and Gratifications". *Policy & Internet*, v. 9, n. 4, 2017.

14. Silvia Casale e Giulia Fioravanti, "Why Narcissists Are at Risk for Developing Facebook Addiction: The Need to Be Admired and the Need to Belong". *Addictive Behaviors*, v. 76, jan. 2018.

15. Cecilie Schou Andreassen, Ståle Pallesen e Mark D. Griffiths, "The Relationship between Addictive Use of Social Media, Narcissism, and Self-Esteem: Findings from a Large National Survey". *Addictive Behaviors*, v. 64, jan. 2017.

16. Alexander Bor e Michael Bang Peterson, "The Psychology of Online Political Hostility: A Comprehensive, Cross-National Test of the Mismatch Hypothesis". *American Political Science Review*, v. 116, n. 1, 2022.

17. Dar Meshi, Ofir Turel e Dan Henley, "Snapchat vs. Facebook: Differences in Problematic Use, Behavior Change Attempts, and Trait Social Reward Preferences". *Addictive Behaviors Report*, v. 12, dez. 2020.

18. Eshwar Chandrasekharan et al., "The Efficacy of Reddit's 2015 Ban Examined Through Hate Speech". *Proceedings of the ACM on Human-Computer Interaction*, v. 1, nov. 2017.

19. Para um resumo acessível do trabalho de Paluck, ver "Romeo & Juliet in Rwanda: How a Soap Opera Sought to Change a Nation" (National Public Radio, *Hidden Brain*, 13 jul. 2020).

20. Elizabeth Levy Paluck, Hana Shepher e Peter M. Aronow, "Changing Climates of Conflict: A Social Network Experiment in 56 Schools". *Proceedings of the National Academy of Sciences*, v. 113, n. 3, 19 jan. 2016.

21. Eric Arias, "How Does Media Influence Social Norms? Experimental Evidence on the Role of Common Knowledge". *Political Science Research and Methods*, v. 7, n. 3, jul. 2019.

22. Elizabeth Levy Paluck, Hana Shepher e Peter M. Aronow, "Changing Climates of Conflict", op. cit.

23. Ezra Klein, "Mark Zuckerberg on Facebook's Hardest Year, and What Comes Next". Vox, 2 abr. 2018.

24. Phandeeyar et al., "Open Letter to Mark Zuckerberg". 5 abr. 2018.

25. Kevin Roose e Paul Mozur, "Zuckerberg Was Called Out Over Myanmar Violence. Here's His Apology". *The New York Times*, 9 abr. 2018.

26. "Report of Independent International Fact-Finding Mission on Myanmar". Conselho de Direitos Humanos da ONU, 27 ago. 2018.

27. Evan Osnos, "Can Mark Zuckerberg Fix Facebook Before It Breaks Democracy?", op. cit.

28. "Facebook Reports Fourth Quarter and Full Year 2018 Results". Comunicado à imprensa, Facebook Investor Relations, 30 jan. 2019.

9. A toca de coelho [pp. 265-308]

1. Max Fisher e Katrin Bennhold, "As Germans Seek News, YouTube Delivers Far-Right Tirades". *The New York Times*, 7 set. 2018.

2. Libby Hogan e Michael Safi, "Revealed: Facebook Hate Speech Exploded in Myanmar during Rohingya crisis". *The Guardian*, 2 abr. 2018.

3. Sam Schechner, Kirsten Grind e John West, "Searching for Video? Google Pushes YouTube Over Rivals". *The Wall Street Journal*, 14 jul. 2020.

4. Kaiser publicou suas conclusões posteriormente em Jonas Kaiser, "Public Spheres of Skepticism: Climate Skeptics' Online Comments in the German Networked Public Sphere". *International Journal of Communication*, v. 11, 2017.

5. Ver, por exemplo, Cade Metz, "Feeding Hate with Video: A Former Alt-Right YouTuber Explains His Methods" (*The New York Times*, 15 abr. 2021).

6. Os pesquisadores publicaram seus resultados posteriormente em Adrian Rauchfleisch e Jonas Kaiser, "The German Far-Right on YouTube: An Analysis of User Overlap and User Comments" (*Journal of Broadcasting and Electronic Media*, v. 64, n. 3, 2020). A pesquisa saiu inicialmente em Adrian Rauchfleisch e Jonas Kaiser, "YouTubes Algorithmen sorgen dafür, dass AfD-Fans unter sich bleiben" (*Vice Germany*, 22 set. 2017).

7. Adrian Rauchfleisch e Jonas Kaiser, "YouTubes Algorithmen sorgen dafür, dass AfD-Fans unter sich bleiben", op. cit.

8. Ashley Feinberg, "The Alt-Right Can't Disown Charlottesville". *Wired*, 13 ago. 2017.

9. Bill Morlin, "Summer of Hate Challenged in Companion Civil Lawsuits". Southern Poverty Law Center, 19 out. 2017.

10. "Our Extended Interview with Richard Spencer on White Nationalism". Vice News, 10 dez. 2016.

11. Ashley Feinberg, "The Alt-Right Can't Disown Charlottesville", op. cit.

12. Megan Squire, "Analysis of 2017 Unite the Right Event, One Year Later". Megansquire.com, ago. 2018.

13. Jonas Kaiser, "The Dark Side of the Networked Public Sphere". Palestra no Berkman Klein Luncheon Series, na Universidade Harvard, Cambridge, Massachusetts, 23 jan. 2018.

14. Cassie Miller, "McInnes, Molyneux, and 4chan: Investigating Pathways to the Alt-Right". Southern Poverty Law Center, 19 abr. 2018.

15. Ibid.

16. Andrew Marantz, "Birth of a White Supremacist". *The New Yorker*, 9 out. 2017.

17. A citação do All the Right Stuff provém de Cassie Miller, "McInnes, Molyneux, and 4chan", op. cit.

18. Andrew Marantz, "Birth of a White Supremacist", op. cit.

19. Ver, por exemplo, Rebecca Lewis, "Alternative Influence: Broadcasting the Reactionary Right on YouTube" (*Data & Society*, set. 2018).

20. Nellie Bowles, "Jordan Peterson, Custodian of the Patriarchy". *The New York Times*, 18 maio 2018.

21. Paris Martineau, "The Alt-Right Is Recruiting Depressed People". The Outline, 26 fev. 2018.

22. Michael Kimmel, *Angry White Men: Masculinity at the End of an Era*. Nova York: Bold Type, 2017, pp. 31-68.

23. Tuíte de @SadMarshGhost, 23 fev. 2018. Disponível em: <twitter.com/SadMarshGhost/status/967029954016874497>.

24. Joel Finkelstein, "On Jordan Peterson, the Alt-Right and Engagement across Difference". Heterodox Academy, 18 nov. 2019.

25. J. M. Berger, *A Comparative Study of White Nationalist and ISIS Online Social Media Networks*, op. cit., pp. 62-89.

26. Ibid., p. 96.

27. Josh Glasstetter, "Elliot Rodger, Isla Vista Shooting Suspect, Posted Misogynistic Video Before Attack". Southern Poverty Law Center, 24 maio 2014.

28. Keegan Hankes e Alex Amend, "The Alt-Right Is Killing People". Southern Poverty Law Center, 5 fev. 2018. Ver também Kostantinos Papadamou et al., "Understanding the Incel Community on YouTube" (*Proceedings of the ACM on Human-Computer Interaction*, out. 2021).

29. Manoel Horta Ribeiro et al., "The Evolution of the Manosphere across the Web". *Proceedings of the Fifteenth International AAAI Conference on Web and Social Media*, 2021.

30. Louis Beckett, "The Misogynist Incel Movement Is Spreading". *The Guardian*, 3 mar. 2021.

31. Jennifer Mascia, "In the Years Since the Isla Vista Shooting, the Incel Subculture Continues to Inspire Gunmen". The Trace, 23 maio 2019.

32. Ali Breland, "How Do People Join Militias? A Leaked Oath Keepers Roster Has Answers". *Mother Jones*, 27 out. 2021.

33. Kevin Roose, "The Making of a YouTube Radical". *The New York Times*, 9 jun. 2019.

34. Tuíte de Chris Sacca (@sacca), 12 jan. 2021. Disponível em: <twitter.com/sacca/status/1349055880348663808>.

35. Kelly Weill, "How YouTube Built a Radicalization Machine for the Far-Right". The Daily Beast, 19 dez. 2018.

36. Robert Evans, "From Memes to Infowars: How 75 Fascist Activists Were 'Red-Pilled'". Bellingcat.com, 11 out. 2018.

37. Meghan Daum, "My Affair with the Intellectual Dark Web". Medium.com, 24 ago. 2018.

38. Em entrevistas durante 2019 e 2020, Kaiser e Rauchfleisch me forneceram vários relatórios de pesquisa que detalham seus métodos e conclusões, assim como boa parte dos dados brutos subjacentes. Posteriormente esse material se tornou a base para diversos artigos e capítulos de livros com a devida revisão por pares, alguns ainda não publicados. Ver, por exemplo, Jonas Kaiser e Adrian Rauchfleisch, "Birds of a Feather Get

Recommended Together: Algorithmic Homophily in YouTube's Channel Recommendations in the United States and Germany" (*Social Media + Society*, v. 6, n. 4, out. 2020).

39. Craig Silverman, "How YouTube's Channel Recommendations Push Users to the Fringe". BuzzFeed News, 12 abr. 2018.

40. Jonas Kaiser e Adrian Rauchfleisch, "Unite the Right? How YouTube's Recommendation Algorithm Connects the U.S. Far-Right". *Data & Society*, 11 abr. 2018.

41. Manoel Horta Ribeiro et al., "Auditing Radicalization Pathways on YouTube". *Proceedings of the 2020 Conference on Fairness, Accountability, and Transparency*, jan. 2020.

42. Jonathan Albright, "Untrue-Tube: Monetizing Misery and Disinformation". Medium.com, 25 fev. 2018.

43. Mark Bergen, "YouTube Executives Ignored Warnings, Letting Toxic Videos Run Rampant". Bloomberg, 2 abr. 2019.

44. Leonard Pozner e Veronique De La Rosa, "An Open Letter to Mark Zuckerberg". *The Guardian*, 25 jul. 2018.

45. Oliver Darcy, "Facebook Touts Fight on Fake News, but Struggles to Explain Why InfoWars Isn't Banned". CNN, 11 jul. 2018.

46. Kara Swisher, "Zuckerberg: The Recode Interview". Recode, 8 out. 2018.

47. Tuíte de Jack Dorsey (@jack), 7 ago. 2018. Disponível em: <twitter.com/jack/status/1026984245925793792>.

48. Evan Osnos, "Can Mark Zuckerberg Fix Facebook Before It Breaks Democracy?", op. cit.

49. Tuíte de Jack Dorsey (@jack), 1 mar. 2018. Disponível em: <twitter.com/jack /status/969234275420655616>.

50. Deepa Seetharaman, "Jack Dorsey's Push to Clean Up Twitter Stalls, Researchers Say". *The Wall Street Journal*, 15 mar. 2020.

51. Landrum publicou suas conclusões em Asheley Landrum, Alex Olshansky e Othello Richards, "Differential Susceptibility to Misleading Flat Earth Arguments on YouTube". *Media Psychology*, v. 24, n. 1, 2021.

52. É o que cientistas sociais chamam de "efeito ilusório da verdade". Ver, por exemplo, Lisa K. Fazio et al., "Knowledge Does Not Protect against Illusory Truth Effect" (*Journal of Experimental Psychology*, v. 144, n. 5, out. 2015).

53. É o efeito do "senso comum", comentado no capítulo 1. Ver Eric Arias, "How Does Media Influence Social Norms?", op. cit.; e Michael Suk--Young Chwe, *Rational Ritual*, op. cit.

54. Kathleen M. Blee, *Understanding Racist Activism: Theory, Methods, and Research*. Nova York: Routledge, 2017, p. 70.

55. Dos estudos que determinaram um vínculo entre o sentimento de impotência e a crença em conspirações: Marina Abalakina-Paap, "Beliefs in Conspiracies" (*Political Psychology*, v. 20, n. 3, 1999).

56. William Turton e William Brustein, "QAnon High Priest Was Just Trolling Away as Citigroup Tech Executive". Bloomberg, 7 out. 2020.

57. Entre os estudos segundo os quais a crença em conspirações costuma servir como caminho para reafirmar sentimentos de autonomia e controle que se perderam: Martin Bruder et al., "Measuring Individual Differences in Generic Beliefs in Conspiracy Theories across Cultures: Conspiracy Mentality Questionnaire" (*Frontiers in Psychology*, v. 4, 2013).

58. Esse processo será mais discutido em capítulo posterior. Ver, entre muitos outros, Adrienne LaFrance, "The Prophecies of Q" (*The Atlantic*, jun. 2020); Deepa Seetharaman, "QAnon Booms on Facebook as Conspiracy Group Gains Mainstream Traction" (*The Wall Street Journal*, 13 ago. 2020); Kevin Roose et al., "Seven: 'Where We Go One'" (*The New York Times*, 28 maio 2020).

59. Ben Collins e Brandy Zadrozny, "Apple, Google Cashed in on Pizzagate-Offshoot Conspiracy App". NBC News, 16 jul. 2018.

60. Kaitlyn Tiffany, "How a Conspiracy Theory about Democrats Drinking Children's Blood Topped Amazon's Best-Sellers List". Vox, 6 mar. 2019.

61. Ali Breland, "QAnon Is Attracting Cops". *Mother Jones*, 28 set. 2020.

62. Cecile Guerin, "The Yoga World Is Riddled with Anti-Vaxxers and QAnon Believers". *Wired UK*, 28 jan. 2021.

63. Tuíte de @_qpatriot1776_, 28 jun. 2020, que foi derrubado pelo Twitter. Cópia disponível no tuíte de Travis View (@travis_view), 29 jun. 2020. Disponível em: <twitter.com/travis_view/status/1277634756927033345>.

64. Ibid.

65. Brandy Zadrozny, "'Carol's Journey': What Facebook Knew about How It Radicalized Users". NBC News, 22 out. 2021.

66. Ibid.

67. Tuíte de Renée DiResta (@noUpside), 18 fev. 2018. Disponível em: <twitter.com/noupside/status/965340235251920896>.

68. Jeff Horwitz, "Facebook Knew Calls for Violence Plagued 'Groups,' Now Plans Overhaul". *The Wall Street Journal*, 31 jan. 2021.

69. Casey Newton, "Mark in the Middle". The Verge, 23 set. 2020.

70. Postagem no Facebook de Dominic Fox, 8 ago. 2019. Disponível em: <www.facebook.com/reynardine/posts/10156003037586991>.

71. "Facebook: New Zealand Attack Video Viewed 4,000 Times". BBC News, 19 mar. 2019.

72. Catalin Cimpanu, "Twitter User Hacks 50,000 Printers to Tell People to Subscribe to PewDiePie". ZD NET, 30 nov. 2018.

73. Todas as postagens na *thread* com o título "*ahem*", de Anônimo. 8chan, 15 mar. 2019. Anteriormente disponível em: <8ch.net/pol/res/12916717.html>.

74. Kevin Roose, "'Shut the Site Down,' Says the Creator of 8chan, a Megaphone for Gunmen". *The New York Times*, 4 ago. 2019.

75. Royal Commission of New Zealand, "Royal Commission of Inquiry into the Terrorist Attack on Christchurch Mosque on March 15, 2019", dez. 2020.

76. Ibid.

77. Helen Sullivan, "Christchurch Inquiry Report Released". *The Guardian*, 7 dez. 2020.

10. Os novos soberanos [pp. 309-50]

1. WNYC, "Post No Evil". *Radiolab*, 17 ago. 2018.

2. Aspectos essenciais do relato de Jacob quanto ao funcionamento interno da moderação do Facebook, assim como às experiências dos moderadores, passaram por confirmação independente. Ver Till Krause e Hannes Grassegger, "Behind the Walls of Silence" (*Süddeutsche Zeitung Magazine*, 15 dez. 2016); Gillian Tett, "The Low-Paid Workers Cleaning Up the Worst Horrors of the Internet" (*Financial Times*, 16 mar. 2018); Casey Newton, "The Secret Lives of Facebook Moderators in America" (The Verge, 25 fev. 2019).

3. Entrevista com Justin Osofsky, então vice-presidente de operações globais do Facebook, 2 out. 2018. "É óbvio que estamos sempre nos esforçando para garantir os controles e relações corretas em vigor. O que meu instinto diz é que você está descobrindo uma questão que está menos no nível das parcerias, de empresa para empresa, e mais o que você está dizendo. Que é, tipo: você encontrou alguém no front que está dizendo algo inapropriado."

4. Mark Coker, "Startup Advice for Entrepreneurs from Y Combinator". VentureBeat, 26 mar. 2007.

5. Paul Graham, "The Hardest Lessons for Startups to Learn". Palestra na Y Combinator Startup School, abr. 2006.

6. Margaret O'Mara, *The Code*, op. cit., pp. 201, 271-2.

7. Roger McNamee, *Zucked*, op. cit., p. 48.

8. Ibid.

9. Peter Thiel, "The Education of a Libertarian". CatoUnbound.com, 13 abr. 2019.

10. Corey Pein, "Mouthbreathing Machiavellis Dream of a Silicon Reich". *The Baffler*, 19 maio 2014.

11. Jargão recorrente, mencionado, por exemplo, em Peter Thiel e Blake Masters, *Zero to One*, op. cit., p. 33: "A história do progresso é a história em que as melhores empresas monopolistas substituem as antigas titulares".

12. Audiência aberta sobre o uso de plataformas sociais em operações de influência estrangeira, Comissão Especial do Senado dos Estados Unidos sobre Espionagem, 1 ago. 2018.

13. Ibid.

14. Mark Zuckerberg, "A Blueprint for Content Governance and Enforcement". Facebook, 15 nov. 2018. Disponível em: <www.facebook.com/notes/751449002072082>.

15. Ibid.

16. Julia Carrie Wong, "Facebook Overhauls News Feed in Favor of 'Meaningful Social Interactions'". *The Guardian*, 11 jan. 2018.

17. Jeremy B. Merril e Will Oremus, "Five Points for Anger, One for a 'Like': How Facebook's Formula Fostered Rage and Misinformation". *The Washington Post*, 26 out. 2021.

18. Keach Hagey e Jeff Horwitz, "Facebook Tried to Make Its Platform a Healthier Place. It Got Angrier Instead". *The Wall Street Journal*, 15 set. 2021.

19. Ibid.

20. Scott Pelley, "Whistleblower: Facebook Is Misleading the Public on Progress against Hate Speech, Violence, Misinformation". *60 Minutes*, 4 out. 2021.

21. Hunt Allcott et al., "The Welfare Effects of Social Media". *American Economic Review*, v. 110, n. 3, mar. 2020.

22. Michael Koziol, "'Turning Point': Mitch Fifield Flags Further Government Regulation of the Internet". *Sydney Morning Herald*, 8 out. 2018.

23. Alexander Smith e Jason Abbruzzese, "European Union Says Facebook Must Change Rules by End of 2018". NBC News, 19 set. 2018.

24. Nicholas Thompson e Fred Vogelstein, "15 Months of Fresh Hell inside Facebook", op. cit.

25. Cientistas políticos se referem à democracia mediada por *gatekeepers* institucionais como "democracia de Schumpeter", em referência ao teórico Joseph Schumpeter. Para saber mais sobre as causas e consequências do declínio do sistema, ver Steven Levitsky e Daniel Ziblatt, *How Democracies Die* (Nova York: Crown, 2018), pp. 97-117. [Ed. bras.: *Como as democracias morrem*. Trad. de Renato Aguiar. Rio de Janeiro: Zahar, 2018.]

26. "Mark Zuckerberg's Letter to Investors: The Hacker Way". CNN Money, 1 fev. 2012.

27. Jonas Kaiser et al., "What Happened to the Public Sphere? The Networked Public Sphere and Public Opinion Formation". In: Elias Carayannis, David F. Campbell e Marios P. Efthymiopoulos, *Handbook of Cyber-Development, Cyber-Democracy, and Cyber-Defense*. Nova York: Springer, 2016, pp. 433-59.

28. Ryan Broderick e Jules Darmarin, "The Yellow Vest Riots In France Are What Happens When Facebook Gets Involved with Local News". BuzzFeed News, 5 dez. 2018.

29. France Bleu, "Demands of France's Yellow Vests". Opendemocracy.net, 29 nov. 2018.

30. Erica Chenoweth, "Trends in Nonviolent Resistance and State Response: Is Violence towards Civilian-Based Movements on the Rise?". *Global Responsibility to Protect*, v. 9, n. 1, jan. 2017.

31. Zeynep Tufekci, *Twitter and Tear Gas: The Power and Fragility of Networked Protest*. New Haven: Yale University Press, 2017.

32. Michael Nunez, "Former Facebook Workers: We Routinely Suppressed Conservative News". Gizmodo, 9 maio 2016.

33. Andrea Peterson, "Republicans Press Facebook over Allegations of Bias against Conservative News". *The Washington Post*, 11 maio 2016.

34. Steven Levy, *Facebook*, op. cit., p. 343.

35. Abby Ohlheiser, "Three Days after Removing Human Editors, Facebook Is Already Trending Fake News". *The Washington Post*, 29 ago. 2016.

36. O blog em questão se chama Ending the Fed [O fim do fisco]. Fonte quanto a seu papel na eleição de 2016: Robert M. Faris et al., "Partisanship, Propaganda, and Disinformation: Online Media and the 2016 U.S. Presidential Election". Documento de Pesquisa no Berkman Klein Center for Internet & Society, 2017.

37. Nicholas Thompson e Fred Vogelstein, "Inside the Two Years That Shook Facebook — and the World". *Wired*, 2 fev. 2018.

38. Ver, por exemplo, John Brandon, "Is Facebook as Left-Leaning as Everyone Suspects?" (Fox News, 26 set. 2016).

39. Arjun Kharpal, "Facebook's Mark Zuckerberg Met with Conservatives over the 'Trending' Bias Spat". CNBC, 19 maio 2016.

40. Alex Thompson, "Twitter Is 'Shadow Banning' Prominent Republicans". Vice News, 25 jul. 2018.

41. Laura Hazard Owen, "Twitter's Not 'Shadow Banning' Republicans, but Get Ready to Hear That It Is". NiemanLab.com, 27 jul. 2018.

42. Tuíte de Matt Gaetz (@RepMattGaetz), 25 jul. 2018. Disponível em: <twitter.com/RepMattGaetz/status/1022224027673219072>.

43. Tuíte de Ronna McDaniel (@GOPChairwoman), 25 jul. 2018. Disponível em: <twitter.com/gopchairwoman/status/ 1022289868620267522>.

44. Tuíte de Donald Trump Jr. (@donaldtrumpjr), 25 jul. 2018. Disponível em: <twitter.com/donaldjtrumpjr/status/1022198354468593665>.

45. Há resumos dos episódios com IBM e Microsoft em "IBM and Microsoft: Antitrust Then and Now" (CNET, 2 jan. 2002). Para mais detalhes e discussão sobre o legado dos casos, ver Margaret O'Mara, *The Code*, op. cit., pp. 341-6.

46. Sandra Salmans, "Dominance Ended, I.B.M. Fights Back". *The New York Times*, 9 jan. 1982.

47. Evan Osnos, "Can Mark Zuckerberg Fix Facebook Before It Breaks Democracy?", op. cit.

48. Richard Blumenthal e Tim Wu, "What the Microsoft Antitrust Case Taught Us". *The New York Times*, 18 maio 2018.

49. Ben Horowitz, "Peacetime CEO/Wartime CEO". A16z.com, 15 abr. 2011.

50. Id., "To Create Culture, Start a Revolution". Palestra na Startup Grind Global Conference, fev. 2017.

51. Casey Newton, "How Mark Zuckerberg Became a Wartime CEO". The Verge, 20 nov. 2018. O livro é Ben Horowitz, *The Hard Thing about Hard Things* (Nova York: Harper Business, 2014). [Ed. bras.: *O lado difícil das situações difíceis*. Trad. de Marcelo Brandão Cipolla. São Paulo: WMF Martins Fontes, 2015.]

52. Deepa Seetheraman, "With Facebook at 'War,' Zuckerberg Adopts More Aggressive Style". *The Wall Street Journal*, 19 nov. 2018.

53. Sheera Frenkel, Nicholas Confessore, Cecilia Kang, Matthew Rosenberg e Jack Nicas, "Delay, Deny and Deflect: How Facebook's Leaders Fought through Crisis". *The New York Times*, 14 nov. 2018.

54. Zoe Schiffer e Megan Farokmanesh, "Safe Space: Silicon Valley, Clubhouse, and the Cult of VC Victimhood". The Verge, 16 jul. 2020.

55. Tuíte de Balaji Srinivasan (@balajis), 1 jul. 2020. Disponível em: <twitter.com/balajis/status/1278198087404515328>.

56. Zoe Schiffer e Megan Farokmanesh, "Safe Space", op. cit.

57. Nicholas Thompson e Fred Vogelstein, "Inside the Two Years That Shook Facebook — and the World", op. cit.

58. Jeff Horwitz e Deepa Seetharaman, "Facebook Executives Shut Down Efforts to Make the Site Less Divisive", op. cit.

59. Natasha Bertran e Daniel Lippman, "Inside Mark Zuckerberg's Private Meetings with Conservative Pundits". *Politico*, 14 out. 2019.

60. Ian Schwartz, "Tucker Carlson: Facebook's Zuckerberg Dictating Which Political Opinions You're 'Allowed to Have'". Realclearpolitics.com, 2 maio 2019.

61. Nick Clegg, "Facebook, Elections and Political Speech". About.fb.com, 24 set. 2019. Ver também Adi Robertson, "Facebook Says It Won't

Remove Politicians' Posts for Breaking Its Rules" (The Verge, 24 set. 2019).

62. Tuíte de Sophie Zhang (@szhang_ds), 6 jun. 2021. Disponível em: <twitter.com/szhang_ds/status/1401392039414046720>.

63. Zhang contou sua história várias vezes, de modo mais completo em Karen Hao, "She Risked Everything to Expose Facebook. Now She's Telling Her Story" (*MIT Technology Review*, 29 jul. 2021).

64. Ibid.

65. Elizabeth Dwoskin, Tory Newmyer e Shibani Mahtani, "The Case against Mark Zuckerberg: Insiders Say Facebook's CEO Chose Growth Over Safety". *The Washington Post*, 25 out. 2021.

66. "Let Us Breathe! Censorship and Criminalization of Online Expression in Viet Nam". Relatório da Anistia Internacional, 30 nov. 2020.

67. Mike Isaac, "Dissent Erupts at Facebook over Hands-Off Stance on Political Ads". *The New York Times*, 28 out. 2019.

68. "Read the Letter Facebook Employees Sent to Mark Zuckerberg about Political Ads". Compilada pelo *The New York Times*, 28 out. 2019.

69. Yaël Eisenstat, "I Worked on Political Ads at Facebook. They Profit by Manipulating Us". *The Washington Post*, 4 nov. 2019.

70. Mike Isaac, "Facebook Wrestles with the Features It Used to Define Social Networking". *The New York Times*, 25 out. 2021.

71. Ibid.

72. O arquivo, entre outros, pode ser visto em Max Fisher, "Inside Facebook's Secret Rulebook for Global Political Speech" (*The New York Times*, 27 dez. 2018).

73. Arielle Pardes, "Quality Time, Brought to You by Big Tech". *Wired*, 31 dez. 2018.

74. Tuíte de B. J. Fogg (@bjfogg), 11 set. 2019. Disponível em: <twitter.com/bjfogg/status/1171883692488183809>.

75. Nellie Bowles, "Addicted to Screens? That's Really a You Problem". *The New York Times*, 6 out. 2019.

76. Arielle Pardes, "Quality Time, Brought to You by Big Tech", op. cit.

77. Nellie Bowles, "Where Silicon Valley Is Going to Get in Touch with Its Soul". *The New York Times*, 4 dez. 2017.

78. Sandra E. Garcia, "Ex-Content Moderator Sues Facebook, Saying Violent Images Caused Her PTSD". *The New York Times*, 25 set. 2018.

79. Casey Newton, "Facebook Will Pay $52 Million in Settlement with Moderators Who Developed PTSD on the Job". The Verge, 12 maio 2020.

11. A ditadura da curtida [pp. 351-88]

1. Débora Lopes, "É horrível ser difamado pelo Bolsonaro". *Vice Brasil*, 11 maio 2013.
2. Ernesto Londoño e Letícia Casado, "With Amazon on Fire, Environmental Officials in Open Revolt against Bolsonaro". *The New York Times*, 28 ago. 2019.
3. Stan Lehman, "A Look at Offensive Comments by Brazil Candidate Bolsonaro". Associated Press, 29 set. 2018.
4. Luiza Bandeira, "Ursal, Illuminati, and Brazil's YouTube Subculture". Laboratório Forense Digital, 30 ago. 2018.
5. Id., "Fast and False in Brazil". Laboratório Forense Digital, 19 set. 2018.
6. Maria Helena Marinho, "Pesquisa Video Viewers: Como os brasileiros estão consumindo vídeos em 2018". Google Marketing Materials, set. 2018.
7. Almeida e sua equipe nos forneceram vários relatórios que documentam suas metodologias e conclusões, assim como os dados brutos, em uma série de entrevistas realizadas no início de 2019. Compartilhei boa parte desse material com o YouTube antes da publicação da nossa matéria no *The New York Times*. Almeida et al. ainda não publicaram sua pesquisa completa formalmente, em revista científica, embora tenham utilizado metodologias similares (e chegado a conclusões similares) em estudos subsequentes com revisão por pares. Ver Manoel Horta Ribeiro et al., "Auditing Radicalization Pathways on YouTube", op. cit.; e Manoel Horta Ribeiro, Virgílio Almeida e Wagner Meira Jr., "Misinformation, Radicalization and Hate through the Lens of Users", em XXXIII Concurso de Teses e Dissertações (Porto Alegre, 30 jun. 2020).
8. Ver, por exemplo, Don Phillips, "Snitch on a Teacher: Bolsonaro Win Sparks Push against 'Indoctrination'" (*The Guardian*, 30 out. 2018).
9. Michael Fox, "Education Is in the Crosshairs in Bolsonaro's Brazil". *The Nation*, 12 nov. 2018. Ver também "Brazil's Classrooms Become a Battleground in a Culture War". *The Economist*, 1 dez. 2018.
10. Tuíte de Jair Bolsonaro (@jairbolsonaro), 11 nov. 2018. Disponível em: <twitter.com/jairbolsonaro/status/1061809199196368896>.
11. Por exemplo, Don Phillips, "Brazil Replaces Far-Right Education Minister with Conspiracy Theorist" (*The Guardian*, 9 abr. 2019).
12. Brad Haynes, "Facebook Removes Pages of Brazil Activist Network Before Elections". Reuters, 25 jul. 2018.
13. Amy Louise Brown et al., "Vaccine Confidence and Hesitancy in Brazil". *Cadernos de Saúde Pública*, v. 21, set. 2018.
14. John M. Carey et al., "The Effects of Corrective Information about Disease Epidemics and Outbreaks: Evidence from Zika and Yellow Fever in Brazil". *Science Advances*, v. 6, n. 5, jan. 2020.

15. Isabela Pimentel, "Mapeando propagação de boatos no YouTube — Febre amarela". Instituto Brasileiro de Pesquisa e Análise de Dados, 8 fev. 2018.

16. Kaiser et al. compartilharam suas conclusões e metodologia comigo conforme a pesquisa avançou, assim como documentação e dados de apoio. Compartilhei seleções desse material com o YouTube antes da publicação. Boa parte dessa pesquisa saiu posteriormente em Jonas Kaiser, Adrian Rauchfleisch e Yasodara Córdova, "Fighting Zika with Honey: An Analysis of YouTube's Video Recommendations on Brazilian YouTube". *International Journal of Communication*, fev. 2021.

17. Boa parte da metodologia, dados e conclusões citados na pesquisa encontra-se em dois estudos já publicados: Josemar Alves Caetano et al., "Analyzing and Characterizing Political Discussions in WhatsApp Public Groups" (Documento de pesquisa, 2018) e id., "Characterizing Attention Cascades in WhatsApp Groups" (*Proceedings of the 10th ACM Conference on Web Science*, jun. 2019).

18. "The Four Rs of Responsibility, Part 2: Raising Authoritative Content and Reducing Borderline Content and Harmful Misinformation". Blog oficial do YouTube, 3 dez. 2019.

19. Os pesquisadores publicaram posteriormente parte de suas conclusões e métodos em Jonas Kaiser e Adrian Rauchfleisch, "The Implications of Venturing Down the Rabbit Hole". *Internet Policy Review*, 27 jun. 2019.

20. Há um resumo da pesquisa em Rachel Aviv, "The Science of Sex Abuse" (*The New Yorker*, 6 jan. 2013).

21. Kathryn Seigfried-Spellar e Marcus Rogers, "Does Deviant Pornography Use Follow a Guttman-Like Progression?". *Computers in Human Behavior*, v. 29, n. 5, set. 2013.

22. Ver, entre outros, Chad M. S. Steel et al., "An Integrative Review of Historical Technology and Countermeasure Usage Trends in Online Child Sexual Exploitation Material Offenders" (*Forensic Science International*, v. 33, jun. 2020); Ethel Quayle, "Online Sexual Deviance, Pornography and Child Sexual Exploitation Material" (*Forensische Psychiatrie, Psychologie, Kriminologie*, v. 14, 2020); id., "Prevention, Disruption and Deterrence of Online Child Sexual Exploitation and Abuse" (*ERA Forum*, v. 21, 2020).

23. Daisuke Wakabayashi, "YouTube Bans Comments on Videos of Young Children in Bid to Block Predators". *The New York Times*, 28 fev. 2019.

24. Rebecca Kern, "Senate Bill Targets YouTube's Kids Content amid Probe Report". Bloomberg, 20 jun. 2019.

25. De Richard Blumenthal e Marsha Blackburn para Susan Wojcicki, 6 jun. 2019. Disponível em: <www.blumenthal.senate.gov/imo/media/doc/2019.06.03%20-%20YouTube%20-%20Child%20Abuse.pdf>.

26. "Protecting Innocence in a Digital World". Audiência da Comissão Judiciária do Senado, 9 jul. 2019.

12. Infodemia [pp. 389-431]

1. Matt Richtel, "W. H. O. Fights a Pandemic Besides Coronavirus: An 'Infodemic'". *The New York Times*, 6 fev. 2020.

2. Devex Partnerships, "Q&A: Solidifying Social Media Platforms' Role in Global Health". Devex.com, 29 nov. 2021.

3. Catherine Cheney, "How WHO Is Engaging Big Tech to Fight Covid-19". Devex.com, 14 ago. 2020.

4. Christina Farr e Salvador Rodriguez, "Facebook, Amazon, Google and More Met with WHO to Figure Out How to Stop Coronavirus Misinformation". CNBC, 14 fev. 2020.

5. Christina Capatides, "Coronavirus Cannot be Cured by Drinking Bleach or Snorting Cocaine, despite Social Media Rumors". CBS News, 9 mar. 2020.

6. Brandy Zadrozny, "Coronavirus Conspiracy Video Spreads on Instagram among Black Celebrities". NBC News, 13 mar. 2020.

7. Tuíte de Brody Logan (@BrodyLogan), 16 mar. 2020. Disponível em: <twitter.com/BrodyLogan/status/1239406460188020736>.

8. Max Fisher, "Why Coronavirus Conspiracy Theories Flourish. And Why It Matters". *The New York Times*, 8 abr. 2020.

9. Kevin Roose, "Eight: 'We Go All'". *The New York Times*, 4 jun. 2020.

10. Daniel Frankel, "YouTube Controls 16% of Pandemic Traffic Globally: Sandvine". Next TV, 7 maio 2020.

11. Em abril de 2020, o grupo de defesa de direitos humanos Avaaz identificou cem postagens de conspirações com covid no Facebook com 1,7 milhão de compartilhamentos somados. "How Facebook Can Flatten the Curve of the Coronavirus Infodemic". Avaaz, 15 abr. 2020.

12. A postagem teve 18 mil compartilhamentos. Daniel Funke, "Fact-Checking a Facebook Conspiracy about Bill Gates, dr. Fauci and Covid-19". PolitiFact, 14 abr. 2020.

13. A postagem teve 90 mil compartilhamentos e 350 mil curtidas. Tuíte de @krisssnicolee, 7 mar. 2020. Disponível em: <twitter.com/krisssnicolee/status/1236309595544584192>.

14. O vídeo deles teve 4,3 milhões de visualizações. Barbara Feder Ostrov, "Cue the Debunking: Two Bakersfield Doctors Go Viral with Dubious COVID Test Conclusions". Cal Matters, 27 abr. 2020.

15. "How Has Covid-19 Affected the Anti-Vaccination Movement? A Social Media Analysis". Commetric, 2 jun. 2020.

16. Neil Johnson et al., "The Online Competition between Pro-and Anti-Vaccination Views". *Nature*, v. 582, n. 7811, maio 2020.

17. Elizabeth Dwoskin, Tory Newmyer e Shibani Mahtani, "The Case against Mark Zuckerberg: Insiders Say Facebook's CEO Chose Growth over Safety", op. cit.

18. Ibid.

19. Billy Perrigo e Vera Bergengruen, "Facebook Employees Found a Simple Way to Tackle Misinformation. They 'Deprioritized' It After Meeting with Mark Zuckerberg, Documents Show". *Time*, 10 nov. 2021.

20. Renée DiResta e Isabella Garcia-Camargo, "Virality Project (US): Marketing Meets Misinformation". Stanford Internet Observatory, 26 maio 2020.

21. Ibid.

22. Sheera Frenkel, Ben Decker e Davey Alba, "How the 'Plandemic' Movie and Its Falsehoods Spread Widely Online". *The New York Times*, 20 maio 2020.

23. Catherine Cheney, "How WHO Is Engaging Big Tech to Fight Covid-19", op. cit.

24. Kathleen Jamieson e Dolores Albarracin, "The Relation between Media Consumption and Misinformation at the Outset of the SARS-CoV-2 Pandemic in the US". *Harvard Kennedy School Misinformation Review*, v. 1, n. 2, 2020.

25. Adam Satariano, "Coronavirus Doctors Battle Another Scourge: Misinformation". *The New York Times*, 17 ago. 2020.

26. Tuíte de Rachel McKibbens (@rachelmckibbens), 15 nov. 2021. Disponível em: <twitter.com/RachelMcKibbens/status/1460268133302738947>.

27. Arijeta Lajka, "No, Covid-19 Vaccines Do Not 'Shed'". Associated Press, 29 abr. 2021.

28. Tuíte de Rachel McKibbens (@rachelmckibbens), 11 nov. 2021. Disponível em: <twitter.com/RachelMcKibbens/status/1458881015917678594>.

29. Denúncia criminal, *Estados Unidos da América v. Ivan Harrison Hunter*, Processo 20-mj-758-hb, 27 maio 2020.

30. Gisela Pérez de Acha, Kathryn Hurd e Ellie Lightfoot, "I Felt Hate More than Anything: How an Active Duty Airman Tried to Start a Civil War". *Frontline* e ProPublica, 13 abr. 2021.

31. Alex Goldenberg e Joel Finkelstein, "Cyber Swarming, Memetic Warfare and Viral Insurgency". Network Contagion Research Institute, fev. 2020.

32. Tech Transparency Project, 22 abr. 2020.

33. Denúncia criminal, *Estados Unidos da América v. Timothy John Watson*, Processo 3:20-mj-00127-RWT, 30 out. 2020.

34. Denúncia criminal, *Estados Unidos da América v. Jessie Alexander Rush, Robert Jesus Blancas, Simon Sage Ybarra e Kenny Matthew Miksch*, Processo CR-21-0121-JD, 23 mar. 2021.

35. Brandy Zadrozny, "Facebook Removes Some Events Calling for Protests of Stay-at-Home Orders". NBC News, 20 abr. 2020.

36. Ver, por exemplo, "Extremists Are Using Facebook to Organize for Civil War amid Coronavirus" (Tech Transparency Project Report, 22 abr. 2020).

37. Deepa Seetharaman, "QAnon Booms on Facebook as Conspiracy Group Gains Mainstream Traction". *The Wall Street Journal*, 13 ago. 2020.

38. Tuíte de Nina Jankowicz (@wiczipedia), 27 maio 2020. Disponível em: <twitter.com/wiczipedia/status/1265629272988954625>.

39. Aatif Sulleyman, "Facebook Bans One of the Anti-Vaccine Movement's Biggest Groups for Violating QAnon Rules". *Newsweek*, 18 nov. 2020.

40. Cecilia Kang e Sheera Frenkel, "'PizzaGate' Conspiracy Theory Thrives Anew in the TikTok Era". *The New York Times*, 27 jun. 2020.

41. Alex Kaplan, "Here Are the QAnon Supporters Running for Congress in 2020". Media Matters, 7 jan. 2020 (atualizado até 27 jul. 2021).

42. Denúncia criminal, *Estados Unidos v. Ivan Harrison Hunter*, Processo 20-mj-758-hb, 27 maio 2020.

43. Os detalhes das ações de Carrillo e Justus correspondem ao que é descrito nos processos penais. Ver, por exemplo, Andrew Blankstein e Ben Collins, "Alleged 'Boogaloo' Extremist Charged in Killing of Federal Officer during George Floyd Protest" (NBC News, 16 jun. 2020).

44. Gisela Pérez de Acha, Kathryn Hurd e Ellie Lightfoot, "I Felt Hate More than Anything: How an Active Duty Airman Tried to Start a Civil War", op. cit.

45. Tuíte de Donald J. Trump (@realDonaldTrump), 29 maio 2020. Deletado posteriormente.

46. David Ingram, "Zuckerberg Says He's 'Struggling' with Trump's Latest Posts but Leaving Them Up". NBC News, 29 maio 2020.

47. Jelani Cobb, "Show Me State of Mind". *This American Life*, v. 671, 29 mar. 2019.

48. Tuíte de Andy Mannix (@andrewmannix), 29 maio 2020. Disponível em: <twitter.com/AndrewMannix/status/1266253783408930816>. Como se quisesse sublinhar que seus antagonistas talvez houvessem pego o homem errado, Mannix posteriormente dividiu um prêmio Pulitzer pela apuração do *Minneapolis Star Tribune* sobre abusos da polícia que ajudaram a inspirar as manifestações.

49. Tuíte de Max Blumenthal (@MaxBlumenthal), 30 maio 2020. Deletado posteriormente.

50. Aaron Katersky, "Facebook Promoted Extremism Leading to Federal Officer Dave Patrick Underwood's Murder: Lawsuit". ABC News, 6 jan. 2020.

51. Tuíte de Lauren Tan (@sugarpirate_), 1 jun. 2020. Disponível em: <twitter.com/sugarpirate_/status/1266470996162146304>.

52. "How Facebook Is Undermining 'Black Lives Matters'". The Daily, podcast do *The New York Times*, 22 jun. 2020.

53. Ver, por exemplo, Elizabeth Dwoskin, Craig Timberg e Tony Romm, "Zuckerberg Once Wanted to Sanction Trump", op. cit.

54. Judd Legum, "Facebook's Tipping Point". Popular Information, 27 jun. 2020.

55. "Banning a Violent Network in the US". Facebook Newsroom, 30 jun. 2020. Disponível em: <about.fb.com>.

56. Julia Alexander, "YouTube Bans Stefan Molyneux, David Duke, Richard Spencer, and More for Hate Speech". The Verge, 29 jun. 2020.

57. Bobby Allyn, "Reddit Bans The_Donald, Forum of Nearly 800,000 Trump Fans, over Abusive Posts". NPR, 29 jun. 2020.

58. Ryan Mac e Craig Silverman, "'Facebook Is Hurting People at Scale'". BuzzFeed News, 23 jul. 2020.

59. Mike Isaac e Tiffany Hsu, "Facebook Fails to Appease Organizers of Ad Boycott". *The New York Times*, 7 jul. 2018. Charlie Warzel, "When a Critic Met Facebook: 'What They're Doing Is Gaslighting'". *The New York Times*, 9 jul. 2020.

60. Laura W. Murphy e escritório de advocacia Relman Colfax. "Facebook's Civil Rights Audit — Final Report". About.fb.com, 8 jul. 2020.

61. Ibid.

62. Dados de Crowdtangle.com.

63. Avery Hartmans, "Nancy Pelosi Wonders How Top Facebook Employees Can 'Look Themselves in the Mirror' Because They 'Make Money Off Poison'". Business Insider, 21 set. 2020.

64. "New Steps to Protect the US Elections". Facebook Newsroom, 3 set. 2020. Disponível em: <about.fb.com>.

65. Tuíte de @instagramcommes, 29 out. 2020. Disponível em: <mobile.twitter.com/InstagramComms/status/1321957713476280320>.

66. Elizabeth Dwoskin e Craig Timberg, "With Election Day Looming, Twitter Imposes New Limits on U. S. Politicians — and Ordinary Users, Too". *The Washington Post*, 9 out. 2020.

67. Vijaya Gadde e Kayvon Beykpour, "Additional Steps We're Taking Ahead of the 2020 US Election". Blog corporativo do Twitter, 9 out. 2020.

68. Sheera Frenkel, "Facebook Amps Up Its Crackdown on QAnon". *The New York Times*, 6 out. 2020. Kate Conger, "Twitter, in Widening Crackdown, Removes over 70,000 QAnon Accounts". *The New York Times*, 11 jan. 2021.

69. Jennifer Elias, "YouTube Tightens Rules on Conspiracy Videos, but Stops Short of Banning QAnon". CNBC, 15 out. 2020.

70. "Social Media in 2020: Incitement". Relatório da Counteraction, 25 nov. 2020.

71. Em Steck e Andrew Kaczynski, "Marjorie Taylor Greene Indicated Support for Executing Prominent Democrats in 2018 and 2019 Before Running for Congress". CNN, 26 jan. 2021.

72. Sheera Frenkel, "The Rise and Fall of the 'Stop the Steal' Facebook Group". *The New York Times*, 5 nov. 2020.

73. "Richard Barnett, Arkansas Man Pictured Sitting at Nancy Pelosi's Desk, Arrested". Associated Press, 8 jan. 2021.

74. "Save Our Children Raises over $1,000 for Nonprofit". *Westside Eagle Observer*, 28 out. 2020.

75. "Capitol Attack Was Months in the Making on Facebook". Tech Transparency Project Report, 19 jan. 2021.

76. Dados de Crowdtangle.com.

77. Clara Hendrickson, "No Evidence Ballots Were Smuggled into Detroit Counting Hub". *Detroit Free Press*, 5 nov. 2020.

78. John Keilman, "Critics Call Gary Franchi's YouTube Channel, the Next News Network, a Hive of Conspiracy Theories. So How Has It Survived the Platform's Conspiracy Crackdown?". *Chicago Tribune*, 31 out. 2020.

79. Tuíte de @j_epp_, 4 nov. 2020. Deletado posteriormente.

80. Tuíte de @breaking911, 5 nov. 2020. Deletado posteriormente.

81. Ryan Mac e Sheera Frenkel, "Internal Alarm, Public Shrugs: Facebook's Employees Dissect Its Election Role". *The New York Times*, 22 out. 2021.

82. Tuíte de Guillaume Chaslot (@gchaslot), 3 dez. 2020. Disponível em: <twitter.com/gchaslot/status/1334615047197380610>.

83. "Election Fraud Narrative". Transparency.tube Report, 17 nov. 2020.

84. "YouTube Still Awash in False Voter Fraud Claims". Tech Transparency Report, 22 dez. 2020.

85. Jordan Green, "Trump's Far-Right Supporters Promise Violence at Today's DC Protests". Raw Story, 6 jan. 2021.

86. Laurel Wamsley, "On Far-Right Websites, Plans to Storm Capitol Were Made in Plain Sight". NPR, 7 jan. 2021.

87. Jordan Green, "Trump's Far-Right Supporters Promise Violence at Today's DC Protests", op. cit.

88. Swaine, abr. 2021.

89. "Richard Barnett Benton County Republican Rally". KNWA Fox 24, 6 jan. 2021.

90. Robert Evans, "How the Insurgent and MAGA Right Are Being Welded Together on the Streets of Washington D.C.". Bellingcat.com, 5 jan. 2021.

91. Ibid.

92. naterich_stl, "What Does 'Pedes' Mean?". Reddit, 16 mar. 2019.

93. Robert Evans, "How the Insurgent and MAGA Right Are Being Welded Together on the Streets of Washington D.C.", op. cit.

94. Luke Broadwater, "Capitol Police Told to Hold Back on Riot Response on Jan. 6, Report Finds". *The New York Times*, 13 abr. 2021.

95. "West Virginia Lawmaker Records Himself Storming the U. S. Capitol: 'We're in!'". Associated Press, 7 jan. 2021.

96. Denúncia criminal, *Estados Unidos da América v. Derrick Evans*, Processo 1:21-cr-337, 8 jan. 2021.

97. Denúncia criminal, *Estados Unidos da América v. Jenny Cudd*, Processo 1:21-cr-00068-TNM, 13 out. 2021.

98. Denúncia criminal, *Estados Unidos da América v. Thomas Edward Caldwell, Donovan Ray Crowl e Jessica Marie Watkins*, Processo 1:21-mj-00119, 19 jan. 2021.

99. Denúncia criminal, *Estados Unidos da América v. Peter Francis Stager*, Processo 1:21-mj-00057, 14 jan. 2021.

100. Denúncia criminal, *Estados Unidos da América v. Dominic Pezzola*, Processo 1:21-mj-00047, 13 jan. 2021.

101. Tess Owen e Mack Lamoureux, "The Proud Boy Who Smashed a US Capitol Window Is a Former Marine". Vice News, 15 jan. 2021.

102. Connor Sheets, "The Radicalization of Kevin Greeson". ProPublica e *Birmingham News*, 15 jan. 2021.

103. Nicholas Bogel-Burroughs e Evan Hill, "Death of QAnon Follower at Capitol Leaves a Wake of Pain". *The New York Times*, 30 maio 2021.

104. Samuel Benson, "The Story of the Man Who Filmed Ashli Babbitt's Death". *Deseret News*, 11 ago. 2021.

105. Robert Mackey, "John Sullivan, Who Filmed Shooting of Ashli Babbitt in Capitol, Detained on Federal Charges". *The Intercept*, 14 jan. 2021.

106. Elizabeth Culliford, Katie Paul e Joseph Menn, "Twitter, Facebook Freeze Trump Accounts as Tech Giants Respond to Storming of U. S. Capitol". Reuters, 6 jan. 2021.

107. Ryan Mac, "Facebook Forced Its Employees to Stop Discussing Trump's Coup Attempt". BuzzFeed News, 6 jan. 2021.

108. "Alphabet Workers Union Statement on Yesterday's Insurrection". Alphabet Workers Union, 7 jan. 2021.

109. Tuíte de Chris Sacca (@sacca), 6 jan. 2021. Disponível em: <twitter.com/sacca/status/1346921144859783169>.
110. "Joe Biden". Editorial Board, *The New York Times*, 17 jan. 2020.
111. De Tom Malinowski e Anna G. Eshoo para Mark Zuckerberg, 21 jan. 2021. Disponível em: <malinowski.house.gov/sites/malinowski.house.gov/files/Letter%20to%20Facebook%20 – %20Malinowski_Eshoo_final_0.pdf>.
112. De Tom Malinowski e Anna G. Eshoo para Sundar Pichai e Susan Wojcicki, 21 jan. 2021. Disponível em: <malinowski.house.gov/sites/malinowski.house.gov/files/Letter%20to%20YouTube%20– %20Malinowski_Eshoo_final_0.pdf >.
113. Postagem de Ron Watkins (@codemonkeyz), Telegram, 20 jan. 2021.
114. Ibid.
115. Postagem de Pillow, 8kun, 20 jan. 2021. Disponível em: <archive.is/lG6er>.
116. Postagem de StartAgain, 20 jan. 2021. Disponível em: <greatawakening.win>.
117. Postagem de FL350, 20 jan. 2021. Disponível em: <greatawakening.win>.
118. Postagem de Bubba1776, 20 jan. 2021. Disponível em: <greatawakening.win>.
119. Ibid.

Epílogo: Delatores [pp. 433-48]

1. "Facebook to Stop Recommending Civic and Political Groups". BBC News, 28 jan. 2021.
2. Leon Yin e Alfred Ng, "Facebook Said It Would Stop Pushing Users to Join Partisan Political Groups. It Didn't". The Markup, 19 jan. 2021.
3. Id., "Facebook Says 'Technical Issues' Were the Cause of Broken Promise to Congress". The Markup, 12 fev. 2021.
4. Kevin Roose, "Facebook Reverses Postelection Algorithm Changes That Boosted News from Authoritative Sources". *The New York Times*, 16 dez. 2020.
5. Sarah Schiff, "An Update on the Georgia Runoff Elections". About.fb.com, 15 dez. 2020.
6. Corin Faife, "In Georgia, Facebook's Changes Brought Back a Partisan News Feed". The Markup, 5 jan. 2021.
7. Mike Isaac, "Facebook Ends Ban on Political Advertising". *The New York Times*, 3 mar. 2021.
8. Elizabeth Dwoskin, "Facebook's Sandberg Deflected Blame for Capitol Riot, but New Evidence Shows How Platform Played Role". *The Washington Post*, 13 jan. 2021.

9. Nilay Petal, "Banning President Trump Was the Right Decision, Says Instagram's Adam Mosseri". The Verge, 19 jan. 2021.

10. Nick Clegg, "You and the Algorithm: It Takes Two to Tango". Medium.com, 31 mar. 2021.

11. "Trending in the Wrong Direction: Social Media Platforms' Declining Enforcement of Voting Disinformation". Common Cause Report, 2 set. 2021.

12. Institute for Research and Education on Human Rights, "Breaching the Mainstream: A National Survey of Far Right Membership in State Legislatures". Maio 2022.

13. Ana Ceballos, "Florida GOP Pushes 'Intellectual Diversity' Survey for Colleges". *The Tampa Bay Times*, 6 abr. 2021.

14. Jonathan Oosting, "Voting Machine Missing After Michigan Clerk Stripped of Election Power". *Bridge Michigan*, 28 out. 2021. "Several Interruptions from Tina Peters Caused Commissioners to Almost Throw Peters Out of Public Hearing". Western Slope Now, 25 out. 2021.

15. Steve Reilly et al., "QAnon Candidates Are on the Ballot in 26 States". Grid, 12 abr. 2022.

16. Sheryl Gay Stolberg e Davey Alba, "Surgeon General Assails Tech Companies over Misinformation on Covid-19". *The New York Times*, 15 jul. 2021.

17. Zolan Kanno-Youngs e Cecilia Kang, "'They're Killing People': Biden Denounces Social Media for Virus Disinformation". *The New York Times*, 16 jul. 2021.

18. "Investigation of Competition in Digital Markets", House Subcommittee on Antitrust, Commercial and Administrative Law, 6 out. 2020.

19. Celina Ribeiro, "Can Australia Force Google and Facebook to Pay for News?". *Wired*, 30 ago. 2020.

20. "Digital News Report: Australia 2020". University of Canberra News & Media Research Centre, 2020.

21. Damien Cave, "Facebook's New Look in Australia: News and Hospitals Out, Aliens Still In". *The New York Times*, 18 fev. 2021.

22. Tuíte de Evelyn Douek (@evelyndouek), 17 fev. 2021. Disponível em: <twitter.com/evelyndouek/status/1362171044136710144>.

23. Tuíte de Sophie McNeill (@sophiemcneill), 17 fev. 2021. Disponível em: <twitter.com/Sophiemcneill/status/1362187114431975426>.

24. Tuíte de Anthony Albanese (@albomp), 17 fev. 2021. Disponível em: <twitter.com/AlboMP/status/1362177819304812544>.

25. Sam Shead, "Meta Says It May Shut Down Facebook and Instagram in Europe over Data-Sharing Dispute". CNBC, 7 fev. 2022.

26. William Horobin e Zoe Schneeweiss, "We're Fine without Facebook, German and French Ministers Say". Bloomberg News, 7 fev. 2022.

27. Emily Birnbaum e Issie Lapowsky, "How Tech Workers Feel about China, AI and Big Tech's Tremendous Power". Protocol, 15 mar. 2021.
28. Ben Smith, "Inside the Big Facebook Leak". *The New York Times*, 24 out. 2021.
29. Cat Zakrzewski e Reed Albergotti, "The Education of Frances Haugen: How the Facebook Whistleblower Learned to Use Data as a Weapon from Years in Tech". *The Washington Post*, 11 out. 2021.
30. Scott Pelley, "Whistleblower: Facebook Is Misleading the Public on Progress against Hate Speech, Violence, Misinformation". *60 Minutes*, 4 out. 2021.
31. Declaração Inicial de Frances Haugen na Audiência sobre Crianças e Mídias Sociais no Senado, 5 out. 2021.
32. Cat Zakrzewski e Reed Albergotti, "The Education of Frances Haugen: How the Facebook Whistleblower Learned to Use Data as a Weapon from Years in Tech", op. cit.

Posfácio

1. Pew Research Center, *Social Media Seen as Mostly Poor for Democracy Across Many Nations, But U.S. is a Major Outlier*, 6 dez. 2022.
2. CGO Tech Poll, Utah State University Center for Growth and Opportunity, fev. 2023.
3. Amanda Agan et al., "Automating Automaticity: How the Context of Human Choice Affects the Extent of Algorithmic Bias", Becker Friedman Institute for Economics at the University of Chicago, fev. 2023.
4. Dan Lu e Dian Hong, "Emotional Contagion: Research on the Influencing Factors of Social Media Users' Negative Emotional Communication During the Covid-19 Pandemic", *Frontiers in Psychology*, jul. 2022.
5. Adam Satariano, "Meta Fined $1.3 Billion for Violating E.U. Data Privacy Rules", *New York Times*, 22 maio 2023.
6. Jeff Horwitz, "Facebook Parent Meta Platforms Cuts Responsible Innovation Team", *Wall Street Journal*, 8 set. 2022.
7. Kristen Holmes, "Trump expresses support for Capitol rioters as he continues to embrace extremist groups", CNN.com, 2 dez. 2022.
8. Sara Fischer, "YouTube reverses misinformation policy to allow U.S. election denialism", *Axios*, 2 jun. 2023.
9. Nick Clegg, "Ending Suspension of Trump's Accounts With New Guardrails to Deter Repeat Offenses", Meta Newsroom, 25 jan. 2023.
10. Entrevista com Dove Cameron, *Zach Sang Show*, 15 nov. 2022.
11. Pew Research Center, *Teens, Social Media and Technology 2022*, 10 ago. 2022.

12. Jean Twenge, "Teens Have Less Face Time with Their Friends — and are Lonelier than Ever", *The Conversation*, 20 mar. 2019.
13. Ibid.
14. "'Listen to Us.' What These 12 Kids Want Adults to Know", Ariel Kaminer e Adrian J. Rivera, *New York Times*, 21 mar. 2023.
15. "'Luddite' Teens Don't Want Your Likes", Alex Vadukul, *New York Times*, 15 dez. 2022.
16. Jory MacKay, "Screen Time Stats 2019", *RescueTime*, 21 mar. 2019.
17. Allison Murray, "We Spent nearly 5 Hours a Day on our Mobile Devices in 2021", ZD Net, 13 jan. 2022.
18. Ryan Browne e Hugh Son, "Venture capitalists urge startups to withdraw funds from crisis-laden Silicon Valley Bank", CNBC, 10 mar. 2023.
19. The Federal Reserve System, instituição financeira americana similar ao Banco Central.
20. Todas as estatísticas deste parágrafo e do seguinte: Jason Kardachi et al., "Venture Capital: Surviving the VC Winter", *Kroll*, 15 mar. 2023. "How the Titans of Tech Investing are Staying Warm over the VC Winter", *The Economist*, 26 fev. 2023.
21. James Rogers, "Global Tech Layoffs Have Surpassed 201,000 since the Start of 2023", MarketWatch, 2 jun. 2023.
22. "How TikTok Broke Social Media", *The Economist*, 21 mar. 2023.
23. Joseph Bernstein, "Mark Zuckerberg Would Like You to Know About His Workouts", *New York Times*, 2 jun. 2023.
24. Pellaeon Lin, "TikTok vs Douyin: A Security and Privacy Analysis", Citizen Lab, Universidade de Toronto, 22 mar. 2021.
25. Ronald Deibert, "My Statement on TikTok's Continuing References to Citizen Lab Research", Citizen Lab, 23 mar. 2023.
26. *The Economist*, 2023.
27. Matt Perault e Samm Sacks, "Project Texas: The Details of TikTok's Plan to Remain Operational in the United States", *LawFare*, 26 jan. 2023.
28. Kylie Robison, "420 Is Not a Joke, Elon Musk Testifies", *Fortune*, 23 jan. 2023.
29. Tabby Kinder et al., "Looming Twitter Interest Payment Leaves Elon Musk with Unpalatable Options", *Financial Times*, 16 jan. 2023.
30. Ibid.
31. Kate Conger et al., "Two Weeks of Chaos: Inside Elon Musk's Takeover of Twitter", *New York Times*, 11 nov. 2022.
32. "Elon Musk Apologizes After Mocking Laid-Off Twitter Employee with Disability", *Associated Press*, 8 mar. 2023.
33. Zoë Schiffer e Casey Newton, "In Latest Round of Twitter Cuts, Some See Hints of its Next CEO", Platformer, 27 fev. 2023.

34. Kurtis Lee, "Elon Musk, in a Tweet, Shares Link From Site Known to Publish False News", *New York Times,* 30 out. 2022.

35. Ryan Mac e Tiffany Hsu, "Twitter's U.S. Ad Sales Plunge 59% as Woes Continue", *New York Times,* 5 jun. 2023.

36. Charlie Warzel, "Elon Musk's Texts Shatter the Myth of the Tech Genius", *The Atlantic,* 30 set. 2022.

37. Derek Thompson, "Your Creativity Won't Save Your Job From AI", *The Atlantic,* 1 dez. 2022.

38. Bernard Marr, "AI Can Now Make You Immortal — But Should It?", *Forbes,* 21 fev. 2023.

39. Tuíte de @aisolopreneur, 3 jun. 2023. Disponível em: <twitter.com/aisolopreneur/status/1664970492074250245>. Acesso em: 25 dez. 2023.

40. Alex Zhavoronkov, "Can We Enhance AI Safety By Teaching AI To Love Humans And Learning How To Love AI?", *Forbes*, 28 mar. 2023.

41. Oliver Darcy, "Experts Are Warning AI Could Lead to Human Extinction. Are We Taking It Seriously Enough?", CNN, 31 maio 2023.

42. Kevin Roose, "A Conversation With Bing's Chatbot Left Me Deeply Unsettled", *New York Times,* 16 fev. 2023.

43. Tuíte de Michael Bang Petersen (@M_B_Petersen), 20 fev. 2023. Disponível em: <twitter.com/M_B_Petersen/status/1627597746269048839>. Acesso em: 25 dez. 2023.

Índice remissivo

11 de Setembro de 2001, ataques
  terroristas de, 50, 107
4chan (fórum da internet), 18, 58-9,
  74-82, 87-8, 94, 96-7, 100, 102-
  3, 105, 107, 178-80, 202, 252, 274,
  277-8, 281, 293, 295, 299-300,
  304, 307, 399, 467
8chan (fórum da internet), 78, 82,
  102, 295, 299-301, 303-6, 398,
  430
60 Minutes (programa de TV), 443,
  449
2001: Uma odisseia no espaço (filme),
  36, 346, 448

A

Abedin, Huma, 178
accumbens, núcleo (região do
  cérebro), 45-6
Adam (entrevistado), 73-8, 87, 178,
  180, 252, 278, 299-300, 306-8;
  e 4chan, 74-5, 87; e mudanças
  na cultura dos games, 307; e
  Pizzagate, 178, 180; e trollagens,
  78; mudança de ponto de vista,
  307-8
Afeganistão, 302
África, 123, 190, 259, 343

Agência de Pesquisa da Internet
  (Rússia), 190
Airbnb, 72, 156, 322, 338
Alefantis, James, 185
Alemanha, 48, 181, 245-6, 251, 255,
  257, 259, 264-6, 268-73, 275-
  6, 285, 327, 354, 363, 416, 440,
  449; nazista, 359
Algo Transparency (programa de
  computador), 170
algoritmos, 17, 19-20, 51, 79, 103,
  126, 143, 147, 151-2, 163-4, 166-
  7, 172-5, 183, 188, 201, 205,
  218, 220, 228, 231, 243, 264,
  277, 282-3, 288, 291, 306, 322,
  326, 328, 333-4, 340, 345-6,
  348, 353, 355, 370-1, 376, 383,
  384, 394, 399, 406, 410, 439,
  446, 471-2; afinidade entre
  tópicos, 148; alertas quanto
  ao uso dos, 19, 52, 55, 450;
  analisando o raciocínio de, 272,
  451; conteúdo extremado e de
  discórdia, 205; desligar, 394,
  445; do Facebook, 109, 164, 307;
  do YouTube, 166-7, 183, 205, 207,
  266-7, 276, 279, 283, 287, 306,
  357, 371, 379, 380, 385; e filtro-
  bolha, 151, 259; e otimização
  de plataformas, 174, 181;
  efeito "porta de entrada", 283,
  358, 382-3; falta de "bússola

moral" nos, 384; mudanças nos algoritmos depois de cerco ao Capitólio, 420

Allen, Samantha, 62

Almeida, Virgílio, 357, 358, 373

Alphabet (empresa), 428

alt-right (extrema direita norte--americana), 60, 105-6, 126, 178, 266, 270-1, 275, 283

Altair 8800 (computador), 66

Altena (Alemanha), 245-7, 249-50

Amazon, 71, 147, 156, 159, 296, 322, 337, 437

Amazônia (Floresta Amazônica), 352

Americas Quarterly (revista acadêmica), 353

Ampara (Sri Lanka), 226-7, 230, 233, 236, 238

ampliganda" (propagação massiva por meio de pessoas desavisadas), 200

Andreessen Horowitz (firma de investimentos), 338, 446

Andreessen, Marc, 72, 338

Angeli, Jake, 424-5

Anglin, Andrew, 102, 107, 274-5, 288

anomia", 178, 278, 282, 300-1, 392

Antifa (grupo de esquerda norte--americano), 420

antissemitismo, 107, 174, 274, 277, 402; e Holocausto, 277, 289-90, 301

antivacina, movimento, 24-5, 27, 90, 167, 172, 197, 248, 267, 299, 393, 402; antivaxxers, 92, 126, 157, 168, 197, 296, 323, 395, 401, 441; *ver também* Covid-19, pandemia da

Apple, 29, 66, 69, 96, 98, 159, 229, 290, 348, 437

aprendizado de máquina [*machine learning*], 145-7, 163, 165, 167, 174, 228, 384, 447; "aprendizado profundo", 163, 356, 471-2

aquecimento global, 170; *ver também* mudança climática

Ardern, Jacinda, 306

Arkansas (EUA), 401, 416, 419, 421, 424-6

Arun, Chinmayi, 314, 315

Assange, Julian, 178

Atari (videogame), 84

atenção, 19, 27, 52, 78-9, 88, 95, 106, 117, 128, 136, 138, 150, 152, 161, 171, 193, 208, 268, 282, 286-7, 323, 329, 353, 446-7; economia da, 210; identidade compartilhada, 203, 329; manipulação da, 19, 37, 108, 171, 472; *ver também* engajamento

Atham-Lebbe, Farsith, 226-7, 230, 233, 236, 238-40

Atlanta Journal-Constitution, 434

Auernheimer, Andrew, 81-2, 102, 105

Aung San Suu Kyi, 217

Austrália, 327, 439

autogestão, 68

B

Babbitt, Ashli, 426

Bálcãs, 311, 315

Bandeira, Luiza, 353-4

Bannon, Steve, 104-5, 107

Barnett, Richard, 416-7, 419, 421-2, 424, 427

Basith, Abdul, 235

Basith, Fazal, 235-6

BBC (British Broadcasting Corporation), 111, 242, 419

Beatles, 190

Beck, Glenn, 334
Beech, Hannah, 219
Bell Labs (empresa), 30-1, 71
Bellingcat (site), 283
Berger, J. M., 280, 373
Berlin, Leslie, 318-9
berom (povo africano), 242
Bezos, Jeff, 83, 156
Bickert, Monika, 344
Biden, Joe, 405, 411, 414, 417-9, 429-31, 437-8, 440
Black Lives Matter (BLM, movimento), 138, 242, 403-5, 407-8, 420
"Blackbird" (canção), 190
Blackburn, Marsha, 387
Blee, Kathleen, 295
Blumenthal, Richard, 337, 387
Blumenthal, Stephen, 383
boatos, 61, 111, 124, 134, 141, 172, 215, 222, 224-7, 242-3, 245, 250-1, 257, 325, 394, 397, 439; *ver também* desinformação; fake news
Boebert, Lauren, 361, 415
bolha pontocom, estouro da, 155, 320
Bolsonaro, Jair, 352-9, 361-4, 369, 375
Boogaloo (fórum da internet), 398-400, 402-3, 409, 414
Borges, Valéria, 359-61, 365
Bosworth, Andrew, 43
"botão incrível" (projeto do Facebook), 42
Boyd, Danah, 264
Boyland, Roseanne, 426
Brady, William ("Billy"), 116-8, 185-7, 195-6, 201, 207-8, 210-1, 243, 441
Braga, Roberta, 354

brancos: nacionalismo branco, 102, 275, 286; supremacistas brancos, 101-2, 105-6, 277-9, 305
Brand, Stewart, 67
Brasil, 352-7, 360-9, 371-3, 375-6, 378-9, 388-9, 399, 436, 449; ditadura militar brasileira (1964-85), 365; Instituto Brasileiro de Pesquisa e Análise de Dados, 367; Laboratório Forense Digital, 354; MBL (Movimento Brasil Livre), 364-5; SaferNet (observatório da internet brasileira), 381; Universidade Federal de Minas Gerais, 357, 373, 377
Breitbart (site), 104-5, 107-9, 181, 333, 434
Brennan, Frederick, 82, 102, 305
Brin, Sergey, 143
brinquedos, indústria de, 64, 84-5
Brito, Luciana, 371-3
budismo/budistas, 54-5, 214, 216, 242; Central de Informações Budistas (grupo de Facebook do Sri Lanka), 227
bullying, 77, 100, 253, 255; *ver também* intimidação
Bush, George W., 174, 286, 337, 340
BuzzFeed (site), 51, 287
ByteDance, 464-6

C

caça-níqueis, 39-42, 348, 457
"Cada homem responde pela própria alma" (Wong), 97

Califórnia (EUA), 23, 28, 31, 67, 90, 116, 143, 195, 232, 263, 305, 319, 390, 396, 398, 400, 408, 429

Callan, Aela, 55

"cancelamento", cultura do, 126, 139

Cancún (México), 241

capitalismo, 22, 64, 67, 85, 95, 99, 317

capitalistas de risco, 32, 71, 95, 320, 340

Capitólio, invasão do (Washington, D.C. — 2021), 420-7, 433

Carlson, Tucker, 341

Carrillo, Steven, 398, 400, 402-3, 405-7

cassinos, 23, 37, 40, 42, 47, 446

catalão, separatismo, 331

causalidade, 260

Caxemira, 314-5

Cecil (leão), 111-6

Central de Informações Budistas (grupo de Facebook do Sri Lanka), 227

Central Park (Nova York), 135, 139

Central pelas Alternativas Políticas (grupo de direitos humanos), 230

centro islâmico em Houston (Texas), 201

cérebro humano, 19, 88, 119, 127, 203; feminino, 284; neocórtex, 88; núcleo accumbens, 45-6

chan (cultura), 83

Charlie Hebdo, ataque terrorista ao (França, 2015), 333

Charlottesville, manifestação Unite the Right em (Virgínia, EUA — 2017), 244, 273-7, 286, 293, 409

Chaslot, Guillaume, 143-51, 153-4, 156, 168-70, 175, 183, 204-7, 292,

324-5, 328, 357-8, 366, 411, 418-9, 439-40, 471

Chega de Ódio por Lucro (campanha), 408-9

Chemnitz (Alemanha), 265-9, 271

Chenoweth, Erica, 330-2

chimpanzés, 36, 49, 130

China, 52, 124, 389, 463, 465-6

Choque do futuro, O (Toffler), 65

Christchurch, massacre na mesquita de (Nova Zelândia, 2019), 301, 305, 307, 315, 424

Christiane (entrevistada), 379, 388

CIA (Central Intelligence Agency), 23, 390

"ciberdemocracia", 328-9

"ciclo de retroalimentação da validação social", 38, 47

cingaleses (grupo étnico predominante no Sri Lanka), 225-7, 231-7, 268, 415

Clark, David, 68

Clegg, Nick, 435-6, 453

Clinton, Bill, 183

Clinton, Hillary, 178, 180, 183, 187, 193, 201-2, 293, 334-5

Clubhouse (aplicativo), 338

CNBC (Consumer News and Business Channel), 390

CNN (Cable News Network), 95, 107, 114, 189, 285, 372, 405

Coletes Amarelos, movimento dos (França), 329-30

Colômbia/colombianos, 228, 261

Colorado (EUA), 415, 436

Comet Ping Pong (restaurante em Washington, D.C.), 178-9, 184

Comissão de Valores Mobiliários (EUA), 346, 443

Comissão Especial do Senado sobre Espionagem (EUA), 322

Comissão Federal de Comércio (EUA), 334, 337, 339, 437

Comitê Estudantil de Coordenação Não Violenta (*Student Nonviolent Coordinating Committee*, SNCC), 331-2

Comitê Nacional Democrata, 423

Comitê Nacional Republicano, 333, 336, 423

Common Cause (grupo de vigilância), 436

computação nas nuvens, 96, 157-60, 229, 318

computadores pessoais, desenvolvimento dos, 66, 84, 229

Computer Lib/Dream Machine (Nelson), 65

comunidades da internet, 59-60, 83, 90, 96, 99-101, 126, 189, 222, 270, 272, 275, 284, 291, 294, 296, 301, 306, 315, 360, 367, 395, 399-401, 409, 414

comunismo, 355, 365

conexão social, 40

conformismo, 35, 119

Conservative Political Action Conference [Congresso da Ação Política Conservadora], 104

consumismo, 67

Cooper, Amy, 135, 137

Cooper, Christian, 135, 137, 139

Córdova, Yasodara, 379

Covid-19, pandemia de, 20, 134, 392-3, 396, 402, 416, 438, 440-1, 451, 455

Cox, Chris, 228

crise financeira global (2008), 198

"crise-solução", construto, 280, 282, 373

crista neural, células da, 128-9

Crockett, Molly, 195-6, 207, 210-1, 243

Cudd, Jenny, 424

cultura do Vale do Silício, 71

cultura popular, 114, 119

Cunha, Juliana, 381

"curtidas", 38, 41, 43-6, 84, 94, 117, 164, 166, 181, 209-10, 291, 446

D

D'Eyrot, Pedro, 365

Daily Beast, The (site), 283

Daily Caller, The (site), 341

Daily Shoah (podcast), 277

Daily Stormer, The (fórum neonazista na internet), 82, 102, 107

dark web, 381, 466; *dark web* intelectual, 284, 288

Darwin, Charles, 128

Daum, Meghan, 283, 284-5

"Declaração de Independência do Ciberespaço, Uma" (documento de 1996), 68

delatores, 184, 433, 443

Deloitte (firma de consultoria), 56

democracia, 20, 22, 53-4, 141, 151, 162, 177, 197, 215, 217, 227, 235, 238, 242, 259, 266, 314, 321, 327-30, 336, 343, 354, 394, 411, 430, 435-7, 440, 442, 444, 450, 453, 461; "ciberdemocracia", 328-9

Denkhaus, Dirk, 245-9, 259

Departamento de Justiça (EUA), 336-7, 437

Depression Quest (videogame), 57-8

"desindividuação", estado psicológico de, 243-4

desinformação, 20, 25, 90, 107-9, 133-4, 141, 153, 172, 175, 181, 191, 194, 202, 204, 207, 214-5, 218, 222-3, 230, 235, 237, 241, 257-8, 264-5, 270, 299, 313, 323, 325, 327, 331, 341, 345-6, 351-2, 354, 360, 364, 367, 371, 378, 389-90, 393-4, 397, 401, 407-8, 410, 413, 415, 418-9, 436-7, 442-3, 447; *ver também* boatos; fake news

dessensibilização, 249, 300, 306, 382

Detroit (Michigan), 418

Dillard, Karlos, 139-41

Diniz, Débora, 374-6, 378

direita política, 109, 126; *alt-right* (extrema direita norte-americana), 60, 105-6, 126, 178, 266, 270-1, 275, 283; direita alternativa, 105-6, 271, 274-5, 277-8, 288, 304, 358, 398; direita e extrema direita brasileira, 353, 356, 358, 359; extrema direita, 20, 60, 64, 87, 101-2, 104, 107, 109, 181, 205, 246, 259, 265-7, 269, 271, 274-6, 279, 282-4, 286-7, 297, 301, 304-6, 325, 334, 351-6, 359, 361, 368, 400, 404, 409, 420-1, 436, 469

direitos humanos, 15-6, 185, 220, 224, 230, 262-4, 374, 429, 447, 450

DiResta, Renée, 23-7, 90-2, 157, 158, 160, 167-8, 172-3, 177, 180, 182-3, 191, 196-9, 201-2, 206-7, 248, 267, 298, 322-4, 366-7, 401, 441, 461

discórdia, 19, 127, 141, 168, 183, 188-9, 201, 285, 325, 338, 340, 360, 404

discursos de ódio, 16, 55-6, 82, 182, 218, 220, 231, 237, 251, 266, 289, 317, 327, 341, 346, 349, 353, 443;

ver também indignação; ódio; raiva

Dissanayake, Harindra, 237, 238

distorções, 36, 88, 142, 183-4, 211, 319, 338, 363

ditadura militar brasileira (1964-85), 365

diversidade, 70, 216, 242, 295, 321

Diversity Myth, The (Thiel et al.), 72

Doerr, John, 70-2, 83, 95, 156, 318, 320, 338

dogmatismo, 252

domesticação, 128-9

Dominguez, Matheus, 355-8, 365

Donglegate (controvérsia de 2013), 121

dopamina, 38-40, 46-7, 94, 132, 223

Dorsey, Jack, 45, 113, 162, 174, 189-90, 290-1, 433

Douek, Evelyn, 439

Dunbar, Robin, 88; número Dunbar, 88

Düsseldorf (Alemanha), 245

E

Economist, The (revista), 173

efeito ilusório da verdade, 169

Eisenstat, Yaël, 343

Electronic Arts (fabricante de videogames), 83

Ellen DeGeneres Show, The (programa de TV), 419

engajamento, 18, 26-7, 36, 50, 83, 88, 91, 165-6, 173-4, 181, 183, 187, 201, 207, 255, 291, 324-5, 328-9, 333, 345-6, 365, 394, 401, 411, 413, 417, 430, 433, 446;

"maximizar o engajamento", 18, 346, 472; *ver também* atenção

Engelbart, Douglas, 65

Epstein, Robert, 152

Eshoo, Anna, 429

Espanha: separatismo catalão, 331

esquerda política, 50, 109-10, 126, 151, 354, 357, 364-5, 376, 404-5, 419; extrema esquerda, 205, 325

Estado Islâmico, 28, 167, 197, 304

Estados Unidos: Capitólio, invasão do (Washington, D.C. — 2021), 420-7, 433; Comissão de Valores Mobiliários, 346, 443; Comissão Especial do Senado sobre Espionagem, 322; Comissão Federal de Comércio, 334, 337, 339, 437; Departamento de Justiça, 336-7, 437; e "Grande Mentira" (teoria conspiracionista de suposta fraude eleitoral nos EUA), 417, 419; Guarda Nacional, 293, 403, 407; Suprema Corte, 411

Europa, 143, 224, 246, 268, 315, 326, 343, 390, 440, 466; União Europeia, 327, 330, 440, 449, 452

Evans, Benedict, 446

Evans, Derrick, 423

"exibicionismo moral", 132-3

exogrupos, percepção de, 49-50, 133, 174, 187, 193, 196, 200, 210, 280-1, 329

extremismo, 13-4, 20, 31, 64, 86, 90, 96, 101-2, 201, 249, 275, 280, 282, 284, 287, 295, 301, 303-4, 307, 325, 345, 393, 406, 410, 414-7, 447

ExxonMobil, 37

Eyal, Nir, 39-40, 348

F

Facebook, 11-20, 24-6, 28, 30, 33-8, 40-4, 46-7, 50, 53-7, 60, 63, 69-70, 72, 78-9, 83, 88-91, 94, 105-9, 115-7, 120-1, 123-7, 134, 139, 146, 151-3, 157, 160-6, 171, 173, 175, 177, 179-83, 185, 187-92, 195, 198-200, 202-3, 215, 217-39, 241-2, 245-51, 254-64, 267, 275, 277, 282, 285, 287-91, 296-9, 301-3, 306-7, 309-14, 315-8, 320-1, 324-8, 332-5, 337-48, 350-1, 354, 359, 364, 367, 372-3, 390-419, 421-30, 434-40, 442-4, 452, 462-4; algoritmos do, 109, 164, 307; "botão incrível" (projeto), 42; Central de Informações Budistas (grupo de Facebook do Sri Lanka), 227; desligamentos do, 221, 237, 267, 449; diretrizes do, 16, 343; e Alex Jones, 181, 287, 289, 290; e aprendizado de máquina, 146, 165; e massacre na mesquita de Christchurch (Nova Zelândia, 2019), 301, 305, 307, 315, 424; e mensagens antirrefugiados, 256; e multado pela União Europeia, 452; e o número Dunbar, 88; e o Pizzagate, 177-8, 180, 185, 401; em Mianmar, 14, 53-4, 217, 219, 221, 226-8, 231-2, 261-3, 266, 317, 347, 354, 407, 438; estratégias para "maximizar o engajamento" no, 18, 346; falta de supervisão do, 316; falta de supervisão no, 55, 218; *feed* de notícias do, 18, 35, 221; funcionários do, 181, 327, 332,

343, 407; grupos do, 91, 194, 227, 251, 275, 296, 307, 329, 398, 400, 420, 447; Heart of Texas (página do Facebook), 200-1; missão do, 343; moderadores do, 218, 237, 263, 311-6, 344, 350, 391; na Austrália, 327, 439; na Europa, 327, 440; no Sri Lanka, 15, 225, 227, 231, 233, 237, 263-4, 317, 354, 407; Oculus (empresa do Facebook), 120; problema do, 185, 195; Projeto P (auditoria interna do Facebook), 190; promoção de grupos políticos no, 181, 187, 414, 434; regulamentação do, 345, 437, 439-40, 444; sede do Facebook (Califórnia), 11, 35, 219, 406; superpostadores no, 250, 252-3, 255-6; "trending" do, 332-4; valor da atenção no, 315; valor de mercado (2016-7), 37; *ver também* Instagram; Zuckerberg, Mark

fake news, 12, 180-3, 191-2, 215, 251, 258, 334; *ver também* boatos; desinformação

Falun Gong (movimento religioso chinês), 419

Farid, Hany, 263-4

Farrow, Mia, 114

"FatPeopleHate" [Ódio aos gordos] (subseção do Reddit), 100

FBI (Federal Bureau of Investigation), 18, 80, 82, 183, 297, 403, 414, 425

febre amarela, 367

felicidade e uso de mídias sociais, 42

filosofia moral, 117

filtro-bolha (efeito de algoritmos na internet), 151, 259

filtros de spam, 145-6

Fisco, 286

Flesch, Oliver, 267

Floresta Amazônica, 352

Flórida (EUA), 204, 281, 297, 336

Floyd, George, 138, 402-3, 407-8

Fogg, B. J., 45

Fox News (canal de TV), 107, 164, 285-7, 334-5, 341, 405

Fox, Dominic, 300

França, 48, 204, 329-30, 440

Francisco, papa, 170

Friendster (rede social), 33, 88

fulâni (povo africano), 242

Fundação Clinton, 179

Fundação MacArthur, 253

Fundação Rockefeller, 372

Futrelle, David, 86-7

G

G7 (Grupo dos Sete), 257

Gaetz, Matt, 204, 336

Gamergate (escândalo), 57, 59-60, 62-4, 72, 87-8, 92, 94, 97-9, 101-2, 105-10, 114-5, 120, 171, 174, 201, 270-1, 274, 307, 398

Gates, Bill, 337, 390, 392

Geller, Pamela, 335

Gellner, Ernest, 131

General Electric, 37

gênero, normas de, 84-5

genocídio(s), 14, 86, 190, 217-21, 223, 230, 261-2, 282, 301, 304, 317, 347, 398, 435, 438; *ver também* violência coletiva

Geórgia (EUA), 415, 426, 434

Gettleman, Jeffrey, 214

Ghebreyesus, Tedros Adhanom, 389-90

Ghonim, Wael, 222

Gizmodo (site), 332-3

Gjoni, Eron, 57-8

Goodrow, Cristos, 144, 149-50, 156-7, 162, 166, 175

Google, 26, 37, 52, 71, 73, 115, 139, 143-4, 146-7, 149, 151-2, 156--7, 162-3, 165, 170-2, 180, 197-8, 207, 222, 264, 268, 283, 318, 337, 348-9, 368-70, 372, 389--90, 428-30, 437-8, 442, 462-3, 472; e aprendizado de máquina, 146, 163; e influência russa nas eleições americanas, 12, 197, 200; multado pela União Europeia, 327; na Austrália, 327; processo federal dos EUA contra, 437; vídeos do YouTube promovidos no, 268; vídeos do YouTube promovidos no Google, 268

Gordon, Bing, 83

Graham, Lindsey, 387

Graham, Paul, 319

"Grande Mentira" (teoria conspiracionista de suposta fraude eleitoral nos EUA), 417, 419

Greene, Marjorie Taylor, 361, 415

Greeson, Kevin, 426

Grier, Nash, 153

Grove, Andy, 154-7, 338

Grubbs, Joshua, 133

Guarda Nacional (EUA), 293, 403, 407

Guardian, The (jornal), 15

Guerra Fria, 30

Guess, Andrew, 252

Guia da alt-right (Yiannopoulos), 105

Gunawardana, Sudarshana, 232-3, 415

Guske, Andreas, 257-9

H

hábitos, formação de, 42

Hacker News (fórum na internet), 121

hackers, 15-6, 28, 38, 67, 76, 81-2, 96-7, 102, 105, 122, 162, 178, 318, 321

Haiti, 339

HAL (inteligência artificial), 346-7, 448

Hankes, Keegan, 101

Hannover (Alemanha), 247

Harris, Tristan, 171, 197, 348

Hattotuwa, Sanjana, 230, 232, 244

Haugen, Frances, 442-6, 449-50

Hawking, Stephen, 165

Hawley, Josh, 387

headsets para realidade virtual, 120

Heart of Texas (página do Facebook), 200-1

Hegeman, John, 289

Heston, Charlton, 49

Hewlett-Packard (empresa), 71

Heyer, Heather, 274

hindus, 242

hipersectarismo, 164

Hitler, Adolf, 174

Hoffman, Reid, 72

Hollywood, 138

Holocausto, 277, 289-90, 301

Homeland Security, 405

homofobia, 351, 359

homossexualidade, 351, 355, 436

*Hooked: How to Build Habit-
-Forming Products* (Eyal), 39
Horowitz, Ben, 338-9
Horwitz, Jeff, 442-3
Houston (Texas), 201, 392; centro
islâmico em, 201
Human Rights Watch, 439
humilhação coletiva, 121
Hunter, Ivan, 402-3

I

I Can Haz Cheezburger? (blog), 73
IBM (International Business
Machines Corporation), 65, 71,
336-7
iCloud, hacker na, 96
identidade: compartilhada, 203,
329; conflitos identitários, 109;
identidade social, 48-9, 51
imigração/imigrantes, 31, 109, 124,
181, 185, 195, 217, 242, 257, 259,
302, 330; *ver também* refugiados
"incels" (*involuntary
celibates*/"celibatários
involuntários"), 60, 126, 281-3,
285, 301, 306, 398, 421, 424
Índia, 221, 224, 231, 237, 242, 310, 314-
5, 331, 373, 438, 442; hindus, 242
indignação, 21, 35-6, 51, 74, 87, 91,
110, 112, 116-9, 122, 124, 126-7, 131-
4, 138-9, 141-2, 149, 173, 186, 195-
6, 200, 202, 210, 233, 242-3, 257,
258, 260-1, 272, 281, 362, 393,
404, 419, 429, 443, 445; moral,
111, 118, 127, 131-2, 138, 186, 242
Indonésia, 17, 52, 222, 250, 373

Instagram, 13, 78, 107, 160, 165, 179,
263, 297, 309, 390, 395, 399, 401,
409, 412, 414, 435, 437, 440
instintos, 49-50, 79, 132, 169, 194,
204, 207, 211
Instituto Brasileiro de Pesquisa e
Análise de Dados, 367
Intel (empresa), 61, 66, 144, 154-8,
229, 338
inteligência artificial (IA), 27, 91,
143, 165, 174, 192, 346, 448
internalização, 209
internet: acesso a internet e índices
de violência, 260-1; Agência de
Pesquisa da Internet (Rússia),
190; comunidades da, 59-60, 83,
90, 96, 99-101, 126, 189, 222, 270,
272, 275, 284, 291, 294, 296, 301,
306, 315, 360, 367, 395, 399-401,
409, 414; desenvolvimento da,
68-9, 73, 156; memes da, 73-4,
77, 83, 103, 106-7, 157, 180, 200,
202, 218-9, 225, 227, 233, 248,
275, 277, 300-1, 303-4, 307, 398-
400; *ver também* mídias sociais
intervalo variável, reforçamento
intermitente de, 40, 41
intimidação, 58, 61, 63, 79-82, 100,
115, 120, 127, 289, 299, 414, 428;
ver também bullying
investidores, 70-2, 95, 157-60, 228-
9, 291, 317-21, 328, 428
investidores-anjo, 321
Inzaghi (entrevistado), 362-3
Irã, protestos no (2009), 113
Iraque, 310
irony poisoning ["envenenamento
por ironia"], 249

J

Jacob (moderador do Facebook), 13-5, 309-13, 315-6, 344, 349
Jainulabdeen (entrevistado), 236
Jankowicz, Nina, 401
Jobs, Steve, 67
Jones, Alex, 181, 284, 286-90, 296-7, 415
Jordy, Carly, 358-9, 361-2
Jourová, Věra, 327
JPMorgan Chase, 37
judeus, 31, 76, 101, 106-8, 174, 202, 204, 274, 277, 289, 402; Holocausto, 277, 289-90, 301
Justus, Robert, 403, 405-6

K

Kaiser, Jonas, 269-73, 275-6, 279-80, 284-5, 287, 357, 363-4, 368, 371, 378-81, 385-7, 411, 441, 446
Kaplan, Joel, 191, 340, 408
Karadžić, Radovan, 304
Kataguiri, Kim, 356, 362, 364
Kelly, Megyn, 334
Kesey, Ken, 67
Kimmel, Jimmy, 115
Kimmel, Michael, 278
Kinseth, Ashley, 220
Klein, Ezra, 51, 261
Kleiner Perkins (firma de investimentos), 71, 83, 93, 95, 159, 320
Kleiner, Eugene, 71
Klobuchar, Amy, 199
Klonick, Kate, 121-2
Kubrick, Stanley, 36, 448

Küster, Bernardo, 374-5
Kyl, Jon, 341

L

Laboratório de Tecnologias Persuasivas (Universidade Stanford), 39, 45, 171, 348
Laboratório Forense Digital (Brasil), 354
Lal, H. M., 225
Le Pen, Marine, 205
Leary, Mark, 43
Lei de Moore, 155-6
Lessig, Lawrence, 444
Levchin, Max, 72
Líbano, 331
liberdade de expressão, 14, 69, 80-2, 101, 103, 189, 237, 289, 299, 314-5, 322, 334, 341, 409, 428
linchamentos, 216, 241-2, 250, 361
linguagem, desenvolvimento da, 130
LinkedIn, 45, 72
Lionço, Tatiana, 351-2, 359
LiveJournal (rede social), 33
Lott, Trent, 87
lulz (corruptela da sigla LOL, "laugh out loud" [rindo alto]), 78, 80
Lyft (aplicativo), 72, 322, 338

M

Maceió (AL), 366, 369, 371, 374
Mackey, Douglass, 202
MAD, modelo, 207, 208-9
Madden, David, 56, 217, 219-20
majoritarismo, 68, 73, 94, 102

Malaysia Airlines, voo 370 da, 333

Malinowski, Tom, 429

"Mamãe Falei" (youtuber Arthur do Val), 362, 365

manada, mentalidade de, 102, 110, 120, 131-2, 243-4

manchetes, construção de, 50-1, 147, 332

manipulação, 37, 108, 119, 168, 171

Martins, Maurício, 356, 364

Matrix (filme), 68

MBL (Movimento Brasil Livre), 364-5

McCain, John, 199

McKibbens, Rachel, 397

McLaughlin, Timothy, 55-6

McNamee, Roger, 159, 320-1

Medium (site), 182

Mélenchon, Jean-Luc, 205

memes da internet, 73-4, 77, 83, 103, 106-7, 157, 180, 200, 202, 218-9, 225, 227, 233, 248, 275, 277, 300-1, 303-4, 307, 398-400, 467

meritocracia, 68, 70, 73

Merkel, Angela, 266

MeToo (movimento), 138

metaverso, 463-4

México, 241, 250, 254-5, 398

Mianmar, 14, 52-6, 165, 190, 212-21, 223, 226-8, 231-2, 242, 245, 261-3, 266, 317, 347, 354, 407, 438, 444, 449

Michigan (EUA), 414, 418, 436

microcefalia, 366, 368, 372

Microsoft, 45, 159, 161, 174-5, 264, 337

mídias sociais, 12, 14, 17, 21, 25-7, 33, 40-3, 45, 47, 50-2, 54, 58, 61, 63, 69, 75, 78, 83-4, 91-3, 97, 99-100, 103-4, 107-8, 110, 113-7, 120-4, 126-7, 136, 138, 142-3, 160, 162, 167, 169, 171-3, 175, 183-4, 186-8, 190, 193-4, 196-7, 203-5, 207, 212,

220, 224, 226, 235, 237-9, 241-5, 249, 251-2, 255-8, 260-1, 264-5, 269, 281-2, 310, 317, 322, 328-33, 338, 349, 353-5, 360, 362-3, 367-8, 387, 389, 392, 394, 396, 417, 419, 424-5, 428-30, 433, 440-1, 444, 446, 448, 450-1, 454, 461; *ver também* internet

milícias, 220, 275, 315, 398-9, 401-2, 404, 416-7, 420

Millennial Woes (youtuber Colin Robertson), 278-9, 282

Milner, Ryan, 80, 81

Minneapolis (Minnesota), 111, 124, 138, 402-4, 406

Minnesota (EUA), 115

misoginia, 107, 153, 189, 270

MIT Media Lab, 201

Mladić, Ratko, 315

Molyneux, Stefan, 279

monopólios, 229

Moore, Gordon, 66, 155

Moore, Lei de, 155-6

"Moral Outrage in the Digital Age" [Indignação moral na era digital] (Crockett), 196

moralidade: cultura popular e, 119; "exibicionismo moral", 132-3; filosofia moral, 117; indignação moral, 111, 118, 127, 131-2, 138, 186, 242; "referentes sociais", 254-5; "termos moral-emotivos", 186-7, 208, 211

Mosseri, Adam, 166, 220-1, 263, 435

Motherboard (site), 174

Moura, Nando, 355, 358-9, 362

MSI (*meaningful social interactions* — interações sociais significativas), 394

MSNBC (Microsoft/National Brodcasting Company — rede de TV), 164

muçulmanos, 50, 55-6, 108, 181, 213, 216-7, 219, 225-6, 233-4, 236, 242, 257, 266, 301, 304; crimes de ódio contra muçulmanos em Mianmar, 14, 220, 232, 242; massacre na mesquita de Christchurch (Nova Zelândia, 2019), 301, 305, 307, 315, 424, 301; rohingya (minoria muçulmana de Mianmar), 213, 216-20

mudança climática, 25, 186, 229, 446; céticos/negacionistas da, 170, 269-71

Müller, Karsten, 246

Muñoz, Esperanza, 261

Murdoch, Rupert, 334, 438

Musk, Elon, 467-8

Murthy, Vivek, 436

MySpace, 33, 77, 79

N

nacionalismo branco, 102, 275, 286

Nações Unidas, 14, 220, 262, 320

Napster (programa de compartilhamento de arquivos), 38, 322

narcisismo, 166, 252

Nature (revista), 393

Nay Myo Wai, 218

nazismo *ver* neonazismo/neonazistas

NEET (*not in employment, education, or training* — não empregado, nem estudante, nem em estágio), 75

Nelson, Ted, 65

neocórtex (região cerebral), 88

neonazismo/neonazistas, 12, 81-2, 101-2, 106, 123, 174, 189, 265-6, 268, 274-7, 283, 288, 301, 304

Netflix, 147

Netscape, 72, 159-60, 338

New Tang Dinasty TV (canal do Falun Gong nos EUA), 419

New York Times Magazine (revista), 123

New York Times, The (jornal), 107, 115, 224, 267, 305, 337, 349, 427, 429, 449

New Yorker, The (revista), 171, 277, 290

News Corp, 334-5, 438

Newsmax TV (canal no YouTube), 418

Nigéria, 69, 242

normas de gênero, 84-5

Nova Zelândia, 301, 305-6, 398; massacre na mesquita de Christchurch (2019), 301, 305, 307, 315, 424

núcleo accumbens (região do cérebro), 45-6

número Dunbar, 88

Nunes, Mardjane, 366-7

Nutella, 247

nuvens, computação nas, 96, 157-60, 229, 318

O

O'Connor, Jennifer, 385-7

O'Mara, Margaret, 30, 67, 71

O'Reilly, Tim, 183

Oakland (Califórnia), 405

Oath Keepers [Os Jurados] (grupo norte-americano de extrema direita), 282, 425

Obama, Barack, 37, 53, 113, 147, 222, 415, 440

Obama, Michelle, 170

Oculus (empresa do Facebook), 120

ódio, 13, 49-50, 54, 58-9, 63, 96-7, 100-2, 108, 122, 127, 168, 210, 216-8, 220-2, 230, 233-5, 237, 244, 246, 248, 256, 261, 264, 274, 278, 281, 288, 294-5, 299, 301, 306-8, 310-3, 316, 327, 342, 345, 347, 376-7, 409, 428, 435, 439, 447; crimes de, 16, 50, 246; discursos de, 16, 55-6, 82, 182, 218, 220, 231, 237, 251, 266, 289, 317, 327, 341, 346, 349, 353, 443; *ver também* indignação; raiva

Oliveira, Auriene, 369-70

Oracle (empresa), 320, 466

Organização Mundial de Saúde (OMS), 389-91, 396

Orkut, 33

Osbourne, Sharon, 114

Otan (Organização do Tratado do Atlântico Norte), 330

Owens, Candace, 304, 408

P

Page, Larry, 143

Palihapitiya, Chamath, 223

Palmer, Walter, 111, 113-5, 139

Paluck, Betsy Levy, 253-6

pandemia *ver* Covid-19, pandemia de

Pao, Ellen, 93, 95-103, 111, 127, 192, 253

Paquistão, 314

Pariser, Eli, 151-2, 164

Parker, Sean, 37-9, 47

Parler (rede social), 420, 426

partidarismo, 187

Partido Democrata (EUA), 139, 184, 293, 387, 407, 411, 416, 429, 437; Comitê Nacional Democrata, 423

Partido Republicano (EUA), 106, 177, 184, 191, 199, 323, 334, 336, 340-1, 387, 436; Comitê Nacional Republicano, 333, 336, 423

Pattison, Andy, 389-92, 396

Pauli, Gerhard, 248-50

PayPal, 70, 72, 320, 321-2, 467

PBS (Public Broadcasting Service), 199

Pearlman, Leah, 43, 46-7

pedofilia, 179-80, 184, 351, 382-4, 416

Peinovich, Mike, 277, 288

Pelosi, Nancy, 411, 415, 424-5, 427

Pence, Mike, 297, 425

Pensilvânia (EUA), 418, 426

Pepe the Frog [O sapo Pepe] (meme da internet), 106, 424

persuasão, 39, 118, 150, 171

Peterson, Jordan, 278-9, 282, 284, 288, 358

PewDiePie (youtuber), 303

Pezzola, Dominic, 425

Philip Morris (empresa), 345

Philips, Benjamin, 426

Phillips, Whitney, 80

Pinterest, 72, 338, 389

Pizzagate (teoria conspiracionista antecessora do QAnon), 177-8, 180, 183-5, 202, 282, 293-4, 401-2; *ver também* QAnon

Plandemic (vídeo conspiracionista), 395, 399, 402, 416

Planeta dos macacos (filme), 49

Poderoso chefão, O (filme), 338

Podesta, John, 178-9

polarização, 21, 51, 133, 141, 172, 175, 183-4, 187, 194, 207, 211, 280, 291, 324, 326-7, 340, 354, 410, 447; "falsa polarização", 193

Poole, Christopher, 76, 78, 82

pornografia: infantil, 179, 380-2, 384; *revenge porn* [vingança pornográfica], 100

"porta de entrada" (efeito algorítmico), 283, 358, 382-3

Pozner, Noah, 289

Primavera Árabe (2010-2), 182, 222, 330

"privilégio ressentido", 278

Projeto P (auditoria interna do Facebook), 190

Proud Boys (grupo de nacionalistas brancos dos EUA), 420, 425-6

psicologia, 21, 29, 38, 117, 118, 121, 212, 252, 278

publicidade, 143-5, 147, 161-2, 400, 409

Q

QAnon (teoria conspiracionista), 18, 294-9, 395, 399, 401-2, 411, 413, 415-6, 420, 424, 426, 430, 436; *ver também* Pizzagate

QAnon: An Invitation to a Great Awakening (livro coletivo anônimo), 296

Quayle, Ethel, 383-4

Quênia, 228

Quillette (site), 115

Quinn, Zoë, 57-60, 86

R

radicalização, 87, 91, 175, 183, 191, 244, 259, 264, 280, 282-3, 287, 298-9, 306, 363, 386, 428, 431, 446

Radio Mille Collines, 219-20

raiva, 23, 35, 64, 76, 101, 114, 116-8, 123, 132, 139, 141, 166, 195, 202, 210, 230, 247, 306, 325, 353, 373, 430; e vontade de castigar, 118-31; promovida pelo algoritmo do YouTube, 306; *ver também* indignação; ódio

rakhine (grupo étnico budista de Mianmar), 214, 216-7

Rashid, Naeem, 302

Rathje, Steve, 187

Rauchfleisch, Adrian, 271-2, 276, 280, 284, 287, 363, 379

Read, Max, 220

Reagan, Ronald, 67, 84

realidade virtual, 120

recomendação, ferramentas de, 18, 20, 25, 91, 163, 168-70, 172-3, 175, 177, 264, 267, 285, 299, 356, 379, 382, 393, 430, 434, 446

recrutamento, estratégias de, 14, 107, 280, 294

Reddit, 12, 50, 58-9, 63, 70, 72, 79, 88, 93-9, 101-2, 106, 111-5, 127, 149, 162, 179, 192, 202, 253, 274-5, 277, 281, 301, 398-9, 409, 420

Rede, A (filme), 68

reenquadramento (em conspirações), 86, 295

"referentes sociais", 254-5

reforçamento intermitente de intervalo variável, 40-1

refugiados, 203-4, 213, 243, 245-51, 256-7, 259-61, 265-6, 330, 345; *ver também* imigração/imigrantes

regulamentação na internet, 19, 22, 68, 84, 199, 321, 336, 344-6, 437, 439-40, 444-5

Reinforce (atualização do algoritmo do YouTube), 192, 282, 284

Reino Unido, 69, 246

revenge porn [vingança pornográfica], 100

Ribeiro, Manoel Horta, 287-8

Richards, Adria, 121-2

Ricky_Vaughn99 (conta troll no Twitter), 201

Right Stuff [A coisa direita] (fórum na internet), 277-8

Robertson, Colin (Millennial Woes), 278-9, 282

Rodger, Elliot, 280-2

Rogers, Marcus, 382-4

rohingya (minoria muçulmana de Mianmar), 213, 216-20

Rolling Stone (revista), 65

Rosenberg, Matthew, 427

Rosenstein, Justin, 47

Ruanda, 219-20, 253, 347

Rússia, 184, 293, 323, 440; Agência de Pesquisa da Internet, 190; espionagem militar russa, 28; influência russa nas eleições americanas, 12, 178-9, 323, 336; invasão da Rússia à Ucrânia (2022), 440

S

Sacca, Chris, 283, 428

Sacco, Justine, 123

SaferNet (observatório da internet brasileira), 381

Sandberg, Sheryl, 340, 390, 410, 435

Sanders, Bernie, 193-4, 201

Sandy Hook, tiroteio na escola (Newtown, Connecticut, EUA — 2012), 288-9

Santamaría, Gema, 241-2

Santana, Flávio, 369

Santos, Gisleangela Oliveira dos, 368-9

Sarkeesian, Anita, 86, 149

Save Our Children (organização beneficente), 416

Schiff, Adam, 414

Schmargendorf (bairro de Berlim), 261

Schmidt, Eric, 52-3, 56, 165, 318

Schwarz, Carlo, 246

sectarismo, 193; hipersectarismo, 164

Segunda Guerra Mundial, 14, 29, 192

Seigfried-Spellar, Kathryn, 382-3

Sein, Thein, 52

sentimentalismo, 118-9

Serrato, Ray, 265-7, 271

shadow banning, 336

Sherratt, David, 283

Shockley Semiconductor Laboratory, 71

Shockley, William, 30-1, 33, 65, 71, 338

Sicknick, Brian, 426

Sierra, Kathy, 81

Silicon Valley Bank, 458-61

Simonutti, Stefania, 260-1

Skinner, B. F., 40-1, 46

Slack (aplicativo), 72, 338

smartphones, 40, 42, 53, 168, 214, 219, 224, 301-2, 339, 370, 422-4, 453-4

Smith College (EUA), 124-5

Snapchat, 74, 228

SNCC (*Student Nonviolent Coordinating Committee* — Comitê Estudantil de Coordenação Não Violenta), 331-2

"sociômetro", conceito de, 42-4, 119

Soros, George, 204, 374

Southern Poverty Law Center [Centro de Direito da Pobreza do Sul] (ONG norte-americana), 101

spam, 145-6, 163; filtros de, 145-6

Spencer, Richard, 275, 277-8, 409

Spotify, 72, 147

Squire, Megan, 275

Sri Lanka, 15, 224-5, 227, 229, 231, 233, 237-8, 242, 244-5, 260, 263-4, 268, 287, 309, 311, 317, 354, 407, 415, 438-9, 449; cingaleses (grupo étnico predominante no Sri Lanka), 225-7, 231-7, 268, 415

Stager, Peter, 425

Stanford Research Park, 29-30, 32

startups, 23, 31-2, 34, 56, 66, 69-70, 72, 83, 93, 99, 157-60, 217, 317-21, 339, 458-63

status, mudanças de, 34, 64, 241-4, 248, 278, 281, 321, 332, 433

Stop the Steal [Chega de Roubalheira] (grupo do Facebook), 415, 417, 421

#StopTheBias [Chega de Parcialidade] (tuíte de Trump Jr.), 336

Sullivan, John, 426

superpostadores no Facebook, 250, 252-3, 255-6

Suprema Corte (EUA), 411

supremacistas brancos, 101-2, 105-6, 277-9, 305

swatting (ligações maliciosas para o 911), 61

T

tabus, quebra de, 78, 300

Tajfel, Henri, 48, 108

Tan, Lauren, 407

Tarrant, Brenton, 303-5, 398

Taub, Amanda, 224, 235, 237, 240, 245, 250, 258, 264, 355, 368, 371, 377, 383, 385, 388, 449

Tauber, Ben, 349

"taxa zero", programas de, 53, 228

Tay (robô do Twitter), 174-5

TechCrunch (site), 82

Tedros, dr., 389-90

Telegram, 430

Terman, Frederick, 29

"termos morais-emotivos", 186-7, 208, 211

terraplanismo, 292

terrorismo, 14, 16, 18, 203, 215, 218, 229, 303, 323, 346, 405, 414

The_Donald (subseção do Reddit), 274-5, 409

Thiel, Peter, 70, 72, 160, 228-9, 320-2, 338, 460

Thomson, Robert, 334

Thukral, Shivnath, 237

Thune, John, 334

Tiburi, Marcia, 376

TikTok, 167, 396, 402, 455, 463-6

"tirania dos primos" (impulso comunal), 111, 131, 242, 254

tiroteios em escolas, 415; Escola Sandy Hook (Newtown, Connecticut, EUA — 2012), 288-9

tópicos, algoritmos e afinidade entre, 148

Tosi, Justin, 132-3

Traunstein (Alemanha), 250, 256-7, 259

"trending" do Facebook, 332-4

tribalismo, 149, 168, 211, 248, 447

trollagem na internet, 59, 78, 81-2, 107, 303-4

Trump Jr., Donald, 336

Trump, Donald, 12, 105, 107-9, 116, 139, 141, 152, 171, 174, 179-81, 183-7, 190, 195, 198, 201-3, 243-4, 267, 271, 273-4, 294, 296, 322-3, 334-6, 340-2, 352, 355, 366, 387, 392-3, 395-6, 401-5, 407-8, 411-23, 426-9, 452-3; e "Grande Mentira" (teoria conspiracionista de suposta fraude eleitoral nos EUA), 417, 419

Trumparoo (rede social alternativa), 426

Trut, Lyudmila, 128-30

Tufekci, Zeynep, 264, 331

Twitter, 12, 24-5, 30, 37, 39, 41, 69, 72, 79, 83, 89, 102, 105-9, 113-4, 120-1, 123-4, 126-7, 133-9, 141, 149, 152, 162-3, 173-4, 179, 183, 186-93, 198, 201-2, 209, 220, 222, 228, 234, 258, 264, 277, 285, 288, 290-1, 296-7, 307, 336, 338, 341, 351, 354, 390-1, 395-6, 399, 403-5, 408, 411-4, 418, 420, 425, 428-30, 433, 436, 452, 464, 467-9; "reforçamento intermitente de intervalo variável" no, 41;

"retuíte", 41, 45, 79, 114, 291, 412-3; valor de mercado (2015-7), 290

U

Uber, 156, 229, 322, 462

Ucrânia, invasão da Rússia à (2022), 440

Uhle, Sören, 265, 267

União Europeia, 327, 330, 440

Unite the Right (manifestação em Charlottesville, Virgínia, EUA — 2017), 244, 273-7, 286, 293, 409

Universidade da Califórnia em Berkeley, 263

Universidade da Carolina do Norte, 116, 331

Universidade de Cambridge, 152, 187

Universidade de Nova York, 326

Universidade de Warwick, 246, 260

Universidade Federal de Minas Gerais, 357, 373, 377

Universidade Harvard, 29, 70, 107, 109, 276, 330, 377, 439, 444

Universidade Princeton, 252, 279

Universidade Purdue, 382

Universidade Stanford, 29-30, 32, 39, 45, 55, 70, 150, 171, 223, 230, 318, 326, 348, 441; Stanford Research Park, 29-30, 32

Universidade Suffolk, 441

Universidade Yale, 195

upvotes no Reddit, 45, 79, 94, 101, 112, 421

Upworthy (site), 50-1, 152-3, 164, 168

Ursal (plano fictício de Superestado pancomunista na América Latina), 353

Vaidhyanathan, Siva, 195

V

Val, Arthur do ("Mamãe Falei"), 362, 365

Vale do Silício (Califórnia), 9, 13, 16, 18-23, 26-8, 30, 36, 38-9, 46, 53, 56, 60, 64-5, 67, 69, 71, 78, 82, 84, 89, 92-3, 95, 98-9, 108, 121, 138, 141, 149, 154-5, 165, 168, 171-2, 175, 181-3, 185, 188, 190, 192, 200, 207, 220-2, 228, 250, 283, 289-91, 317, 321, 323, 327-8, 336, 338, 340, 343, 347-8, 387, 390, 396, 406-8, 413, 415-6, 427, 429, 433, 435, 437, 439-42, 447, 452-3, 456-61, 463-4, 466, 469-72

"validação social", ciclo de retroalimentação da, 38, 47

Vaticano, 11, 170

verdade, efeito ilusório da, 169

Verge, The (site), 299

Vice News (site), 15, 46, 336, 425

vícios (formação de hábitos), 42

Vietnã: ditadura comunista do, 342; Guerra do, 64

violência coletiva, 130-1, 219, 224, 241-2, 253, 310, 347; e Primavera Árabe (2010-2), 221-2, 330; em Mianmar, 14, 220, 232, 242, 407, 415, 438; no Sri Lanka, 227, 231, 244, 264, 268, 287, 407, 415, 438-9; papel das mídias sociais na, 222, 231, 242, 244, 264, 268, 287, 330, 407, 414,

438; respostas das empresas de mídias sociais a, 56; *ver também* genocídio(s)

viralização, 50, 113, 115, 153, 200, 233, 333, 346, 413; "viralidade fabricada", 394

"Você e o algoritmo" (Clegg), 435

voo 370 da Malaysia Airlines, 333

Vox (site), 51, 224, 261

W

Wahabzada, Abdul Aziz, 302-3

Wall Street Journal, The, 19, 167, 181, 299, 434, 442

Warmke, Justin, 132-3

Warner, Mark, 197-9

Washington Post, The (jornal), 51, 103

Wassermann, Rolf, 250-1, 255, 259, 416

Watkins, Ron, 295, 430-1

Weedon, Jen, 231, 263

Weerasinghe, Amith, 233-4, 236

Wei, Eugene, 167

Weibo (plataforma chinesa), 126

Weiner, Anthony, 178

Weinstein, Harvey, 138

Welch, Edgar Maddison, 184-5

WELL (Whole Earth 'Lectronic Link), 67-9, 77-8

Wells Fargo (banco), 37

Wesemann, Anette, 247-8

WhatsApp, 17, 228, 233-5, 248, 309, 368, 372-3, 390, 400, 406

Whole Earth Catalog [Catálogo de Toda a Terra], 67

Whole Earth Truck Store [Loja-Furgão de Toda a Terra,

empreendimento de Stewart Brand], 67

Wickrematunge, Raisa, 230-1

WikiLeaks, 178

Williams, James, 115-6, 139, 171

Winfrey, Oprah, 77

Winter, Brian, 353

Wirathu (monge budista), 54-6, 218, 347

Wired (revista), 103, 328

Wojcicki, Susan, 143-4, 156-7, 162, 164, 181, 414, 445

Wolff, Natascha, 256, 258-9

Wong, Yishan, 72, 93, 96-8

Wozniak, Steve, 29

Wrangham, Richard, 130-1

Wu, Brianna, 62-3, 86-7, 109-10, 120-1, 127, 189, 307-8

Wyllys, Jean, 376

X

xenofobia, 222

Y

Y Combinator (aceleradora de startups), 157

Yahoo, 34, 36

Yangon (Mianmar), 53-4, 56, 214

Yelp (site), 115, 185

Yiannopoulos, Milo, 103-7, 270, 288

YourNewsWire (site de fake news), 180

YouTube, 12, 24-5, 28, 30, 37, 39, 54, 59, 72-4, 79, 83, 105, 144-5, 147-50, 152-4, 156-7, 162-4, 166, 168-70, 172-3, 175, 177, 180-1, 184-5, 188-9, 191-2, 199, 205-7, 234, 249, 263-73, 275-88, 290-2, 296-8, 301, 303, 305-6, 324, 328, 351, 353-60, 362-88, 390-3, 396-7, 401-2, 409, 411, 414, 418-9, 422-3, 427-30, 436-7, 439, 441, 446-7, 452, 454-5, 464, 471; algoritmos do, 166-7, 183, 205, 207, 266-7, 276, 279, 283, 287, 306, 357, 371, 379-80, 385

Z

Zello (aplicativo), 425

Zhang, Sophie, 341-2

zika (vírus), conspiracionismo sobre, 90, 92, 172-3, 366-74, 392, 396

Zimbábue, 111-2

Zuckerberg, Mark, 13-4, 28, 34, 36, 38, 42-3, 69, 72, 83, 88-9, 162, 164-5, 182-3, 191, 222, 229, 261-3, 289-90, 319, 324-6, 328, 332, 334-5, 337-42, 390, 394-5, 404, 408, 410, 434, 438, 443, 445, 464; como "CEO de guerra", 338-9; e promoção de grupos políticos no Facebook, 434; *ver também* Facebook; Instagram

*The Chaos Machine: The Inside Story of How Social Media
Rewired Our Minds and Our World* © Max Fisher, 2022
Edição publicada mediante acordo com Little, Brown and Company,
Nova York, Estados Unidos. Todos os direitos reservados.

Todos os direitos desta edição reservados à Todavia.

Grafia atualizada segundo o Acordo Ortográfico da Língua
Portuguesa de 1990, que entrou em vigor no Brasil em 2009.

capa
Daniel Trench
ilustração de capa
Seb Agresti
composição
Jussara Fino
preparação
Cacilda Guerra
preparação do posfácio
Eloah Pina
índice remissivo
Luciano Marchiori
revisão
Ana Maria Barbosa
Gabriela Rocha
Karina Okamoto

7ª reimpressão, 2025

Dados Internacionais de Catalogação na Publicação (CIP)

Fisher, Max
A máquina do caos : Como as redes sociais
reprogramaram nossa mente e nosso mundo / Max
Fisher ; tradução Érico Assis. — 1. ed. — São Paulo :
Todavia, 2023.

Título original: The Chaos Machine : The Inside
Story of How Social Media Rewired Our Minds and
Our World
ISBN 978-65-5692-400-7

1. Redes sociais. 2. Manipulação. 3. Eleições. 4. Vale
do Silício. 5. Facebook. I. Assis, Érico. II. Título.

CDD 302.231

Índice para catálogo sistemático:
1. Comunicação social : Mídias sociais online 302.231

Bruna Heller — Bibliotecária — CRB 10/2348

todavia
Rua Luís Anhaia, 44
05433.020 São Paulo SP
T. 55 11. 3094 0500
www.todavialivros.com.br

fonte
Register*
papel
Pólen natural 80 g/m²
impressão
Geográfica